4.80

RUDOLF MEYER
ZUM RAUM WIRD HIER DIE ZEIT

RUDOLF MEYER

Zum Raum wird hier die Zeit

DIE GRALSGESCHICHTE

URACHHAUS

ISBN 3 87838 276 6

© 1980 Verlag Urachhaus Johannes M. Mayer GmbH & Co KG Stuttgart. 3. Auflage. 10.–14. Tausend. Alle Rechte, auch die des auszugsweisen Nachdrucks und der photomechanischen Wiedergabe, vorbehalten.
Satz und Druck der Offizin Chr. Scheufele Stuttgart

Inhalt

Vorwort — 9

I. Das Gralserlebnis — 11
Das erste Auftreten der Gralssage — „Wer ist der Gral?" — Chrestiens „Perceval" und die Imagination der Gralsburg

II. Von der Herkunft des Grals — 30
Die versäumte Frage — Robert von Boron's „Josef von Arimathia" — Der Gral auf dem Wege vom Osten zum Westen — Wolframs „Parzival" und der Meister Kyot — Der Gral als „Stein"

III. Gralsgeschlecht und Gralstempel — 55
Die Stammbaumgeheimnisse bei Wolfram — Die Titurelgestalt bei Albrecht von Scharfenberg — Der Tempelbau — Wer sind die Gralshüter?

IV. Das Keltentum im Dienste des Grals — 80
Die Chronik des Helinandus und der Eremit in der Bretagne — Die Artussage und die Sendung Merlins — Hyperboreertum und untergehendes Keltentum — Barden und Troubadoure

V. Gralsucher — 96
Das Peronnik-Märchen — Keltisches Weisheitserbe — Das Schwertmotiv — Galahad — Der Brunnen Lag — Das Jugenderlebnis Percevals

VI. Wolframs „Parzival" — 119
Charakteristik der Wolframschen Dichtung — Gamuret, der Vater — Die Erziehung durch Herzeloyde — Sigune und das „Brackenseil" — Parzivals erste Stufen — Die Kundriebegegnung

VII. Der Seelenweg Gawans 144
    Kalendergeheimnisse — Gawans Beziehung zum Grals=
    weg — Frauengestalten um Gawan — Orgeluse und das
    Klinschorschloß

VIII. Das Karfreitagsmysterium 166
    Parzivals Schwellen=Erlebnis — Die erste Karfreitags=
    belehrung — Trevrizent und die Gralsnot — Parzivals
    Beichte — Der kosmische Aspekt des Golgathaopfers

IX. Die Vollendung des Gralsweges 185
    Das Treffen in Joflanze — Feirefis — Die Gralsberufung
    und das Kundrierätsel — Die Heilung des Anfortas —
    Die Taufe des Feirefis — Ausklang der Wolframschen
    Dichtung

X. Die Weltsendung des Grals 206
    Die Entrückung des Grals — Priesterkönig Johann —
    Der „Sängerkrieg auf Wartburg" — Der andere Kling=
    sor — Lohengrin im mittelalterlichen Epos und in Wag=
    ners Operndichtung

XI. Im Zeichen des Rosenkreuzes 225
    Die Krisis im 13. Jahrhundert — Anfänge des Rosen=
    kreuzertums — „Fama Fraternitatis" — Die „Chymische
    Hochzeit"

XII. Goethe als Gralsucher 240
    Goethes Rosenkreuzerinspiration und „Die Geheim=
    nisse" — Goethes Jugendimpulse — „Wilhelm Meister" —
    Die Anfortasnatur in Goethe — „Goetheanismus"

XIII. Richard Wagners Gralsbotschaft 259
    Die Sendung der Kunst — Wagners Ringen um das
    Blutsmysterium — Die Neuschöpfung des Parsifaldra=
    mas — Das Speergeheimnis

XIV. Gralsenthüllung 278
    Rudolf Steiners Geisteskampf vor der Jahrhundert=
    wende — Die Neubegründung des Christentums — Die
    neuen Gralsmysterien — Der Parzivalweg und die
    „Sternenschrift" — Das kosmische Bewußtsein

Gralsnähe (Gedicht) 301
Ergänzende Gesichtspunkte
    1. Die Gralsforschung in der neueren Literaturwissenschaft 303
    2. Die Veronika=Legende 307
    3. Das Nikodemus=Evangelium 311
    4. Die Hiram=Tradition 313
    5. Die Katharer 318
    6. Von den Edelsteinen und vom Geheimnis der Zirbeldrüse 324
    7. Namenbildungen 336
    8. „Der große heilige Gral" 338
    9. Die „Queste del saint Graal" 342
    10. Das Gralsschwert 346
    11. Flore und Blanscheflur 351
    12. Gralsweisheit in den Volksmärchen 357
    13. Das Brackenseil 361
    14. Manichäische Einflüsse 366
    15. Impulse des westgotischen Reiches 368
    16. Der Sängerkrieg und Wagners „Tannhäuser" 373
    17. Zur „Chymischen Hochzeit Christiani Rosen=kreuz" 375
    18. Die Musik als Mittlerin der Gralswirkung 380
    19. Der heilige Speer 383
    20. Hinweise auf das Werk Rudolf Steiners 385

Vorwort

Dieses Buch ist in den Jahren 1956 und 1958 unter dem Titel »Der Gral und seine Hüter« erschienen. Es setzte sich das Ziel, den Ursprüngen der Gralssage nachzugehen und ihre einzigartige Ausstrahlungskraft bis in unsere Tage hinein anzuschauen. Denn was mit diesem Symbol umspannt wird, ist keineswegs nur eine Angelegenheit der Literaturgeschichte und damit in seiner Entwicklung abgeschlossen. Es erweist sich als ein Wachsendes, auch heute noch die Welt von innen her in Bewegung Setzendes.

Inzwischen sind viele Veröffentlichungen über das Gralsthema erschienen. Wenn jetzt nach zwanzig Jahren dieses Buch in dritter Auflage herausgegeben wird, so soll der Text unverändert bleiben, einzig der Titel wird ein anderer sein. Warum? – Weil dieses Wort, mit dem Richard Wagner in seinem Musikdrama dem unerfahrenen Gralsucher eine erste Weisung zuteil werden läßt, ein *Schlüsselwort* ist, das für alle Kapitel dieses Buches eine zentrale Bedeutung hat. Überall kommt es hier auf das Überwinden der raum-zeitlichen Grenzen an, auf das Erobern eines Seelenraumes, in dem das Gralsgeschehen als gegenwärtig erlebt werden kann. Das ist das Charakteristische dieses Buches.

Gewiß kann man sich als Historiker diesen Motiven nahen. Man mag dabei stehenbleiben, sie zu registrieren; man mag sogar scharfsinnig analysieren, was die verschiedenen Gralsdichter an Unzulänglichkeiten diesem erhabenen Stoff gegenüber geleistet haben. Aber man sollte auch gewahr werden, wie sich das Heilige solchem

Zugriff immer wieder entzieht. Denn der Gral ist tatsächlich ein Kosmos für sich. Er kann sich verweigern und kann sich gnadevoll auftun; es gibt mannigfaltige Zugänge zu ihm. Weltenhöhen und Erdentiefen haben teil an ihm: Sternengeheimnisse und funkelnde Edelsteine. Die Weiten der Welt: das Morgenland mit seiner uralten Weisheit und die europäischen Rassen mit ihrer Jugendkraft. Engel und Dämonen durchwalten dieses Universum, Fabelwesen aller Art bevölkern es. Seine Mitte jedoch bildet der Mensch: kühne Abenteurer und inbrünstige Beter. Innige Frauen und strahlend schöne Jungfrauen; dazu Ritter, die um ihre Minne reiten. Leidende und Irrende haben Raum in dieser Welt, ebenso aber auch die Toten mit ihrem geheimnisvollen Walten. Und alles dieses scheint wie durch ein Allgegenwärtiges zusammengehalten, von dem her es Sinn und Glanz empfängt.

Es ist versucht worden, das Mannigfaltige der Gesichtspunkte in diesen Betrachtungen zur Geltung kommen zu lassen. Um den Fluß der Darstellung jedoch nicht gar zu schwerfällig werden zu lassen, wurden gewisse Seitenblicke für den Nachtrag aufgespart. Er bringt manche Ergänzungen und Begründungen, die diesem oder jenem Leser wesentlich erscheinen mögen, dennoch aber nicht im ersten Aufnehmen des Buches beachtet zu werden brauchen. Der Verfasser ist sich bewußt, wievieles nur in Gestalt eines Hinweises ausgesprochen werden konnte und eigentlich gründlicherer Darstellung bedürfte. Aber das Keimhafte, neue Blickrichtungen Eröffnende entspricht vielleicht am ehesten dem Stil eines Gralsbuches. Das Unausschöpfliche dieses Mysteriums kommt damit zur Geltung: die Einladung zum Weiterforschen, der Ruf zur Gralsuche.

Im Januar 1980   Rudolf Meyer

Das Gralserlebnis

Die Gralssage gehört zu jenen Geistesschätzen der Menschheit, die immer wieder das Gemüt gefangen nehmen; die an tiefste Seelenschichten rühren und den Sinn zum Christusgeheimnis hinzuleiten vermögen. Und zwar ohne jede dogmatische Festlegung, nicht in den Bahnen kirchlicher Tradition sich bewegend. Auf künstlerische Art, in Bilder von einem überirdischen Zauber gehüllt, pflanzt sich in ihr das Heilige fort, das von Golgatha seinen Ausgang genommen hat.

Auf rätselhafte Weise sind diese Sagenmotive mit einem Male da. Ihr Erscheinen und ihr Wachstum in der Dichtung durch etwa hundert Jahre hindurch gibt der Literaturforschung vielfältige Probleme auf. In der Hochblüte des Mittelalters, um 1180, erfährt die Welt durch den anerkannten Meister ritterlicher Epik, Chrestien de Troyes, die erste Kunde von dem Gral und von Perceval, dem Gralsucher. Mit feierlichen Worten leitet der Dichter seinen „Conte del Graal" ein, den er selbst für die „beste Geschichte" erklärt, die je an einem königlichen Hofe erzählt worden sei: „Wer wenig sät, der erntet wenig; wer aber etwas ernten will, der streut seine Saat an einen solchen Ort, daß hundertfältige Frucht ihm erwachsen kann; denn in einem Acker, der nichts taugt, vertrocknet und verfault die gute Saat. Chrestien sät einen Roman aus, der hier beginnt, und streut seine Saat, und er sät an einen so guten Ort, daß es ihm nur zu großem Vorteil gereichen kann;

denn er tut das für den edelsten Mann, der im römischen Reiche lebt, für den Grafen Philipp von Flandern ..." Der Graf, heißt es, habe ihm das Buch dazu übergeben. Und nun werden über diese Persönlichkeit Worte gesagt, die weit über alles hinausgehen, was man sonst an Lobrednerei für einen freigebigen Mäzen der Künste zu spenden hat. Dieser Graf handele nicht aus eitler Ruhmsucht; die Gottesliebe sei es, die in ihm wohne. Aus ihr allein handele er: „Er befragt niemanden darum als nur sein freies frommes Herz, das ihm rät, das Gute zu tun."*

Der Dichter will offensichtlich auf einen ganz besonderen Entschluß hindeuten, der zur Veröffentlichung dieser Sage geführt hat. Ein Geschenk der Gottesliebe selber ist es, was mit der Kunde vom heiligen Gral dem Zeitalter zuteil werden möchte. Wir kennen das Bild vom Sämann aus dem Gleichnis Christi. Auch hier wird es so angewandt, als handele es sich um die Ausbreitung eines Evangeliums. Und in der Tat, diese Aussaat ist schnell aufgegangen; sie mehrte sich in erstaunlicher Weise. Denn nun sprießt plötzlich eine Gralsdichtung nach der anderen hervor und fesselt die Hörer und Leser der epischen Kunst wie selten etwas.

Kurz danach (vielleicht gegen 1190) erscheint ein zweites französisches Epos: der „Josef von Arimathia" von Robert de Boron. Er war als erster Teil einer großgeplanten Gralsdichtung gedacht, die von den Ursprüngen des Gralsgefäßes Kunde bringen, in einem zweiten Teil dann die Merlin= und Artussage mit ihr verweben und im dritten die Gralsnot sowie die rettende Tat eines verheißenen Erlösers, etwa nach der Art Percevals, schildern sollte. Das Werk blieb Fragment.

Im beginnenden 13. Jahrhundert bemächtigte sich die deutsche Dichtung des Stoffes. Wolfram von Eschenbach, an Chrestiens

---

* Zitiert nach der Übersetzung von *Konrad Sandkühler:* „Perceval oder die Geschichte vom Gral", Stuttgart 1929.

Epos anknüpfend, hat mit seinem „Parzival" die tiefsinnigste Dichtung des deutschen Mittelalters gestaltet, ein ganz aus der urwüchsigen Kraft seiner christlichen und philosophisch gestimmten Persönlichkeit wiedergeborenes Werk. Er ist der erste, dem es gelingt, das Geschehen wirklich abzurunden; denn die vorhergehenden Dichtungen blieben unvollendet, sie fanden die verschiedenartigsten Weiterbildungen von anderen französischen Dichtern, die aber alle der Größe und Weihe des Stoffes offenkundig nicht gewachsen waren. Die Parzivaldichtung wird dann, in Anknüpfung an das, was Wolfram selbst am Schluß seines Epos schon darüber angedeutet hatte, von anderen deutschen Dichtern in einer Schilderung der Aussendung Lohengrins fortgesetzt. Um 1280 etwa tritt noch eine Titureldichtung ans Licht, die man heute dem Albrecht von Scharfenberg zuschreibt. Sie umspannt die Schicksale des Grals und des Gralsgeschlechtes in einer so ausführlichen und für unseren Geschmack nicht immer künstlerischen Weise, daß sie heute kaum gelesen wird. Dennoch ist sie in ihren bedeutsamsten Motiven allbekannt; denn hier ist erst das Erbauen der Gralsburg geschildert worden. Der Gralstempel mit seinen Herrlichkeiten und mystischen Geheimnissen, wie er die mittelalterliche Welt begeistert und den romantischen Sinn immer wieder bezaubert hat, wird hier zum ersten Male dargestellt. Wir sehen also: im Laufe von hundert Jahren enthüllen sich, Schritt um Schritt, für die staunende Welt die Gralsmysterien, wie aus einem Keime sich entfaltend, nach vor- und rückwärts das heilige Geschehen ergänzend.

Was dann noch, vor allem in Prosaromanen von ungestalteter Stoffanhäufung, in den nächsten Jahrhunderten ans Tageslicht trat, fügte im Grunde dem Sagenkreise keine wesentlichen Motive mehr hinzu; diese kamen dem populären Lesehunger entgegen, der Gier, immer mehr und immer Genaueres über den Gral und seine Helden zu erfahren. Bis gegen Ende des 15. Jahrhunderts dieses Interesse abklingt. 1477 wird die deutsche Gralsdichtung zum ersten Male in Straßburg gedruckt. Aber das Zeitalter der Reformation und des Humanismus, in seiner innersten Abwendung vom Geiste der Gotik, gibt für diese Sagenwelt und was geistig hinter ihr leuchtet und klingt, nicht mehr die rechte Resonanz. Noch weniger die Jahrhunderte der Aufklärung. Erst das 19. Jahrhundert fragt wieder nach dem Gral, sucht wieder nach seinen Geheimnissen. Es sind jene Kreise, die, von der romantischen Geistesbewegung angerührt, das Organ für die Welt des Märchens und der Sagen langsam zu öffnen beginnen; für die das christliche Mittelalter nicht einfach mehr das „finstere Zeitalter" war. Novalis hat diesen neuen Zeitgeist in einer Märchendichtung mit den Worten „Die Wärme naht, die Ewigkeit beginnt!" feierlich begrüßt. Als ob eine Eisschicht des Intellekts wegzuschmelzen begann, fingen jetzt die Bilder wieder an, inneres Leben zu erhalten. Sie gewannen ihre Leuchtkraft zurück. Sie tönten und wollten Musik werden. Richard Wagner, als der letzte große Romantiker, hat durch seine Musikdramen — und zwar den „Lohengrin" aus seiner frühen Epoche und den „Parsifal" als sein letztes Vermächtnis — die Gralsverkündigung erneuert. Er vermochte als Dichter und Tonkünstler den Gestalten und Symbolen der Gralswelt ein neues Leben einzuhauchen, so daß sie von der Bühne herab in unzählige Herzen ihren Einzug zu halten begannen. Die Suche nach dem Gral, die Beschäftigung mit seinen Rätseln wurde wieder lebendig. Nicht nur im Sinne einer historischen Forschung oder romantisch=ästhetischen Sehnsucht, sondern als *Zeitenruf*.

„Hört ihr den Ruf?" fragt der Gralslehrer Gurnemanz, der die schlafenden Wächter im Grenzgebiete des Grales wachrüttelt. „Nun danket Gott, daß ihr berufen ihn zu hören."

*

Die Literaturwissenschaft hat seit der Zeit der Romantik eine außerordentliche Arbeit geleistet, um den Zusammenhängen der verschiedenen Gralsdichtungen auf den Grund zu kommen. Unlösbare Widersprüche schienen sich zu ergeben. Was war jenes Buch des Grafen Philipp, das keiner der späteren Gralsdichter selbst kennengelernt zu haben schien? Gab es überhaupt noch andere Quellen, auf die sich die verschiedenen Dichter ausdrücklich berufen? — Einer der philologisch gründlichsten Forscher der letzten Epoche, Wolfgang Golther, leugnet dieses entschieden. Er behauptet, es sei die Absicht der späteren Dichter gewesen, durch solche Quellenangaben Chrestien nur noch zu „übertrumpfen".

Vielleicht darf man ein solches Motiv den Verfassern der späteren Prosaromane vom Gral unterschieben. Wenn man jedoch einen Eindruck von dem hohen sittlichen Ernst hat gewinnen können, der das gesamte Werk eines Wolfram durchwaltet, sollte man ihm gegenüber mit solcher Verdächtigung vorsichtiger umgehen. Wolfram, so wenig er ein Schriftgelehrter ist und deshalb in der Wiedergabe von Namen und historischen Tatsachen die Maßstäbe wissenschaftlicher Exaktheit vermissen läßt, hat ein zutiefst moralisches Verhältnis zu den dichterischen Motiven, die er verwendet. Seinen Bildgestalten gegenüber kennt er eine Verantwortung, die in dieser Art innerhalb der modernen Dichtung selten noch zu finden ist. Hier ist nichts Spielerisches, kein willkürliches Schalten und Walten mit dem imaginativen Gehalt der Dichtung. So kann man zum Beispiel in literarhistorischen Untersuchungen heute die Meinung vertreten finden, es habe eigentlich keiner der Gralsdichter eine klare Vorstellung von dem gehabt, was der Gral selber sei und wozu er diene. Gerade aber dieses Ungeklärte, Geheimnisvolle habe immer wieder den Fabuliertrieb gereizt und zu neuen Erfindungen aufgerufen. Nehmen wir nur die drei ersten Epen, die wir als die Pfeiler für das Gebäude aller weiteren

Gralsdichtungen betrachten können. Chrestien beschreibt den Gral als eine Art von Hostienbehälter, wie man ihn bei der Krankenkommunion in der kirchlichen Praxis gebrauchte. Robert von Boron stellt ihn als jenen Kelch dar, aus dem der Christus seine Jünger beim letzten Abendmahle tränkte und in dem dann Josef von Arimathia das Blut aus den Wunden des Erlösers auffing. Wolfram dagegen nennt ihn einfach einen Stein; dieser Stein, dessen himmlische Herkunft er uns beschreibt, erneuert sich an jedem Karfreitag in seiner Wunderkraft, indem eine Taube vom Himmel herabkommt und eine Hostie auf ihn niederlegt.

Wir sehen, jedesmal wird an die Symbolik des Altarsakraments angeknüpft. Aber jeder Dichter fühlt eben das Recht, die Bilder frei zu gestalten. Denn jeder nähert sich auf ihm eigentümliche Art einem hohen Mysterium, welches so umfassend ist, daß man mit immer neuen Imaginationen darauf hinzudeuten sich genötigt fühlt. Richard Wagner trat mit jener intuitiven Einfühlungsgabe an den Sagenstoff heran, die ihm die Vollmacht verlieh, das Ganze der Dichtung noch einmal aufzubauen und die mannigfaltigen Elemente von hier und dort seiner Komposition einzuschmelzen, so daß ein widerspruchsloser Wunderbau daraus erstand. Er besaß in hohem Grade, was Goethe „exakte Phantasie" nannte.

„Wer ist der Gral?" — läßt er den jungen Parsifal fragen, der zum ersten Male dieses Wort aus dem Munde des Gurnemanz vernimmt. Und Gurnemanz antwortet ihm:

>Das sagt sich nicht;
>Doch bist du selbst zu ihm erkoren,
>Bleibt dir die Kunde unverloren.
>Und sieh! Mich dünkt, daß ich dich recht erkannt:
>Kein Weg führt zu ihm durch das Land,
>Und niemand könnte ihn beschreiben,
>Den er nicht selber möcht' geleiten.

Und nun hat Wagner die Regiebemerkung gemacht, daß sich, während die beiden zu schreiten scheinen, die Bühne in un=merklicher Weise verwandeln solle. Der Wald schwindet, in Felsenwänden öffnet sich ein Tor, welches die Schreitenden auf=nimmt, bis sie durch aufsteigende Gänge in den Kuppelsaal der Gralsburg eintreten dürfen. Parsifal sagt:

> Ich schreite kaum, —
> Doch wähn' ich mich schon weit.

Und der Gralslehrer antwortet ihm:

> Du siehst, mein Sohn,
> Zum Raum wird hier die Zeit.

So wird im dramatischen Geschehen selber eine erste Ant=wort auf die Gralsfrage gegeben. Nicht der Mensch ist es, der schreitend den Gral erringen kann. Der Gral muß ihm ent=gegenwandern. Es ist *Gnade*, ihn erfahren zu dürfen; aber der Mensch muß freilich zu schreiten beginnen, muß aktiv werden, wenn der Gral auf ihn zukommen soll. Und dieses Schreiten ist ein Überwinden des Sinnendaseins mit seinen raum=zeitlichen Gesetzen. Ein Seelenraum wird gleichsam erreicht, eine Sphäre, in der das, was sich sonst in einem langen Nacheinander ab=spielt, in einem Nebeneinander, in einem Zugleich erscheint. Ein Schlüsselwort, das Richard Wagner hier geprägt hat, öffnet uns den Weg zum Verständnis. Es scheint wie aus den Tiefen mystischer Erfahrung geschöpft. Was man in der Sprache der spirituellen Wissenschaft das Betreten des Astralplans nennt, wird mit dieser Formel, daß hier die Zeit zum Raume werde, genau umschrieben. Es handelt sich um eine Sphäre, in der sich das längst Vergangene in seinen Wirkungen fortdauernd, wie das noch nicht Eingetretene bereits in seinen Werdekräften wirksam erweist. Wo die Zeit zum Raum geworden ist, kann sich das Ereignis von Golgatha als ein im Erdendasein fort=

wirkendes Opfergeschehen enthüllen. Man braucht es nicht mehr aus Urkunden und kirchlichen Überlieferungen zu erfahren. Denn es ist nicht ein in Palästina abgeschlossenes Ereignis, sondern offenbart sich als das immerwährende Hereinsterben des Christuswesens in das Leben der Menschheit und sein immer neues Auferstehen aus dem Grabe der Seelen. Für solches Erleben ist das Christentum zu einer „mystischen Tatsache" geworden, obwohl es sich am Beginn unserer Zeitrechnung auch als eine historische Tatsache zugetragen hat.

Rudolf Steiner hat am Beginn dieses Jahrhunderts sein Buch „Das Christentum als mystische Tatsache" geschrieben; es wurde damit der Grundstein zu einer Christuserkenntnis gelegt, die die völlige Überwindung jener historisch=kritischen Methode bedeutet, durch welche die Evangelien und andere Urkunden des Christentums intellektuell aufgelöst worden sind. Die Ereignisse von Palästina ergeben sich dem geistig erwachten Blicke in unmittelbarer Anschauung, ohne jede historische Vermittlung. Sie können in jener „Schrift" gelesen werden, die sich mit unvergänglichen Zeichen dem Lebensbuche der Menschheit eingeprägt hat. Damit aber nahen wir uns dem Rätsel jener geheimnisvollen Bücher, von denen die Gralsdichtungen reden und auf die sie sich berufen zu können meinen.

*

Es scheint uns deshalb der Schlüssel zu den Rätseln und Widersprüchen, die uns die verschiedenen Gralsdichtungen aufgeben, einzig darin gegeben zu sein, daß wir zu den *Gralserlebnissen* selber durchzudringen suchen, wie sie uns jeweils in sagenhaften Bildern beschrieben werden. Und zwar soll zunächst die bahnbrechende Dichtung des Chrestien de Troyes daraufhin betrachtet werden.

Chrestien schildert, wie Perceval den Tag über reitet, an welchem er des Abends die Gralsburg findet. Er hat Blanche=

fleur, die Geliebte, verlassen, um nach seiner Mutter zu sehen, deretwegen er große Sorge im Herzen trägt, da er sie beim Abschied ohnmächtig niedersinken sah. Er weiß noch nicht, daß sie tot ist. — Er blieb den ganzen Tag auf seinem Wege, heißt es, traf nichts Irdisches, weder Christen noch Christin, die ihm den Weg zeigen könnten, und er betete unablässig zu Gott, dem höchsten Vater, er möge ihn die Mutter gesund wieder= finden lassen.

Aus diesem unablässigen Gebet erwacht er gegen Abend, als er sich an einen Fluß gekommen sieht, dessen reißende Wasser ihm den Übergang verwehren. So geht er den Fluß ent= lang, bis er zu einem Felsen gelangt, der ins Wasser vorspringt und ihm dadurch den Weg versperrt. Siehe, da nimmt er ein Schiff wahr, das den Fluß abwärts treibt. Zwei Männer, der eine rudernd, der andere angelnd, sitzen darin. Er begrüßt sie und fragt sie, wie er einen Übergang fände. Der Fischer ant= wortet ihm, daß es weithin keine Brücke noch Fähre gäbe. Daß er selbst aber bereit sei, ihn diese Nacht zu beherbergen. Er weist ihm einen Durchbruch, welcher in den Felsen hinein und dann einen Pfad aufwärts führt. Perceval reitet diesen Weg zum Gipfel empor und sieht aus einem Tale eine Turmspitze auftauchen. Dorthin lenkt er sein Roß und wird nun eine mäch= tige Burg gewahr, deren Anlage uns genau beschrieben wird. Er reitet durch das Tor ein, die Zugbrücke ist bereits nieder= gelassen. Wie er empfangen und in die Halle geleitet wird, das alles deutet darauf hin, daß man ihn schon erwartet hat. Nach= dem er entwaffnet worden ist, legt man ihm einen neuen Schar= lachmantel um. So wird er in den Saal vor den Herrn der Burg geführt, der auf einem Ruhebette an einem mächtigen Kamin= feuer sitzt und sich entschuldigt, vor seinem Gaste nicht auf= stehen zu können. Wir erfahren später, daß er „der reiche Fischerkönig" genannt werde. Ein Knappe bringt ein Schwert mit kostbarem Gehänge herein und übergibt es dem Burgherrn als ein Geschenk seiner Nichte, der schönen Jungfrau. Sofort gürtet es der Herr dem Junker um und bedeutet ihm, daß es ihm zuerkannt sei und für ihn bestimmt, es zu besitzen. Dann aber kommt aus einem Zimmer ein anderer Knappe mit einer blanken Lanze, die er mitten am Schaft gefaßt hält. Er geht zwischen dem Kaminfeuer und dem auf dem Bette Sitzenden vorüber. Alle sehen die Lanze und wie aus ihrer Eisenspitze ein Blutstropfen quillt, der bis auf die Hand des Knappen her= unterfließt. Hier hätte der Junker wohl fragen mögen; aber er gedenkt der Lehren jenes Edelmanns, der ihn vor kurzem zum Ritter schlug und ihn vor unnützen Reden warnte. Perceval unterläßt die Frage, welche Bewandtnis es mit der blutenden Lanze habe.

Danach aber erscheint die schöne Jungfrau selber, Knappen mit prächtigen Leuchtern begleiten sie. Sie hält „einen Gral" — so heißt es hier — zwischen den Händen. Mit diesem kommt ein so großer Glanz herein, daß die Kerzenlichter dagegen ver= blassen, wie es die Sterne tun, wenn die Sonne oder der Mond aufgehen. Der Gral, aus reinem Golde, war mit den edelsten Steinen der Erde besetzt; es wird versichert, daß sie ohne Zwei= fel alle anderen übertrafen. Dem Grale folgt eine andere Jung= frau mit einem silbernen Teller. Auch diese Gegenstände wer= den wie die Lanze vorübergetragen und treten von einem Zim= mer ins andere. Wieder wagt Perceval nicht, eine Frage zu tun, wen man mit diesem Grale bediene.

Fünf Jahre später erst erfährt er von dem heiligen Einsiedler, dem er seine Sünden beichtet, daß der reiche Fischer der Sohn des ehrwürdigen Königs sei, welcher sich mit dem Grale be= dienen lasse: „Mit einer Hostie allein erhält und stärkt der Heilige sein Leben, wenn man ihm diesen Gral bringt; so heilig ist der Gral. Und der König ist so geistig, daß sein Leben nur noch die Hostie begehrt, die in dem Gral kommt." Es wird dann noch gesagt, daß dieser alte König seit zwanzig Jahren nicht aus dem Zimmer kam, in welches der Gral eintrat, um ihn zu speisen.

Nun, Perceval war etwa fünfzehn Jahre alt, als er auszog und zum ersten Male den Gral schauen durfte; fünf Jahre vergingen seitdem. Der alte König ist also genau so lange in jenem geheimnisvollen Gemach verborgen gehalten und wird darin von der Kraft der Hostie genährt, als Perceval im Erdenleibe lebt. Könnte sich vielleicht der Schleier, der über dem Speisungswunder liegt, von dieser Seite aus zu lüften beginnen? — Denn ein Speisungswunder ist der Gral.

Es wird nun bis ins einzelne beschrieben, wie die Bewirtung des Gastes vor sich geht. Auf einer elfenbeinernen Tischplatte, die auf Holzgestellen aus Ebenholz ruht, wird das Mahl gereicht. Es wird beteuert, daß dieses Holz weder faulen noch brennen könne, und von dem Tischtuch darauf wird gesagt, daß weder ein Legat noch ein Kardinal noch Papst je an einem so weißen Tuch gespeist haben. Wir werden also mit dem unverweslichen Holze und dem schimmernd weißen Tuche über die Sphäre der vergänglichen Dinge hinausgewiesen; zugleich aber auch über die kirchliche Hierarchie. Denn der Gral, der die Hostie in sich birgt, wird ja nicht von einem Priester getragen. Eine Jungfrau wartet seiner.

Es mag befremdend erscheinen, wie erdenkräftig uns die Mahlzeit mit ihren reichen Gängen geschildert wird. Das erste Gericht ist eine Hirschkeule mit Fett und warmem Pfeffer, von der ein Knappe dem Wirt und seinem Gaste vorlegt, klare und herbe Weine fehlen nicht bei der Speisung. Doch unausgesetzt geht der Gral, ganz offen, an ihnen vorüber, während die Speisen nacheinander aufgetragen werden. Nach dem Mahle empfiehlt sich bald der Edelmann und läßt sich von Knappen auf einer Decke in das angrenzende Zimmer tragen. Perceval aber erhält sein Lager im gleichen Saale, in dem man speiste, zubereitet. Dort schläft er bis tief in den Morgen hinein. Als er aufwacht, findet er keinen Menschen, der ihn bedient oder begrüßt. So erhebt er sich, muß sich allein ankleiden, ergreift seine Waffen — aber die Türen der Zimmer sind alle geschlossen. Er scheint wie im Saale gefangen, ruft und klopft heftig. Keiner öffnet, alles schweigt. Schließlich findet er eine Saaltür geöffnet, steigt zum Hofe hinab, sieht dort sein Pferd, das schon gesattelt ist. Da strebt er auf das Tor zu und reitet über die Zugbrücke, die offenbar niedergelassen ist, damit ihn nichts zurückhalte. Er will den Knappen, die gewiß schon frühzeitig auf die Jagd gezogen sind, nachreiten. Dann wird er ihnen jene Fragen stellen, die ihm so sehr auf dem Herzen lagen und die er nicht hatte über die Lippen bringen können. Aber noch ehe er ganz über die Brücke ist, fühlt er, wie plötzlich die Füße seines Pferdes gehoben werden. Mit einem großen Sprunge gelingt es diesem gerade noch, Boden zu gewinnen; denn die Zugbrücke ist inzwischen hinaufgeschnellt. Er wendet sich um, ruft — erhält keine Antwort. So muß er davonreiten, ohne eine Erklärung für alle Rätsel dieser Nacht gefunden zu haben ...

Die Art, wie der am Morgen Erwachende sich zunächst in der Burg gefangen fühlt und ratlos nach Ausgängen sucht, wie er dann unsanft und mit jäher Gewalt herausgeworfen wird — das alles sind offenkundig Erlebnisse, die sich an der Schwelle zum Aufwachen abspielen, wenn die Seele, wie aus einer anderen Welt heraufstauchend, nur mühsam den Anschluß an das Sinnenbewußtsein wiederzufinden vermag. Sie muß darum ringen, in die Leiblichkeit bewußt wieder unterzutauchen.

Wie Perceval kurz danach von der Jungfrau, die einen erschlagenen Ritter im Schoße hält, erfahren darf, befindet er sich in einer Gegend, wo es fünf Meilen in der Runde keine Herberge gibt, und jene einzige, in der er als Gast des reichen Fischerkönigs weilte, läßt sich, trotz allem Suchen, nicht wieder auffinden. Es kann also keine für Erdensinne wahrzunehmende

Burg sein, in welcher Perceval gewesen ist. Man betritt sie beim Einschlafen und wird mit dem Aufwachen wieder aus ihr her=ausgeworfen. Die Speisung aber vollzieht sich im gleichen Raume, in dem man kurz darauf in Schlaf versinkt. Es kann nur der Menschenleib selber sein, in welchem sich solche Ge=heimnisse abspielen. Selten jedoch und nur Auserwählten scheint es vergönnt zu sein, mit Bewußtsein an diesen teil=zunehmen. Denn es gehört eine bestimmte Seelenstärke dazu, im Einschlafen sich einen Augenblick noch wach erhalten zu können, während die Sinneseindrücke schon abklingen und die Seele sich vom Leibe abzusetzen beginnt. Es ist also ein Sich=lösen und doch zugleich ein Zurückschauen auf die Leiblichkeit, die in Schlummer versinkt. Ein Aufwachen nach innen zu. Wunderbare Geheimnisse spielen sich allnächtlich in jener Burg der Leiblichkeit ab; nur in Imaginationen können sie sich vor den geistig Erwachten hinstellen, während sie dem Tages=bewußtsein wohltätig verhüllt bleiben. Dieses nämlich würde sie schwer ertragen oder aber versucht sein, störend in sie ein=zugreifen.

Solche seelische Erkraftung, die ihm das Bewußtwerden beim Eintritt in die Schlafeswelt ermöglichte, konnte der Jüngling an jenem Tage gerade dadurch erreichen, daß er in seiner gro=ßen Sorge um die verlassene Mutter unablässig im Gebet da=hingezogen war. Die Konzentration auf einen wesentlichen Gedanken oder die Hingabe an eine mächtige Empfindung ver=dichtet die Seelenkräfte. Sie werden dadurch fähig, sich — noch im Abklingen der Sinneseindrücke — in sich selber wach=zuerhalten. Der seelisch=geistige Mensch lernt, sich aus dem Leibe lockernd, auf diesen zurückschauen. Da tritt zunächst die Strömung der Lebenskräfte vor die innere Anschauung, während die Sinneswelt abdämmert. Er bemerkt, es geht nicht mehr in derselben Richtung weiter, in der ihn das Roß tagsüber vorwärtsgetrieben hat. So kommt es zu einer Stauung des Be=

wußtseins: ein reißender Strom, über den es keinerlei Über=
gang gibt, stellt sich vor den Seelenblick. Zwei Männer im
Boote erscheinen. Der verborgene Träumer, der in uns wohnt,
taucht herauf. Er erscheint zwiefältig: sofern nämlich der in
Tiefen lotende Wunschmensch (es ist der Angelnde) und
der ihn geheimnisvoll lenkende Weisheitsträger (es ist der
Rudernde) im instinktiven Leben der Seele zusammenwirken.
Dieser Träumer, zwiefältig angeschaut, ist in Wahrheit „der
reiche Fischer". Ihm gehören ja die Tiefen des menschlichen
Bewußtseins, die unermeßliche Schätze bergen, deren sich der
Tagesmensch kaum oder nur ahnend bewußt wird.

In der Märchen= und Sagenwelt begegnen wir oftmals dem
Bilde des Fischenden. Es erscheint, wo die Seele Wege zu gehen
beginnt, die sie an die Grenze der festen Erdendinge führen;
wo sie gewahr wird, wie alles Sinnendasein von verborgenen
Lebenskräften umspült ist. So kann sie sich etwa an den Strand
des flutenden Äthermeeres gestellt fühlen und anfangen, aus
ihm die offenbarenden Bilder heraufzuholen, die die wahre
Seelennahrung sind. Sie wird zum Fischer. Das Leben in Imagi=
nationen hat seinen Anfang genommen.

Das ist es, was sich dem jungen Perceval ankündigen will.
Und nun, während sich sein Ich vom Leibe abhebt, schaut es
doch zugleich auf ihn zurück. Sein Blick wird auf den vorsprin=
genden Felsen gelenkt: der Fischer im Boote weist ihm die
Richtung, die wie durch eine Bresche in das Felseninnere herein=
führt, und er dringt in dieses ein, bis sich vor ihm die maje=
stätische Burg aus der Tiefe erhebt.

Wie ein mächtiges Felsengebein erscheint dem geistig=seeli=
schen Menschen die Schädelbildung, aus deren Organen er sich
eben herausgelöst hat. Die ätherischen Kräfte, die daran ge=
staltet haben und sie immerfort noch erhalten, weiten sich vor
dem Blicke aus. Sie sind es, die zur erhabenen Imagination der
Gralsburg emporwachsen. Der im Augenblick des Einschlafens

hellsichtig Gewordene tritt in sie ein. Er schaut Prozesse an, die aus der Tiefe der Leibesnatur aufsteigend den Kopfmenschen allnächtlich wiederherstellen. Geheimnisse des Aufbaus, Speisungswunder des verborgenen Menschen, beseligend und doch durchwoben von leidvollen Vorgängen, die ihm zunächst rätselvoll bleiben und die ihn peinvoll bedrängen, ziehen an dem Schauenden vorüber, bis ihn schließlich die Kraft des wachenden Erlebens verläßt; er fällt an der gleichen Stätte in Tiefschlaf.

Rudolf Steiner hat in seinen geisteswissenschaftlichen Vorträgen die Gralsimagination von den verschiedensten Seiten her zu beleuchten unternommen. So hat er auch die physiologischen Geheimnisse genau umschrieben, die sich in diesen Bildern spiegeln.* Er schildert, wie unsere Menschenwesenheit hier auf Erden zunächst in einer Burg verzaubert, wie von Felsenmauern umschlossen, leben muß. Denn was von außen her uns als die kleine Schädeldecke erscheint, ist in Wirklichkeit ein mächtiges Schloß, wenn wir auf die ihr zugrunde liegenden ätherischen Kräfte blicken. Zu diesem Schlosse strömen während der Schlafenszeit die Kräfte aus dem anderen Organismus herauf, die diesen Menschen unterhalten. Zunächst diejenige Kraft, die aus allem, was den Menschen durchglüht und durch die Nervenstränge mächtig macht, gebildet ist. Sie erscheint als das mächtige Schwert, das der Mensch sich selbst auf der Erde geschmiedet hat. Mit diesem Schwert des Gedankens ist ihm, sofern es gut geschmiedet ist, eine einzigartige Vollmacht gegeben. Perceval wird bei der Übergabe des Gralsschwertes darauf aufmerksam gemacht. Dann aber dringen die Kräfte des Blutes herauf, und sie sind es eigentlich, die den im Zauberschloß der Schädeldecke liegenden Gehirnmenschen verwun-

* In dem Vortragszyklus „Welche Bedeutung hat die okkulte Entwicklung des Menschen für seine Hüllen und sein Selbst?" — Im Haag 1913.

den. Denn im Blute strömt die Selbstsucht; sie vergiftet alles edle Streben und Sinnen des Menschen. Die blutende Lanze erscheint, mit der alles Unheil zusammenhängt: das Siechtum des Fischerkönigs, nach welchem Perceval hätte fragen sollen, weil es ihn ja im tiefsten selber angeht. Und nun wird vom Gral gesprochen, der mit seiner edelsten Nahrung allein das= jenige speist, was durch jede andere Ernährung getötet würde: Rudolf Steiner nennt es „den menschlichen Heros, der in der Burg des Gehirns liegt". Dieses ist der Vater des Fischerkönigs, bei Wolfram heißt er Titurel. Dieser verborgene Wesensteil kann nur durch die wunderbare ätherische Speisung die ganze menschliche Lebenszeit hindurch erhalten werden, trotzdem er bereits zum Tode verurteilt ist, wenn wir geboren werden. Es ist der Geistesmensch in uns, der mit der Geburt in die Leibesnatur untertauchen muß und wie in einer Zelle gefangen gehalten wird. Jetzt verstehen wir, weshalb der Einsiedler dem Perceval sagen konnte, daß dieser Heilige, der sein Leben nur durch den Gral zu stärken vermag, seit zwanzig Jahren — d. h. solange Perceval bereits auf Erden lebte — nicht aus jenem Zimmer herauskam, in welches der Gral immer wieder eintrat.

Stoffwechselvorgänge überfluten den Hauptesmenschen, wenn wir in Schlaf versinken. Alle Erdennahrung, die wir tags= über aufgenommen, strömt nun, vom Blute verarbeitet, zu dem oberen Menschen hinauf: tierische, pflanzliche und mineralische. Aber sie würde den edelsten Teil im Gehirn, der der Sitz des Geistesmenschen ist, dumpf machen, wenn nicht ein feinster Extrakt aus der Nahrung ausgesondert und ihm zugetragen würde. Deshalb geht der Gral immerwährend bei der Speisung herum und entnimmt ihr, was der Vater des Fischerkönigs ge= nießen darf, ohne davon ertötet zu werden. Rudolf Steiner gab hierzu die Erläuterung, daß es sich um einen mineralischen Extrakt aus unserer Nahrung handle, der sich mit bestimmten Einstrahlungen durch die Sinnesorgane vereinigen kann: „Das

Edelste des Lichtes, das Edelste des Tones, das Edelste der Wärme berührt sich hier mit den edelsten Produkten des mineralischen Reiches; denn von der Verbindung der edelsten Sinneseindrücke mit den edelsten mineralischen Produkten nährt sich der edelste Teil des Gehirns. Von diesem edelsten Teile des menschlichen Gehirns sondert der Ätherleib alles aus, was aus dem Pflanzen= oder Tierreich kommt."

Zunächst mag diese konkrete Schilderung gegenüber all den poetischen Worten, mit denen man so oft den Gral zu einem Symbol für die höchsten religiösen und sittlichen Ideale verflüchtigen möchte, ernüchternd wirken. Sie wird es nur, solange man das Geistig=Moralische und das Stofflich=Physische nicht zusammenzuschauen gelernt hat.

Denn was sich da vereinigt, von unten die reinsten Substanzen herauftragend, von oben her die edelsten Einstrahlungen aus dem Kosmos damit durchdringend, ist ja ein sonnenhaft Leuchtendes: Verklärungskräfte, die in der menschlichen Natur wirksam werden. Mit den Edelsteinen kostbarster Art, die den Gral schmücken, wird auf die mineralischen Substanzen gedeutet; mit dem Goldglanz des Gefäßes und seiner sonnenhaften Lichtergießung auf die kosmischen Einstrahlungen, die wir mit den Sinneseindrücken aufnehmen. Was wir unsere Sinneswahrnehmungen zu nennen pflegen, ist im Grunde nur ein geringer Teil dessen, was durch Gesicht, Gehör, Geschmack usw. in uns eindringt. Im Wahrnehmen nämlich halten wir gleichsam nur einen Teil dessen auf, was kosmisch einstrahlt; wir reflektieren ihn als Bewußtseinsinhalt. Aber die höchsten Wirkungen, die auf den Bahnen der Sinneseindrücke in uns Einzug halten, empfängt immerfort unser verborgenes Seelenleben. Es sind die Sonnenwirkungen, die vom Tagesbewußtsein nicht ergriffen werden können und daher völlig keusch bleiben. Sie werden von jenem tieferen Bewußtsein aufgenommen, das jungfräulich geblieben ist, weil die Begierdenatur an dieses nicht herangekommen ist. Es hat seinen Sitz in jenem verborgenen Wesensteile, der nicht vom Sündenfall mitergriffen werden konnte. Von ihm gehen alle aufbauenden und ausheilenden Prozesse im menschlichen Organismus aus. Die Jungfrau erscheint vor dem Blicke Percevals. Sie trägt den Gral herauf in die verzauberte Burg, wenn das Tagesbewußtsein erlischt; sie verwaltet die Verklärungskräfte der Menschennatur.

Aber warum erscheint dann die Gralsspeise im Bilde der Hostie, von der sich „der Heilige" ernährt? — Das kann nur verständlich werden, wenn das kosmische Geheimnis des Christuswesens wieder erkannt wird. Auf den Bahnen des Sonnenlichts hat sich dieses hohe Wesen einstmals aus dem Weltall in das Erdendasein hereingelebt. Es ging durch ein Menschenschicksal und verinnerlichte in sich die Ätherkräfte der Sonne zur reinen Liebe. Als die drei reifsten Jünger auf dem Berge Tabor ihren Meister in der Verklärung des Leibes schauen durften, da erschien zum ersten Male auf Erden der Gral. Da leuchtete er für die Blicke der Jünger wie eine Sonne aus dem Haupte des Christus hervor. Aber durch seinen Leidenstod hat er sich in das Leben der Erde ausgeteilt. Ihn im Erdendasein zu finden, mit jeder Sinneswahrnehmung ihn gleichsam zu eratmen und mit der alltäglichen Nahrung ihn zu vereinigen, das ist seit dem Opfer von Golgatha möglich geworden. Im Sakrament des heiligen Mahles wird dieser Empfang der allerheiligsten Lebenskräfte vor die Anschauung gestellt. Was als Verklärungsmacht allnächtlich in den verborgenen Tiefen unserer Leibesnatur wirksam ist, wird durch die priesterliche Handlung, wo sie in rechter Weise geschieht, in das anbetende Erleben heraufgehoben.

Perceval, nach innen zu für einen Augenblick sehend geworden, erlebt das „heilige Nachtmahl", das sich für uns sonst unbewußt immerwährend vollziehen will. Was Chrestien zu schildern beabsichtigt, ist kein kirchliches Sakrament. Auch keine Konzession etwa an kirchliche Bräuche; denn dann hätte er das Gefäß mit der Hostie nicht von einer Jungfrau herein=tragen lassen. Es ist vielmehr das Urbild für das, was in der sakramentalen Handlung von außen her an uns herantreten darf. Das Altarsakrament bildet außerhalb unseres Leibes für die Anschauung nach, was sich als Speisungswunder in uns auf verborgene Art abspielt. Es will dem Gläubigen die Kraft ver=mitteln, sich immer inniger mit diesen Heileswirkungen ver=binden zu lernen; sie mit dem vollbewußten Menschen zu ergreifen.

Es gibt eine altnordische Saga* von Parceval, die im 13. Jahr=hundert entstanden ist und in den Hauptzügen dem Epos Chrestiens folgt. In ihr wird ausdrücklich von dem Gral gesagt: „Und das ist ein heiliges Ding, das jener reiche Mann sich vor=tragen ließ, zum Trost und zur Aufrichtung seiner Seele wie seines Lebens; und dieses heilige Ding ist ein geistiges und kein physisches." Wir werden später noch auf diese nordische Fassung zu sprechen kommen, die offenbar in den inneren Ge=halt der Imaginationen einzudringen strebt.

---

* In „Riddarasögur" (Rittersagen), herausgegeben von Dr. Eugen Kölbing. Straßburg 1872.

Von der Herkunft des Grals

Perceval findet den Gral, ohne ihn gesucht zu haben. Er suchte ja seine Mutter. Aber er erfüllt nicht die Erwartungen, die man ihm gegenüber hegt. Er stellt nicht die Fragen, welche die Heilung des siechen Fischerkönigs hätten herbeiführen sollen. Der heilige Einsiedler, dem er fünf Jahre danach aus tiefster Seelennot diese Schuld beichtet, erklärt ihm, warum er nicht fragen konnte: „Die Sünde band dir die Zunge, als du die Lanzenspitze, die nie aufhörte zu bluten, vor dir sahest und fragtest nicht nach dem Grunde." Und ebenso befangenen Sinnes war er, da er die andere Frage unterließ: wem der Gral diene. Die Sünde aber, die er unbewußt auf sich geladen, war der große Schmerz, den er im Scheiden seiner Mutter zugefügt und der ihr das Herz gebrochen hatte. Dennoch sind es wiederum die Gebete dieser Mutter gewesen, die ihn auf seinem Schicksalswege vor Tod und Gefängnis bewahrten, so wird ihm versichert. Sein Leben war eigentlich verwirkt. Nur durch den Schutz der Toten lebt er noch.

Wir sehen, Chrestiens Dichtung atmet den Geist einer tiefen Frömmigkeit. Er hat ein keusches Verhältnis zu den Imaginationen. Abgesehen von der Einkleidung der Begebenheiten in eine ritterliche Gewandung, läßt er die Bilder unangetastet stehen. Sie haben deshalb in seiner Dichtung noch die größte Transparenz. Andererseits fehlt seinem Werke die Krönung. Perceval sucht fünf Jahre den Gral —, aber wie er ihn findet, das kommt nicht zur Darstellung. Es ist offenkundig, erst bei dieser Vollendung der Gralsuche hätten wir, hätte Perceval selbst es erfahren, was es mit dem Gral auf sich hat. Bei der Unterweisung durch den Einsiedler wird bereits ein Teil dieses Geheimnisses gelüftet. Aber eben, nachdem Perceval durch mannigfache Prüfungen geschritten ist und viele Schmerzen um den Gral getragen hat. Es gehört also eine bestimmte Lebensreife dazu, Gralsfragen stellen zu können. Die Befangenheit in einer schweren, wenn auch unbewußten Schuld läßt die Seele im Geistgebiete nicht so wach werden, wie es notwendig wäre, um im rechten Augenblick das Rechte zu tun. Denn *Fragen* wäre in diesem Falle ein Handeln im Geiste gewesen. Ein Einsatz des vollen Menschenwesens, der von ihm erwartet wurde.

Perceval hat die Reinheit und Eindrucksfähigkeit der Seele, um die Gralsimaginationen zu empfangen. Er bleibt jedoch in der Anschauung der Bilder verhaftet. Es hätte einer Erkraftung des Ichs im Geiste bedurft, eines Aktes der innersten Freiheit, um hier Fragen zu stellen und damit auch Antworten erhalten zu können. Das kennzeichnet den Schritt, der vom imaginativen Erleben zum inspirierten Erkennen führt. Auf dieser Stufe werden die Bilder wieder überwunden; das „Wort" will in der Seele geboren werden. Der Geist offenbart nur seine Geheimnisse, wenn ihm die rechten Fragen, Herzensfragen, entgegengetragen werden. Das Fragenkönnen zeigt den Grad der Reife an. „Gradweise" – gradatim, wie man im mittelalterlichen Latein sagte – enthüllt sich das Mysterium nur, welches auf einer ersten Stufe in traumhaft gewobenen Bildern an die Seele herantritt. Deshalb heißt es der Gral (= „gradale"): das, was stufenweise sich erst zu enthüllen vermag. Dieses Wort hat sich vielfache Deutungsversuche gefallen lassen müssen. Man hat es zum Beispiel auf das altfranzösische Wort „graal" (altprovençalisch „grazal"), das eine Schüssel bezeichnet, zurückzuführen gesucht. Es muß dieses nicht falsch sein; im Mittelalter liebte man solche Wortspiele. Man suchte aus einem Alltagswort die Anklänge an geheimnisvolle Namen herauszuhören oder auch unter einer unscheinbaren Bezeichnung für die Wissenden einen tieferen Sinn anzudeuten. Es ist dieses übrigens stets in der Mysteriensprache Brauch gewesen.

Wenn auch vielleicht ohne menschliche Absicht, so liegt doch in der Art, wie sich „stufenweise" in den aufeinanderfolgenden Gralsdichtungen das Geheimnis auflichtet, etwas wie eine Führung der mittelalterlichen Seelen durch die verschiedenen „Grade" einer Erleuchtung, die ihnen innerhalb der Zeitspanne von etwa 1180 bis 1280 zugedacht war.

*

Robert von Boron ist der nächste Gralsdichter. Er stellte sich mit seiner Josefsdichtung, dem ersten Teil einer umfassend angelegten Gralsgeschichte, die Aufgabe, die Herkunft jenes heiligen Gefäßes zu beschreiben. Die Spannung, mit der das Epos Chrestiens die Leser entließ, forderte dazu heraus. Allerdings ist es naiv, zu meinen, daß nur aus dieser Spannung, also einem romanhaften Sensationsbedürfnis zuliebe, eine so kunstvolle und von erhabenen Stimmungen durchatmete Legende hätte ersonnen werden können, wie sie uns in dieser Geschichte von der Begründung des Gralsdienstes und seinen weiteren Schicksalen gegeben ist. (1)*

Robert ist der erste, der den Zusammenhang zwischen dem Gral und den Ereignissen von Palästina herstellt. Er läßt die urchristliche Welt vor uns aufleben. Nach seiner Darstellung ist der Gral jenes Gefäß, aus dem der Heiland beim letzten

---

* Die Ziffern im Text beziehen sich auf die ergänzenden Nachträge im Anhang. Es ist zum Verständnis der Darstellung nicht notwendig, im Lesen des Haupttextes sofort auf sie Rücksicht zu nehmen.

Abendmahle die Seinen tränkte und in dem später das heilige Blut aus den Wunden des Erlösers aufgefangen wurde.

Es wird uns erzählt, daß bei der Gefangennahme des Herrn ein Jude dieses Gefäß fand und es dem Pilatus überbrachte. Josef von Arimathia, der Ratsherr, der nach dem Bericht der Evangelien den Leib Christi vom Kreuze löste und in seinem eigenen Grabe nahe dem Golgathahügel beisetzte, wird als ein Ritter beschrieben, der mit seinen Mannen dem Statthalter viele Jahre treue Dienste geleistet und sich nun zum Lohn dafür den Leichnam Christi erbeten habe. Pilatus gewährte ihm diese Bitte und schenkte ihm das Gefäß dazu. Als Josef aber gemein= sam mit Nikodemus den Leichnam vom Kreuze abnahm und wusch, da floß aus den Wunden noch einmal Blut. Er sammelte es in dem Gefäß und suchte es in seinem eigenen Hause zu be= wahren. Aber die Juden beschuldigten ihn nach der Auf= erstehung des Herrn, er habe den Leichnam heimlich weg= geschafft. Sie ließen ihn in ihrer Wut in einen Turm hinab, der hoch und tief zugleich war, und schlossen ihn darin fest an. Doch der Auferstandene selbst kam zu ihm in das Gefängnis und erfüllte es mit strahlendem Glanze. Er brachte ihm das Gefäß mit dem kostbaren Blute zurück und sprach ihm Trö= stung ein, indem er ihn seiner Liebe versicherte: „Du hast mich vom Kreuze abgenommen und ins Grab gelegt. So wird kein Meßopfer geschehen, ohne daß man sich deiner Tat erinnert. Das Tuch, in das du mich gehüllt hast, wird Corporale genannt werden. Das Gefäß, das mein Blut aufgenommen hat, wird Kelch heißen, und die Patene, die man darauf legt, soll den Stein bedeuten, mit dem du mein Grab verschlossen hast. Alle, die in Zukunft dieses Gefäß schauen, werden ewige Freude und Beseligung des Herzens erfahren." Der Auferstandene vertraut ihm nun die geheimen Worte an, die zur Weihe des Grals ge= sprochen werden müssen, und vertröstet ihn auf die Zukunft.

Josefs Befreiung vollzieht sich jedoch erst mit der Zerstörung

Jerusalems durch die Römer. Vespasian selber läßt sich an einem Seile in den Kerker hinab und findet den Greis, der ohne Speise und Trank in einem überirdischen Lichte all die Jahre hindurch sein Leben gefristet hat. (2)

Solche Schilderungen wollen im Bilde auf die Zustände mystischer Versenkung hindeuten, wie sie von einzelnen Eremiten in strenger Askese geübt wurden. Der Mystiker, der sich von der Sinnenwelt zeitweise zu lösen vermag und ganz in die Innenschau übergeht, erlebt sich tatsächlich im fensterlosen Turme eingefangen. Der Kopf ist das Gefängnis der Seele. Aber wenn die Herzenserleuchtung eintritt, wird dieses Gefängnis von einem Licht erhellt, das alle Finsternis aus ihr vertreibt. In Josef von Arimathia wird uns ein Begründer christlicher Mystik dargestellt, der im inneren Anschluß an das Mysterium des Kreuzes die Verklärung der Blutsnatur an sich erfahren darf. Das tiefe Miterleben der Passionsgeheimnisse führt das Blut durch die Läuterung, durch die Ertötung aller niederen Triebe. Dadurch beginnt es ein ätherisches Licht aus sich zu entbinden, welches der Anfang eines neuen Hellsehens ist.

Novalis, der in seinen Schriften zwar nirgends an die Gralssymbolik anknüpft, hat aus tiefster christlicher Jüngerschaft heraus solche Erfahrungen gekannt. Er läßt den alten Einsiedler in seinem Ofterdingen=Roman Worte sprechen, die auch Josef von Arimathia in den Mund gelegt werden könnten:

> Gern verweil' ich noch im Tale
> Lächelnd in der tiefen Nacht,
> Denn der Liebe volle Schale
> Wird mir täglich dargebracht.
>
> Ihre heilgen Tropfen heben
> Meine Seele hoch empor,
> Und ich steh' in diesem Leben
> Trunken an des Himmels Tor...

Die historische Forschung hat gefunden, daß in einer mittelalterlichen theologischen Schrift, der „Gemma animae" des Honorius von Autun, bei der Einführung in die Geheimnisse des Meßopfers fast die gleichen Bilder ausgesprochen werden, wie sie Robert von Boron braucht, um die Bedeutung des ersten Gralshüters zu würdigen. Es heißt da, der Diakon, der nach den Worten per omnia saecula saeculorum den Kelch erhebt, ihn auf den Altar setzt und mit einem Tuche bedeckt, stelle in der Opferhandlung Josef von Arimathia vor, wie er Christi Leib herabnahm, sein Angesicht mit dem Schweißtuch verhüllte, ihn ins Grab legte und dieses mit dem Steine verschloß.

Wir sehen, wie innerhalb der christlichen Frömmigkeit damals eine Strömung vorhanden war — und die „Gemma animae" stammt aus dem gleichen 12. Jahrhundert —, die das Zelebrieren der Altarhandlung innerlich an Josef von Arimathia anzuschließen suchte. Damit aber wird das Meßopfer aus den Ostererlebnissen des Urchristentums hergeleitet. In ihnen findet es seine Begründung. Denn der Umgang mit dem Auferstandenen, wie ihn Josef als Mystiker genießen durfte, wird zur Inspirationsquelle für den Strom, der sich in die Feier des Altarsakraments durch die Jahrhunderte ergossen hat. In einer solchen esoterischen Geistesströmung scheint auch Robert von Boron darinnen gestanden zu haben. (3)

Man hat die Gralslegende, wie sie Robert ausbildete, für eine Verherrlichung des Reliquiendienstes ansehen wollen: den Kelch mit dem allerheiligsten Blute als die kostbarste Reliquie der Christenheit. Es soll nicht geleugnet werden, daß sich an die Verehrung der Reliquien aus urchristlichen Tagen oftmals eine inbrünstige Frömmigkeit anschloß. Die Sehnsucht, den Abgrund zu überbrücken, der uns von der christlichen Frühzeit und dem Wirken der Apostel trennt, schwoll in gewissen Kreisen der mittelalterlichen Welt zu solchen Empfindungswogen an, daß viele Herzen eine tiefe Befriedigung darin erleben konnten, ein Überbleibsel, ein Erbstück aus jenen Zeiten wirklich noch sehen oder berühren zu dürfen. Es trug ihnen gleichsam einen Hauch des heiligen Geschehens, des göttlichen Erdenwandels Christi in die Gegenwart herüber. Die Gralsfrömmigkeit jedoch will etwas ganz anderes. Sie lenkt den Blick zu Erlebnisquellen hin, aus denen sich immerfort jenes allerheiligste Geschehen erneuern kann. Jeder Meßkelch, so meint sie, kann das Grab sein, in welches der Leichnam des Erlösers gesenkt wird; jedes Corporale, in das man den Kelch einhüllt, wird zu dem Schweißtuch, in das einst Josef von Arimathia den Leib des Gekreuzigten barg und aus dem sich dieser am Ostermorgen zu neuem Leben erhob. Für den mystisch Erlebenden wird die zeitliche Kluft überwunden. Ihm wird das heilige Geschehen zur immerwährenden Gegenwart, weil es als Gralswirkung im eigenen Blute erfahren werden kann.

*

Bis dahin scheint sich die Gralslegende des Robert von Boron ganz natürlich in das kirchliche Christentum und den Strom seines sakramentalen Lebens hineinzustellen. Es will nur die esoterischen Untergründe aufweisen, aus denen sich dieses immer wieder erneuern kann.

Nun aber geht sie dazu über, uns die Stiftung der Gralstafel und einer Gralsgemeinde zu schildern. Sie läßt ein Bild des urchristlichen Lebens vor unserem Blicke erstehen, das abseits von der Entwicklung der anerkannten Kirche und abseits von dem überlieferten apostolischen Wirken sich in der Stille entfaltet und schließlich auch seinen Weg in die Welt hinaus findet. Sie berichtet: Josef, aus dem Kerker befreit, wird von seiner Schwester und seinem Schwager Bron (eine Abkürzung für Hebron) freudig empfangen. Sie sammeln eine Gemeinde um sich, und er zieht mit ihr nach der Zerstörung Jerusalems in ein fernes Land. Dort leben sie vom Ackerbau und kommen schließlich zu Wohlstand. Als aber die Üppigkeit unter ihnen sich breitzumachen beginnt, zieht sich der Segen von ihrer Gemeinschaft zurück. Von Mißgeschicken und Hungersnot bedrängt, kommt große Ratlosigkeit über sie alle. Es handelt sich also um eine urchristliche Gemeinschaftsform, die im besonderen Sinne das Ideal der heiligen Armut gepflegt haben mag.

Josef kniet im inbrünstigen Gebete vor dem heiligen Gefäß und fleht um Hilfe. Da gebietet ihm eine Stimme des Geistes, die Unreinen von den Reinen zu scheiden: „Du wirst die Sünder unter den Deinen auf eine Probe stellen, indem du mein Blut und mich selbst vor sie hinsetzen wirst." — Er soll die Abendmahlstafel des Herrn nachbilden. Wie damals der Verräter am Tische saß und den Bissen empfing, dadurch aber sich selber ausschied, so soll es auch hier geschehen. Josef errichtet nun nach der göttlichen Weisung die Gralstafel. In der Mitte wird das Gefäß mit dem kostbaren Blute aufgestellt, ihm gegenüber wird ein Fisch gelegt, welchen auf Josefs Geheiß sein Schwager Hebron fangen muß. Dieser Fisch soll den Christus in seiner reinen Gestalt vergegenwärtigen.

Was ist der tiefere Grund für dieses Fischsymbol, das uns ja auch in der Darstellung der Katakomben immer wieder begegnet? — Der Fisch verkörpert innerhalb der kosmischen Entwicklung jene Lebensstufe, die noch nicht das warme Blut auszubilden begonnen hatte; er ist der Träger des noch unschuldigen Lebens. Man stellte sich vor, daß der Christus in seinem kosmischen Dasein dieser Stufe des Fisches verwandt gewesen sei. Er will auch uns wieder zu dieser schuldlosen Daseinsform im Ätherreiche hinaufheben. Aber um dieses zu können, hat er selbst durch die Menschwerdung schreiten müssen; er mußte das Leben im warmen Blute annehmen. Er verband sich auf diese Weise aus Liebe mit der Schuld der Menschheit, die im roten Blute durch die Generationen strömt. Aber er läuterte dieses Blut von allen selbstischen Trieben. Beide Daseins=

weisen des Christus soll der Jünger des Gralsmysteriums anschauen und sich in sie versenken können, indem der Fisch und der Kelch mit dem heiligen Blute auf der Tafel stehen.

Hier sei noch ein ganz anderer Gesichtspunkt der Betrachtung hinzugefügt. Nicht als das Lamm, wie es der Symbolik des Passahfestes entsprach, erscheint auf der Gralstafel der Erlöser. Solange die Sonne im Sternbild des Widders ihren Frühlings=punkt durchschritt, war der Widder oder auch das Lamm das große Kultsymbol der Religionen gewesen. Aber der Frühlings=punkt hat sich allmählich in das Sternbild der Fische hinüber=verlagert, in welchem er heute noch zu finden ist. Als eine Spiegelung dieser kosmischen Tatsache ist das Heraufkommen des Fisch=Symbols zu betrachten. Das Urchristentum empfand sich als Wegbereiter zukünftiger Geisteskräfte, die sich der Menschheit gnadevoll zu schenken begannen, indem die Sonne in ein neues Sternbild hinüberging. Die Gralsweisheit kennt ja auch das Bild des „reichen Fischers", unter dem der Gralskönig selber erscheint. Sie bildete in besonderem Sinne das Christen=tum des „Fische=Zeitalters" vor, während die römische Kirche mit ihrem starken Bauen auf das Alte Testament und auf die antiken Kulturen noch im Banne der abklingenden „Widder=Epoche" steht, gleichsam ein Zwischenglied bildend, ehe sich der christliche Impuls zu seiner eigenen Gestalt durchzuringen ver=mochte. Das Erstarren der christlichen Traditionen und das Suchen nach völlig neuen Ausgangspunkten für das Christen=tum in der Gegenwart wird von hier aus verständlich.

Nun beschreibt Robert von Boron den Gralsdienst. Das Volk wird geladen, sich an die Tafel zu setzen. Zwischen Josef und Hebron bleibt ein leerer Platz; dieser bezeichnet gleichsam den Sitz des Judas. Wer sich auf ihm niederläßt, unter dem birst die Erde, sie verschlingt ihn. Nachdem ein falscher Jünger dieses erfahren mußte, mahnt eine Stimme, den Platz immer un=besetzt zu lassen, bis einstmals ein Enkel des Hebron geboren werde: ihm sei er vorbestimmt. Es wird beschrieben, wie die Reinen beim Anblick des Grals Süßigkeit und Herzensbeseli=gung empfinden dürfen; die Unreinen aber bleiben im Herzen leer und ziehen sich beschämt zurück. Das ist die Probe und bewirkt zugleich die Scheidung der Geister. Täglich um die dritte Morgenstunde versammelt sich nun die Gemeinde zum Gralsdienste.

Wir sehen, wie hier in stiller Art, abseits vom kirchlichen Strom, ein Gemeindeleben begründet wird, in dessen Mittel=punkt ein Kultus steht, von dem alles ausstrahlt, was Seelen begnaden und mit dem Christuslichte durchdringen kann. Viel=leicht ist manches aus den Traditionen der essäischen Bruder=schaften in diese Gemeinschaft des heiligen Geistes eingeflos=sen. Nicht in Form des eucharistischen Mahles, das unter den Gestalten von Brot und Wein den Leib und das Blut des Erlö=sers austeilen will, wird hier die heilige Handlung dargestellt. Sie ist eine Prüfung des Schauens. Es wird in symbolischer Art auf Vorgänge und Übungen hingedeutet, die das Christuslicht in den Teilnehmenden selbsttätig entzünden sollen. Erst wenn das Gralsleuchten in der Seele aufgeht, ist die Gralsprobe be=standen; damit ist erst der Sinn der Feier erfüllt.

Zwar wird am Schluß der Darstellung versichert, daß Robert von Boron mit Erlaubnis der Kirche und auf die Bitte des Gra=fen von Montbéliard diesen Bericht vom Grale ans Tageslicht gebracht habe. Man bedenke aber, daß im südlichen Frank=reich damals der erste Albigenserkrieg tobte (1181/82). Die Katharerkirche der Provence, die Rom ein Dorn im Auge sein mußte, trat zu ihrem Todeskampfe an. Wohl gelang es der Römischen Kirche erst 1229 im sogenannten „Frieden zu Tou=louse" nach dem furchtbaren Wüten der Ketzerkreuzzüge, die „Pest" des Katharismus auszurotten. Städte und stolze Burgen, in denen freie Geister und mutige Herzen eine reiche Kultur voll Glanz und Innigkeit entfaltet hatten, wurden in Schutt und

Asche gelegt. In diese romfreie Strömung hatte sich vieles von urchristlicher Weisheit und einem innigen Streben nach dem Empfang des heiligen Geistes über ein Jahrtausend hin zu ret= ten vermocht. Gerade in jenen Jahrzehnten, da das Schicksal der Katharergemeinden für den Blick der Wissenden dem Untergang entgegenreifte, entsteht der Drang, auf andere Art diese Geistesschätze durch den Zeitensturm hindurchzuretten.

Wie sich die Pflanze, um zu überwintern, in die Samengestalt zurückzieht, so mußte sich ein hohes Geistesstreben ins Bild der Sage und Legende hüllen. Man wußte: wenn diese Bilder nur keimkräftig sind, werden sie auch die Kraft haben, zu gegebe= ner Zeit aus sich ein neues Geistesleben hervorzutreiben. Die Veröffentlichung der Gralssage ist eine vorsorgliche Maß= nahme, die aus den Kreisen der Wissenden hervorgegangen ist. Nur abgedämpft, unter dem Schleier legendärer Begebenheiten, läßt sie die Strahlen des Gralslichtes in die ahnungsfähigen Seelen eindringen.

Das Schicksal der Gralsströmung — wie es ihr bestimmt war, den Weg von Osten nach Westen zu nehmen — wird uns in der Legende noch angedeutet. Hebron bekam mit seiner Frau, der Schwester Josefs, zwölf Söhne, die allesamt Gott zu dienen be= reit waren. Elf heirateten, nur der zwölfte wollte unvermählt bleiben. Er trägt den Namen Alain („Alan" im Keltisch=Bretoni= schen) und wird im besonderen Sinne zum Träger des hohen Vermächtnisses ausersehen, das ihm Josef von Arimathia vor seinem Erdenabschied noch mit auf den Weg geben kann. Josef selbst vermag in der Kontemplation vor dem Gral immer wie= der göttliche Ratschläge zu empfangen. Er lebt aus der Tröstung des heiligen Geistes und handelt aus seiner Weisung heraus. So erhält er die Aufforderung, diesen jüngsten Neffen in die Geheimnisse des Grals einzuführen und ihm seine eigenen Christuserlebnisse aus der Zeit des Kerkers anzuvertrauen. Denn Alain soll ein Christusbote werden. Von ihm aber wird ein Erbe abstammen, der einstmals das Gralsgefäß im rechten Sinne zu bewahren ausersehen ist.

So zieht Alain mit seinen Brüdern in den fernsten Westen, um den Namen Jesu Christi zu verkünden, während Hebron von dem scheidenden Josef noch das Gralsgefäß und jene geheimen Worte empfangen darf, die zu seiner rechtmäßigen Verwaltung gehören. Von diesem wird gesagt, daß er der „reiche Fischer" genannt werde, da er ja den Fisch für die Gralstafel gefangen hatte. Wieder tritt dieser Name auf, den wir bereits aus Chrestiens Epos kennen. Wenn wir bedenken, wie in den orphischen Mysterien der hellenistischen Kultur der Mystagoge den Namen des Fischers trug, so haben wir hier den Zusammenhang jener frühchristlichen Kultgemeinde mit dem antiken Mysterienwesen besonders deutlich vor uns. Josef von Arimathia und sein esoterischer Kreis mögen dem Essäerorden nahegestanden haben. So konnte er aus einer reichen Kultsymbolik schöpfen, die aus den orientalischen Mysterien in jene Ordenszusammenhänge eingeströmt war. Auch die Fischer vom See Genezareth, die zu den Aposteln des Christus wurden, sind in diesem Sinne Fischerpriester gewesen.

Hebron fährt ebenfalls gen Westen. Indem die Täler von Avalon (in Wales) genannt werden, ist die Brücke zum keltischen Christentum geschlagen, zu jener romfreien Strömung, die sehr frühe schon ihre eigenen Wege ging und sich die allerhöchsten Verdienste für die Missionierung Westeuropas errungen hat. Die geistige Führung der Menschheit geht verborgene Wege. Sie sollen in solchen Legendenbildern aufgezeigt werden. Unser Blick wird – in Spannung – nach dem Westen gelenkt; zu dem ungenannten Erben des Grals geht alle Erwartung hin. Man hatte bisher das Licht im *Osten* gesucht. Auch die Kreuzfahrer brachen auf, weil die Devise „Ex Oriente Lux" ihre Sehnsucht immer wieder zum Morgenlande hinüberschauen ließ. Aber dieses höchste Licht, das einst von der Schale mit dem allerkostbarsten Blute ausstrahlte, es ist im Osten erloschen. Der Gral ist zum *Westen* hinübergetragen, so will die Legende sagen: Suchet das Licht, das im Westen aufgeht!

*

Viel kühner noch und die Bahnen der kirchlichen Tradition auch in der Einkleidung der Gralsmysterien verlassend, äußert sich Wolfram von Eschenbach. Während die Nester aller Ketze=rei in der Provence mit Inquisitorenblicken beobachtet werden und sich das Verderben bereits über ihnen zusammenzuziehen beginnt, bekennt Wolfram am Schlusse seines großen Epos:

> Aus der Provence in deutsches Land
> Ward uns die rechte Mär' entsandt —

Und dafür beruft er sich auf seinen Meister, dem er die wahre Gralskunde verdanke: den Herrn Kyot, welchen er einen Pro=vençalen nennt. Ja, in einen Protest gegenüber dem ersten großen Gralssänger läßt er die Dichtung ausklingen:

> Von Troyes der Meister Christian
> Hat der Märe Unrecht angetan.

Wir müssen die Frage stellen, worin lag für Wolframs Urteil (wobei er sich auf seinen Meister Kyot beruft) die Unzuläng=lichkeit der Chrestienschen Darstellung? Denn zunächst scheint es doch, daß Wolfram diesem französischen Vorbild außer=ordentlich viel verdanke, ja, ihm weithin in der Schilderung der Parzivalschicksale gefolgt sei.

Prüfen wir, wie er das Gralserlebnis selber beschreibt. Künst=lerisch betrachtet, scheint bei Wolfram alles Geschehen viel erdenkräftiger geworden zu sein. Die Imaginationen haben sich noch einen Schritt weiter von ihrem spirituellen Ursprung entfernt. Die Ausgestaltung zu ritterlichen Abenteuern und die Angleichung an die höfischen Lebensformen des Hochmittel=alters, also der Stauferzeit, sind mit souveräner dichterischer

Freiheit durchgeführt. Die Gestalten, die vor dem imaginativen Blicke auftauchen und zunächst auf Geheimnisse des inneren Lebens hindeuten wollen, gewinnen hier Eigenleben und Eigen=
schicksal. Der Fischer vom See Brumbane, der den Jüngling zu Gaste lädt, trägt den Namen Anfortas. Der Greis, der in der verborgenen Kammer allein von der Kraft des Grales sein Le=
ben fristet, heißt hier Titurel: wir lernen ihn als den Ahnherrn des hohen Gralsgeschlechtes kennen. Hatte Chrestien geschil=
dert, daß der Saal der geheimnisvollen Burg Platz für 400 Ritter habe, so läßt nun Wolfram 400 Gralsritter in bestimmter An=
ordnung rings im Saale niedersitzen, um an dem festlichen Mahle teilzunehmen. Es handelt sich also, wenn auch in ritter=
licher Einkleidung, um eine Gralsgemeinde wie bei Robert von Boron, und doch ist sie nicht an irgendeinem Orte der Erde zu finden. Zugang zu ihrem Bezirk findet Parzival nur, indem er an jenem Tage so weite Strecken zurücklegte, wie sie kaum ein Vogel zu überfliegen vermöchte. Auch Wolfram führt damit unsere Anschauung deutlich aus dem Sinnenbereiche heraus.

In einer Prozession aber wird der Gral hereingetragen. 24 Jungfrauen, kunstvoll nach ihren verschiedenen Aufgaben aufgeteilt, treten nacheinander in den Saal, ehe die Gralsträge=
rin selber erscheint. Es ist Repanse de Schoye, die gleiche, die dem Gast ihren Mantel vorausgeschickt hatte. Nur weil er das Waffenkleid mit den Kräften irdischer Selbstbehauptung ab=
gelegt hat und sich in den Mantel reiner, jungfräulicher Seelen=
empfindungen hüllen durfte, ist es ihm möglich, das Heilige wahrzunehmen. Auf einem Kissen von grüner Seide

> trug sie den Wunsch vom Paradeis,
> beide: Wurzeln sowie Reis.
> Das war ein Ding, das hieß der Gral —

Was ist es denn, was im Paradiese aufbewahrt geblieben ist und als das Ziel aller Sehnsucht der Menschheit gepriesen wird? —

„Der Baum des Lebens", dessen Früchte dem Menschen ewiges Leben verleihen würden, wenn er heute noch davon essen könnte. Daß ein Baum gemeint ist, sehen wir aus der zweiten Zeile. Nicht nur seine goldenen Früchte, von denen die Sagen und Märchen zu erzählen wissen, er selbst mit seinem Wurzelwerk und seinen Verzweigungen wird hier sichtbar. So glänzt, während Parzival das erdenwache Bewußtsein gegen jenes jungfräulich=schuldlose austauscht, vor seiner Anschauung das Geheimnis der aufbauenden, lebenerneuernden Vorgänge herauf.

Wir haben bereits bei der Betrachtung der Gralsimaginationen der Chrestienschen Dichtung darauf hingewiesen, wie diese ihren Sitz in dem schuldlos gebliebenen Teil der Menschennatur haben und wie die höchsten Sonnenwirkungen, die in uns auf den Bahnen der Sinneseindrücke immerfort einstrahlen, aber vom Tagesbewußtsein nicht festgehalten und reflektiert werden können, von diesem tief verborgenen Bewußtsein dagegen gnadevoll empfangen werden. Diese Organisation erscheint in der Imagination eines mannigfach verästelten Baumes, der alle unschuldigen Lebensvorgänge durchzieht, während das Zentralnervensystem, das sich vom Haupte herunter in den Menschenleib hineinverzweigt, dem anderen Baume entspricht, der immerfort todbringende Kräfte in unsere Leiblichkeit hereinschickt. Das aber ist im Sinne der Bibel der „Baum der Erkenntnis". Und nun fügt Wolfram, da er von diesem Gralsgeheimnis spricht, hinzu:

„erden wunsches überwal."

Der Gral ist ja nicht jener Lebensbaum selber, sondern was durch ihn erfahren und empfangen werden kann. Es ist das, was über alles Wählen irdischer Wünsche hinausreicht. Das aber will sagen, er vermittelt Erlebnisse, die von der irdischen Wunschnatur zunächst gar nicht ergriffen, nicht einmal vorgestellt werden können. Deshalb ist es so schwirig, ihn in eine festumris=

sene Imagination einzufangen. Wirkungen kann man höchstens beschreiben, die von ihm ausgehen. So schildert Wolfram ein mannigfaltiges Speisungswunder. Hundert Knappen erscheinen und nehmen voll Ehrfurcht von dem Grale in weißen Tüchern Brot entgegen, das sie darauf im Saale verteilen. Wer dächte nicht an die wunderbare Brotspeisung, die uns in den Evangelien berichtet wird? — Speisen jeglicher Art, wie sie ein jeder wünscht, spendet bei diesem Mahle der Gral. Getränke in Goldpokalen, auch Gewürze, je nach Geschmack, in kleinen Goldgefäßen werden dargereicht.

Aber nicht erscheint das Bild des goldenen Gefäßes mit der Hostie, das wir aus Chrestiens Gralserzählungen kennen. Wolfram weicht dieser Imagination, die aus der Sphäre des sakramentalen Lebens genommen ist, bewußt aus. Was aber wird auf dem grünen Seidentuche hereingetragen? — Wir erfahren es erst im neunten Buche, als Parzival nach langer Irrfahrt das Gralsgebiet wieder betritt und die Belehrung Trevrizents empfangen darf. Jetzt wird nicht nur vom Geheimnis des Lebensbaumes gesprochen. Die Geistesschau dieses ehrwürdigen Lehrers dringt weiter vor, als es dem Jüngling im nächtlichen Erleben zunächst gelingen wollte. Trevrizent ist in der Gralserkenntnis gleichsam zu einer tieferen Schicht durchgestoßen. Es ist ein *Stein*, der aus den Himmeln vor langen Zeiten herniedergetragen wurde. Aber als Parzival nun durch den alten Einsiedler diese „geheime Kunde von dem Gral" erfährt, sagt der Dichter ausdrücklich, daß man ihn früher nicht darum hätte fragen dürfen:

> Verhehlen hieß michs Herr Kyot,
> Dem es der Märe Lauf gebot,
> Daß man mit Fragen mußte schweigen,
> Bis selbst es will die Märe zeigen,
> Bis daß es ihrer Worte Fluß
> Erzielt, daß man es künden muß.

Es gibt Weisheiten, zu denen die Seele erst heranreifen muß. Sie würden, zu früh mitgeteilt, gar nicht den rechten Boden finden, auf dem sie sich entfalten können. Stufenweise — als ein gradale — will sich das Lebensgeheimnis des Grals allein dem Strebenden schenken. Nur wer mit Parzival die Stufen= folge der leidvollen Prüfungen und der Bewährungen in ge= wisser Weise mitdurchschreiten konnte, wird auch für den Empfang des nun Mitzuteilenden reif sein, meint der Dichter.

Hier führt nun Wolfram in gewichtiger Art seinen Meister ein, von dem er schon kurz im achten Buche berichtet hatte, daß er ein Sänger sei (Kyôt la schantiure hiez), dessen Kunst viele Menschen froh gemacht habe. Dieser, ein Provençale, habe die „âventiure" von Parzival „heidnisch" geschrieben ge= sehen; was er auf Französisch davon gesprochen, wolle er, Wolfram, nun auf Deutsch zu sagen suchen. Der Meister Kyot fand im Staube zu Toledo den Urquell dieser Sage „in krauser Heidenschrift", das bedeutet wohl: in arabischen Schriftzeichen. Diese Schrift mußte er mit Fleiß studieren und brauchte dazu noch „Nigromanzie" (die Kunst, mit Toten Umgang zu pflegen):

> Doch hätt' er's ohne Taufe nie
> Erforscht, noch heut wärs unbekannt.
> Denn nie kann heidnischer Verstand
> Des Grales Herrlichkeit verkünden
> Und sein Geheimnis ganz ergründen.

Wir sehen, nur durch das christliche Licht in der Seele vermag sich die volle Herrlichkeit des Grals zu enthüllen, obwohl das Wissen von ihm bis in vorchristliche Zeiten zurückgeht. Denn ein Heide — er wird Flegetanîs genannt — hatte die erste Spur von dem Grale entdeckt, noch ehe es eine Taufe, eine Erleuch= tung im christlichen Sinne gab. Dieser Flegetanis, heißt es, sei ein weiser Kenner der Natur gewesen, der den Kreislauf der Gestirne genau erforschte und wie das Schicksal des Menschen mit diesen in einem Zusammenhang stehe. Es führte ihn aber diese Sternenweisheit zur Entdeckung eines „Dings, das hieß der Gral". Nur vorsichtig deutete er auf dieses Ergebnis seiner geistigen Forschung hin.

Über diesen weisen Meister wird ferner gesagt, daß er aus Salomos Geschlecht geboren sei, was hier wohl bedeuten soll: als sein Zeitgenosse. Denn sein Vater war ein Heide, der noch ein Kalb anbetete, während seine Mutter aus Israels Stamme kam. Nun kennen wir aus dem Alten Testament einen solchen Zeitgenossen Salomos. Es ist der Baumeister Hiram, der „Sohn einer Witwe". Von diesem wird berichtet: sein Vater stammte aus Tyrus (der also dort noch dem phönizischen Stierkultus gedient haben wird), und seine Mutter war eine Israelitin aus dem Stamme Naphtali. Dieser wegen seiner Kunst hoch=berühmte Meister errichtete bekanntlich die beiden ehernen Säulen im Tempel Salomos, die er Jachin und Boas nannte, goß das eherne Meer und alle anderen Wunderwerke, um deret=willen der Tempel in Jerusalem zu hohem Ruhme kam und durch Jahrhunderte ein Kultmittelpunkt von mächtigster Aus=strahlung werden konnte. Diesen großen Baumeister haben die Weisheitsströmungen des Mittelalters immer mit Verehrung genannt. Man kennt ihn überall in Bruderschaften, wo man die Tempelsymbolik pflegt. Die esoterische Tempellegende sieht in Hiram den durch alle Zeiten schreitenden Meister, der einst den salomonischen Tempel errichtete, nachdem dieser aber zer=stört ist, der Lehrer aller derer sein kann, die am „unsichtbaren Tempel" der Menschheit bauen wollen. In verschwiegener, doch für alle Wissenden unverkennbarer Weise deutet Wolfram auf diese hohe Individualität hin, welche in der Symbolik der Bauhütten und späteren maurerischen Ordenstraditionen wohlbekannt war. (4) Die Gralsritter selber heißen bei Wolfram „Templeisen"; denn sie sind die Hüter der neuen Tempel=geheimnisse.

Von dem Gral, dessen Namen der weise Meister in der Ster=
nenschrift lesen konnte, wird nun folgendes gesagt:

> Ihn ließ auf Erden eine Schar,
> Die wieder zu den Sternen flog,
> Weil ihre Unschuld sie heimwärts zog.
> Seitdem pflegt ihn getaufte Frucht
> Mit Keuschheit und in reiner Zucht.
> *Die* Menschheit ist von ewigem Wert,
> Die sich der Gral zum Dienst begehrt.

Engel trugen ihn einst zur Erde; Menschen haben ihn aufzu=
nehmen und weiterzupflegen. Es handelt sich also um ein Hei=
liges, das vom Himmel an die Erde hingeopfert worden ist. Nur
„getaufte Frucht" wird zu seiner Pflege berufen; das sind die
Templeisen, die der Gral selber ernährt.

Hier erst wird enthüllt, daß der Gral ein *Stein* sei. Sein Name
ist „Lapsit exillis". Sicher soll mit dem Worte (Wolfram geht
ja sehr frei mit Namen um und liebt es, Tiefsinniges darin an=
klingen zu lassen) die Vorstellung des aus den Himmeln Ge=
fallenen geweckt werden: Lapis ex caelis oder auch Lapsit ex
caelis (= er fiel aus den Himmeln). Alles aber deutet darauf
hin, daß es sich um einen alchymistischen Begriff handeln muß.
Dann könnte das Wort ursprünglich Lapis exilii geheißen
haben, von exilium, das Ausstoßung oder Zerstörung bedeutet.
Es wäre also die Substanz gemeint, die aus einem Zerfalls=
prozeß, einer Vernichtung hervorgegangen ist. Dieser Stein
offenbart nämlich seine wahre Kraft,

> indem den Phönix er zu Staube
> Verbrennt, der nach der Flammen Raube
> Ersteht zu herrlich lichtem Schein,
> Nachdem er das Gefieder sein
> Verlor und schöner strahlt als je.

Die Sage von dem Wundervogel Phönix, der sich immer wieder nach einer bestimmten Zeit in das Feuer stürzt, um in ihm zu Asche verbrannt zu werden und aus dieser verjüngt sich wieder erheben zu können, gehört zu jenen Mysterienlehren, die das Gesetz des Sterbens und Wiedergeborenwerdens in ein Bild einzukleiden suchten. Es sollte zunächst in das Fühlen der Menschheit eingesenkt werden, ehe es unverhüllt für die Erkenntnis mitgeteilt werden konnte. Die phönizischen Weisheitsstätten, aus denen auch der große Baumeister Hiram hervorgegangen war, kannten das Phönixgeheimnis.

Was tut die ewige Individualität des Menschen, wenn sie sich verkörpert? — Sie taucht in das Blutsfeuer unter. Das Ich kann sich nur in den Wärmeprozessen des Blutes inkarnieren. Es braucht diesen ständigen Verbrennungsvorgang, um sich entfalten zu können. Im Tode entringt es sich verjüngt diesem Feuerprozeß, es steigt aus der Aschenbildung empor. Es schöpft, durch Tode und Geburten schreitend, aus jedem Sterben neue Aufschwungskraft zu ewigem Leben. Aber um dies zu können, um nicht im Tode zu verbleiben, sondern jedem Sterben die Geistgeburt zu entringen, bedarf es einer einzigartigen Kraft. Diese mußte vom Himmel auf die Erde getragen werden, wenn die Menschen-Iche nicht dem Tode verfallen sollten. Die todüberwindende Kraft, die im Erdenleibe wirksam werden will, können wir nur aus dem Christusopfer empfangen: aus seiner Menschwerdung und seinem Sterben, das dem Grabe die Gestalt eines neuen Leibes entrang. Sein Ichwesen, wenn wir es in uns aufnehmen, erweist sich als der Tempelerbauer. Er ist zum Grundstein des neuen Tempels geworden: zu einem Grundstein, der aus sich selbst zu wachsen vermag, der deshalb auch mit dem Lebensbaume in Zusammenhang gedacht werden darf. Diesen Grundstein gilt es in jede einzelne Menschenseele einzusenken. In der Berührung mit ihm lernt der Phönix in uns, die hohe Kunst des „Stirb und Werde" zu vollbringen.

49

Jetzt erst gewinnen wir ein Verständnis dafür, was Flegetanis, der weise Meister der Natur, in der Sternenschrift zu lesen vermochte. Er schaute, was sich als Neueinschlag für die Menschheitsentwicklung durch lange Zeiträume aus den Himmeln der Erde entgegenbewegte. Dann aber kam jene heilige Nacht, in der es sich, von Engeln getragen, mit jenem Kinde in die irdische Menschheitsströmung hereinsenkte, das dann der „neue Adam" genannt werden konnte. In diesem war „der Wunsch vom Paradies" erfüllt. Die Kräfte des Lebensbaumes, die dem Zugriff der schuldiggewordenen Menschheit entzogen sein mußten, begannen sich mit ihm neu zu schenken. Die Jungfrau, die dieses Kind gebar, ist damit zugleich das Urbild der Gralsträgerin geworden. Nur in die jungfräulichen Kräfte unseres Wesens hinein dürfen wir diesen Gral empfangen. Er weckt den Lebensbaum in unseren Tiefen auf, von dem alle lebenerneuernden Wirkungen für die kranke, todverfallene Menschennatur ausgehen.

Dieses kann *angeschaut* werden. Es ist das Phönixmysterium, das den höheren Menschen im Durchschreiten der Todeserlebnisse zum leibbefreiten Schauen erweckt. Trevrizent erklärt dem Parzival diese Erfahrungen, die mit einem peinvollen Durchringen von Todeszuständen verbunden sind und doch im Sterben das Leben finden lassen:

> Sei noch so groß des Menschen Weh,
> Sah er den Stein, so hell und licht,
> Stirbt er die ganze Woche nicht,
> Die nach des Schauens Tag ersteht.

Er will sagen, daß solche Auferstehungserlebnisse, die sich dem geistigen Schauen ergeben, eine ganze Woche nachwirken. Der Rhythmus der sieben Tage ist tief in der Menschennatur begründet, er ist auch für das christliche Erleben von grundlegender Bedeutung. Jeder Sonntag bezeichnet den Tag, an dem sich

das innere Ostererlebnis zum Heile der sterblichen Menschen=
natur in uns erneuern sollte. Es heißt, daß sich Jugendkräfte
dadurch mitteilen, die den Leib blühend erhalten, auch wenn
die Haare schließlich greis würden. Trevrizent versichert dem
Gralsschüler:

> Ja, solche Kraft verleiht der Stein
> Dem Menschen, daß ihm Fleisch und Bein
> Zu jugendlicher Kraft erblüht,
> Wenn er den Stein, den Gral, ersieht.

Im Sinne der Gralsweisheit, wie sie Meister Kyot gelehrt hat,
handelt es sich um eine Auferstehungswirkung bis in Fleisch
und Bein, das aber heißt: bis in das Knochengerüst hinein.
Deshalb legt ja Wolfram das Gewicht darauf, daß es ein „Stein"
ist, der da angeschaut und von innen her leuchtend wird.

Auch die vorchristlichen Mysterienstätten haben eine Todes=
einweihung gekannt: die Erweckung des übersinnlichen Men=
schen, der den physischen Leib unter sich zurückläßt, wenn er
sich im ätherischen Körper heraushebt und zum Schauen er=
wacht. Auf diese Art erfuhren sie zwar das Phönixgeheimnis;
aber sie wußten, das Wesen des physischen Leibes, wie es im
Mineralisch=Festen ausgeformt ist, muß dabei unverwandelt
zurückbleiben. Es ist todverhaftet. Nur wenn einstmals Der=
jenige kommen wird, der stärker ist als der Tod, wird auch der
physische Mensch von der Verwandlungskraft mitgegriffen wer=
den können, und zwar bis in die mineralische Struktur seines
Knochengerüstes hinein. Dieses ist der Todessieg auf Gol=
gatha. Daß diese einzigartige Kraft in die Menschheit künftig
hereinkommen werde, sah jener Weise, der hier Flegetanis ge=
nannt wird, in den Sternen voraus.

Chrestien de Troyes bleibt in seiner Schilderung des Grals
bei Imaginationen stehen, die einen sehr zarten, fast traum=
haften Charakter haben. Ein Ernährungsgeheimnis des höheren

Menschen, das sich im Bilde des sonnenhaft strahlenden Hostiengefäßes vor die Seele hinstellt, wird hier erfahren. Verklärungskräfte im Blut werden wirksam. Wolfram, im Sinne des Meisters Kyot, meint dagegen, es werde damit „der Märe Unrecht getan". Er ist ja ein ichhafter, ganz von Persönlichkeitskräften durchdrungener Mensch. Sein Christuserlebnis durchdringt „Fleisch und Bein"; es leuchtet bis in die Todestiefen, in denen es das neue Leben entfacht, das zur Auferstehung der Gestalt führt.

Diese höchste Kraft, die „in dem Steine", das aber heißt ja: in dem mineralischen Teile der menschlichen Leiblichkeit, wirksam werden will, geht einzig von dem Karfreitagsmysterium aus. Sie ist nicht ein für allemale da, sie muß immer aufs neue erzeugt werden. Trevrizent belehrt Parzival darüber an einem Karfreitag:

> Zum Stein kommt eine Botschaft heut,
> Die ihm die höchste Kraft verleiht.
> *Karfreitag* ist, das ist der Tag,
> Wo man das Wunder schauen mag,
> Wie eine Taube sich niederschwingt
> Vom Himmel und zum Steine bringt
> Eine Oblate, weiß und klein.
> Die legt sie nieder auf den Stein,
> Dann hebt ihr leuchtendes Gefieder
> Zur Himmelshöh' sie heimwärts wieder.

Das Mysterium der Taube muß sich mit dem Karfreitagserlebnis verbinden. Die christliche Überlieferung spricht zwar in ihrem Glaubensbekenntnis vom heiligen Geist; aber sie begnügt sich im wesentlichen damit, daß er zu Pfingsten ausgegossen worden ist und bis zu einem gewissen Grade noch in der apostolischen Zeit wirksam sein konnte. Sie pflegt nicht den Gedanken, daß dieser Geist durch das sich immerfort in den

Herzen erneuernde Christusopfer an die Erde herangezogen wird und sich fortwährend in das Menschenwesen ergießen will. Auch Wolfram läßt das Bild der Hostie vor dem inneren Blicke erstehen; er setzt damit die Gralswirkung in eine Beziehung zu dem, was sich gnadevoll im Sakrament dem Menschen schenken will. Aber diese Hostie, die Keimkraft des neuen Leibes, wird unmittelbar aus den Weltenhöhen herein — als Geisteswirkung — empfangen. Trevrizent, der heilige Einsiedler, kann dieses beschreiben. Es sind Kontemplationserlebnisse, zu denen er hindurchgedrungen ist. Er hat die kosmische Kommunion erfahren dürfen. Und nicht nur in nächtlichen Imaginationen, die noch traumverwandten Charakter haben, sondern im vollen Geisteswachen ist ihm diese Erfahrung zuteil geworden.

*

Die heutige Literaturwissenschaft pflegt fast durchweg die Persönlichkeit des Kyot zu leugnen. Einmal, weil sich trotz eifrigen Forschens nie eine ähnliche Dichtung in französischer Sprache auffinden ließ, die von einem Guiot (so müßte der Name ursprünglich geheißen haben) stammen würde. Andrerseits aber, weil die deutsche Parzivaldichtung so sehr das Gepräge der Wolframschen Persönlichkeit trägt, daß es ein kaum vollziehbarer Gedanke wäre, das ganze Epos nur für den Abklatsch eines französischen Originals zu halten. Dieser letztere Gesichtspunkt ist voll berechtigt, die originale Leistung Wolframs ist nicht zu bezweifeln. Es kann sich keinesfalls um ein Epos als Vorlage, nach der er gedichtet haben würde, handeln. Seine schöpferische Phantasie war selber fähig, die poetischen Gestalten und Situationen hervorzubringen, die den sittlichen und künstlerischen Wert dieser Dichtung ausmachen. Ein anderes aber ist der spirituelle Hintergrund, aus dem heraus Wolfram zu sprechen sich berufen fühlt. Es handelt sich bei den Gralsangelegenheiten um geistige Zusammenhänge, die nur mit höchster Verantwortung vertreten werden können. Hier ist allem Fabuliertrieb eine Grenze gesetzt. Denn Imaginationen, sofern sie der Ausdruck für geistige Erfahrungen sein sollen und Geisteskräfte in dem dafür Empfänglichen aufzuwecken vermögen, verlangen eine bestimmte Behandlung, in die keine persönliche Willkür oder ästhetische Stimmung mehr hineinzuspielen hat.

Wolfram nennt seinen Meister, dem er sich verpflichtet fühlt. Die Wissenden seiner Zeit werden verstanden haben, um was es sich dabei handelte. Es ist durchaus denkbar, daß seine Art der Schilderung, vielleicht sogar in der Namengebung, die Spur für diejenigen zu verwischen suchte, die man nicht gern auf diese Fährte hetzen wollte. Denn das beginnende 13. Jahrhundert ist eben die Zeit, wo aller Katharismus, wie er in der Provence gepflegt wurde, in höchster Gefahr stand, von dem Vernichtungswillen der römischen Inquisition ausgelöscht zu werden. Kyot ist derjenige Meister, der uralte Sternenweisheit, die in arabischen oder kabbalistischen Traditionen über Spanien in die neuere Zeit herübergerettet werden konnte, mit dem christlichen Geisteslichte zu durchdringen und dadurch zeitgerecht zu erneuern vermochte. Er muß ein Kenner großer Menschheitsströmungen gewesen sein, in denen morgenländische und abendländische Überlieferungen zusammenflossen.

Aus einer umfassenden Weltorientierung heraus, die sich einer ausgeprägten Symbolsprache bedient, hat Wolfram seine Dichtung gestaltet. Nur als Glied esoterischer Ordenszusammenhänge wird er für uns verständlich werden.

Gralsgeschlecht und Gralstempel

Der Meister Kyot, von dem Wolfram in tiefer Verehrung spricht, verfolgte noch eine zweite Spur, um zu den Grals= geheimnissen vorzudringen. Er suchte nach dem Geschlechte, das würdig wäre, den Gral zu pflegen:

> Das demutsvoll und herzensrein
> Und so sein Hüter dürfe sein.

Er durchforschte dazu die Chroniken von Frankreich, Britannien und Irland. Aber weder in diesen noch anderen Ländern wollte sich ein solches Geschlecht auffinden lassen: „bis er's in der Anschauwe fand".

Man hat dabei zunächst an das Herrscherhaus von Anjou gedacht. Aber es wird ausdrücklich gesagt, weder in Frankreich noch Britannien habe sich dieses Geschlecht finden lassen; und gerade aus Frankreich stammten ja die Anjous, und auf dem Throne Englands regierten sie zu jener Zeit. Parzivals Ahnen Gamuret und Gandin tragen auch nicht die Lilie des Hauses Anjou im Wappen, sondern den Panther. Man hat die eifrig= sten genealogischen Forschungen unternommen, um diesen Stammbaum aufzudecken. Am einleuchtendsten ist noch die Fährte, die in die Steiermark weist. Trevrizent nämlich, der dem Parzival von seinen weltweiten Fahrten durch die europäischen Länder wie durch Afrika und Asien berichtet, erzählt ihm, er sei einmal von Sevilla nach Gandin (einer Stadt in der Drau=

ebene bei Pettau) gekommen. Von dieser Stadt habe der Großvater Parzivals seinen Namen Gandin. Das Geschlecht sollte nach diesem Hinweis also ursprünglich aus der Steiermark stammen. Steiermark aber hat einen Panther im Wappen. Trevrizent fügt noch hinzu, daß weit umhergetrieben werde, wer wie er Schildesamt üben wolle. Der Bericht macht den Eindruck, als habe Wolfram darin seine eigenen Wanderwege anzudeuten versucht. Das Ideal eines kosmopolitisch orientierten Rittertums leuchtet hier vor uns auf, eines Lebens, das in ein Netz weltweiter Beziehungen hineinverwoben ist. Wir wissen, daß es zwischen den Katharergemeinden Südfrankreichs einerseits und den Bogomilen andrerseits, die vom Balkan herüber donauaufwärts eine mystische Geisteslehre nach Europa hereintrugen, durch all diese Jahrhunderte einen Austausch spiritueller Güter gegeben hat. Sollten sich hinter diesen Wanderzügen, wie sie hier aufgezählt werden, nicht solche geistigen Botengänge verbergen, die ihn von Sevilla, dem Sitz spanischarabischer Weisheitstraditionen, nach der Steiermark, aber dann auch bis in den fernen Orient geführt haben?

Auch in Niederösterreich gab es ein Geschlecht von „Anschowe", das mit den Steiermärker Burggrafen verschwägert war. Uns scheint jedoch, wenn man auf Wolframs sehr freie Art der Namensprägung achtet, daß hier ein Wortspiel vorliegen könnte. Das Geschlecht, das zum Gral berufen ist, muß ja als hervorragendste Anlage in sich die Kraft des Geistesschauens tragen. Kyot sucht nach Seelen, die sich vom bloßen Glauben zur *Anschauung* des Höchsten zu erheben vermögen. Sie sind die wahren Verwalter des Landes „Anschauwe". Dieses war das Erbe, das dem jungen Parzival nach seines Vaters Tode zufallen sollte; er ist zum König von „Anschauwe" berufen.

Wer aber ist der Urahnherr dieses edlen Geschlechtes? — Wolfram sagt: Mazadan. Man deutet diesen Namen als „Mac Adam", es wäre also auf den „Sohn Adams" damit hingewie=

sen. Ein Träger von Menschheitsimpulsen, nicht von engen Stammes= und Sippenzielen ist dieses Geschlecht. Mazadan wurde von der Fee Terdelaschoye nach Feimurgan entrückt. Wolfram vertauscht hier offenbar den Namen der Fee mit dem ihres Landes. Es ist die Fee Morgane gemeint, die nach der alt= keltischen Sage in Avalun wohnte, diesem vielgepriesenen „Land der Freude" (= Terdelaschoye). Von ihr wurden dem Mazadan zwei Söhne geschenkt, welche die Stammväter des Anschau= und Artusgeschlechts geworden sind. Feenblut also, ein uraltes Erbgut hellseherischer Fähigkeiten, strömt in den Adern dieses zwiefachen Stammbaumes. Sowohl die Grals= wie die Artusströmung wird damit als Trägerin hoher Geistes= kräfte gekennzeichnet, durch die der Menschheit Impulse über= irdischen Lebens zuteil werden sollten.

Parzival gehört nun durch seine Mutter Herzeloyde, die mit Gamuret aus dem Hause Anschau vermählt war, jenem alt= ehrwürdigen Geschlechte an, das bisher den Gral zu behüten hatte: dem Geschlechte Titurels. Dieses ist jedoch im Absterben begriffen. Es wartet deshalb auf den, der das Gralsgeschlecht in einer neuen Linie weiterführen, es verjüngen kann.

Wann aber spielt sich dieses alles ab? — Wolfram gibt einen deutlichen Hinweis an jener herzbewegenden Stelle, da er schil= dert, wie Herzeloyde beim Abschied ihres Sohnes, vom Schmerz getroffen, sterbend niedersinkt:

> Sie, eine Wurzel aller Güte,
> Aus der die Demut hold erblühte.
> Welch Schaden, daß nicht auf uns kam
> Bis auf das elfte Glied ihr Stamm!
> Drum sieht man soviel Falschheit üben ...

Der Dichter meint, es stünde um seine Zeit besser, wenn das Gralsgeschlecht noch leben und wirken würde. Elf Glieder müß= ten sich dann von Herzeloyde her fortgeerbt haben. Man rech=

nete jede Generation zu dreißig Jahren, das würde insgesamt 330 Jahre ausmachen, die seine Zeit von Herzeloyde getrennt wäre. So kommen wir, von etwa 1200 zurückgerechnet, in die zweite Hälfte des neunten Jahrhunderts. Damals lebten also Herzeloyde und ihr Sohn Parzival. Es ist die Zeit der Karolingerherrschaft, die sich einstmals von der spanischen Mark über Frankreich und Deutschland bis nach Österreich hinein ausbreitete.

Nach Wolframs Stammbaum (er weicht ein wenig von dem Chrestiens ab) ist Herzeloyde eine Schwester des siechen Gralskönigs Anfortas und zugleich des heiligen Einsiedlers Trevrizent. Sie sind Kinder des frühverstorbenen Königs Frimutel, des Titurel-Sohnes. Außerdem gehören noch zwei Schwestern dazu: Repanse de Schoye, die wir als die jungfräuliche Gralsträgerin bereits kennenlernten, und Schoysiane, die dem Herzog von Katalangen vermählt wurde und bei der Geburt ihres ersten Kindes, Sigune, starb. Sigune ist tief in das Parzivalschicksal hineinverflochten.

Diese wird als Waise von Herzeloyde, der Schwester ihrer Mutter, erzogen. Dort lernt sie Schionatulander, den Knappen des Gamuret, der ja Parzivals Vater ist, in zarter Jugend kennen und wird von ihm umworben. Wolfram hat diesem Liebespaar und seinem tragischen Schicksal eine ganze Dichtung geweiht. Es ist das sogenannte Titurelfragment: so bezeichnet, weil es mit einer Rede des greisen Titurel beginnt und die Geschichte seines ganzen Geschlechtes kurz vor uns erstehen läßt, ehe es zu der Schilderung jener innigsten und edelsten Minne übergeht, die an Zartheit wohl alles übertrifft, was uns aus der hohen Zeit des Minnesangs überliefert ist. Nach unserer Überzeugung ist es bis in die melodisch wandelnde Strophenform hinein, die der Dichter hier zum ersten Male anwendet, der Gipfel Wolframscher Poesie.

Man hat sich in der modernen Literaturwissenschaft ge=

wöhnt, diese Stammbäume Wolframs einfach mit dem Worte Fabeleien abzutun, weil man den Ursprung der vielfältigen Namengebung nicht aufzufinden vermag. Man will darin einen Tribut des Dichters an den Geschmack der höfischen Welt sehen, deren Phantasie sich gern in adligen Stammbäumen erging. Läßt man jedoch diese scharfumrissenen Gestalten und ihre Bedeutung für den Ablauf der ganzen Handlung unbefangen auf sich wirken, so muß man zu der Überzeugung kommen: hier enthüllt sich ein Schicksalsnetz, das geheimnisvoll zwischen den Gliedern eines verzweigten Verwandtschaftszusammenhangs geknüpft worden ist. Individualitäten, wenn auch sagenhaft verhüllt, treten an einem Zeitenwendepunkt mit aller Bedeutsamkeit hervor. Sie erweisen sich als schicksaltragend für das spirituelle Christentum, damit aber zugleich auch für den Fortgang der höchsten Menschheitsangelegenheiten.

*

Nun ist uns von einem anderen Dichter, der aber zunächst unter der Maske Wolframs zu uns zu sprechen sucht, eine umfassende Gralsdichtung geschenkt, die jene Wolframschen Bruchstücke von Sigunens und Schionatulanders Liebe in ihren Aufbau mithineinverwoben hat. Man nennt sie den „jüngeren Titurel". Dieses etwa zwischen 1270 und 1280 entstandene Werk schreibt man heute dem Albrecht von Scharfenberg zu, nachdem es lange Zeit für eine Wolframsche Dichtung gehalten wurde. Der „jüngere Titurel" greift die gesamten, in Wolframs „Parzival" teilweise nur angedeuteten Zusammenhänge noch einmal auf und ergänzt sie so vielseitig, daß vor unserem Blicke ein Schicksalsgemälde des gesamten Gralsgeschlechtes ersteht.

Dieser Stammbaum weist in das Morgenland und in das urchristliche Jahrhundert zurück. Der König Senabor von Kappadozien, so wird uns erzählt, hatte drei Söhne, die sich unter Kaiser Vespasian bei der Eroberung Jerusalems hervortaten.

Der eine dieser Söhne, namens Barille (auch Berillus genannt), erhält von dem Kaiser seine Tochter Argusille zur Gemahlin und wird von ihm mit dem Königtum von Frankreich belehnt. Auch die anderen Brüder erhalten Reiche im Westen. Diese drei Brüder, die die Taufe empfangen hatten, bekehren jene westlichen Länder zum Christentum.

Wieder sehen wir: die Zerstörung Jerusalems wird zum Ausgangspunkt für jene Geistesströmung gemacht, die sich die Aufgabe gestellt hat, die christliche Weisheit vom Osten in den Westen hinüberzuretten. Es ist die Strömung, die auf die einschneidende Tatsache der Tempelzerstörung mit dem Impuls antwortet, der ein tief=innerlicher ist, nun den „unsichtbaren Tempel" zu erbauen.

Es bedarf keiner Erklärung, daß all diese Könige, von denen die Gralssage spricht, sich nicht in den Dokumenten der Geschichtsforscher auffinden lassen. Sie sind „Geisteskönige", wie die im Mittelalter so hoch verehrten drei Weisen aus dem Morgenlande. Sagenhafte Reiche sind es, über die sie herrschen. Ihre Kronen wären für Erdenblicke unsichtbar gewesen, sie leuchten im Geiste. Kappadozien, als das Heimatland der drei Brüder, weist uns zu jenen Gegenden am Schwarzen Meere hin, die seit Urzeiten hohe Mysterienstätten bargen.

Der Sohn des Barille hieß Titurison. Dessen Ehe mit Elysabel, der Tochter des Königs von Arragun, blieb lange Jahre kinderlos. Deshalb unternahmen sie eine Wallfahrt zum heiligen Grabe. Ihr Gebet wurde erhört; ein Sohn wurde ihnen geschenkt, den sie Titurel nannten. Bei seiner Geburt verheißt ihnen ein Engel, er werde in keuscher Jugend ein Streiter für den Glauben, einstmals aber selbst ein Genosse der Engel sein. Mit Überkraft solle er die Christenheit gegen die Heiden verteidigen, zum Lohne dafür sich aber in den Glanz der Sonne kleiden dürfen. Diese Gralstradition führt uns nach Spanien. Wolfram hatte zwar schon Katalangen (Katalonien) als Herzog=

tum genannt, in welchem Sigune geboren wird. Aragonien erscheint nun als die Heimat der Elysabel.

> Wer in Galicien ist gewesen,
> Der kennt wohl Sankt Salvator und Salvaterre,

sagt Albrecht und meint damit das Galicien im nördlichen Spanien, wo das Gralsgebiet (Salvaterre) und Montsalvatsch, der „behaldene berg", zu finden sein sollen. Bei Wolfram jedoch weist sonst nichts darauf hin, daß die Gralsburg in Spanien gelegen sein sollte. Die Kämpfe, die Titurel gemeinsam mit seinem Vater gegen die Heiden auszutragen hat, spiegeln die historischen Kämpfe der Goten wider, die die christliche Kultur in Spanien gegen den Andrang der heidnischen Bevölkerung zu verteidigen haben. Später, im achten Jahrhundert, ist es die Abwehr des hereinbrechenden Islams, der ganz Europa zu überrennen drohte und nur mit Hilfe des karolingischen Schwertes in Schranken gehalten werden konnte.

Ludwig Uhland hat in einer Nacherzählung die für unseren Geschmack allzu wuchernde Bilderfülle des Titurelepos auf wenige schlichte Linien zurückgeführt. Wir setzen einen Abschnitt daraus hierher:

„Wie dem Wächter nach langer, kalter Nacht der aufglänzende Morgenstern, wie allem Lebenden der wonnereiche Mai, wie nach kaltem Reif die Sonne, wie in Mittagsglut ein Brunnen und einer duftigen Linde breiter Schatten, wie dem Bedrängten der milde Freund, wie dem Beraubten, der Gericht begehrt, des Königs Gruß, wie dem Blinden, wenn er es wiederfände, das Augenlicht, wie dem Durstigen der süße, klare Wein, dem müden Gaste die Herberge, wie dem Liebenden das Geliebte, über all dieses herzerfreuend ist der Anblick des schönen Jünglings Titurel. Vielfach wird ihm der Frauen holder Gruß geboten, ein Klausner hätte sich daran entzündet. Doch Titurel ist eingedenk der Verkündigung des Engels bei seiner Geburt.

Im Kampfe für das Christentum will er von Gott verdienen, daß ihm einst ein Kuß von rotem Munde werde. Mit dem Vater zieht er auf Heerfahrt gegen die Sarazenen von Auvergne und Navarra. Zween Falken gleich schweifen die beiden in rau=
schendem Flug umher, bis in allen Abendlanden der Heiden wenig sind.

So wirbt er, in unverblühter Jugend, bis zum fünfzigsten Jahre; da bringt der Engel die Botschaft, daß Titurel um seiner Tugend willen zum Gral erwählt sei. Er scheidet von den Eltern, die in Tränen Gott loben. Vom Gesang der Engel geleitet, kommt er zu einem pfadlosen Walde, der nach allen Seiten sechzig Meilen sich erstreckt. Zypresse, Zeder, Ebenbaum, Ge=
hölz aller Art ist hier wild verwachsen, fremde Vögel singen in den Zweigen. Mitten im Walde ragt ein Berg, den niemand finden kann, als wen die Engel führen, der bewahrte, behaltene Berg, Montsalvatsch. Mit vielen Gezelten liegt auf diesem Berge Titurels künftige Schar. Über ihr schwebt in reichem Gehäuse der Gral, von unsichtbaren Engeln gehalten; denn noch lange soll nicht geboren sein, der ihn berühren darf. Was sie bedür=
fen, gibt der Gral, welch Gefäß man darunterhält, es ist mit der besten Labung voll. Reich an Gold und edeln Steinen ist das Land, Salvaterre, denen bekannt, die in Galicien fahren. Hier waltet Titurel, herrlich vor allen Königen. Er baut auf Montsalvatsch eine weite Burg, von ihr aus dient er Gott mit Speer und Schwert gegen die Heiden, die sich in der Wildnis ansiedeln wollen. Noch immer bleibt der Gral schwebend, da beschließt Titurel, ihm einen Tempel zu stiften, dessen Pracht niemand überbieten könne, ganz aus edlem Gestein, aus lau=
trem Gold und, wo man Holz zu dem Gestühle braucht, aus Aloe. Was man zum Werke bedarf, findet man von dem Grale bereit.

Der Fels des Berges ist ein Onyx; eine Schichte desselben, mehr denn hundert Klafter im Umfang, säubert Titurel von

Gras und Kräutern; er läßt sie schleifen, daß sie wie der Mond erglänzt. Auf ihr findet er eines Morgens den Grundriß des Werkes eingezeichnet. Rund, mit zweiundsiebenzig Chören, jeder von acht Ecken, erhebt sich der Bau. Innerhalb und außen glänzt aus rotem Golde jeder Edelstein nach seiner Farbe. Je auf zwei Chören ruht ein hohes Glockenhaus, allum zu einem Kranze stehen Türme, achteckig, mit vielen Fenstern; inmitten hebt sich einer, zweimal so groß als die anderen. Die Turmknöpfe brennende Rubine, darauf kristallene Kreuze, auf jedem Kreuz ein Aar, von Gold funkelnd; von fern scheint er im Fluge zu schweben; das Kreuz, darauf er ruht, verschwindet dem Auge. Des mitteln Turmes Knopf ein Karfunkel, der den Rittern des Grals, wenn sie im Walde sich verspätet, durch die Nacht zur Heimat leuchtet. Zwo Glocken mit goldnen Klöpfeln rufen zum Tempel und zum Konvent, zum Tisch und zum Streite. An den Außenwänden des Tempels ist ergraben und ergossen, wie seine Diener täglich gewappnet zum Schutze des Grales kämpfen. Drei sind der Pforten, von Mittag, Abend und Mitternacht, jede mit reichen Vorlauben geziert. Nach Morgen sind die meisten Chöre gerichtet; gen Mittag führt ein Kreuzgang zu der Wohnung der Brüderschaft. Im Innern des Tempels ist das Gewölb ein blauer Himmel von Saphiren, mit Karfunkeln gestirnt, die selbst in dunkler Nacht erglänzen. Dazwischen ziehen, durch verborgene Kunst, die goldne Sonne und der silberne Mond, die sieben Tageszeiten zum Gesang anzeigend. Der Estrich ein kristallnes Meer; wie unter dünnem Eise, sieht man Fische und Meerwunder sich bekämpfen. Die Mauern von Smaragd, darauf goldne Bäume mit Vögeln besetzt ... Nirgends spannenbreit im Tempel ungeschmückt. Die Fenster, statt Glases, Berylle; auf ihnen, daß nicht der Glanz das Auge verletze, Bilder aus farbigem Gestein, nach welchem die Sonnenstrahlen sich färben. Entbehrlich ist zwar der Fenster Helle, Überfluß an Licht geben die edeln Steine, deren Glanz das lichte

Gold entzündet ... Welche Stimme im Tempel ertönt, durch die edle Art der Steine, die Weite und Höhe des Raums, wird der Widerhall in hellem Tone verlängert, wie wenn im Walde Orgel= klang ertönte. Der größern Chöre einer ist dem heiligen Geiste geweiht, der Patron über all den Tempel ist; der nächste dabei der reinen Mutter Gottes, der dritte dem Johannes, die folgen= den den übrigen Zwölfboten ... In der Mitte des Tempels aber steht ein überreiches Werk, diesen im kleinen darstellend, jedoch nur mit einem Altar; hier soll der Gral bewahrt werden, wenn er sich niederlassen wird. In dreißig Jahren ist der Bau vollbracht. Ein Bischof weiht Tempel und Altäre; da führt der Engel den Gral in die köstliche Zelle, die ihm bereitet ist."

Auf eine hohe Individualität wird mit dieser Schilderung hin= gedeutet, die nicht allein nach ihrer physischen Erscheinung beurteilt werden darf. Der Erdenleib ist dem Gesetz des Alterns und Sterbens unterworfen, die Äthergestalt kann ihn mit Jugendkraft überstrahlen. Deshalb ist es verständlich, wenn Titurel mit fünfzig Jahren in unverblühter Jugendlichkeit erscheint. Wird doch sogar von ihm gesagt, daß ihm erst mit vierhundert Jahren gestattet wurde, eine Gemahlin zu erwäh= len und ein Geschlecht auf Erden zu begründen. Von einer ewi= gen Individualität ist hier die Rede, die ebenso wirksam ist, ob sie im Erdenleibe lebt oder im Geistesdasein. Wie Johannes der Täufer erst nach langem Warten den Eltern verheißen ward, ähnlich geschieht es auch mit Titurel. Durch eine Pilger= fahrt zum heiligen Grabe gelingt es dem frommen Elternpaare erst, diesen Sohn ins Erdendasein hereinzuerflehen. Es soll damit auf den tiefen Zusammenhang dieser Individualität mit den Ereignissen von Golgatha hingewiesen werden. — Die Be= rufung zum Gral, das Engelsgeleit in die Einsamkeit der Berge läßt uns ahnen, daß hier eine Persönlichkeit sich aus dem Leben der Welt herauslöst und den Stand des Eremiten erwählt.

Wieder erscheint der Gral, die von Engelhänden schwebend

gehaltene Schale, als ein Speisungsgeheimnis. Dreißig Jahre baut Titurel mit seiner Ritterschar an jenem Tempel, der das Heilige in sich aufnehmen soll. Einstmals wurde in einem glei=chen Zeitraum an dem reinsten Tempel auf Erden gebaut, ehe der höchste Geist in ihm Wohnung nehmen konnte: es war der Leib des Jesus von Nazareth, der erst dreißig Jahre von der Christusglorie überschwebt war, bis in der Jordantaufe dieses höchste Sonnenwesen in ihm Einzug hielt.

Es wird von Titurel gesagt:

> „Mit Kraft war er wiegend
> Das Tempelwerk, wacht er oder schläft er."

Alle Baustoffe, deren er zur Vollendung des Tempels bedarf, steuert ihm der Gral selbst dazu bei. Nicht also nur Speise und Trank vermag der Gral zu spenden; auch Gold und Edelsteine, alle Baumaterialien für das Heiligtum schafft er auf geheimnis=volle Weise herbei. Denn der Gral ist der Quell aller Substanz=bildung. In ihm ist zugleich das Mysterium der aus dem Geiste heraus sich erbildenden Lichterde, des neuen Jerusalems be=schlossen.

Es ist offenkundig ein Bild für Meditationsvorgänge, was uns mit diesem Tempelbau beschrieben werden soll. Wer den ver=borgenen Geistleib in sich auszubilden sucht, muß eine Arbeit leisten, die auch des Nachts ihre Fortsetzung findet. Denn ge=rade während der Schlafenszeit gestaltet der höhere Mensch die Organe seines übersinnlichen Leibes aus. Unsichtbare Mächte ergreifen die Frucht der Seelenübungen und bauen nach höheren Gesetzen den Tempel des Geistesmenschen auf.

Es handelt sich um Erfahrungen der Kontemplation, die der=jenige machen darf, der sich auf den Weg zum geistigen Leben begeben hat. Kontemplierende sind die wahren Templeisen; sie bauen einen Tempel der Ehrfucht auf. Sie bauen ihn aus Kräften der Gemeinschaft heraus. Dieser Tempel ist ein Nach=

bild des ganzen Kosmos. Auch der Menschenleib ist ja seinen verborgenen Kräften und Gesetzen nach ein Mikrokosmos. Wird er im Tode aus der engen Erdenform befreit, so wächst er mit seinen Bildekräften, die im Stofflichen zusammengepreßt waren, ins Erhabene hinaus: seine Kuppel weitet sich zum Gewölbe aus himmelblauen Saphiren, wenn im Menschen= haupte die weltumfassende Weisheit gedacht worden ist; ein innerer Sternenhimmel kann im Erdenmenschen aufleuchten, eine innere Sonne aus den Herzenskräften, ein innerer Mond aus den spiegelnden Gedankenkräften heraus wirksam werden und das Seelenleben mit heiligen Rhythmen durchwalten.

Man hat diesen Tempelbau architektonisch nachzukon= struieren gesucht. Es schien jedoch unmöglich.* Der Geist der Gotik, der allen Stoff der Erdenschwere entreißen und die Ge= wände auflösen möchte, daß sie das Licht durch alle Hallen fluten lassen, findet in diesem Gralstempel seinen gesteigerten Ausdruck. Es ist die Überwindung des romanischen Stils, in dem das frühe Mittelalter baute. Das Dunkel der Gewölbe lichtet sich auf, die Krypta verschwindet. Die Gruft ist ge= sprengt. Das Leben, das durch den Tod gegangen ist, will in die Höhen und Weiten hinauswachsen.

Man hat das Einzigartige dieser Tempeldichtung, die den herrlichen Auftakt des „jüngeren Titurel" bildet, wohl zu wür= digen gewußt. Sulpiz Boisserée, dessen begeisterter Einsatz für die Vollendung des Kölner Dombaus in den ersten Jahr= zehnten des 19. Jahrhunderts bekannt ist, hat diesem Thema eine besondere Schrift gewidmet, weil er in jener Dichtung die Impulse lebendig fühlte, denen auch er als Romantiker seine ganzen Kräfte zu weihen bereit war.** Er sagt: „Die Beschrei=

---

* E. *Droysen*, „Der Tempel des heiligen Gral nach Albrecht von Scharffenberg", Bromberg 1872.

** S. *Boisserée*, „Über die Beschreibung des Tempels des heiligen Grales in dem Heldengedicht Titurel". München 1834.

bung des Tempels des heiligen Grales ist die einzige wahrhaft bedeutende Stelle über die Baukunst, welche man bis jetzt in den deutschen Dichterwerken des Mittelalters gefunden hat; aber sie ist auch für die Geschichte unserer Baukunst und selbst für jene unserer Poesie von großer Wichtigkeit." Er vertritt die Auffassung, daß der Verfasser die Hochblüte unserer gotischen Baukunst bereits erlebt haben müsse und deshalb erst im 14. Jahrhundert diese Strophen geschrieben haben könne. Nun hat aber, wie damals noch nicht bekannt war, Albrecht bereits gegen 1280 sein Werk vollendet. Wir sehen daraus, daß die gotischen Bauideale in den Seelen bestimmter Menschen mit aller Inbrunst und visionären Kraft gepflegt worden sein müssen, ehe sie die Möglichkeit fanden, sich im Steine voll zu verkörpern. Der Dichter muß eben durchaus nicht immer nur das beschreiben, was er schon in der Sinnenanschauung vorfindet. Wahre Dichtung hat wegbahnende Kraft, wie Goethe in seinem „Vermächtnis" es ausspricht:

> Denn edlen Seelen vorzufühlen,
> Ist wünschenswertester Beruf.

Wir wissen vielmehr, daß die Tempelbeschreibung in Albrechts „Titurel" für manche Bauten impulsierend sich ausgewirkt hat. Erwähnt doch selbst Boisserée in seiner Schrift, daß die märchenhafte Pracht des Gralstempels, nicht lange nach der Vollendung des Gedichts, im kleinen an der heiligen Kreuzkapelle in der Burg Karlstein bei Prag einigermaßen verwirklicht worden sei. Kaiser Karl IV. ließ dieselbe in seiner Burg zur Aufbewahrung der Reichskleinodien erbauen. Noch heute kann man diese Kapelle bewundern, deren Wände mit geschliffenen Achaten, Amethysten, Chrysoprasen und anderen farbigen Edelsteinen bedeckt sind. Selbst die Fenster waren aus lauter Beryllen und Amethysten, in vergoldetem Blei gefaßt. Die Gewölbe, deren Rippen und Schlußsteine mit Edelsteinen und

Perlen verziert sind, stellen das Firmament dar. Boisserée sagt, daß die ins Phantastische getriebene Pracht der Ausschmückung des Gralstempels durch die apokalyptische Beschreibung des himmlischen Jerusalems veranlaßt worden sein müsse; werde doch dieses bei der Einweihung einer jeden Kirche als Ideal derselben vorgehalten. Auch im „Titurel" finden wir eine Stelle, in welcher es als das Vorbild des Gralstempels gepriesen wird.

Wer sind nun diese Templeisen, die da unter Titurels Leitung das Urbild der Kathedralen im Äther erbauen?

Es sind Tote. Dieses ist in der Tat ein Schlüssel zum Verständnis mancher Gralsgeheimnisse, wie ihn Rudolf Steiner gegeben hat. Er schildert einmal*, wie die jungen nordischen Völker in ganz anderer Art das Christentum aufnahmen als zunächst die südlich=lateinischen. Sie brachten noch ein Erbgut alter hellseherischer Fähigkeiten mit, als sie — vom 4., 5. bis zum 12., 13. Jahrhundert — in die christliche Kulturwelt eintraten. Eine unmittelbare, wenn auch schattenhafte Anschauung von dem Weiterleben und Weiterwirken der Toten war ihnen noch eigen. So verfolgten sie mit dem Seelenblicke den Helden über den Tod hinaus, der in der Schlacht kämpfte und fiel. Sie sahen, wie er in die Schar der Einherier aufgenommen wurde —, und wenn er schon für das Christentum gewirkt hatte: wie er sich mit den Seinen um den Christus scharen durfte, um für die hohen Ziele weiter zu kämpfen, denen er auf Erden sein Leben geweiht hatte. Es bestand für jene Menschen tatsächlich kein Abgrund zwischen der physischen und der geistigen Welt.

„Die Toten blieben bei den Lebendigen", sagt Rudolf Steiner, „und besonders hervorragende, verehrte Persönlichkeiten, sie machten in der ersten Zeit nach ihrem Tode, also der ersten Zeit, nachdem sie für die geistige Welt geboren waren, gewissermaßen das Noviziat durch für das Heiligwerden... Eine Anzahl

---

* In den Vorträgen „Das Geheimnis der Trinität". Dornach, 28. Juli 1922.

dieser Menschen, die lebendige Tote waren, sie wurden, wenn sie besondere Auserwählte waren, zu Hütern des heiligen Grals bestellt... Und man wird die Gralssage niemals vollständig verstehen, wenn man nicht weiß, wer eigentlich die Hüter des Grales waren. Zu sagen etwa: dann wären ja die Hüter des Grales keine wirklichen Menschen — das wäre den Leuten der damaligen Zeit höchst lächerlich erschienen. Denn sie hätten gesagt: Glaubt ihr Schattenfiguren, die ihr auf der Erde wandelt, daß ihr mehr seid, als diejenigen, die gestorben sind und sich nun um den Gral sammeln?"

Jene hohe Individualität, die in der Sage Titurel genannt wird, dringt also in das Totenreich ein, als sie den Berg gewahr wird, „den niemand finden kann, als wen die Engel führen". Auf diesem „Berg des Heils" zeltet jene Ritterschar, die vom Grale auf wunderbare Weise ernährt wird. Die Dichtung will nicht etwa den Tempelherrenorden charakterisieren, wie man oftmals gemeint hat. Dieser trug ja das Kreuz als Symbolum, die Templeisen der Dichtung jedoch tragen die Taube. Denn sie sind die Gemeinschaft des heiligen Geistes. Während auf Erden die Kirche den heiligen Geist immer mehr in der Tradition ersterben läßt und ihn nicht mehr als ein lebendiges Prinzip, als das eigentlich vorwärtstreibende Prinzip in der christlichen Entwicklung wirksam sein lassen will, geht der Strom des wahren Christentums in einer anderen Welt weiter. Er rettet sich in das Reich der Toten hinein. Auf eine übersinnliche Ordensgemeinschaft ist hier hingedeutet, die ihre Kräfte dem heiligen Geiste weiht. Seelenübungen sind es, die den Gralstempel in Äthersphären auferbauen. Aber nicht die eines Einzelnen, sondern was in Gemeinsamkeit geistig erarbeitet wird, fließt hier zusammen. Es verdichtet sich vor dem geistigen Blicke zu jenem Bauwerk, das in dreißig Jahren heranwächst. Dieser Tempel ist das Ergebnis gemeinsamer Kontemplation.

Die Gralssage will auf die Tatsache aufmerksam machen,

daß sich in den Geisteswelten ein machtvolles Zentrum gebil=
det hat, von dem die Führung der christlichen Angelegenheiten
auf Erden ausgeht. Nicht in Rom sind die Hüter der christlichen
Impulse zu finden; nirgends wird die Autorität der römischen
Kirche genannt. Auch nicht in dem irdischen Jerusalem, das
die Kreuzfahrer oftmals als den geistigen Mittelpunkt des
Christentums zu betrachten pflegten. Die christliche Entwick=
lung steht im Schutze der großen Toten, die aber die wahrhaft
Lebendigen sind. Um dieser fortwirkenden Inspiration teil=
haftig zu werden, muß sie den Anschluß an jene Sphären
suchen. Zur Gralsuche die Seelen aufzurufen, war das Anliegen
derer, die jene großen Sagenbilder in die Zeit aussäten.

Und es war ja die gleiche Zeit, in der die römische Macht=
kirche ihren Höhepunkt erreichte. Wolfram dichtet seinen Par=
zival genau in den Jahren, als Innozenz III. die stärksten Macht=
impulse entwickelte. Dieser ist auch der erste Papst gewesen,
der um jene Zeit (1208) den Anklagen gegen den gerade zu
höchstem Glanze aufsteigenden Templerorden Gehör schenkte
und ihm mit Entzug der Privilegien drohte. Wir wissen jedoch,
wie dieser Orden seine segensvolle Wirksamkeit noch ein Jahr=
hundert lang in Europa entfalten durfte, ehe ihm jener diabo=
lische Prozeß gemacht wurde, der all sein Streben und Wirken
in ein Zerrbild verkehrte und schließlich zu den auf der Folter
erpreßten Geständnissen führte. Im Jahre 1314 ging der Groß=
meister Jakob von Molay mit seinen Getreuen, seine Unschuld
beteuernd, in den Flammentod hinein. Man darf von diesem
Orden wohl sagen, daß er in seiner mutvollen und christ=erge=
benen Wirksamkeit bis zu einem gewissen Grade einen irdi=
schen Abglanz der wahren Templeisen darstellte, die sich in
Geisteswelten um den heiligen Gral scharten. Der Kampf gegen
den Templerorden und seine rücksichtslose Ausrottung muß
durchaus als ein Vernichtungsschlag verstanden werden, den
bestimmte Mächte gegen das Gralstum führen wollten.

Wenn uns die Titureldichtung mit dem Lande Salvaterre in das nördliche Spanien versetzt, so deutet sie damit nur auf die Tatsache hin, daß in jenen Gegenden eine Gemeinschaft — vielleicht war es eine klosterähnliche Niederlassung oder eine geheime Bruderschaft auf einer der Burgen — gefunden werden konnte, die den bewußten Umgang mit der Welt der Toten zu pflegen vermochte und gleichsam in ihrem Erdenstreben schon an den Gralsgeheimnissen teilhaben durfte. Von dieser Stätte im Norden Spaniens hat Rudolf Steiner geschildert, wie in ihr bis in den Beginn des Zeitalters der Kreuzzüge noch wirkliche Einweihungsgeheimnisse gehütet wurden. Er nannte, was dort gepflegt wurde, die spätgotischen Mysterien. Denn in den Gebieten nördlich und südlich der Pyrenäen stand ja durch Jahrhunderte das Katharertum in hoher Blüte, in dem sich auf verborgene Art manichäische Weisheit und Gesinnung in das christliche Abendland hinein fortpflanzen konnte.(5)

Eine gewisse Anschauung hat noch der alte Goethe von solchen kontemplativen Gemeinschaften gehabt und sich ahnend in ihre Geheimnisse zu versetzen vermocht. So mündet seine Faustdichtung in die Darstellung einer solchen Stätte ein, die er in die schwer zugängliche Felsenlandschaft des Montserrat verlegt. Er hatte durch Alexander von Humboldt eine Beschreibung von jenen Eremitagen in der nordspanischen Bergeswelt erhalten. Da leben die heiligen Patres, wie wir sie aus der letzten Faustszene kennen, in Weltabgeschiedenheit und erheben sich durch ihre Seelenübungen bis zu jenen Zuständen, in denen sie mit der Welt der Toten Zwiesprache halten können. Vor allem einer, der Pater Seraphicus, wird sogar zu einem Hüter der frühverstorbenen Kinder. Er weist sie an, den Übergang in die höheren Sphären zu finden, wo sie dann in den Dienst der Engel treten dürfen. Goethe läßt uns einen übersinnlichen Lebenszusammenhang ahnen: es ist eine stufenweise emporführende Lehrstätte im Geisterreich, welche die unsterbliche

Individualität des Faust in sich aufzunehmen bereit ist. Er scheint einer der Ihrigen, der lang Zurückerwarteten zu sein. So wird er, obwohl er durch Erdentiefen gegangen ist und schwere Schuld auf sich geladen hat, als ein Lehrer in der Höhenwelt empfangen. Denn er hat das Wagnis eines manichäischen Lebens gelebt, das der Begegnung mit den Dunkelmächten nicht ausgewichen ist.

Die Titureldichtung schildert, wie die Gralsburg in einem Bannkreis von sechzig Meilen von einem unzugänglichen Walde umgeben ist. Nur wer zum Gral berufen ist, findet hier Zugang. Wer unberufen in den Bezirk von Salvaterre eindringt, wird von den Gralshütern zurückgeworfen. Die Ritterschaft hat die Aufgabe, das heilige Gebiet zu schützen. Denn die übersinnliche Welt läßt nicht ungestraft den unbefugten Einbruch in ihren Lebensbereich zu. Aber die Gralshüter tragen auch Weltverantwortung. Sie haben für das Christentum im Zeichen der Taube zu wirken, das aber heißt, für das heraufkommende Zeitalter des heiligen Geistes. Dafür müssen sie oftmals das „Abenteuer" des Erdenlebens auf sich nehmen. In der Gralsbelehrung, die Parzival bei Wolfram durch den Einsiedler Trevrizent empfängt, heißt es:

> Es wohnt wehrhafte Ritterschar
> Zu Munsalväsche beim Grale dort.
> Sie reiten durch die Lande fort
> Auf Abenteuer und Gefahr;
> Und ob der Tempeleisen Schar
> Preis oder Kummer möge finden,
> Sie tragen es für ihre Sünden.

Denn der Gralsgesandte nimmt die Lebensprüfungen in tiefer Schicksalsbejahung hin. Ist er auf Erden für den Gral wirksam und muß er dafür Leiden und Anfechtungen auf sich nehmen, so klagt er nicht die anderen an; er betrachtet, was ihm auf=

erlegt wird, als Ausgleich für die eigene noch ungesühnte Lebensschuld.

Christus spricht einmal zu seinen Jüngern von der Freude, die sie darüber empfinden sollen, daß ihre Namen in den Himmeln aufgeschrieben seien. Von denen nun, die zum Grale bestimmt sind, wird gesagt, daß rings um den Gral jedesmal ein Epitaphium erscheine, das Namen und Geschlecht dessen kundgebe, der für die Heilsfahrt erkoren sei. Denn Gralszugehörige sind begnadete Individualitäten, die bereits aus früheren Leben jene Reife mitbringen, durch die ihre Wesenheit in der Geisteswelt bewußt aufzuleuchten vermag, wenn sie den Erdenweg wieder antreten:

> Ob Mägdlein kund sie tut, ob Knaben,
> Die Schrift braucht niemand wegzuschaben:
> Sie schwindet hin und tritt zurück,
> Wenn man sie las, vor aller Blick.

Was soll damit gesagt sein? — Wenn eine solche Seele zur Erde herabsteigt, leuchtet ihr Name am Rande des Grales auf. Er erlischt, sobald sie in die Verkörperung untergetaucht ist. Es ist ein Gesetz, daß sogeartete Individualitäten bereits in früher Kindheit den Anschluß an jene Welt finden; sie glänzt in bestimmten Erlebnissen in sie herein. Dadurch bleibt, wenn auch zunächst unbewußt oder nur ahnungsvoll, die Gralswirkung und Gralsführung in den tieferen Seelengründen bewahrt. Sie hat schicksalbildende Kraft. Sie waltet als Berufung innerhalb des Schicksalsganges:

> Sie alle kamen hin als Kind,
> Die dort nun als Erwachsne sind.
> Heil sei der Mutter, die geboren
> Ein Kind, das für *den* Dienst erkoren!
> Ob einer arm, ob einer reich,
> Die Freud' ist doch bei allen gleich,

> Ergeht an sie der Ruf, zu weihn
> Des Grales Schar ihr Kindelein:
> Man holt sie hin aus manchem Lande...

Gralszugehörige Seelen können innerhalb der verschiedensten Länder und Völker verkörpert sein. Sie bilden ein Geschlecht, für das die nationalen Unterschiede nichts Wesentliches mehr bedeuten. Herzeloyde war eine solche Seele, die sich von früh auf dieser Geistesströmung verpflichtet wußte. Sie löste ihren Sohn aus allen traditionellen Zusammenhängen heraus. Weder ritterliche Kultur noch kirchliche Überlieferung sollte Parzival in seiner Jugend kennenlernen; aber Herzenskräfte, die ihn tief mit den Kreaturen mitempfinden ließen, kündeten sich früh in ihm an. In seinen Seelengründen waltete Berufung, die ihn stufenweise im Erdenleben dem Geist=Erwachen entgegen= führte.

In der Beschreibung des Gralstempels wird von einem Kar= funkel gesprochen, der den Knauf am mittelsten Turme des Baus bildet und der auch in der Nacht den Gralsrittern, die sich in der Wildnis verirrt haben mögen, noch den Weg zur Burg zurück weist. Damit ist angedeutet, wie die gralszugehörigen Seelen eine immerwährende Orientierung haben, die sie im Erdendunkel und in Lebenswirrnissen nie im Stiche läßt. Edel= steine wurden in der alten Weisheit stets als Mittler hoher Wel= tenkräfte angesehen. Auch die ewige Stadt, das Jerusalem der Höhen, ruht mit ihrer Mauer auf zwölf Grundsteinen, die mit ganz bestimmten Edelsteinen geschmückt sind. So finden auch Saphir, Beryll, Rubin und andere Steine zur Ausgestaltung der Gralsburg Verwendung, und ein jeder erfüllt seine besondere Aufgabe. Der Karfunkel ist ein Stein, der tiefste Herzenskräfte anzusprechen vermag. Er weckt das ätherische Licht im Blute auf, durch das die immerwährende Gegenwart des Christus erfahren werden kann. Wenn die Sage davon spricht, daß er

den Rittern des Grales auch in der Nacht die Pfade erleuchtet, so wird damit auf jene Imaginationskraft hingedeutet, die dem Menschenherzen in jeglicher Lebenslage die Geistesgegenwart verleiht, die rechten Entschlüsse zu fassen; sie ist ein Bluts=
geheimnis, das dem Ich die innere Wegsicherheit vermittelt und ihm dadurch auch dort noch ein Gefühl der Geborgenheit gibt, wo sich die Schicksalsführung dem Erkennen zeitweise zu verhüllen scheint. Novalis hat das Geheimnis des Karfunkels in seinem „Heinrich von Ofterdingen" mit poetischen Worten beschrieben:

> Es ist dem Stein ein rätselhaftes Zeichen
> Tief eingegraben in sein glühend Blut.
> Es ist mit einem Herzen zu vergleichen,
> In dem das Bild der Unbekannten ruht...(6)

*

Titurels Gestalt läßt sich mit keinen Maßstäben irdisch=
menschlicher Biographien erfassen. Wenn es von ihm heißt, daß er 400 Jahre alt war, da er die Erlaubnis erhielt, sich mit der Königstochter Richoude zu vermählen, mit der er das Grals=
geschlecht zeugte, so kann das nur besagen, daß von diesem Zeitpunkt an die Gralsströmung erst in irdischen Persönlich=
keiten zum Ausdruck kommt. Im Geistgebiete konnte man Titu=
rel durch Jahrhunderte hindurch finden; er stand fortdauernd hinter der Entwicklung des abendländischen Christentums. Wenn erzählt wird, er diente dem Gral mit Speer und Schwert gegen die Heiden, die sich in jener Wildnis ansiedeln wollten, so wird damit auf Zeiten hingedeutet, in denen sich der christ=
liche Impuls den europäischen Raum erst erkämpfen mußte, um auf ihm zu einer Kulturgestaltung kommen zu können, in der der Christusgeist Leben gewinnen sollte. Dieses geschah von der Zeit der Völkerwanderung an. Junge Völker prallten damals mit dem niedergehenden römischen Imperium zusammen und

gründeten in Westeuropa neue Reiche, die dann die Träger des abendländischen Christentums werden konnten. So wirkte sich die verborgene Geistesführung in mächtigen Kämpfen und Staatengründungen aus. Sie hat im besonderen noch einmal im achten Jahrhundert, als die mohammedanischen Eroberer von Nordafrika aus ihre Heere nach Spanien hinüberwarfen, das westgotische Reich zerschlugen und in kurzer Zeit die Pyre=
näenpässe zu überschreiten vermochten, rettend eingreifen müs=
sen. Karl Martell schlug die arabischen Heere in blutigen Kämp=
fen zurück. Das karolingische Schwert suchte den bedrängten christlichen Stämmen in Nordspanien zu Hilfe zu kommen.

Die Taten Karls des Großen, wie sie sich etwa in der Roland=
sage spiegeln, bedeuten die Abschirmung des christlich=abend=
ländischen Kulturraums gegen den Ansturm des Arabismus. Diese Kämpfe und die damit zusammenhängende karolingische Politik, die von einem planenden Ordnungswillen getragen war, geschahen aus der Gralsverantwortung heraus. Auch das andere Epos, das uns von Wolfram noch erhalten ist, der „Willehalm", ist seinem Stoff nach aus jener Zeit genommen, da sich die karolingische Kultur mit dem andrängenden Islam auseinanderzusetzen hatte. Wir sehen, Wolfram von Eschen=
bach kreist mit seinen Gedanken und Empfindungen um eine ganz bestimmte Zeit herum, und er läßt sie in der Dichtung auferstehen, weil es für seine eigene Zeit, wenn auch auf einer anderen Ebene, um ähnliche Fragen geht. Die Sorge um den Fortgang der abendländischen Kultur und ihrer christlichen Sendung durchdrang damals die Seelen der Wissenden, zu de=
nen Wolfram gehörte.

Nicht ein nationales Reich galt es für die Karolinger zu grün=
den, sondern ein kosmopolitisches Imperium, das trotz der Not=
wendigkeit, auf europäischem Boden die Araber zurückzudrän=
gen, großzügig mit dem Kalifenhofe eines Harun al Raschid in kulturellen Austausch zu kommen suchte und trotz der Bereit=

schaft, die christliche Kirche mit dem Schwert zu schützen, doch nicht einfach dem Römischen Stuhle hörig zu werden gewillt war. Deshalb konnte Rudolf Steiner aussprechen, daß die Epoche der karolingischen Reichsgründung der Zeitpunkt gewesen sei, in welchem jene hohe Geistesführung, die sich hinter der Sagengestalt des Titurel verbirgt, unmittelbar in die geschichtliche Entwicklung einzugreifen suchte. Karl der Große selber war es, den sie sich zum Instrument ihres kosmopolitischen Wirkens erwählt hatte.

Um solche spirituellen Tatsachen würdigen zu können, bedarf es allerdings einer Betrachtungsweise, die zu anderen Schichten des historischen Waltens vordringt, als es die äußere Geschichtsforschung vermag. Wir kennen die harte Politik Karls. Wer dächte nicht an die Rücksichtslosigkeit, mit der er den Sachsen das Christentum aufzuzwingen suchte? Auch manches andere, was von ihm berichtet wird, läßt ihn vom Standpunkt sittlicher Beurteilung nicht immer vorteilhaft erscheinen. Der Pakt mit dem Römischen Stuhl, von dem er die Kaiserkrone entgegennahm, scheint ihn zum Werkzeug der päpstlichen Macht erniedrigt zu haben. Das alles sind Vorgänge, die ihn von einer weniger sympathischen Seite, eben von der des Machtpolitikers zeigen; doch eine verborgene Schicht in seinem Wesen, die mit dem Muttererbe zusammenhängt, ließ ihn auch noch für andere Einflüsse zugänglich sein. Es ist der sagenhafte Teil seines Wesens. Der Kranz von Sagen, der ja um die Gestalt Karls des Großen so reich gewoben worden ist, deutet auf diese Seite seiner Wirksamkeit hin. Dort, wo er nicht der Sohn Pippins, des zielbewußten Politikers war, sondern der Sohn der Bertrada, der sagenhaften Frau Berchta, wirkte sein Zusammenhang mit den tieferen Kräften des Volkstums, die ihn für die spirituelle Führung durchlässig machten. Schaut man auf seine geistigen Ratgeber hin, so findet man an seinem Hofe deutlich zwei Strömungen miteinander ringen. Man kann nicht sagen, daß die spirituelle, die eine Verinnerlichung des Christentums anstrebte, immer die Oberhand bekam. Es war natürlich für die Sicherung der äußeren Herrschaft erfolgreicher, sich mit der römischen Machtkirche zu verbünden. Die hohe Geistesführung sieht sich in diesem unseren europäischen Zeitalter bisweilen zur Ohnmacht des Wirkens verurteilt. Sind wir doch gerade von jener Zeit an in eine Epoche eingetreten, in der die tüchtigsten Persönlichkeiten oftmals das Allzupersönliche und Eigenwillige in sich überhandgewinnen lassen.

Die Sage drückt diese tragische Situation in einem Bilde aus: Anfortas, der aus dem Titurelgeschlecht stammende Gralshüter, siecht an der Speerwunde dahin. Er ist zur Verwaltung des Grals zwar bestimmt, kann ihn aber nicht zur vollen Wirksam= keit bringen. Was im Blute als Selbstsucht waltet, verdunkelt in ihm die Geistnatur. Schaut man auf seine Seelentiefen, die große Schätze alter Weisheit in sich bergen, so darf man ihn den „reichen Fischerkönig" nennen. Schaut man jedoch auf seine Erdenpersönlichkeit in ihren Schranken hin, so ist er der schul= diggewordene und in seinem Wirken gelähmte Hüter des Grals, um dessentwillen die Gralswelt in große Not geraten ist. Wolf= ram schildert uns, wie von Zeit zu Zeit Saturn mit seiner vol= len Wirkung eintritt und das Leiden des Anfortas steigert. Es sind die verhärtenden Kräfte, die Last unverwandelter Ver= gangenheiten, die die Menschennatur vom Geiste abzuschnü= ren drohen.

Diese Undurchlässigkeit für das Hereinwirken der geistigen Führung, die Europa zur Trägerin höchster christlicher Impulse machen wollte, wurde bei den Erben der karolingischen Krone im 9. Jahrhundert immer größer. Das Kosmopolitische der Reichsidee wird im Fortgang der mittelalterlichen Entwicklung, über die Karolinger hinaus, immer mehr von Hausmachtpolitik und nationalistischen Interessen verfälscht. Der Gralstempel aber umschließt 72 Chöre mit ihren Altären. Diese Zahl deutete stets auf die Gliederung der Menschheit nach Sprachen und Nationen hin. Nach einer althebräischen Überlieferung waren es 70 Engel, die sich um den Herrn scharten, als er mit ihnen zur Erde herabfuhr, um jene Völker, die den Turm zu Babel erbauen wollten, in die Sprachentrennung hineinzuführen. Der heilige Geist ist ausgegossen worden, um jene Trennung der Mensch= heit nach Sprachen einmal wieder zu überwinden. Er ist der Schutzpatron des Gralstempels. Einer der Hauptchöre ist ihm geweiht. Ein Christentum, in welchem alle Völker und Kulturen sich zusammenfinden und jedes in seiner eigenen Sprache zum Altare tritt, um auf die ihm gemäße Art anzubeten, wird als Ideal= gestalt der universellen Religion vor unseren Blick gestellt. (7)

Diese Form des religiösen Lebens war damals zwar noch nicht auf der Erde zu finden, wie auch der Toleranzgedanke erst langsam innerhalb des Christentums Fuß zu fassen vermochte. Aber es lebte in der Sehnsucht der edelsten Geister des Mittel= alters. Was auf Erden Sehnsucht ist, im Leben nach dem Tode wird es zur schöpferischen Kraft. Die Ideale, die wir über die Todesschwelle hinauszutragen vermögen — besonders solche, für die wir Opfer gebracht haben —, sind tempelbauende Mächte. An diesem Menschheitstempel bauen die Engel mit den Menschenseelen gemeinsam. Denn mit ihnen im Bunde bilden wir unsere Ideale aus. Diese sind im ständigen Wachstum be= griffen; wie alles Lebendige, wandeln sie sich im Zeitengange ab gemäß den Erfahrungen, die die Seelen von Erdenleben zu Erdenleben sammeln und in die Geistessphäre hinauftragen. Die Art, wie die Seelen der durch den Tod gegangenen Men= schen mit den himmlischen Hierarchien zusammen am Grals= tempel im Äther bauen, bestimmt die Kraft, mit der sie in ein kommendes Erdenleben einzutreten und ihre Ideale zu verwirk= lichen fähig sein werden.

Menschheits=Zukunft im Geistbereiche vorzubilden, ist das Amt der Templeisen.

Das Keltentum im Dienste des Grals

Es gibt Volkstümer, die in einem besonderen Maße dazu be=
rufen sind, ihre Kräfte in den Dienst des fortschreitenden
Christusimpulses zu stellen. Sie werden deshalb eine Schicksals=
erziehung im Laufe der Zeit an sich erfahren müssen, die sie für
ihre hohe Aufgabe läutert, umschmilzt oder sogar durch die
äußere Existenzvernichtung hindurchführt. Sie nehmen auf ge=
heimnisvolle Weise an der großen Passion Dessen teil, dem sie
dienen sollen, der aber dem Leiden und Untergang das höhere
Leben entrang. Die Sendung des keltischen Volksgeistes ist mit
diesem Mysterium innig verbunden.

Richten wir einmal den Blick auf eine ganz andere Quelle, die
das Hereinleuchten der Gralserlebnisse in die Geschichte des
8. Jahrhunderts mit großer Bestimmtheit darstellt. In dem Chro=
nikon des Helinandus, das Jahr für Jahr die ihm wichtig erschei=
nenden Weltereignisse registriert, wird zum Jahre 717 berichtet:
es sei um jene Zeit einem Eremiten in Britannien eine wun=
derbare Vision zuteil geworden, in welcher er über Josef von
Arimathia, der den Leib des Herrn vom Kreuze genommen, und
über die Schüssel, aus der der Herr mit seinen Jüngern gegessen
habe, durch einen Engel unterwiesen wurde; der Eremit habe
darüber in der „Geschichte vom Gral" einen Bericht gegeben.
In diesem lateinischen Text wird der Gral als „gradalis" oder
„gradale" bezeichnet, und dieser Ausdruck ist auf eine weite
und tiefe Schüssel bezogen, die deshalb so genannt werde, weil

man auf ihr stufenweise (gradatim) die Speisen aufzuschichten und anzuordnen pflegte.

Die Literaturwissenschaft bringt diese Angabe mit jener „Geschichte vom Gral" in Zusammenhang, die als „li livre dou St. Graal" den ersten altfranzösischen Prosaroman über dieses Thema darstellt. Man nennt sie gewöhnlich zum Unterschied von Robert de Borons Dichtung den „Großen heiligen Gral". In diesem Buche wird uns ebenfalls von jenem Eremiten erzählt, der in einer wilden Gegend der „bloie Bretaigne" eine Christusvision empfangen durfte. Dies geschah im Jahre 717 nach der Passion Jesu Christi in der Nacht vom Gründonnerstag auf den Karfreitag. Es liegt nahe, daß Helinandus seine Angaben aus jenem Gralsroman entnommen hat. Er müßte sich dann allerdings in der Zeitangabe versehen haben; denn die Zählung, „nach der Passion Christi" dürfte hier die richtige sein. So kämen wir auf das Jahr 750 nach Christi Geburt, also in die gleiche Epoche, in welche wir die Titurel=Wirksamkeit hinein=verlegen konnten.

Ein Problem bleibt allerdings für die historische Forschung ungelöst. Helinandus schließt sein Chronikon mit dem Jahre 1204 ab; der Gralsroman aber, aus dem er die Tatsache entnommen haben soll, muß aus verschiedenen Gründen etwas später abgefaßt worden sein. Wenn man jedoch die Mitteilung von jener Christusvision des Einsiedlers nicht unbedingt für eine Erfindung des Gralsromans hält, sondern mit einer echten Überlieferung rechnet, so lösen sich die Schwierigkeiten. Die Dichter und Romanciers schöpften aus Quellen, die jahrhundertelang Geheimtraditionen waren, um 1200 jedoch in poetischer Einkleidung ans Licht der Öffentlichkeit zu treten begannen.

Man höre nur, auf welche Art dieses „Buch vom Grale" entstanden sein soll. Der Eremit, der von Zweifeln an der göttlichen Dreifaltigkeit angefochten wird, hat sich in seiner Hütte zum Schlafe gelegt. Da weckt ihn eine Stimme, die ihn dreimal beim Namen ruft. Er erwacht und sieht den Erlöser in strahlendem Glanze vor sich stehen. Dieser, nachdem er ihn wegen seiner Zweifel mit strafendem Worte ermahnt hat, reicht ihm ein Büchlein, nicht größer als eine Handfläche: dieses Buch habe er selbst geschrieben, spricht er, und es werde ihm alle Zweifel lösen; es dürfe sich allerdings dem Buche nur nahen, wer gefastet und gebeichtet habe. Darauf verschwindet der Heiland. Der Einsiedler aber findet am anderen Morgen, am Karfreitag, das Buch und liest die Anfangsworte: „Dies ist der Beginn deines Stammbaums..." Es handelt sich um den Gralsstammbaum, der bis zu Josef von Arimathia zurückreicht. In diesen darf sich der Einsiedler eingeordnet wissen; damit soll auf eine spirituelle Sukzession hingedeutet werden, in der er darinnen steht.

Himmlische Erscheinungen unterbrechen sein andächtiges Lesen. Schließlich wird sein Geist von einem Engel entrückt und erwürdigt, mit eigenen Augen die göttliche Dreifaltigkeit zu schauen. So wird der Eremit von seinen Zweifeln erlöst. Es muß sich also um ein „Buch" handeln, das nicht theologische Inhalte vermittelte, sondern Schlüsselkräfte darzureichen vermochte; etwa symbolische Figuren, wie man sie aus der okkulten Überlieferung kennt. Goethe läßt ja zum Beispiel seinen Faust mit einem solchen Buche „von Nostradamus' eigener Hand" umgehen und stellt dar, wie er durch meditative Versenkung in die „Zeichen" zum Geistesschauen erkraftet wird.

Aber der Bericht wird noch rätselhafter. Als der Eremit wieder zum Erdenbewußtsein zurückgekehrt ist, schickt er sich an, die Messe zu zelebrieren. Darum verschließt er das Buch sorgfältig. Als er es jedoch am Ostersonntag wieder hervornehmen will, ist es verschwunden. Auf eine himmlische Weisung hin, die ihm erklärt, daß er es nur durch Prüfungen und Leiden wiedergewinnen könne, bricht er zu einer wundersamen Wan=

derung auf. Nach zwei Wochen findet er es in einer Kapelle auf dem Altare wieder. Am Samstag abend kehrt er damit in seine Hütte zurück. In einem Traumgesichte gebietet ihm jetzt der Christus selber, den Inhalt des Buches schriftlich festzuhal= ten. Die Abschrift müsse bis zum Himmelfahrtstage vollendet sein. Und so geschieht es. Es wird danach noch versichert, daß unser Herr nach seiner Auferstehung niemals etwas geschrie= ben habe, außer dieser einzigen hehren Schrift vom heiligen Grale.

Dieses Büchlein, das verschwindet und erst auf einer Pilger= schaft nach schweren Prüfungen wiedererrungen werden kann, ist offenkundig überhaupt kein irdisch greifbares Buch. Man mag es sich in imaginativen Zeichen geschrieben vorstellen: als eine Ätherchronik, die nur derjenige lesen und entziffern kann, der Seelenwege zu gehen versteht.

In Bildern treten zunächst gewisse Impressionen an die Seele des Eremiten heran, noch in traumhaftem Erleben vermittelt. Doch sie haben nur wegweisende Bedeutung. Ein *Suchen* der Seele wird dadurch ausgelöst, das zu einer höheren Stufe der Erleuchtung (man nannte sie stets das „Lesen der okkulten Schrift") hinführen soll. Wenn diese Pilgerfahrt nun in die Osterwochen verlegt ist und den Suchenden zu einem Altare führt, von dem die Geheimschrift, nachdem sie verschwunden war, aufs neue empfangen werden kann, so wird es deutlich, daß wir mit der Gralsweisheit in die Sphäre des Auferstande= nen hinübergezogen werden sollen. Jene gnadevollen Zustände, zu denen die mit ihrem Meister wandelnden Jünger in den vier= zig Tagen zwischen Ostern und Himmelfahrt erhoben wurden, wollen auf neue Weise jetzt den Seelen zuteil werden, die in die Gralsunterweisung eintreten. Das Osterlicht darf von nun an unmittelbar in die christ=ergebenen Menschenseelen ein= fließen. Damit bricht eine neue Epoche des Christentums an. Es ist aber bedeutsam, daß dieses Erlebnis sich in der Bretagne

abspielt und uns damit in den Bezirk des keltischen Christen=
tums weist. (8)

*

Solch ein geheimnisvolles Buch kennt auch schon Robert von
Boron, der erste Dichter, der die Kunde von der Herkunft des
Grales gebracht hat. Als er die wunderbare Erscheinung des
Auferstandenen vor dem im Turme eingekerkerten Josef von
Arimathia und die Belehrung über das heilige Gefäß dar=
gestellt hat, versichert er: „Ich würde dies nicht zu erzählen und
darzustellen wagen, wenn ich nicht das große Buch hätte, in
dem diese Geschichten aufgezeichnet sind. In ihm sind die gro=
ßen Geheimnisse niedergeschrieben, die man den Gral nennt." –
Am Schlusse dieses ersten Teiles der großgeplanten Dichtung,
wo er auf die künftigen Wege der nach dem Westen ausziehen=
den Gralsboten hinweist (wir hörten bereits, wie da von den
Tälern von Avalon gesprochen wird), deutet er an, daß es
schwierig sei, diese verschiedenen Schicksalswege in der Dar=
stellung wieder zusammenzuführen: „Zu jener Zeit, da ich die
große Geschichte des Grals bei meinem Herrn Gauthier von
Montbéliard in Ruhe behandeln konnte, war sie noch nie von
einem sterblichen Menschen behandelt worden. Aber ich lasse
alle, die dieses Buch gerne haben wollen, wissen, daß ich, wenn
Gott mir Gesundheit und Leben gibt, die Absicht habe, diese
Teile zusammen zu behandeln, wenn ich sie in einem Buche fin=
den kann." Allerdings meint er, unter den Wissenden sei kei=
ner, der etwa glaube, diese Teile seien verlorengegangen, und
der in Unkenntnis darüber sei, was aus ihnen geworden und
weshalb er vorläufig davon Abstand nehme, sie darzustellen. –
Denn nun geht er zunächst zu etwas ganz anderem über: zu der
Sage von Merlin.

Es sind uns nur wenige Verse dieses zweiten Teils erhalten.
Vielleicht hat der Dichter sogar dieses Merlin=Epos nicht voll=
enden können. Die vorhandene Prosaerzählung läßt nicht deut=

lich erkennen, wie weit sie wirklich noch auf die Dichtung Roberts von Boron zurückgeht; ebenso der dritte Teil, der nun Perceval, den erwarteten Gralshelden, mit der Tafelrunde des Königs Artus verknüpft. Durch diese Schilderung wird aber die Gralsströmung auf das innigste mit dem Schicksal des unter= gehenden Keltentums und seiner letzten leuchtenden Gestalten verbunden.

König Artus (oder auch Arthur) galt den sterbenden briti= schen Stämmen das ganze Mittelalter hindurch als der letzte sagenumwobene Held, der Britannien gegen die eindringenden Sachsen verteidigt und sie in zwölf glorreichen Schlachten be= siegt habe, bis er selbst — im Kampfe gegen seinen verräte= rischen Neffen Mordred, der seine Gemahlin, die Königin Ginevra, verführte — tödlich verwundet und zur Heilung nach der Insel Avalon gebracht wurde. Von dort her erwartete man ihn wieder. Denn Artus war das Symbol aller Hoffnungen der gebrochenen keltischen Rasse auf eine glorreiche Wiedergeburt.

Durch die im Anfang des 12. Jahrhunderts erschienene „Ge= schichte der Könige Britanniens" von Gottfried von Monmouth wurden diese nationalen Hoffnungen besonders wiederbelebt. Vor allem aber ist die Artusgestalt durch diese Historie in Westeuropa volkstümlich und mit ihren berühmten Helden der Tafelrunde bald zum glanzvollen Mittelpunkt aller epischen Dichtkunst gemacht worden.

Er soll als Sohn des Uter Pendragon (das heißt Drachen= haupt), des Königs von Britannien, und der schönen Ygerne, die jener gewaltsam ihrem Gatten, dem Herzog von Tintagel, entrissen hatte, geboren sein. Als er fünfzehn Jahre alt ist, in der Zeit der Sachsenkriege, die ja schließlich zur Unterjochung der keltischen Stämme und zur Eroberung Englands führten, tritt er die Herrschaft an; im Jahre 537 soll er gestorben sein. Was von ihm in Sagenbildern erzählt wird, deutet wohl auf eine viel ältere Epoche hin. Eine erhabene Führergestalt aus grauer Vorzeit, die von einem Lehrer alter Druidenweisheit erzogen und beraten ist, leuchtet aus den Überlieferungen hervor. Dieser weise Lehrer heißt Merlin. „Merddin, der Barde", wird er in alten Hymnen und Prophetien genannt, die man ihm zugeschrieben hat. Es heißt von Merlin, daß er der Sohn einer reinen Jungfrau, die durch die List des Teufels überschattet wurde, gewesen sei. Als Gegenstoß der Hölle gegen die Erscheinung Christi, dessen Sieg über den Tod die Höllengeister in große Angst versetzt hatte, war Merlins Geburt geplant. Wie die Jungfrau Maria ihr Kind vom heiligen Geist empfangen hatte, so sollte auf ähnliche Weise ein Sohn des Luzifer gezeugt werden, um die Heilstat zunichte zu machen. Aber der Erzfeind hatte die Reinheit jener Jungfrau nicht beflecken können, als er sie im Schlummer überfiel; und durch die Leitung eines frommen Priesters gelang es, daß dieses Kind dem Widersacher entrissen wurde. Von seinem Erzeuger, von Luzifer, hatte er die Kenntnis vergangener Dinge ererbt. Von Gott aber empfing er durch die Unschuld der Mutter die Kunde von zukünftigen Dingen. In der Seele Merlins paaren sich die Urweisheit alter Magie aus luziferischer Erbschaft und das prophetische Wissen aus christlicher Begnadung. Er hilft dem Uter Pendragon und rät ihm, den „runden Tisch" einzurichten, an dem allezeit die besten Ritter versammelt sein sollen.

Nach anderen Traditionen war Merlin der Erzieher des jungen Artus, des Sohnes Uter Pendragons, und leitete diesen dazu an, die Tafelrunde zu stiften. Diese aber sollte eine Nachahmung jener Tafel sein, die einst Josef von Arimathia für den Gral bestellt hatte. Drei geheimnisvolle Tafeln gäbe es, so sagte der weise Merlin: Die eine machte unser Herr vor seinem Tode, da er die zwölf Jünger zum heiligen Mahle um sich versammelte; die andere richtete Josef von Arimathia als die Gralstafel ein; die dritte sollte zum Ruhme der Ritterschaft gestiftet werden, die sich um Artus scharte. Auch diese sollte einen leeren

Platz ausgespart halten, wie einst an der Tafel des Heilands ein Platz für Judas und an der Gralstafel jener „gefährliche Sitz" gewesen sei. Wer diesen unberufen einnimmt, wird von der Erde, die sich dröhnend spaltet, verschlungen werden. Es gibt nur einen Ritter, der es ungestraft vermag. Das ist der zum Gral Berufene. In den älteren Überlieferungen ist es Perceval; in den späteren Gralserzählungen tritt Galahad, wie ein Himmelsgesandter, dafür ein.

Was ist diese Tafelrunde des Königs Artus, von der die erlauchtesten Helden ausgesandt werden, um Abenteuer mit Fabelwesen zu bestehen und die höchsten Mutproben abzulegen? — Gawan, Lanzelot, Erek, Iwein und andere beliebte Gestalten, um die sich Kränze von Sagen geflochten haben, galten der mittelalterlichen Welt als Urbilder aller wahren Ritterschaft.

Die Größe der keltischen Rasse, die einstmals von den britischen Inseln über das nordspanische Galicien, Gallien und das ganze mittlere Europa, ja donauabwärts bis in den Osten hinüber ihre Kultur verbreitete, bestand darin, daß sie aus der untergegangenen Atlantis ein hohes Geisteserbe zu bewahren verstanden hatte. Das Druidenwesen, jener Orden von priesterlichen Weisen, hatte durch lange Zeiten die geistige Erziehung und Führung der keltischen Stämme inne; zeitweise breitete sich ihre Kultur auch über die germanischen Völkerschaften aus. Von ihnen wurde ein Sonnendienst, in dem die Weisheit der atlantischen Orakelstätten nachwirkte, in Treue gehütet. Als Zeugen der uralten, von kosmischen Kräften durchwalteten Kultur stehen heute noch in Südengland und an der Nordwestküste Frankreichs jene mächtigen Steinkreise, die Dolmen und die Alignements da. Sie dienten jenen rätselhaften Verrichtungen der druidischen Weisen, die den Kosmos zu befragen verstanden und ihre Einsichten, die sie an solchen Stätten gewannen, in alles soziale Leben einströmen ließen. Es ist der Einschlag des uralten Hyperboreertums, durch das eine heilige Sonnenerbschaft für das erstarrende Erdendasein bewahrt werden konnte. Dieses gab dem Keltentum den eigentümlichen Glanz, den wir heute nur ah= nend noch nachempfinden können. Wo die Griechen von jenem merkwürdigen Volke der Hyperboreër sprechen, von dem ewigen Sonnenlande, aus dem einst Apollo, von Schwänen geführt, die Fahrt nach Hellas unternahm, um am kastalischen Quell in Delphi zu erscheinen und als Spender des Gesanges, als Lehrer der Musen von dort aus die Völker zu beglücken, da wird auf jene Mysterienstätten hingedeutet, die noch das Geheimnis des unschuldigen Ursprungs des Menschengeschlechts, den Zu= gang zu den Quellen der ewigen Jugend zu hüten verstanden. So wird von Perseus, dem griechischen Heros, berichtet, daß er erst bei den Hyperboreërn geweilt und an ihrem heiligen Mahle teilgenommen habe, ehe er den Kampf mit der Medusa be= stehen konnte. Herakles mußte zu ihnen vorzudringen suchen, wenn er die goldenen Äpfel der Hesperiden gewinnen wollte. Die Dichter feierten die Hyperboreër im Gesang, zu denen man den Weg „weder zu Lande noch zu Schiffe" finden könne.*

Das Unzugängliche ihres Lebensbezirks läßt sich mit dem Gralsgebiet vergleichen, das auch kein Streben zu erreichen ver= mag, welches im Sinnendasein verharren will. Wenn ihre ewige Jugendlichkeit gepriesen wird, die weder ein Siechtum noch ein entkräftendes Alter kennt, so werden wir uns an Titurel er= innern, der auch in ungebrochner Heldenkraft viele Jahrhun= derte überdauert. Denn eine Wiedergeburt der hyperboreïschen Mysterien aus den Kräften des Christentums ist es, was in der Gralswelt heraufleuchtet; auch diese in tiefster Verborgenheit

---

* Die soeben erschienene „Keltische Mythologie", aus dem Gä= lischen nacherzählt von *Ella Young* (übersetzt von M. Chr. Ben= ning, Ahrweiler 1955), schildert den Herabstieg der hohen Sonnen= wesen auf Irland, die grüne Insel, über welche Brigit, die Seele der Welt, ihren himmlischen Mantel hinbreitet. Als ein Opfer der Sonnenmächte an die Finsterniswelt wird dieser Abstieg dargestellt, so daß man sich an manichäische Anschauungen erinnert fühlt.

und von einem strengen Ordenszusammenhang gehütet, der seine Sendboten überall zu den Völkern hinausschickt, damit die Welt nicht der Schönheit und der Weisheit entbehre, durch die das Heilige in die Seelen Einzug halten kann.

Die letzten Pfleger der hyperboreïschen Geheimnisse waren die Stätten Hybernias, jener „Insel der Heiligen", auf der die Schlangen nicht leben können, wie man von Irland zu sagen pflegte. Es ist deshalb nicht verwunderlich, daß man an diesen Stätten, wie es immer wieder in der legendären Überlieferung heißt, die Christusboten sogleich erkannte und aufnahm, als diese die Kunde von den palästinensischen Ereignissen zum Westen herübertrugen. Wir wissen, daß überall, wo heilige Kultstätten des Druidendienstes waren, sehr schnell die Missionszentren des irischen, romfreien Christentums aufblühten; auch auf dem Festlande, wie vor allem in Carnutum, dem späteren Chartres, das ein Zentralheiligtum der Gallier gewesen ist. Oder denken wir an den Odilienberg, der durch seinen mächtigen Steinkreis, von dem noch Trümmer erhalten sind, auf ein solches druidisches Heiligtum hinweist, an dessen Stelle später jene Pflegestätte eines spirituellen Christentums trat, das, von dem Geist der heiligen Odilie überstrahlt, durch lange Zeiten eine hohe Aufgabe zu erfüllen vermochte. Die Kuldeerkirche der irischen Mönche erblühte aus dem Untergang des Druidentums.

Von der Zeit an, da Cäsar Gallien unterwarf und damit die Zerschlagung der uralt=keltischen Kultur durch das Römertum einleitete, suchte man überall mit der Ausrottung ihrer Mysterien und Kultstätten den Lebensnerv der Rasse zu treffen. Aber aus der Hinopferung eines großen, überreif gewordenen Volkstums und seiner Heiligtümer gebaren sich -- wenn auch äußerlich zunächst unscheinbar und machtpolitisch zur Ohnmacht verurteilt -- kraftvolle Impulse zur Ausbreitung eines spirituellen Christentums.

Die staatenbildende Kraft der keltischen Rasse erlosch; die missionarische Verantwortung, die von den Schülern des heiligen Columba und vielen anderen irischen Glaubensboten ergriffen wurde, ließ eine Gemeinschaft von geistgeweihten Kulturträgern erstehen, die auf das europäische Festland, vor allem im Frankenreiche, in den Alpenländern und tief in die deutschen Gebiete hinein, Oasen christlicher Lebensgestaltung verpflanzten. Zunächst in Klostersiedlungen: wir nennen nur Luxeuil in Frankreich, St. Gallen und die Reichenau im Bodensee. Dann aber, von solchen Stätten ausgehend, im breiten Strome einer segensvollen Wirksamkeit, die dafür Sorge trug, daß innerhalb des immer mehr von Rom usurpierten Kirchenbetriebs die künstlerischen Impulse gepflegt werden konnten und hohe Weisheitsüberlieferungen nicht völlig erstarben.

Als eine der leuchtendsten Gestalten des esoterischen Christentums, wie es aus den keltischen Stätten auf das Festland hinüberverpflanzt worden ist, sei nur der Name des Johannes Scotus Erigena genannt. Er konnte, wenn er auch den Widerstand der römischen Kreise zu verspüren bekam, in der Mitte des 9. Jahrhunderts (also zur gleichen Zeit, in die wir das Leben der Herzeloyde und Parzivals verlegen durften) am Hofe Karls des Kahlen eine tiefsinnige christliche Philosophie entwickeln. Sein Verdienst ist es, die Schriften des Dionysius Areopagita aus dem Griechischen bekannt gemacht zu haben, vor allem seine Hierarchienlehre, die immer das Herz des spirituellen Christentums dargestellt hat.

Rudolf Steiner hat in seinen Vorträgen über die „Mission einzelner Volksseelen" (Oslo 1910) von der Wirksamkeit der Erzengel gesprochen, wie sie schützend über der Völkerentwicklung walten und nach der Vollendung einer solchen Mission sich jeweils zu höheren Aufgaben erheben können. In diesem Zusammenhange charakterisiert er auch die Eigenart des keltischen Volksgeistes, der um die Zeit des entstehenden Chri=

stentums einen großen Verzicht leistete. Es wird gesagt, daß er eine besondere Mission übernahm und „der inspirierende Geist des esoterischen Christentums" wurde. Die äußere Seite dieses Vorgangs ist das Hinschwinden der keltischen Völkerschaften, der Niedergang ihrer staatsbildenden Kraft und ihres nationalen Kulturzusammenhangs; die innere Seite aber der glanzvolle Aufgang einer geistigen Mission: „Im Westen Europas war die geheimnisvolle Stätte zu finden für diejenigen, die in diese Geheimnisse eingeweiht wurden." Da bildete sich unter der Wirkung dieses Erzengelwesens ein Inspirationszentrum, von dem fortan alles ausstrahlte, was durch die Geheimnisse des heiligen Grals und durch das Rosenkreuzertum fortwirken sollte.

Wir bemerken, wie die Druiden unter der römischen Herrschaft in Gallien und Britannien zurücktreten und ihre besten Vertreter sich bald darauf in die christliche Wirksamkeit hineinopfern. Ein anderer Stand jedoch, der innerhalb der keltischen Kultur große Bedeutung hatte, vermag sich länger zu erhalten und die nationale Überlieferung zu hüten. Es sind die Barden, die in ordensartigen Verbänden, in Sängergilden zusammengeschlossen waren. Wir hören, daß es an verschiedenen Orten „Bardenstühle" gab. Sie kannten Rangstufen mit Insignien und bestimmten Trachten. Ihre Versammlungen hielten sie am liebsten in jenen Steinkreisen ab, die aus der Druidenzeit noch stehengeblieben waren. Man trat ohne Waffen in den Kreis hinein: nur ein Schwert, das zum Zeichen des Friedens an der Spitze gefaßt wurde, trug man vor die versammelte Schar hin. Dieses war das Schwert, das nicht dazu bestimmt sein soll, Wunden zu schlagen: *das Schwert des Wortes*. Es lebt in der Dichtung und will im Gesange gefeiert werden.

Es gab ein „System der Tafelrunde". Man sagte, dieses sei unter König Artus' Schutze, also im 6. Jahrhundert, festgelegt worden. Die Bardenkonvente, vom 11. Jahrhundert an unter den Schutz der Kirche gestellt, pflegten in der Feier des Pfingst=

festes zu gipfeln. In der Sage werden immer wieder die glän=
zenden Pfingstfeiern am Hofe des Königs Artus beschrieben.
Bei Wolfram heißt er deshalb noch „Artus, der frühlingsselige
Mann". Später veräußerlichte sich diese Sitte in den ritterlichen
Hoffesten, die man zu Pfingsten unter dem Namen der Tafel=
runde in Frankreich feierte. Auch Kaiser Barbarossa veranstal=
tete zu Pfingsten 1184 zu Mainz ein solches glanzvolles Ritter=
fest, zu dem sich von weither aus den Ländern zugleich die
Sänger trafen.

Im Versiegen ihrer nationalen Hoffnungen ergriff die Bar=
denschaft ihre kosmopolitische Aufgabe. Eine pfingstliche Stim=
mung wurde in den Kreisen gepflegt, die das „Gesetz der Tafel=
runde" hüteten. In ihren Dichtungen lebten die Erziehungs=
ideale, die den christlichen Ritter begeistern sollten. Sitte=
bildende Kraft, die den übernationalen Charakter des Ritter=
tums und seine Verpflichtungen gegenüber der christlichen Kul=
tur in die Seelen pflanzen wollte, strahlte davon aus. Drei
Tugenden sind es, die solchem Rittertum als Ideal vorschwe=
ben: die Würde der menschlichen Persönlichkeit (in einem hoch=
gesteigerten Ehrgefühl sich ausprägend), der Mut zum todes=
bereiten Einsatz dieser Persönlichkeit (im „Abenteuer" immer=
fort gesucht und bewährt) und die Veredelung der Liebeskräfte
(im Minnedienst bis zur zartesten Empfindung hinaufgeläu=
tert). Diese Ideale führen zur Gralsritterschaft, wo männliche
Würde sich zu höchster Geistverantwortung erhebt, wo der Mut
zum Wagnis im Übersinnlichen vorstößt, wo Liebefähigkeit zur
Verklärung des Bluts, zur völligen Hingabe an Christus heran=
reift. Nur wenige unter denen, die Artusritter sein wollen, fin=
den den Weg zu diesen höheren Idealen. Diese aber sind es,
die sich auf die Gralsuche begeben.

König Artus hält in der Sage zunächst noch den glanzvollen
Hof zu Kaerlleon (zu Carduel) in Wales. Später aber, so auch
in Wolframs Dichtung, waltet er in der Bretagne, in der Haupt=

stadt Nantes. Reste der britischen Bevölkerung, von den Sachsen auf dem Insellande hart bedrängt und unterdrückt, hatten sich nach dem Festlande herüberzuretten gesucht. Der nordwestliche Vorsprung Frankreichs, vormals noch Armorica genannt, wird ihre neue Heimat. Er wird zur „Bretagne". Diese Landschaft mit ihren Alignements und Druidensteinen hat heute noch den Hauch des Urweltlichen bewahrt. Es ist, als ob die Seelen, die durch die einsamen Länderstrecken hier zogen, immer noch von der kosmischen Frömmigkeit angeweht wurden, die in den vorchristlichen Jahrtausenden an diesen Stätten gepflegt worden ist. So läßt sich verstehen, wie die Artus- und Gralssage die Bretagne gern zum Schauplatz ihrer Begebenheiten erwählte.

Ordensartige Zusammenschlüsse, die sich später in das Logenwesen der westlichen Welt, wenn auch in sehr schattenhafter Art, fortgepflanzt haben, sind diese Tafelrunden des Artus. Man kann sie sich als Geheimbünde vorstellen, die sich für Ordnung und Recht einzusetzen suchen; die ihre Mitglieder verpflichten, stets bereit zu sein, mit ihrem Schilde das Wehrlose zu schützen, mit ihrem Schwerte das Gesetzlose zu bekämpfen. So gibt es durch all die Jahrhunderte gleichsam immer einen „König Artus", seine Wirksamkeit ist den Blicken der Öffentlichkeit entzogen. Man muß ihn suchen, wenn man in seinen Kreis Einlaß finden will. Man kann eine besondere Erziehung genießen, wenn man sich in seinen Bund aufnehmen läßt, und man wird Aufgaben zuerteilt erhalten, wenn man sich ihm zum Dienste verpflichtet hat.

Perceval dringt zu diesem Artuskreise vor, aber für ihn ist es nur eine Stufe. Es gibt ein Gesetz seiner inneren Entwicklung, das ihn darüber hinaustreibt.

*

Hier aber muß noch auf eine Erscheinung eingegangen werden, die der mittelalterlichen Welt jenes ganz besondere Fluidum mitteilte, das dem Leben einen poetischen Zauber verlieh. Es ist das Erblühen des „Minnesangs". In ihrem Heimatlande, der Provence, hat die Kunst der Troubadoure recht eigentlich eine ganze Kultur begründet, die sich eng mit den mystisch-religiösen Lehren der Katharergemeinden verschwisterte. Sie wurde zum „gai savoir", — zu dem, was Friedrich Nietzsche an einem bestimmten Punkte seiner inneren Entwicklung als „Fröhliche Wissenschaft" (gaya scienza) vorschwebte. Er bewunderte in ihnen die „freien Geister".

Es gab in der Provence die sogenannten „Minnehöfe" auf den hohen Burgen und Edelsitzen. Strenge „Minnegesetze" wurden von dort ausgegeben, denen sich die Mitglieder der Höfe zu unterwerfen hatten. Sie seien dem ersten Troubadour, so heißt es, von einem auf dem Ast einer goldenen Eiche sitzenden Falken gegeben worden. Die Eiche ist der heilige Baum der Druiden. Im Bilde der goldenen Eiche erscheint der erleuchtete Druide selbst. Sonnenweisheit durchdringt ihn; ein Geistesbote — der Falke — raunt sie ihm zu. Als eine Inspiration druidischen Ursprungs treten also die „Minnegesetze" in die abendländische Kultur ein. Sie sind ein vom keltischen Geiste ausgehender Erziehungsimpuls, der sich dem asketischen Ideal, wie es im Mönchstum vom Orient herübergekommen ist, entgegenzustellen sucht. Ein toulousischer Troubadour sagt: „Liebende sollten reinen Herzens sein und nur an Minne denken, denn die Minne ist keine Sünde, sondern eine Tugend, die die Schlechten gut und die Guten besser macht. Minne macht keusch." — Minnedienst schloß, wo er ernst gemeint war, eine leibliche Verbindung der Liebenden aus. Er begründete ein Seelenbündnis, das die Herzen immerfort zu höchsten Taten inspirieren sollte. Wer Gedanken und Empfindungen, in Treue gepflegt, als raum= und zeitüberwindende Kräfte zu erleben vermochte, erfuhr die Lebensmacht der Minne. Er trat damit in die Wirklichkeit der geistig=seelischen Welt ein.

Der Weg mönchischer Askese stellte ein Heiligkeitsideal dar, das nur durch Abtötung der Erdennatur des Menschen erreicht werden konnte. Es verneinte im Grunde die volle Mensch= werdung: den Durchgang des Geistes durch die Sinnenwelt mit ihren Anfechtungen, aber auch mit ihrer durch nichts anderes zu ersetzenden Erfahrung, die das Menschenwesen bereichern und es ausweiten kann. Die Troubadourströmung (wir sprechen hier nicht von Abirrungen, die es in ihr natürlich ebenso wie im Mönchstum gegeben hat) bejaht jene im Blute waltenden Kräfte, die den jungen Menschen liebefähig machen. Sie will sie verklären, nicht unterdrücken oder abtöten. Auch im „Gast= mahl" des Plato wurde bereits gelehrt, daß Eros ein Mittler zum Göttlichen hin sei.

Die menschliche Persönlichkeit in ihrer ganzen Tiefe und Weite anzuerkennen, sie nicht zu verstümmeln, war der Aus= gangspunkt für diesen mächtigen Erziehungsimpuls, der die abendländische Kultur zu durchdringen suchte. Er stellte eine erste Stufe auf dem neuen Weg zum Geiste dar, der das Grals= geheimnis enthielt. Denn die Sicherheit dieses Weges beruht auf dem Wissen von dem hohen Gottesopfer, das in die Blutsnatur des Menschen innig aufgenommen werden will. Im Blute Christi, das in der heiligen Schale aufbewahrt und durch die Zeiten ge= tragen wird, ist die Sonnenmacht der Wandlung wirksam. Da= von kündet die Gralsströmung, die vom Osten zum Westen herübergetragen ist. Diese entspringt nicht dem Keltentum. Aber ihr kommen vom Westen her die Artusströmung und all jene Erziehungsimpulse entgegen, die aus den edelsten Kräften des untergehenden, einem neuen christlichen Ideal sich weihen= den Keltentums geboren sind. Davon reden die Sagen und Märchen, die uns die Schicksalswege der Gralsucher schildern wollen.

Gralsucher

Nehmen wir als Beispiel das bretonische Märchen von Peronnik. Es stellt in seinen Motiven eine Vorstufe zum Perceval dar. Die Helden haben die Silbe „Per“ gemeinsam, die wir auch in dem Mabinogi (das ist: keltischen Märchen) von Peredur finden, das der Gralserzählung nahe verwandt ist, aber bereits vielfältig getrübt erscheint. Dieses „Per“ charakterisiert solche Naturen, die sich von keinen Widerständen aufhalten lassen. Die hindurchdringen, wo andere unüberwindliche Schwierigkeiten sehen. Die Unbefangenheit ihres Wesens, das völlig Unverbildete kommt ihnen in allen Lebensproben zugute. Dieses Ideal finden wir, mannigfach abgewandelt, immer wieder in den Dummlingsmärchen, einer Gattung, die man in allen europäischen Märchensammlungen treffen kann.

Peronnik streicht wie ein Bummler durch die Bretagne, unbeschwert durch Schulwissen oder irgendwelche Berufsausbildung, bis ihm der Zufall die Aufgabe entgegenträgt, für die er in sich die Kräfte vorhanden fühlt. Ein Ritter, der die Bäuerin, bei der sich Peronnik soeben satt ißt, nach dem Wege zum Schlosse Kerglas fragt, verrät ihm nebenbei, was es dort zu gewinnen gäbe: die goldene Schale und die diamantene Lanze. Beide werden von einem Zauberer, namens Rogéar, in einem dunklen Gewölbe, zu dem es keinen Schlüssel gibt, verborgen gehalten. Die Schale spendet augenblicklich alle Speisen und Reichtümer nach Wunsch; wer aus ihr trinkt, wird von allen Übeln geheilt; selbst die Toten, wenn sie sie nur mit der Lippe berühren, werden davon zum Leben erweckt. Die Lanze dagegen tötet und vernichtet alles, was sie trifft.

Diese zwei Dinge sind wertvoller als alle Kronen der Welt. Aber der Zauberer, der sie besitzt, ist unangreifbar, wenn er mit der Lanze auf seiner schwarzen Stute, der ein Fohlen von dreizehn Monaten nachläuft, täglich ausreitet. Ist er jedoch in seinem Schlosse, so darf er die Lanze nicht gebrauchen.

Wir kennen die Schale und die Lanze bereits aus den Grals= imaginationen, die sich dem Perceval beim abendlichen Betreten der Burg vor die Seele stellen. Die lebenschenkenden, leben= erneuernden Kräfte, die von dem sonnenhaften Gefäß aus= strahlen, und die vernichtenden Kräfte, die als der blut= tropfende Speer erscheinen, umschließen ein doppeltes Geheim= nis, das dem tageswachen Menschen völlig unzugänglich ist. Das eine verbirgt sich in jenen unschuldigen Lebensvorgängen, die im vegetativen Nervensystem mit dem Organ des Sonnen= geflechts ihren Sitz haben (die Jungfrau trägt die heilige Schale herauf); das andere steigt aus den Triebgewalten nach oben, die als Selbstsucht im Blute wühlen und normalerweise vom Wachbewußtsein niedergehalten, herabgelähmt werden (der Speer verwundet den Fischerkönig).

Der Zauberer im Schlosse Kerglas ist der sinnengebundene Mensch; er scheint, wenn er im Tagwachen nach außen tritt, verfinstert. Für die geistige Wahrnehmung schweift er dann auf der schwarzen Stute in der Welt umher und richtet viel Unheil an. Im Einschlafen — in die Burg zurückgekehrt — ver= liert er die Gewalt über die tieferen Kräfte der Menschennatur. „Gott verbietet ihm", sagt das Märchen, „innerhalb des Schlos= ses die Lanze zu gebrauchen." Darin liegt ein Schutz für das gesunde Seelenleben; der ungeläuterte Sinnenmensch würde sich sonst in kurzer Zeit selber zugrunde richten.

Nur wer in die eigenen Wesenstiefen bewußt unterzutauchen

vermöchte, würde den Zugang zu den verborgenen Mächten des Inneren finden und sie wachend handhaben lernen. Es ist begreiflich, daß die Seele auf diesem Wege die stärksten Widerstände finden muß. Die Mystiker aller Zeiten wissen davon zu berichten. Es sind Schwellenerlebnisse, vor denen die unvorbereitete und ungestärkte Seele zurückbeben würde, wenn sie plötzlich ins Bewußtsein heraufdrängen.

Peronnik erfährt von dem Ritter, welche Abenteuer es da zu bestehen gibt. Über hundert Ritter sind bereits auf diesem Wege gescheitert; ihm aber, so versichert er, habe ein Einsiedler die rechten Anweisungen gegeben. In solchen „Einsiedlern" treten uns oftmals die Bewahrer uralten Geisteswissens entgegen. — Sieben Proben sind es, die er aufzählt: alle derart, daß sie deutlich aus einer imaginativen Psychologie geschöpft sind, einer Kunde von dem, was man heute das „Unterbewußte" nennen würde. Sie stellen Begegnungen mit den ungeklärten und ungebändigten Mächten des Seeleninnern dar, die es zu erkennen und zu meistern gilt. Da ist als erste der „Wald der Gefahren", durch dessen Gaukelspiel man sich nicht vom Wege ablenken lassen darf. Der in die eignen Seelentiefen Dringende wird ja zunächst sein irrlichtelierendes Vorstellungsleben beherrschen lernen müssen, er darf die ruhevolle Richtung auf den innersten Mittelpunkt hin nicht verlieren.

Was tut Peronnik? Er hat, als er sich auf seine Aufgaben vorbereitete, dem Zauberer durch eine List das junge Fohlen entlockt, das der schwarzen Stute nachfolgte. Auf diesem reitet er dahin; im übrigen zieht er sich die Mütze über das Gesicht... Nicht bekämpfen, nur abklingen lassen muß man das Bildergaukelspiel der Gedanken; nicht auf sie eingehen! Das Fohlen, das erst dreizehn Monate alt ist, deutet auf ganze bestimmte Kräfte hin, die man vom Zwang des Sinnenlebens freizumachen suchen muß. Es sind jene ganz jungen Kräfte, die sich in der menschlichen Leibesnatur betätigen, wenn diese kaum das erste

Lebensjahr zurückgelegt hat. Was vollbringen sie da? — Sie geben uns die aufrechte Haltung und lehren uns die ersten Erdenschritte tun: Ichkräfte also, doch noch ganz schuldlos= reine. In ihnen offenbart sich, was uns zum Menschsein erheben will. Diese in den Tiefen wirkende Aufrichtekraft bewußt er= greifen lernen, heißt sich der Macht anvertrauen, die uns die innere Richtung verleiht. Allerdings ist es erst die harmloseste Schicht, die auf diese Weise, im Gang nach innen zu, durch= stoßen werden kann. Jede weitere Begegnung dringt in ver= borgenere Untergründe, bis der Geistsucher mit den Todes= kräften Bekanntschaft macht. Er muß das Grauen vor der ge= spenstischen Frau im schwarzen Gewande überwinden und mit ihr im Bunde wirken lernen.

Charakteristisch für den „einfältigen" Peronnik ist es, wie er sich vorbereitet: die Starken, heißt es, gehen auf die Gefahr zu, oft aber auch dabei zugrunde, da sie ihre Kräfte über= schätzen; die Klugen vermeiden die Gewalt, sie schmieden sich Waffen der List. Leidenschaftsmächte und Naturtriebe sind schwer zu besiegen, wenn man ihnen gewalttätig entgegentritt; man steigert sie oftmals noch, wo man sie geradeswegs zu unterdrücken sucht. Peronnik läßt seine natürliche Klugheit walten. Wie schalkhaft wird etwa die mittelste der sieben Pro= ben geschildert, bei der es darum geht, durch den „Drachensee" zu schwimmen. Es wäre unklug, sich mit Drachen umständlich auseinanderzusetzen, wenn sie aus der eigenen Seele aufstei= gen. Man würde in den Wogen der astralischen Welt, in die man untergetaucht ist, völlig versinken. Peronnik hat seinen Rosenkranz mit den vielen Gebetsperlen bei sich. Er löst ein= fach die Schnur auf und streut die Perlen ins Wasser. Die Drachen verschlucken sie, aber nach jeder verschluckten Perle legt sich ein Ungeheuer nach dem anderen auf den Rücken und haucht seine giftböse Seele aus. Jede Perle entspricht ja einer Gebetsübung innerhalb des Rosenkranzes. Peronniks Einfalt ist im Grunde doch reifste Innerlichkeit. Er weiß, wie man die Seele entgiften kann, wenn die geheimen Bosheiten aus ihren Tiefen aufzusteigen beginnen. Mag sie einfältig erscheinen, diese junge Seele hat sich Gebetsvollmacht errungen. Allerdings: Gebetskräfte so wirksamer Art vermag nur zu entfalten, wer die Herzensruhe herstellen kann. Das aber heißt, er muß erst mit dem drohenden Löwen fertig geworden sein. Deshalb geht die Löwenbegegnung dem Durchqueren des Drachensees unmittelbar voran. Dem Löwen muß man die „lachende Blume" entwinden können. Wahre Befreiung des Herzens aber führt in die Unschuld des Empfindens zurück. Freilich, dazu ist auch ein wenig Humor nötig. Man muß den Löwen entwichtigen, muß ihn einmal übertölpeln können! Humor ist ein Zeichen errungener Freiheit sich selbst gegenüber. Nur wer die „lachende Blume" pflückte, wird nach dem Sieg über den großen Zauberer den Zugang zum inneren Gewölbe öffnen können, in welchem die goldene Schale und die diamantene Lanze verborgen sind. Seelenkräfte von pflanzenhafter Reinheit und Blumenzartheit müssen in Herzensgründen erblühen, wenn sich die Tiefen auftun sollen, in denen die Lebensgeheimnisse vor jedem unreinen Zugriff behütet werden. Dies alles atmet den Geist echter Frömmigkeit, aber unsentimental und ohne lebensfeindliche Möncherei.

Peronnik, mit den kostbarsten Gütern begabt, macht sich zum Hofe des Königs der Bretagne auf. Damit kann nur der König Artus gemeint sein. Denn die Hauptstadt, die in großer Not ist, heißt Nantes. Peronnik befreit sie durch die Wunderkraft der Lanze von der Belagerung durch ihre Feinde. Mit der lebenspendenden Schale erweckt er die Erschlagenen wieder zum Leben. Als Befreier und Segensspender geht er fortan durch die Welt.

*

Ein im Geiste Erwachter tut der Welt not. Denn es sind die Geheimnisse der Menschennatur, die sich dem Sieger enthüllen. In einem der Prosaromane von Perceval heißt es, daß „die Bezauberungen von Britannien" gewichen wären, wenn Perceval zur rechten Zeit die Gralsfrage gestellt hätte. Und als er dann nach langer Irrfahrt die Erlösung des Fischerkönigs vollbracht hat, werden tatsächlich die „Bezauberungen" von Britannien und der ganzen Welt zunichte.

Ein Zauberbann liegt über allem Erdendasein, so empfanden die keltischen Hüter des alten, verglimmenden Geisteswissens. Die britische Insel, die einstmals die Sorge um die geistigen Ordnungen auch für die europäischen Völker zu tragen hatte, ist selbst in die Verzauberung mit hineingezogen. Der Gral könnte sie lösen. Aber sein Hüter ist in Siechtum verfallen, ihm ist die Vollmacht des Wirkens genommen. Nicht aus der Pflege der Überlieferungen kann das Heil kommen, nur aus Jugendkräften der Welt wird der Gral seine siegende Kraft aufs neue gewinnen. Wo sind die jugendlichen Helden, die durchzustoßen vermögen und die Mysterien aus der Kraft allerpersönlichsten Erlebens neu erzeugen werden?

In Märchenbildern von weckender Kraft soll von solchen ersehnten Geistsuchern gesprochen werden. Wer die Sprache der Imagination entziffern kann, ihre Stufenfolge und inneren Gesetzmäßigkeiten kennt, wird keine Zweifel mehr daran hegen, daß solche Sagen und Märchen aus den alten Geheimschulen hervorgegangen sind. Es ist reifstes keltisches Weisheitserbe, das den Nachglanz einer ehrwürdigen Druidentradition noch im Zauber seiner Bildersprache verrät, nun aber aus christlicher Herzenserleuchtung bereits wiedergeboren.

Man kann sich vorstellen, wie in den Bardenkonventen diese Sprache der Imagination geübt, ihre Gesetze verkündet und an die Sängergilden weitergegeben wurden. Selbstverständlich wurde mit dem Fortschreiten der Zeit und der Ausbreitung in=

tellektueller Bildung die Schar derer immer geringer, die zum eigenwüchsigen Imaginieren durchzudringen vermochten. An die Stelle des schauenden Erlebens trat das fühlende Verstehen der Bilderschätze. Aber auch dieses nicht als ein sklavisches Nachsprechen des Gelernten; mit einer bis zu einem hohen Grade noch „exakten Phantasie" wurden die Bilderfolgen aneinandergefügt. So erblühten, in immer neuen Abwandlungen, die Sagen und Märchen. Mit dem Verfall der Sängergilden mischte sich in dieses Fabulieren allmählich Willkür und Veräußerlichung herein. Solche Niedergangserscheinungen finden wir deutlich in den späteren, oft formlos wuchernden Gralsromanen. Dennoch glänzen auch in ihnen immer noch Kostbarkeiten auf, seltsame Bilder und Begebenheiten, die nur aus tieferen Erleuchtungen geschöpft sein können und, wenn man eine gewisse Schicht romanhafter Ausstaffierung abzuheben versteht, noch einen Untergrund verraten, der aus echter Kenntnis der Gesetze des geistigen Lebens erbildet ist.

Wenn man einmal die Entzifferung der imaginativen Sprache, die Ergründung ihres realen Geistgehaltes konsequent in den Mittelpunkt der Literaturwissenschaft rücken wird, so wird man ein ganz anderes Verhältnis zu den Gralsdichtungen des Mittelalters gewinnen müssen. Ein weit ehrfurchtsvolleres; weil sich auch hinter den Werken des unzulänglichsten Fabulierers und Verseschmiedes immer noch der Glanz einer hehren Tradition verbirgt. Sie kann für den einfühlenden Sinn mit Hilfe einer neuen Initiationserkenntnis wieder freigelegt werden.

*

Die Träger der Gralsweisheit empfanden sich als Ritter des Wortes. Sie hatten das Geistesschwert zu führen. Sie wußten, daß sie mit ihren Dichtungen jene Waffen zu schmieden vermochten, von denen der Sieg des Geistes auf Erden einmal abhängen wird.

In einem Prosaroman des 13. Jahrhunderts, der „Queste del St. Graal", wird dieses Schwertgeheimnis besonders eindrucks=voll geschildert. König Artus hat an einem Pfingsttage all seine Ritter auf Schloß Camaalot versammelt; noch nie war es bisher gelungen, die Helden, die von fernen Ritten kamen oder von einer geheimen Liebe zurückgehalten wurden, in voller Zahl zum Mahle zu vereinigen. Als man nun gerade zum Mahle schreitet, tritt ein Diener ein und meldet, daß am Flußufer unter dem Schlosse ein großer Steinblock auf dem Wasser schwimme. Alle folgen sogleich dem Könige hinunter in Erwartung eines Abenteuers. Sie sehen einen roten Marmorblock, der ans Ufer gespült ist. Ein Schwert steckt darin, prächtig anzuschauen, der Degenknopf aus kostbarem Stein, mit Goldbuchstaben verziert. Als die Ritter sich nähern, entziffern sie die Inschrift, nach wel=cher es nur Einem bestimmt sei, das Schwert herauszuziehen zu können und an seine Seite zu heften; dieser aber werde der beste Ritter der Welt sein. Keiner wagt es außer Gawan, auf des Königs Gebot. Jedoch vergeblich, das Schwert bewegt sich nicht. Man setzt sich zur Tafel; aber kaum ist der erste Gang vorüber, da schließen sich plötzlich, wie von unsichtbaren Hän=den, Türen und Fenster des Schlosses. Ein Greis in langem, weißen Gewande tritt herein, an der Hand führt er einen Ritter in roter Rüstung, ohne Schild und Schwert. Als er in der Saal=mitte steht, spricht er einfach: Der Friede sei mit euch!

Wir werden an den Osterbericht des Johannesevangeliums erinnert, da der Auferstandene mit dem gleichen Gruße bei ver=schlossenen Türen unter die Jünger tritt: wie überhaupt diese „Queste" die ganze Sage in das Feierliche der Legende hinauf=zuheben strebt. „Galahad" — Sproß des Königs David und zu=gleich der erwartete Erlöser aus dem Geschlechte der Grals=hüter — ist Held und Heiliger in einem. Dieser (nicht Perceval) ist es, der die Abenteuer des Grales vollenden soll. Er wird von dem Alten zu dem „gefährlichen Sitz" an der Tafelrunde ge=

führt, auf dem sich bisher kein Ritter ungestraft hat niederlassen können. Ruhevoll nimmt er den Platz ein, und alle Anwesenden sehen auf der hohen Rücklehne des Stuhls einen Namen aufleuchten: Galahad. Während der Alte im weißen Gewande schweigend fortgeht, bleibt der junge Ritter in roter Rüstung zurück. Im Schmuck der Jugend und Schönheit erscheint er den Augen der Staunenden. Alle erwarten von ihm, daß er das Land von dem Zauber befreie und die wachsende Not verbanne, die den König und seine Tafelrunde in so große Sorge versetzt hat. Es gelingt ihm, das Schwert ohne Anstrengung aus dem Marmorblock zu ziehen. Galahad wird der eigentliche Held der „Queste": der Gralsuche, zu der sich nun die Tafelrunder in großer Zahl aufmachen.

Wir kennen ein verwandtes Schwertmotiv aus der Wälsungensage, wie sie Richard Wagner im ersten Akt seiner „Walküre" gestaltet hat. Da hatte einst Wotan das Götterschwert tief in den Baumstamm gestoßen und es dem Manne verheißen, der es herauszuziehen vermöchte. Alle Gäste des Hauses versuchen es vergeblich, bis es Siegmund, dem Wälsungensproß, den der Gott in der Gestalt Wälses sich selber erzogen, schließlich in höchster Not gelingt. Hier ist es die Ichkraft, die bisher noch im Stammbaum der Geschlechterfolge, also in den Sippenkräften gebunden gehalten war. Sie herauszulösen aus der Stammesgebundenheit und damit die Freiheit des Gedankens, die Selbständigkeit der Entscheidung zu erringen, ist die Berufung des Wälsungengeschlechts mit all der Tragik, die zunächst mit dem Erwerb der Freiheit, dem Zerreißen der alten bluthaften Bindungen gegeben ist.

Das Gralsschwert aber braucht nicht aus dem Baumstamm gezogen zu werden; es steckt im Marmorblock. Nicht um die in den Stammesbindungen verhaftete Ichkraft handelt es sich hier, sondern um jene Geisteskraft, die dem erstarrten Teile der Menschennatur verhaftet ist. Wie ein Steinblock innerhalb der

strömenden Lebenskräfte erscheint dem zum Geiste strebenden Menschen die Hauptesorganisation mit ihrem ersterbenden Ge=
dankenwesen. Mineralisch hart ist der menschliche Intellekt geworden; und doch steckt in ihm eine höchste Geisteskraft: der frei schaffende Gedanke, die reine Intuition, die darauf war=
tet, dem verhärteten Intellekte entrissen zu werden. Sie ist das Gralsschwert; im Geisteswort soll sie wirksam werden. An einem Pfingstfeste wird dieses Geheimnis an König Artus und seine Tafelrunde herangetragen. Nicht einer der Seinen vermag diese Geisteskraft zu ergreifen, obwohl die Sehnsucht danach in diesem Kreise lebt und glüht. Wie ein Sendbote des heiligen Geistes tritt Galahad in die Tafelrunde ein. Als der Jünger des Parakleten selber vollbringt er die Tat der höchsten Freiheit. Auf eine hohe Eingeweihtengestalt, die mit Kräften reifsten Menschentums in die Verkörperung eintritt, wird mit seiner Erscheinung hingedeutet. Seine Gegenwart unter den Menschen zieht schon den Gral herbei. Sie löst in den Seelen Kräfte des höheren Schauens aus. Darum wird in der „Queste" noch das Seltsame berichtet, wie am Abend des gleichen Pfingstfestes alle Gefährten der Tafelrunde auf ihren Plätzen sitzen, Galahad weilt unter ihnen – da ertönt ein Donnerschlag, der den Palast erzittern läßt, und ein Sonnenstrahl, siebenmal klarer als das Tageslicht, dringt in den Saal. Der Gral kommt, von unsicht=
baren Händen getragen, herein. Er ist in weiße Seide gehüllt, Wohlgerüche ergießen sich von ihm durch den ganzen Palast. Er umwandelt alle Stühle und beschenkt im Vorübergehen die Tische mit Speisen in Fülle. Als er die gnadevolle Speisung vollzogen hat, verschwindet er wieder.

Gawan meint, daß dieses geheimnisvolle Fest noch niemals irgendwo als auf dem Schlosse Corbenic (dies ist hier der Name für die Gralsburg) stattgefunden habe. Deshalb macht er ein Gelübde, am anderen Morgen die Suche nach dem Gral anzutreten. Es gilt, diesen in seinem eigentlichen Bezirke auf=

zusuchen, weil sie ihn hier noch nicht deutlich genug gesehen haben. Alle Ritter erheben sich daraufhin und legen das gleiche Gelübde ab. (9)

Das Mysterium Galahads besteht darin, daß er in seinem ätherischen Leibe die Verklärungskräfte trägt, die sich wesenhaft der Umgebung mitzuteilen vermögen, wenn diese ihnen eine aufgeschlossene Stimmung, die Gralssehnsucht, entgegenbringt. Man war in den Weihestätten der alten Zeiten mit dem Geheimnis bekannt, wie sich in einem Mysterienkreise durch die Anwesenheit einer besonders reifen Individualität gnadevolle Augenblicke eines erhöhten Bewußtseins erzeugen lassen. Durch intimes Zusammenleben und Zusammenwirken nehmen die Glieder des ganzen Kreises an den Leuchtekräften des Ätherleibes teil, den jene Individualität gleichsam über sie hinzubreiten vermag. Mystische Bruderschaften solcher Art entstanden im späteren Mittelalter auch innerhalb des esoterischen Christentums. So wird uns von den Zusammenkünften der „Gottesfreunde" ähnliches berichtet. Auch in den ersten Rosenkreuzer=Gemeinschaften pflegte man solche Ideale.

*

Ganz anders Perceval. Sein Schicksalsgang führt durch die Tiefen. Durch Irrtum und Schuld, wenn auch ein unbewußtes Schuldigwerden, erkämpft er sich Freiheit und Geisteswachheit. Dieses zeigt sich deutlich an seiner Art, das Gralsschwert zu ergreifen, beziehungsweise es zunächst nicht wirklich zu ergreifen.

Die Imagination des Schwertes tritt in der Percevaldichtung bei Chrestien de Troyes (und ähnlich bei Wolfram) zuerst im nächtlichen Erleben auf, als dieser die Geheimnisse der Gralsburg an der Seele vorüberziehen lassen darf. Als ein Geschenk der Jungfrau, die dann den strahlenden Gral hereinträgt, wird es dem Gaste von dem Herrn der Burg verliehen. Dieses Schwert

ist der Inbegriff dessen, was sich der Seele in den Gralsimagi=
nationen mitteilen will; was zu einer Kraft in ihr werden kann,
wenn sie den Gehalt der Bilderfolge begreifend durchdringt.
Dazu müßte sie aber im Geiste mit ihm umzugehen verstehen.
Dann würde ihr daraus die Vollmacht des Wortes erwachsen.
Perceval hat das Schwert empfangen; aber man wundert sich
immer darüber, wie wenig später von ihm die Rede ist, obwohl
doch in so gewichtigen Worten auf die Bedeutung dieses Ge=
schenkes hingewiesen wird. Perceval ist offenbar noch nicht
fähig, das Empfangene in seiner Seelenentwicklung wirksam
zu machen.

Impressionen der geistigen Welt, die nicht mit dem aktiven
Verstehen ergriffen werden — und Percevals Versäumnis der
„Frage" ist ja das Zeichen für ein hellsichtiges Erleben, das
noch nicht intuitiv durchdrungen werden konnte —, zerrinnen
wie Träume für das Bewußtsein, sie fallen früher oder später
auseinander, versinken in Seelenuntergründe. Das Gralsschwert
zerbricht.

Daß dieses geschehen könne, obwohl es so gut geschmiedet
und gehärtet sei, darauf wird Perceval schon bei seinem Emp=
fang aufmerksam gemacht. Und die Maid, die er am andern
Morgen mit dem erschlagenen Ritter im Schoße antrifft (bei
Wolfram heißt sie Sigune), warnt ihn, dem Schwerte zu sehr
zu trauen; es werde zerspringen. Und als Perceval fragt, ob es
auch wieder zusammengefügt werden könne, wenn es zer=
bräche, nennt sie ihm den Namen des Schmiedes. Er heißt Tre=
bucet; nur dieser vermöge es neu zu schmieden, man sollte
sich hüten, jemanden anderen jemals Hand daran legen zu las=
sen. Aber man muß den Weg zum See bei Cotovatre finden, um
zu jenem Meisterschmiede zu gelangen.

In den Fortsetzungen der Dichtung, die Chrestien ja als Frag=
ment hinterließ, spielt dann die Schwertprobe eine große Rolle.
Drei Dichter haben an der Vollendung des Epos gearbeitet. Sie

alle beschäftigen sich mit der Schwertprobe. Perceval wird bei seinem zweiten Besuch auf der Gralsburg von dem Fischer=könig ein zerbrochenes Schwert vorgelegt. Aber nachdem er zuvor die rechten Fragen an den Wirt gestellt hat. Als es ihm gelingt, die Stücke ineinanderzufügen, erklärt ihn der König für den besten aller Ritter. Er umarmt ihn mit den Worten: Du sollst der Herr meines Hauses sein. — Die Gralsdichtung, die Bruchstück geblieben ist, ist selber das zerbrochene Schwert. Sie zu ihrem rechten Ende führen können, heißt in ihren inner=sten Zusammenhang eindringen; denn die Imaginationen wol=len jedesmal in der Seele neu erzeugt und, wo sie abbrechen, auf schöpferische Art ergänzt werden. Nur wer vom Bilder=Erleben (vom Imaginieren) zum „inneren Worte" (zum inspi=rierten Bewußtsein) fortzuschreiten vermag, wird das heile Schwert gewinnen und handhaben können.

Wieder anders behandelt Wolfram das Geheimnis des Grals=schwertes. Als Sigune ihn am Morgen nach dem ersten Besuch auf der Gralsburg trifft, glaubt sie — die über die Gralsnot völ=lig im Bilde ist —, daß nun Anfortas Erlösung gefunden haben werde, da sie das Schwert erkennt, das Parzival an der Seite trägt. Sie sagt ihm: „Kennst du die Kraft, die in ihm ruht, so streit' in unverzagtem Mut." — Aber hier ist der ursprüngliche Wortlaut wichtig:

> bekennestu des swertes segen,
> du maht ân angest strîtes pflegen.

Denn als sie ihm nun erklärt, wie es neu zusammengefügt werden kann, wenn es einmal zerbrochen sein wird, setzt sie hinzu:

> daz swert bedarf wol segenes wort;
> ich fürht, diu habestu lâzen dort.

Wenn aber sein Mund dieses Segenswort gelernt habe, so werde immerfort die Heileskraft in ihm wachsen und fruchten. Sein

Gralskönigtum hängt davon ab. Wie sie ihn jedoch in seiner augenblicklichen Seelenverfassung gewahr wird, kommt ihr der Zweifel, ob er auch wirklich die Frage auf der Burg getan habe.

Man hat viel gerätselt, worin dieser Schwertsegen beruhen möge. Er ist offenkundig das, was dem Parzival als Antwort zuteil geworden wäre, wenn er die rechte Frage getan hätte. Dazu hätte es allerdings einer Erkraftung seines Geistbewußt=seins bedurft, um sich im Anschauen der Bilder bis zur Frage nach ihrem Sinn durchzuringen. Im Geiste ist die richtige Frage=stellung immer schon der Anfang des Erkennens. Das „innere Wort" hätte zu sprechen begonnen. Dieses ist das „segenes wort", das er von der Gralsburg mitzubringen versäumte.

Sigune unterweist ihn nämlich, auf welche Art das Grals=schwert wieder erneuert werden kann. Bei Karnant steht ein Brunnen namens Lag. Zu ihm muß das zersprungene Schwert wieder hingetragen werden:

> Doch bringst du's zu dem Born zurück,
> Macht es sein Wasser wieder ganz,
> Schöpft es, bevor des Tages Glanz
> Erschien, am Felsen deine Hand.

Nur darf kein Stücklein daran fehlen, und man muß verstehen, sie alle richtig ineinanderzufügen. Dann wird das Schwert nicht nur wie neu erscheinen, es wird an Stärke gewonnen haben. Allerdings wird dieses ihm nicht ohne „segenes wort" gelingen können.

Wolfram meint also nicht, daß es von Trebuchet, der es ge=schmiedet, auch wieder zusammengesetzt werden müsse. Parzi=val selber wird es an jenem geheimnisvollen Brunnen erneuern müssen, und zwar:

> du muost des urspringes hân
> underm velse, ê in beschine der tac.

Dort, wo der Quell entspringt, aus dem die Gralsimaginationen geschöpft sind, wird sich allein auch ihre Erneuerung bewirken lassen. Dazu muß man den Augenblick des morgendlichen Erwachens bewußt ergreifen lernen. Ehe noch das grelle Tages=
bewußtsein sich darüberbreitet, gilt es jenen Springquell der schöpferischen Phantasie zu gewahren, der unterhalb des Fel=
sengebeins unserer Schädelhöhlung in unerschöpflicher Ideen=
bildung tätig ist.

Novalis läßt seinen Heinrich von Ofterdingen (im ersten Kapitel des Romans) den Traum von der „blauen Blume" träu=
men. Nach einem erregenden Zauberspiel von Traumwanderun=
gen klären sich die Bilder allmählich dem Schläfer gegen Mor=
gen, sie werden stiller in seiner Seele, klarer und bleibender. Er gelangt an einen hohen Felsen und findet den Einlaß in das Felseninnere. Am Ende eines langen Ganges weitet es sich zur Höhle, aus der ihm ein helles Licht entgegenglänzt. Es heißt, er wurde „einen mächtigen Strahl gewahr, der wie aus einem Springquell bis an die Decke des Gewölbes stieg und oben in unzählige Funken zerstäubte, die sich unten in einem großen Becken sammelten; der Strahl glänzte wie entzündetes Gold; nicht das mindeste Geräusch war zu hören, eine heilige Stille umgab das herrliche Schauspiel. Er näherte sich dem Becken, das mit unendlichen Farben wogte und zitterte. Die Wände der Höhle waren mit dieser Flüssigkeit überzogen, die nicht heiß, sondern kühl war und an den Wänden nur ein mattes, bläu=
liches Licht von sich warf. Er tauchte seine Hand in das Becken und benetzte seine Lippen. Es war, als durchdränge ihn ein gei=
stiger Hauch, und er fühlte sich inniglich gestärkt und erfrischt."

Es ist im Grunde der gleiche Brunnen Lag, der hier von Nova=
lis beschrieben wird. Und es bedeutet zugleich seine Erweckung zum Dichter, die sich in diesen Imaginationen ankündigt und ihn zu immer geheimnisvolleren Tiefen des Erlebens weiter=
geleitet. Dieser Aufwachtraum wird nach der Schilderung des

Romans in Eisenach, zu Füßen der Wartburg geträumt. Das aber ist ja die Stätte, an welcher auch Wolfram von Eschenbach jahrelang an seinem „Parzival" schaffen durfte und an der sich der Sage nach jener berühmte „Sängerkrieg" abspielte, in dem er als der Sänger des Grals seinen Sieg über den Zauberer Klingsor errang.

Parzival hatte die Gralsburg im abendlichen Erleben betreten können. Es war ein Einschlaf=Erlebnis gewesen. Wenn es ihm einstmals gelingen soll, das zerbrochene Gralsschwert selbst zu erneuern, so muß er ein morgendliches Erlebnis dem ersteren hinzufügen lernen: ein Aufwach=Erlebnis. Ihm muß die Fähigkeit zum kraftvollen Herübertragen der nächtlichen Impressionen ins Tagesbewußtsein erwachsen, ihre bewußte Durchdringung mit der Herzenserkenntnis. Dann wird ihm auch der Quell der Inspiration aufgehen.

Diese Kraft jedoch kann ihm erst im Durchschreiten der Lebensprüfungen heranreifen. Im 9. Buche, dem Herzstück seiner Dichtung, als Wolfram darstellen will, wie Parzival nach jahrelangen Irrfahrten wiederum das Gralsgebiet betritt, gibt er unmittelbar vorher einen kurzen Rückblick über die bestandenen Kämpfe und Siege des Helden. Bei diesen Kämpfen, bemerkt er, sei ihm auch das Gralsschwert entzweigebrochen; aber am Brunnen bei Karnant sei es wieder ganz geworden. Parzival muß also im Bestehen der Schicksalsproben jene Gnadenkraft inzwischen empfangen haben, die als „segenes wort" bezeichnet war: das „innere Wort". Was er an jenem Brunnen Lag, am Quell der Inspiration, hat erfahren dürfen, das ehrt der Dichter mit Schweigen. Er schreitet darüber mit dem kurzen Satze hinweg: „Wer's nicht glaubt, der sündigt." — Das Heilige verträgt nicht, viel beredet zu werden. Es erweist sich in seinen Auswirkungen: in jener tiefen Umwandlung, die inzwischen mit der Seele Parzivals vor sich gegangen ist. (10)

*

Diese Seele ist ja von einer einzigartigen Erlebnisfähigkeit. Fern von aller konventionellen Erziehung, abseits von den Zeit=einflüssen ist Perceval als der „Sohn der Witwe" — so führt ihn Chrestien ein — herangewachsen. Unverbrauchte Kräfte, wenn auch im Narrengewande, bringt er dem Leben entgegen. Ein Sturm von Empfindungen, in denen sich das Überschreiten der Jugendschwelle ankündigt, treibt ihn aus den Armen der Mutter in die Welt hinaus. Er sucht das Abenteuer des Lebens, aber er sucht und erfährt es mit einer seltenen Keuschheit des Herzens. Die Dichtung Chrestiens, der wir in dieser Skizze fol=gen wollen, läßt die reinen Imaginationen in ihrer Stufenfolge noch am unverfälschtesten durchscheinen.

Es ist an einem Frühlingsmorgen, da er, den die Mutter mit aller Sorgfalt davor behütet hat, mit dem Rittertum Bekannt=schaft zu machen (denn sein Vater und seine beiden Brüder sind daran zugrunde gegangen), plötzlich fünf Rittern begegnet, die aus dem Walde hervorkommen und mit ihren Waffen im Son=nenglanze erstrahlen. Wie eine Himmelserscheinung überwäl=tigt es ihn. Das müssen Engel sein; von diesen „schönsten Wesen der Welt" hat ihm oftmals die Mutter erzählt. Und der Herrlichste unter ihnen muß Gott selber sein. Gott aber soll man anbeten. So wirft er sich vor ihnen zu Boden und sagt sein Glaubensbekenntnis und alle Gebete, wie sie ihn die Mutter gelehrt hat. Die Ritter, auf der Verfolgung von Räubern be=griffen, richten bestimmte Fragen an ihn; er aber will nur über ihre Rüstung unterwiesen sein und, wenn sie Ritter sind, auch ein solcher werden. Wenn König Artus, wie er von ihnen erfährt, Ritter machen kann, so wird er sogleich zu diesem Könige, der in Carduel wohnt, aufbrechen —: damit ist das Unglück geschehen. Die Mutter kann ihren Sohn nicht zurück=halten, und wenn ihr auch das Herz darüber bricht.

Wie eine Engeloffenbarung dringt an die Seele des jungen Menschen die Berufung ihres Lebens heran. Jede Seele hört in ihren Tiefen diesen Ruf; es ist das wahre Jugenderlebnis. Aber sie hat, dafür sorgen Erziehung und Konvention, längst gelernt, dem Rufe auszuweichen, oder sie läßt sich ausreden, was aus ihren Tiefen herauftönt. Es ist der Durchbruch des präexisten= ten Menschen: dessen, was die Seele vor ihrem Erdenabstieg in machtvollen Bildern erschauen durfte und als Lebensauftrag aus der Engelssphäre ins Herz gesenkt erhielt. Perceval trägt ungebrochen und völlig unbeirrbar die innere Richtung sei= ner Seelenentwicklung in sich. Diese Seele bedarf nur einer stufenweisen Erweckung der träumenden Kräfte und ihrer Klärung.

Das alles geht im Grunde, einmal ausgelöst, rasch vor sich. Die Mutter hat ihm gute Lehren auf den Weg mitgegeben, die sich vor allem auf den Umgang mit Frauen und den Besuch der Kirchen beziehen. Aber er befolgt sie zunächst etwas eulen= spiegelhaft. Als er in einem Walde das prächtige Zelt eines Ritters aufgeschlagen sieht, meint er, das müsse ein Gotteshaus sein. Perceval ist also bisher mit keiner Kirche in Berührung gekommen, abseits von ihr erhielt er seine religiöse Erziehung. Er betritt das Zelt wie ein Gotteshaus und findet eine Dame darin, der er Kuß und Ring trotz allen Sträubens raubt, da er die Lehren seiner Mutter über den Umgang mit Frauen miß= verstanden hat. Diese Narrentat, in aller Unschuld begangen, soll allerdings schlimme Folgen haben. Schicksal entsteht.

Ihn aber treibt es weiter nach Carduel. Dort angelangt, erblickt er ein herrliches Schloß am Meer; er sieht gerade einen Ritter aus dem Tore reiten, der einen goldenen Becher in der Hand hält. Seine Waffen, die ganz rot sind, gefallen dem Jüng= ling. Diese will er von König Artus für sich fordern. Der rote Ritter gibt ihm, als er hört, daß ihn sein Weg zu König Artus führe, eine Herausforderung als Botschaft an diesen mit. Aber Perceval versteht nichts davon. Torenhaft, alle höfischen Bräuche mißachtend, trifft er am Artushofe ein. Der König ist in tiefes

Sinnen versunken; jener rote Ritter hatte sein Land, das ihm nach seiner Meinung zustand, von König Artus gefordert und im Aufruhr diesem so wild den Becher von der Tafel entrissen, daß der ganze Wein in den Schoß der Königin floß. Dadurch ist die Tafelrunde entehrt. Wo aber findet sich der Ritter, der solche Untat sühnen wird?

Perceval, in völliger Unkenntnis der Bedingungen, die zur Ritterschaft führen können, ist sogleich bereit, sich die Rüstung des roten Ritters zu erkämpfen, wie ihm höhnisch der Seneschall des Königs rät, der mit diesem Scherze den Narren heimschicken will. Perceval befolgt den Rat. Er reitet zurück und stößt nach kurzem Wortwechsel dem Ritter seinen einfachen Wurfspieß, mit dem er ausgerüstet war, mit solcher Wucht durch das eine Auge, daß dieser zum Hinterkopfe wieder herausfährt. Ohne Umstände zu machen, geht er daran, nun den Gefällten zu entkleiden. Ein Knappe hilft ihm dabei und will ihn überzeugen, daß er doch erst sein grobes Kleid ausziehen müsse, wenn er das Rittergewand anlegen wolle. Das aber weist Perceval entrüstet zurück. Nicht will er das Kleid, das von der Mutter stammt, abstreifen; er zieht das Rittergewand nur darüber und legt die Rüstung an. Nun reitet er auf dem Pferde des erschlagenen Artusritters in die Welt hinaus. Fortan heißt er selbst der „rote Ritter".

Diese Imaginationen sprechen sich unverkennbar aus. Abenteuer sucht der junge Mensch: das, was auf ihn zukommt (= Aventiuren). Es sind Selbstbegegnungen, die ihm im Schicksalswalten zuteil werden. Was mit dem Eintritt der Geschlechtsreife aus den Seelentiefen als Empörung heraufdringt und sein Eigentum fordern zu können meint, ist eine gesetzlose Kraft. Als Blutsgewalt tritt sie mit Wagemut gegen die alten Ordnungen auf. Die Träger der alten Ordnung sind tief gekränkt und doch hilflos ihr gegenüber. Perceval schlüpft in die Rüstung dieses „roten Ritters" selber hinein. Er begehrt, sich in der Bluts=

gewalt kraftvoll zu erleben. Er erfährt die Geschlechtsreife, aber unschuldsvoll.

Noch hat er die seelische Mutterhülle nicht abgestreift. Sie gibt ihm den Zauber des Knabenhaften, das jedoch in der gesitteten Welt kindisch wirkt und ihn lächerlich machen muß. Die nächste Station seines Weges führt ihn in das Schloß eines Edelmanns, der Wohlgefallen an ihm findet und unter der ungebärdigen Art sofort die adlige Natur erkennt. Dieser bringt ihn dazu, die Kleider, die ihm die Mutter machte, gegen andere, die er ihm anbietet, auszuwechseln. Das heißt, er vollbringt an Perceval die Erziehung zum jungen Manne. Er legt ihm auch die Sporen an: das Zeichen der Ritterschaft, in deren „Orden" mit all seinen Ehrenpflichten er nun feierlich aufgenommen wird. Gonemans von Gelbort, so heißt hier der Edelmann, macht ihn gleichsam „gesellschaftsfähig". Sehr schnell legt Perceval die Wildheit des Knaben ab, zugleich aber auch jene Unbefangenheit, die ihn immerfort von der Mutter reden und wißbegierig nach allen Dingen fragen ließ.

Hier setzt die Tragik ein. Perceval braucht die Erziehung, die ihn bändigt und die Konvention der Umwelt beachten lehrt. Es bedeutet für ihn ein weiteres Stück Menschwerdung, er würde sich ja sonst nicht als Glied in die zeitbedingte Menschenordnung einfügen können. Aber die Instinktsicherheit der Kindesnatur wird beirrt. Jener elementare Fragetrieb, mit dem er die Welt erkennend zu ergreifen suchte, ist abgelähmt worden. Er wird nun auch da, wo *Fragen* alles bedeutet, verstummen. Dieses ist, von der Seite der Erziehung aus gesehen, der Grund seines Versagens auf der Gralsburg. Von der Seite des Schicksalswaltens jedoch wirkte noch ein anderer Grund, von dem wir bereits gesprochen haben.

Mit den Kleidern, die er von der Mutter empfing, hat er sich bei dem Edelmann auch eines gewissen Muttererbes berauben lassen. Darum sein unruhvolles Suchen nach der Mutter, das ihn weitertreibt. Noch eine Station geht dem Gralserlebnis voran. Er kommt, als neuer Ritter, zu einer stattlichen Burg, die ihn gastlich einläßt. Blanchefleur heißt die Herrin der Burg, die ihm die Not ihrer ganzen Stadt klagt. Von Feinden belagert, schwinden die Einwohner vor Hunger dahin, verödet sind Straßen und Kirchen von Beau=Repaire. Die Jungfrau — nur mit einem Hemde bekleidet, über das ein roter Seidenmantel gelegt ist — tritt des Nachts zu ihm in das Gemach, um ihn um Hilfe anzuflehen. Er erwacht aus dem Schlafe und nimmt sie liebe= voll zu sich auf sein Lager, doch ohne sich in Leidenschaft mit ihr zu vereinen. Er wird ihr Kämpfer und vollbringt die Be= freiung der Stadt. Sie aber schenkt ihm dafür ihre Minne „so süß und mild, daß sie ihm den Schlüssel der Liebe tief in das Schloß des Herzens drückte".

Perceval ist liebefähig geworden. Dadurch erst ist er auch fähig, den Gral als die Sonnenmacht der Weltenliebe im eige= nen Blute zu erfahren. Aber er würde ihn doch nicht erleben können, wenn ihn mit dem Eintritt der Liebefähigkeit zugleich die Leidenschaftsnatur überwältigt hätte. Als Sieger, nicht als Überwundener, war er in die rote Rüstung untergetaucht. Als Sieger, der Blanchefleur gegen alle Feinde, die ihre Jungfräu= lichkeit bedrängten, zu verteidigen verstand, darf er der rein= sten Minne teilhaftig werden. Eine nächtliche Begegnung ist es, ein Erwecktwerden aus Schlafestiefen, was uns hier beschrieben wird. Der Jüngling erlebt die unschuldigen Seelenkräfte seines eigenen Wesens, das Heranschweben seines unentweihten Ur= bildes, das die unbewußten Tiefen in ihm zur Liebe erwecken will. Wunderbar zart wird dieses nächtliche Herannahen der Blanchefleur, der weißen Blüte, die sich in den roten Seiden= mantel hüllt, von Chrestien geschildert. Die Minne zieht fortan in sein Blut ein als jene Gnadenkraft der Seele, Ideale haben zu können. Von Blanchefleur sagt der Dichter: „In ihr schuf Gott ein unvergleichliches Wunder, niemals schuf er ihresgleichen, noch hatte er vorher ähnliches geschaffen." Eine himmlische Seele, die die Kräfte des Schöpfungsurbeginns in sich bewahrt hatte, ist in Perceval zu ihrem Erdenbewußtsein erwacht. Der Name deutet auf die Lilie hin, die stets ein mystisches Symbol war: es ist die Blume, die nicht die volle Verbindung mit der Erde einzugehen vermag; denn darin besteht das Eigentümliche aller Zwiebelgewächse. Diese Blanchefleur=Seele strebt in die Menschwerdung herein, sie will vom „roten Ritter" ergriffen werden.

Goethe kennt noch aus einer zu seiner Zeit allerdings schon getrübten alchymistischen Tradition diese Symbolik, wenn er seinen Faust über solche Adeptenkünste spotten läßt:

> Da ward ein roter Leu, ein kühner Freier,
> Im lauen Bad der Lilie vermählt
> Und beide dann mit offnem Flammenfeuer
> Aus einem Brautgemach ins andere gequält...

Der Alchymist experimentierte in den Retorten mit den Substanzen, um von einem Prozeß zum anderen schließlich jenes Elixier herauszudestillieren, das man den „Lapis philosophorum", den Stein der Weisen, nannte. Im echten Rosenkreuzertum aber handelte es sich um einen inneren Prozeß, den man in diesen Bildern zu beschreiben suchte. Intimste Seelenverwandlungen wurden angestrebt. Das war es, was man mit der „chymischen Hochzeit" anzudeuten suchte. (11)

Wolfram, der ja den Gral als jenen wundersamen Stein charakterisiert, der den Phönix zu Asche verbrennt, um ihn verjüngt wiedererstehen zu lassen, hat auf dieses „chymische" Geheimnis der Gralswirkung hinweisen wollen. Sein Parzival schaut, wenn auch zunächst noch ohne Verständnis, den „Lapsit exillis" zum ersten Male an jenem Abend, da er von Belrapeire gekommen ist. Mit den Blanchefleur=Kräften, die sich auf unschuldvolle Weise mit seiner Blutsnatur vereinigt haben, ver=

mag der Jüngling das Gralsgeheimnis in sich selber zu erfah=
ren. Er erlebt es zunächst als ein Speisungswunder.

Perceval ist über jene Schwelle geschritten, die innerhalb der
christlichen Seelenführung immer durch die Handlung der Kon=
firmation begleitet wird. Die junge Seele ist von jetzt an reif,
das Altarsakrament zu empfangen. Und sie bedarf solcher
Speisung; denn es werden damit die Blanchefleur=Kräfte, die in
ihren zartesten Empfindungen aufleben wollen, angesprochen
und allmählich gekräftigt. Die Bilder des Gralsweges aufzuneh=
men, ist eine Wohltat für die Entwicklung des jungen Menschen.
Sie spiegeln Vorgänge wider, die sich beim Überschreiten der
Jugendschwelle irgendwie immer in träumender Tiefe abspie=
len. Deshalb sollten sie um diese Zeit auf rechte Weise an ihn
herangetragen werden, um sein Jugendstreben innigst zu be=
gleiten.

Als um die Wende vom 12. zum 13. Jahrhundert diese Dich=
tungen in die europäische Welt eintraten und mit einer großen
Begeisterung aufgenommen wurden, war mit ihnen ein bedeut=
samer Erziehungsimpuls gegeben. Er hat auf die abendlän=
dische Geistesentwicklung eine Tiefenwirkung ausgeübt, deren
Ausstrahlung bis in die Gegenwart hinein zu verfolgen mög=
lich ist. (12)

Wolframs „Parzival"

> Dies ist kein Buch: was liegt an Büchern!
> An diesen Särgen und Leichentüchern!
> Vergangnes ist der Bücher Beute:
> Doch hierin lebt ein ewig *Heute.*
>
> (Nietzsche, „Fröhliche Wissenschaft")

Mutvoll hat Wolfram seine Dichtung in die Zeit hinein=
gestellt: vollbewußt, ihr damit jenen neuen Bildungsimpuls
zu vermitteln, der dem Stile der Lateinschulen und allen klöster=
lichen Erziehungsidealen gänzlich entgegengesetzt sein sollte.
Er selbst, obwohl wir ihn als einen universellen Geist kennen=
lernen dürfen, lebte sein Ideal dar, wenn er gegen Ende des
zweiten Gesanges sagt: „Zum Schildesamt ward ich geboren"
und dazu versichert, daß ihn der Sinn einer solchen Frau krank
dünken würde, die ihn um seines Sanges willen minnen möchte.
Nur mit Schild und Lanze wolle er sich Minne verdienen: also
ritterlich, das aber heißt für ihn, mit dem Einsatz seiner Persön=
lichkeit. Ja, ehe er dann zur eigentlichen Darstellung des Parzi=
valweges übergeht, erklärt er, diesen Bericht solle man nicht zu
den Büchern rechnen:

> Unkundig ist mir ganz das Lesen.

Wenn er allerdings beteuert, „ich kenne keinen Buchstaben",
so mag das vielleicht doch eine schalkhafte Übertreibung sein.
Er meint: sollte aber jemand dieses Gedicht gar für ein „Buch"

halten, so würde er sich mehr schämen, als wenn er nackend ins Bad steigen müßte!

Weshalb dieses? — Weil Wolfram ein Geschlecht heraufkommen sieht, das intellektuell überzüchtet sein und dadurch in seiner Mannheit verkümmern wird. Diese Erziehungsmethoden führen zur Schwächung des Herzensmutes. Der Gralsweg jedoch ist eine Herzenseinweihung. Nur soweit er sich in den Herzen derer, die die Kunde von ihm aufnehmen, neu erzeugt, wird er überhaupt verstanden. Was an dieser Dichtung notwendigerweise als „Buch" erscheint, muß immer wieder überwunden werden. Deshalb ist sie auch ein Wachsendes, an dem fortwährend weitergewoben werden kann.

Es gibt Kunstwerke, die den Gehalt einer ganzen Epoche zusammenfassen. Das Mittelalter hat zwei solcher Werke hervorgebracht. Dantes „Göttliche Komödie" und Wolframs „Parzival". Das erstere von einer künstlerischen Vollendung, wie sie nur eine letzte Ausreifung des Zeitgeistes hervorzubringen vermochte: eine Kathedrale in seiner architektonischen Planung, bis in die feinsten Verästelungen ausziseliert und nach einer wunderbaren Mathematik gegliedert. Wohl lebt in diesem Bauwillen die Kühnheit der jungen Völker, die auch Dantes Persönlichkeit durchpulst; aber die Reife der lateinischen Rasse, die ihm durch Blut und Erziehung überkommen ist, gibt seiner Dichtung Gesetz und Form, in der die Summe der antiken Weltanschauung und christlichen Heilslehren umschlossen ist: ein Denkmal, für künftige Geschlechter in Erz gegossen.

Demgegenüber ist Wolframs Dichtung ein Stammeln. Auch in ihr würden wir, wenn wir die sechzehn Gesänge aufgliedern, wohl einen stufenweisen Aufbau nachweisen und in der rätselhaften Verflechtung der Handlung mystischen Tiefsinn wie bei Dante entdecken können. Aber während bei diesem eine wunderbare statische Ausgewogenheit des Bauwerks zu erkennen ist, leben Wolframs Gestalten und Ereignisse in dynamischer

Entfaltung. Alles ist noch keimkräftig. Es fordert dazu heraus, die poetischen Begebenheiten immer wieder zu ergänzen und abzuwandeln, wie es ja das Schicksal der Gralssage bis in unsere Zeit hinein war. Die Menschheit selbst ist es, die daran weiter=
dichtet.

Dante, obwohl erdkräftig in seiner Zeit und ihren Aufgaben wurzelnd, entwertet letztlich doch dieses ganze Erdendasein, indem er es im Lichte des himmlischen Kosmos anschaut und richtet. Als er auf seiner Sternenreise unter Führung der Bea=
trice die Saturnsphäre erreicht hat, schaut er durch alle Plane=
tenkreise hindurch noch einmal zurück auf „diese Scholle Land, auf die so stolz wir sind": da wird ihm bewußt, daß nur der=
jenige wahrhaft weise sei, der sie hier schon verachten lerne.

Wolframs Parzival dagegen lebt in jedem Augenblick aus dem Mut zur Menschwerdung. Auch er, wie wir noch sehen werden, weitet schließlich sein Bewußtsein über die Sternen=
sphären aus. Der Gral selber ist ja ein Sternengeheimnis ge=
wesen, wie Meister Kyot es lehrte. Aber es ist aus den Sternen=
höhen zur Erde herniedergetragen. In dieser ist es wirksam, und nur im Erfahren des Erdenschicksals wird es zum Aufleuch=
ten gebracht.

Für Dantes kirchlich=christliche Anschauung erscheinen die großen Asketen, welche hier schon der Welt abstarben, als Be=
wohner des Saturnhimmels, des höchsten der Planetenkreise, nach denen er die Seelen der Erlösten klassifiziert hat. Wolf=
ram aber kennt ein Lebensideal, das nichts von einem zu frühen Abtöten der Erdeninteressen wissen will. Menschwer=
dung ist das große Abenteuer des Geistes. Nicht mit vor=
geschriebener Marschroute sind wir in dieses Erdenleben ein=
getreten. Es gilt, sich dem Leben und seinen mannigfaltigen Schicksalen zu exponieren. Weil es sich nur dem Wagenden in seiner ganzen Tiefe offenbaren wird. Sigune, die Jungfrau mit dem erschlagenen Bräutigam im Schoße — sie, die das Leid der

Erde früh erfuhr und für die es nur noch den Pfad der Ent=
sagung gibt, um den Minnebund in ewiger Treue über den Tod
hinaus zu verklären — sie ermutigt den Jüngling dennoch zum
Abenteuer des Lebens:

> Fürwahr, du heißest Parzival.
> Der Name sagt: „Inmitten durch."

Perce=val (durchdringe das Tal!) ist ja kein persönlicher Name.
Es ist der Zuruf der göttlichen Mächte, die die Menschenseele in
die Tiefe hereinschicken, daß sie mutvoll den Sinn der Erde
erfahre und das verborgene Kleinod aus dunklem Schachte
heraufhebe, auf daß es im Lichte erstrahlen kann. Aber frei=
lich, es darf dem jungen Menschen nicht erst durch Erziehung
und Konvention die Stoßkraft der Seele abgelähmt werden.
Dann müßte er sich im „Tal der Erde" verirren. Er würde in
den Niederungen des Erdenlebens festgehalten. Nur wenn er
unversehrten Herzens seinen Jugendweg betreten kann, wird
er auch wieder zu den Höhen hindurchdringen.

*

Wir wiesen bereits darauf hin, wie jene Geistesinspiration,
die ihre Schüler auf den Gralsweg zu weisen suchte, im 8. Jahr=
hundert innerhalb des Karolingerreiches zu wirken begann.
Rudolf Steiner schildert, wie man die Schüler dieses neuen
Weges „Percevale" nannte. Sie lernten verstehen, wie die alten
Schulungswege, durch die Abtötung der Sinnennatur, den Men=
schen zwar schneller vergeistigen können, wie er sich als ein=
zelner dadurch wohl aus der Erdenverstrickung lösen, aber die
Erde unverwandelt unter sich zurücklassen würde. Der alte Weg
der Askese mag zu einer Selbsterlösung führen, er arbeitet
nicht an der Welterlösung mit. Dieses Geheimnis zu verstehen,
war die Aufgabe eines frühen Katharertums. In ihm floß der
Strom jenes von der römischen Kirche unterdrückten Mani=

chäertums weiter und durchdrang geheimnisvoll das jungauf=
keimende europäische Geistesleben.*

Perceval heißt in Chrestiens Dichtung „li Gallois". Er ist ein
Kelte. Als der Sohn eines verarmten Rittergeschlechts aus Wales
wird er eingeführt; deshalb verlachen ihn ja die fünf Ritter, die
dem Knaben am Waldesrande begegnen, als einen törichten
„Waliser". Das niedergehende Keltentum mit dem in den See=
len nachleuchtenden hyperboreïschen Geisteserbe war, wie wir
es kennenlernten, dafür prädestiniert, die Inspiration eines
spirituellen Christentums aufzunehmen und innerhalb der
abendländischen Welt zu verbreiten. Aus den Anlagen der ver=
innerlichten keltischen Erbschaft konnten sich jene wunder=
baren Imaginationen erzeugen, die den Perceval=Weg (aber auch
den eines Peronnik) nachzeichnen, wie er sich im Bildekräfteleib
widerspiegelt.

Es gab jedoch einmal einen bestimmten „Perceval", dessen
Schicksalsgang zu beschreiben Wolfram sich vorgesetzt hat.
Nicht seinen äußerlichen Lebensweg gilt es hier zu schildern;
seine mystische Biographie ist es, die er nachzeichnen will.
Dazu muß er sich jener imaginativen Sprache bedienen, die aus
dem Bilderschatz der keltischen Weisheit geschöpft ist. Aber
dieser Perceval (Wolfram nennt ihn ja „Parzival") ist selbst
kein Kelte. Er ist eine bestimmte Individualität, die im 9. Jahr=
hundert innerhalb der europäischen Zusammenhänge gestan=
den hat. Dieses zu erkennen, war dem Dichter durch seinen
Meister Kyot möglich. Denn Kyot erforschte den Stammbaum,
der weder in Britannien noch in Frankreich zu finden war. Von

---

* Die später in der Geschichte, vor allem in Südfrankreich auf=
tretenden Katharer sind zwar durch ihr streng asketisches Leben
bekanntgeworden. Aber in ihrem Bündnis mit der Troubadour=
strömung, die die Minnekultur an den südfranzösischen Höfen
pflegte, deutet sich an, wie sie auch eine Lehre von der Ver=
klärung der Liebeskräfte und von der Veredelung der Sinnennatur
durch die Künste gekannt haben.

Vaterseite ist Parzival aus dem Geschlecht von „Anschouwe" (selbst wenn das Haus Anjou gemeint wäre, würde es sich um ein germanisches Geschlecht handeln). Von Mutterseite heißt er zwar der „Waleise" (man hat es auf das Königsgeschlecht der Valois beziehen wollen). Aber die Mutter hatte dieses Königtum „Waleis" nur von ihrem ersten Gemahl Kastis, der kurz nach der Verbindung mit ihr gestorben war, als Erbe übernommen. Sie selbst entstammt ja dem Gralsgeschlechte. In ihr wirkt das Katharertum, wie wir sehen werden. Es ist eine Menschheitsströmung, ein ganz übernationales Element, das durch sie gepflegt wird.

Wolfram hat aus der Überlieferung des Meisters Kyot seiner Parzival=Dichtung dieses katharische Element einverwoben. Das kommt am deutlichsten darin zum Ausdruck, daß er dem Gange der Handlung zwei große Gesänge voranschickt und zwei sie abschließen läßt, die sich mit keiner Andeutung in einer früheren Dichtung auffinden lassen. Dadurch aber wurde sein Parzival erst zum Weltgedicht. Es atmet einen kosmopolitischen Geist, der dem Chrestienschen Epos völlig fehlt.

Die ersten beiden Gesänge handeln von Gamuret, dem Vater Parzivals. Dieser will, als ein zweiter Sohn des Anschouwe=Geschlechts, sein Leben nicht als Dienstmann des älteren Bruders verbringen. Er zieht mit einer Ritterschar in den Orient und bietet seine Dienste dem mächtigen Baruch, einem Kalifen von Baldag (Bagdad), an, der gerade in harte Kämpfe verwickelt ist und dem die Hilfe Gamurets hochwillkommen scheint. Dieser steigt durch seine kühnen Taten zu immer höherem Ruhme innerhalb des weiten Morgenlandes auf. Baruch verleiht ihm das Wappenzeichen des Ankers, das er gegen sein Panthertier auswechselt. Aber der Dichter sagt, daß es diesem unruhvollen Geiste nirgends gelingen wollte, seinen Anker einzuschlagen; er blieb überall nur Gast auf Erden.

So auch, als er auf der Seefahrt nach Zassamank ins Mohren=

land verschlagen wird und dort die Königin Belakane aus ihrer Not befreit. Er bezwingt die Feinde, die ihre Stadt belagern, und gewinnt dafür ihre edle Liebe und ihr Reich zum Lohne. Sie ist schön, obwohl ihr Angesicht schwarz ist. Aber nicht lange hält es ihn in ihren Armen, weil er nicht mehr auf Ritter= taten ziehen kann. Heimlich entweicht er seiner jungen Ge= mahlin, obgleich sie von ihm ein Kind unter dem Herzen trägt. Mit einem Schiff, das gerade nach Sevilla herüberfährt (wahr= scheinlich müssen wir uns Zassamank in Marokko vorstellen), stiehlt er sich des Nachts davon und hinterläßt ihr einen zu Herzen gehenden Brief. Wäre sie eine Christin gewesen, so meint er, er hätte sie nimmer lassen können. Denn er liebt sie sehr. Ihrer beider Sohn soll von ihr einstmals über den Stammbaum seines Vaters aufgeklärt werden:

> Wisse, ihn zeugt' ein Anschewein.
> Die Minne wird ihm Herrin sein —

Sein Geschlecht stammt, wie das Artusgeschlecht, von Mazadan; wir haben bereits auf dieses Stammbaumgeheimnis hingewie= sen: wie die Ahnfrau eine Fee war, die den Ahnherrn einst in ihr Reich entrückte. Dieser Tropfen Feenblut ist es, der ihn der Minne verhaftet sein lassen wird. Das gleiche gilt ja später auch von dem anderen Sohne Gamurets, von Parzival. Als Ither, der rote Ritter, ihm zum ersten Male begegnet, begrüßt er ihn mit den Worten:

> Dich gab der Welt ein reines Weib,
> Gepriesen sei dein süßer Leib!
> Die Mutter dein, wie preis' ich sie,
> Denn solche Schönheit sah ich nie!
> Die Minne leuchtet aus deinen Zügen,
> Du bist ihr Sieg und Unterliegen —

Damals ist Parzival eben an der Jugendschwelle angelangt und steht vor dem Erwachen der Minnekräfte. Das ist das Vater=

erbe; aber das Muttererbe strahlt als Engelsreinheit von ihm aus. Durch diese Kräfte der Reinheit, seine Gralserbschaft, wird er zum Sieger über den Feenzauber im Blute. Deshalb über= windet er den roten Ritter. Die Minne hält in ihn Einzug, aber er bleibt Herr über ihre Kräfte. Sie begnadet ihn, ohne ihn un= frei zu machen.

Gamuret ist der Träger eines weltweiten Rittertums, das Mittlerdienste zwischen Orient und Okzident zu leisten ver= mag. Er ist Christ, aber ohne Voreingenommenheit. Er weiß die Kultur und Menschlichkeit der arabischen Welt hochzu= schätzen. Dieser Austausch von Kulturgütern, der ja im Fran= kenreiche bereits unter Karl dem Großen so großzügig mit dem Kalifen von Bagdad betrieben wurde, zeigt uns ein tolerantes Christentum, wie es neben dem dogmatisch=fanatischen durch das ganze Mittelalter mehr auf stillen Wegen einherging. Es vermittelte hohe Weisheitsschätze, die der Orient noch bewahrt hatte und die dem christlichen Abendlande fehlten. Denken wir nur daran, wie die großen arabischen Gelehrten Mathematik, Chemie, Astronomie und Medizin — vor allem auf dem Wege über Spanien — nach Europa herübertrugen. Die Schriften des Aristoteles, besonders seine kosmologischen und naturwissen= schaftlichen Erkenntnisse, die im Abendlande verlorengegan= gen waren, gehörten zu diesen Schätzen. Einen solchen Boten= gänger des geistigen Lebens können wir hinter der Gestalt Ga= murets ahnen. Der Name „Belakane" mag aus „Balkis" (die Araber sagen „Bilkis") abgeleitet sein. So hieß nach alten Über= lieferungen die Königin von Saba, die einst zu Salomo gepil= gert kam. Zugleich aber hat man darin den Namen des „Peli= kan" wiederfinden wollen, jenes sagenhaften Vogels, der seine Jungen aus dem eigenen Herzblut ernährt. Er spielt in der Sym= bolik der Alchymie eine besondere Rolle.

Gamuret hat sich mit der Weisheit des Ostens verbunden, als er sich mit Belakane vermählte. Mit einer Weisheit, wie sie aus

arabischer Quelle kommt, nicht vom Christuslichte durchdrun=
gen. Das bringt ihn in Gewissensnöte. Im Bilde ausgedrückt:
Belakane ist schön, aber doch schwarz von Angesicht. So treibt
es ihn nach dem Abendlande zurück. Dort findet er Herzeloyde,
die junge Witwe, deren Hand er als Sieger in einem großen
Turnier gewinnt; dazu ihre Kronen von Waleis und Norgals.
Jetzt spricht die andere Seele in seiner Brust, die nach Ver=
innerlichung sucht. Sie möchte den Weg in die Herzenstiefen
gehen.

Aber wiederum hält es ihn nicht zu Hause. Eine Botschaft
des Baruch aus Bagdad, der ihn zu Hilfe ruft, treibt ihn in das
Morgenland, noch ehe der erwartete Sohn geboren ist. Gamuret
fällt im Kampfe, vom vergifteten Speer eines tückischen Hei=
den getroffen. Herzeloyde wird die Trauerbotschaft durch den
Meisterknappen Gamurets überbracht. Sie erfährt sie, zwei
Wochen bevor sie einem Knaben das Leben schenken durfte.
Dieser ist die „Blume der Ritterschaft".

Parzival tritt also bereits als „Sohn der Witwe" ins Dasein.
Wenn sie an ihm die Mutterpflichten erfüllte, so dachte Herze=
loyde immer in Demut an eine andere Mutter:

> Die höchste Himmelskönigin
> Ja selbst die Brüste Christo bot,
> Der dann um uns im Martertod
> Am Kreuz als Mensch sein Leben ließ
> Und seine Treu' uns so bewies.

Von solchen Gedanken und Empfindungen eingehüllt, wächst
der Knabe heran. Die Mutter entsagt ihren Königreichen; in
tiefem Schmerz zieht sie sich mit einigen treuen Gefolgsleuten
in die Wildnis von Soltane zurück, um sich ganz der Erziehung
ihres Sohnes zu widmen. Sie verbietet allen Dienstmannen, ihm
jemals von Ritterart zu erzählen. Ohne königlichen Prunk
soll er aufwachsen, nur mit Pfeil und Bogen zu schießen ist ihm

erlaubt. Das Jagdgelüste treibt ihn immer wieder in den Wald. Die Vöglein, deren süßer Sang sein Herz zu Tränen rührt, schießt er mit dem Pfeile. Aber wenn er sie getroffen hat, weint er laut auf und rauft sich die Haare. Mitleidskräfte erwachen in seiner Seele, sie überwältigen ihn ganz.

Dieses veranlaßt die Mutter zu einem Gespräch mit ihm über das Wesen Gottes, zu dessen Lobe ja die Vögelein singen. Wie Parzival diesen Namen zum ersten Male von den Lippen der Mutter vernimmt, fällt er ein:

> Was ist denn *Gott?* o sag' es mir! —
> Mein Sohn, die Wahrheit sag' ich dir:
> Der helle Tag ist nicht so *licht*
> Wie er, der menschlich Angesicht
> In Gnaden angenommen hat.

Die Lichtnatur des Göttlichen ist das erste, was sie ihm anschaulich machen will; und dazu, daß dieser Gott, der reinstes Licht ist, aus Gnaden Mensch geworden ist, weil er sich mit unserem Schicksal vereinigen wollte. Denn sein Wesen ist Treue. Sie spricht aber auch von Gottes Widersacher, „der Hölle Wirt". Er ist schwarz, sein Wesen ist Untreue. Der Mensch jedoch ist zwischen Licht und Finsternis hineingestellt.

Dieses ist der Kern der religiösen Unterweisung, die Parzival in seiner Kindheit aufnehmen darf. Offenkundig schimmert durch sie die Manichäerlehre hindurch. Diese schaut, im Sinne des alten Persertums, die Welt als den großen Kampf zwischen Licht und Finsternis an. Aber Mani hatte der uralten zarathustrischen Überlieferung die Lehre von dem großen Sonnenopfer, der Hingabe eines hohen Lichtwesens an die Finsternis, hinzugefügt. Dadurch hatte er die Weltanschauung der Parsen durchchristet. Dieses kosmisch gestimmte Christentum, das vom 3. Jahrhundert an die Kulturen des Orients befruchtete und seinen Einfluß bis in den Westen hinein erstreckte, ehe es von

Rom auf das unerbittlichste unterdrückt wurde, hatte sich in den katharischen Gemeinden bis ins Mittelalter hinein fortgepflanzt.

Nun erst verstehen wir die Eingangsverse der Dichtung. Wolfram beginnt sie mit dem Gleichnis von der schwarzweißen Elster. Er will damit jenen Menschen vor uns hinstellen, der zwischen Licht und Finsternis hin= und hergerissen wird. Er ist im Zustande des „zwîvels". Diese Zwiefältigkeit gefährdet zwar das ewige Heil der Seele. Wer jedoch mit „unverzagtem Mannesmut" durch solche Anfechtungen schreitet, darf trotzdem Hoffnung haben, wenn er aus dieser Welt scheidet. Es kommt nur darauf an, daß er die „staete" — die Wesenstreue — auch noch im Zweifel bewahrt hat. Die schwarze Farbe erwählt, wer der „unstaete" — der Charakterlosigkeit — zuneigt. Dessen ewiges Teil verfällt der Finsternis. An die weiße Farbe hält sich, wer die „staete" im Geiste pflegt.

Gamuret ist ein solcher Mann, auf den das Gleichnis der Elster zutrifft. Seine Seele wurde zwischen zwei Welten hin= und hergezogen. In seiner Vermählung mit Belakane, der schwarzen Frau, und mit Herzeloyde, der weißen Frau, spricht sich die Zwiefältigkeit seiner Natur aus. Aber in seinem tiefsten Streben war er nicht treulos. Er blieb allezeit ein wahrer Ritter, da er in jeder Lage zum Einsatz seiner ganzen Persönlichkeit bereit war. Parzival trägt dieses Erbteil des Vaters in sich, aber er erringt den Sieg darüber. Das kommt in jenem Augenblicke klar zum Ausdruck, da er sich in tiefste Seelenkämpfe gestoßen fühlt. Er lebt wohl im zwîvel. Aber gerade in dieser Situation erscheint der Held, wie er nun in die Not hinausreitet, in licht= weißen Eisenharnisch gerüstet. Nicht als der rote Ritter, sondern jetzt als der weiße: denn noch im zwîvel vermag er die staete zu bewahren.

Kein kirchliches Ideal; denn der Zweifel macht die Seele des ewigen Heiles verlustig. Aber ein modernes; es ist eine Stufe, die dem echten Gralsucher nicht erspart werden kann. Wolfram kennt drei Zustände, durch die sein Parzival hindurchgeführt wird: tumbheit, zwîvel, saelde.

In Dumpfheit stürmt er hinaus, um das Leben zu erfahren. Aber in dieser Dumpfheit ist noch Instinktsicherheit, der er sich getrost anvertrauen darf. Von den Blutskräften geleitet, die zwar dumpf, aber rein sind, zieht er dahin als der „rote Ritter".

Er würde jedoch nicht zu seiner Erdenbestimmung erwachen, wenn er nicht aus dieser Instinktgebundenheit aufgeschreckt würde. In jener Stunde schwankt die Welt, wie sie ihm bisher erschienen, in ihren Grundfesten. Sein Glaube gerät ins Wanken. Zweifel durchrütteln seine Seele. Wolframs Ziel ist es, uns zu zeigen, wie eine solche Individualität sich aus der Umklammerung durch die Zweifelsmächte herausarbeiten kann. Wie sie zur saelde heranreift: zur Herzenssicherheit im Geiste, zur Gottseligkeit. Das ist der Stufenweg des Grals.

*

Wolframs Dichtung folgt in der Darstellung der Jugenderlebnisse seines Helden im wesentlichen den Stationen, die wir von Chrestiens Perceval her kennengelernt haben. Hier ist nur alles konkret ausgestaltet, farbige Persönlichkeiten treten an Stelle imaginativer Schemen. Die Dame im Zelt, die Parzival im Schlummer überrascht und der er Kuß und Ring raubt, heißt hier Jeschute; ihr Gemahl, der sie deswegen der Untreue verdächtigt und schmählich mißhandelt, ist der Herzog Orilus. Die Jungfrau mit dem erschlagenen Ritter im Schoße ist seine Kusine Sigune mit Schionatulander, die, wie wir noch sehen werden, tief in den Schicksalsteppich des Gralsuchers hineinverwoben sind. Sigune kennt ihn von der ersten Kindheit her, da sie als frühe Waise von Herzeloyde an Kindes Statt erzogen worden ist. Darum kann sie ihm seinen Namen sagen, den er selbst nicht weiß. Zu Hause, so erzählt er ihr, haben ihn alle

Leute nur „bon fils, cher fils, beau fils" genannt. Daran aber erkennt sie ihn wieder.

Sie hat die Aufgabe, ihn zur Selbsterkenntnis zu leiten. Wie sie ihm den Namen sagt und seinen tieferen Sinn erklärt, so ist sie auch die erste, die er am Morgen nach dem Besuch der Gralsburg wiedertrifft. Von ihr erfährt er, wo er in dieser Nacht gewesen sei; was es mit dem Grale und dem Gralsgeschlechte, dem auch sie entstammt, auf sich hat — und was er dort versäumte: „Hast du die Frage nicht vergessen?" Als er jedoch antwortet: „Ich habe nicht gefragt", wendet sie sich mit Entsetzen von ihm ab. Denn er ist ein Gezeichneter, ein fluchbeladener Mann, der in Munsalväsche Rittertum und Ehre verspielt hat. Doch soll sie ihm, unter ganz anderen Bedingungen, nach manchen Jahren der Irrfahrt noch einmal begegnen, kurz vor dem Ziele: gleichsam an der Grenze des Gralsgebiets ihm Tröstung zusprechen, da ihr Zorn inzwischen verflogen ist und sie mit seinem tiefen Leiden, das er um den Gral gelitten, Erbarmen fühlt.

Wie findet er sie nun vor? — In der Gestalt einer Klausnerin, die er in einer neu errichteten Klause am Waldesrande trifft. Ganz dem Gebete hingegeben, aus dem sie sich durch den nahe an das Fensterlein heranreitenden Fremdling aufgeschreckt fühlt, hat sie seit Jahren hier am Sarge ihres Ewiggeliebten in Treue ausgeharrt. Der Welt entsagend, lebt sie nur noch von der Gralsspeisung. So erzählt sie dem Gaste, wie jeden Samstag in der Nacht Kundrie, die Gralsbotin, komme, um ihr für die folgende Woche Speise und Trank zu bringen. Was Parzival an der Klausnerin zunächst befremdet, ist, daß sie einen Ring trägt. Doch sie erklärt ihm, wenn vor Gott Gedanken gleich Taten seien, so dürfe sie sich mit dem ihr so früh Entrissenen wohl vermählt fühlen:

> Jungfräulich bin ich heute noch —
> Vor Gott ist er mein Gatte doch.

Schionatulander hat einst für sie und auch für Parzival den Tod erlitten. Denn Orilus war ihm feind, weil er Parzivals Erb= länder schützte und gegen jenen, der sie an sich reißen wollte, zu verteidigen hatte. Aber ein Mißgeschick kam noch hinzu. Im „Titurel", jener unvollendeten Dichtung Wolframs, wird der Minnebund zwischen Sigune und Schionatulander auf die zar= teste Weise beschrieben. Sigune fordert von ihrem Erkorenen eine Rittertat, weil das so Minnebrauch sei. Ein Bracke, der sei= nem Herrn entlaufen ist, kommt eines Tages in das Zelt ge= sprungen, in welchem die beiden Liebenden weilen. Sie ent= deckt auf dem langen Seil, das aus kostbaren farbigen Schnüren gedreht ist, eine rätselhafte Schrift. Diese beginnt auf dem Halsband des Jagdhundes und setzt sich auf dem Brackenseil fort. Es ist ein Minnebrief, den eine edle Frau für ihren Gelieb= ten in den herrlichsten Edelsteinen gestickt hat. Der Bracke heißt: Gardevias („Hüte der Fährte!"). Im sogenannten „Jün= geren Titurel" findet sich der Wortlaut dieses Briefes: „Hüte der Fährte zur Gottes=Minne! dies ist ein Gebot über alle Ge= bote. Darum hüte der Fährte, daß dir die himmlische Krone zuteil werde..." Es sind Minnegebote, die nun folgen, immer wieder unterbrochen durch die Mahnung: Hüte der Fährte. Ein Seelenpfad, der aus der Troubadourweisheit geschöpft ist, wird hier aufgezeigt. Denn nach einer Reihe von Lebensratschlägen folgt der Stufengang durch zwölf Tugenden, die auf diesem Pfade erworben sein wollen. Sie gleichen Blumen, die zu einem Kranze gebunden werden sollen: Geduld ist die elfte Blume, die zwölfte ist Minne. — Minne ist also mehr als eine natürliche Liebesneigung, geschweige denn eine Leidenschaft, die den Menschen überfällt. Sie steht am Ende eines langen Läuterungs= weges. Sie ist „die Blume, die dich zu der Engel Sange geleitet". Denn sie schließt die Tore der Geisteswelt weit auf.

Nun beschreibt Wolfram in seinem „Brackenseil" (innerhalb des Titurelfragments), wie sich der Hund Sigunen plötzlich ent=

reißt, noch ehe sie die Schrift zu Ende entziffert hat. Sie ruht nicht, der Geliebte muß ihr den Bracken zurückgewinnen. Eher will sie ihm nicht die Hand zum Bunde reichen. Im Verlauf dieser Jagd nach dem Hunde kommt es nach mancherlei Verwicklungen zu einem Zwist mit dem Herzog Orilus, der ihn inzwischen gewonnen hatte. Schionatulander wird von dem Herzog auf tragische Weise erschlagen. In diese Situation tritt nun Parzival ein, als er an jenem Morgen, da er von der Gralsburg geritten kam, die Jungfrau mit dem toten Bräutigam im Schoße findet. Es verwebt sich dieses Schicksal mit dem seinigen: Gardevias! Wie ein ständiger Mahnruf aus dem Reiche der Toten begleitet es von nun an geheimnisvoll seinen Lebensweg. Was Schionatulander mit allen Herzenskräften suchte und wofür er starb, den Stufengang zur höchsten Minne —: Parzival hat es zu vollbringen. Er setzt gleichsam die Suche fort, die jener begonnen hat. Niemals verläßt er die Fährte, auch wenn der Gral ihm noch so ferngerückt erscheint. Gardevias: die vorletzte Stufe ist die Geduld. Sie trägt ihn an die Grenze des Gralsgebiets.

Dichterisch vollendet sich dieses Schicksal Sigunens. Wolfram erzählt, wie Parzival, nachdem er zum Gralskönig erhoben ist, an jener Klause vorbeireitet, in der er einst die trauernde Jungfrau gefunden. Jetzt trifft er sie mit seinem Geleite, wie sie in die Zelle eindringen, tot auf den Knieen vor dem Sarge des ewigen Bräutigams. Parzival läßt den Steindeckel vom Sarge heben, unverwest ruht darin der Leichnam des lichten Schionatulander. Sie legen die keusche Maid zu ihm in den gleichen Sarg, auf daß die Minnenden auch im Tode vereinigt seien.

Die spätere Titureldichtung ergänzt, daß aus der Gruft der im Tode Geeinten und aus ihrer beider Munde sich zwei Reben wanden und sich zu hohem Stamm und Gehänge verschlangen, immer grünend, von Reif und Kälte nicht zu versehren.

Die Rebe ist das Gleichnis der Menschennatur, die Erden=

kräfte zum edlen Blute hinaufzuläutern vermag. Heilige Minne, die den Tod besiegen durfte, kennt keine Trennung. Sie darf Ewigkeitskräfte reifen lassen. Denn sie war in der Liebe Dessen gegründet, der zu seinen Jüngern sprach: Ich bin der Wein=
stock, ihr seid die Reben.

Ein tiefes Schicksalsgesetz enthüllt sich darin, wie das Erden=
leid der treuen Minnenden in dem gleichen Augenblicke aus=
gelitten ist, da Parzival den Weg zum Gral vollendet: er hatte die Fährte gefunden.

*

Wolfram ist ein Meister der Psychologie. Er gestaltet die Imaginationen, die den Perceval=Weg nachzeichnen, zu lauter persönlichen Schicksalsbegegnungen aus. Reife Seelenerfahrung im Umgang mit Frauen — vor allem in der Art, wie die Liebe im Herzen aufzukeimen und sich zur höchsten Blüte zu entfal=
ten vermag — enthüllt sich in seiner Darstellung. Da ist die Gestalt der Liasse, das Töchterlein jenes Edelmanns, bei dem der Wildling erste Zucht und Rittersitte lernte. Gurnemanz hätte gar zu gern ein Paar aus ihnen beiden gemacht. Parzival erlebt im Umgang mit dem Mägdelein eine erste Jugendneigung, aber sie bleibt knospenhaft. Es ist nicht die große, das ganze Menschenwesen aufschließende Liebe. Wie eine leise Vor=
ankündigung nur, daß die Liebe unterwegs ist, um in sein Herz Einzug zu halten.

Welch ein Wunder an Zartheit und Innigkeit ist aber nun das stufenweise Anwachsen des großen Minnebundes, den der Dichter im folgenden Gesange zu schildern unternimmt! Aus Blanchefleur, der jungen Königin von Belrapeire, wird hier Kon=
dwiramur. Sie ist mehr als eine Imagination; ein Mensch aus Fleisch und Blut, erstrahlend von allen Tugenden eines reinen Weibes. Und doch auch eine Imagination, wie es ja die Frau für das Erleben des Mannes immer sein sollte. Wenn sie im weißen Seidenhemde des Nachts an sein Lager kommt und sich in ihrer

ganzen Hilflosigkeit ihm anvertraut: welch ein Wagnis der poetischen Darstellung! Nur aus einer tiefen Herzensreinheit konnte sie dem Dichter gelingen, ohne irgendwie die Keusch= heit zu verletzen. Und dann, nachdem der Jüngling für die Unberührte gekämpft und den Sieg errungen, die höchste Lie= besfeier: aus Unschuld langsam aufblühend.

In Wolframs Epos ist es ein Lebensbund, den Parzival ein= geht, auf unbeirrbarer Treue zweier Herzen begründet. Auch wenn Parzival nach kurzem Eheglück wieder in die Welt reiten muß, zunächst ja nur von der Sorge um das ungewisse Geschick seiner Mutter hinausgetrieben. Um so erschütternder ist, nach= dem sich die Herzensreife dieses Liebenden offenbart hat, nun sein völliges Versagen gegenüber der Gralsnot.

Und dann die ritterliche Fürsorge um Jeschutens Leid, jener Gattin des Herzogs Orilus, die um seiner Knabentorheit willen jetzt Schmach zu ertragen hat. Auf elender Mähre muß sie im zerschlissenen Hemde hinter dem stolzen Gemahl einherreiten, der ihr alle Beteuerungen der Unschuld nicht glauben will. Par= zival hat etwas in Ordnung zu bringen, aber es muß kämpfend geschehen. Er nimmt, um der Ehre jener Frau willen, den Zwei= kampf mit dem allgefürchteten Orilus auf. Er bezwingt ihn, aber übt Großmut an ihm. „Milde" ist ja die dritte Blume im Tugendkranz des Minneweges. Zucht und Keuschheit, die er sich bereits errungen hat, gehen hier als die ersten beiden voran. Diese Milde hatte Parzival schon an seinen Feinden vor Belra= peire geübt; König Klamidê und dessen Seneschal, die er im Kampf auf Leben und Tod überwand, schickte er zu König Artus in Ehrenhaft. In gleicher Art hält er es mit dem Herzog Orilus.

Am Artushofe lebt Kunneware; ihr werden die Überwun= denen zum Dienste gesandt. Diese edle Jungfrau war in gewis= sem Sinne die erste Seele, die Parzivals Sendung erkannt hatte, als er in Narrenkleidern vor König Artus' Tafelrunde erschien.

Damals hatte Kunneware ihm mit ihrem minnesüßen Munde zugelacht. Und das bedeutete viel; denn sie hatte das Gelübde getan, nie mehr zu lachen, ehe sie nicht den Mann gesehen, der den höchsten Preis aller Ritterschaft erwerben werde. Als sie nun beim Erscheinen des fremden Jünglings plötzlich lachte, hatte sie dafür Herr Keye, der Seneschall des Hofes, im Zorn vor aller Augen mit seinem Stabe gezüchtigt. Denn ihm schien es ungebührlich und völlig grundlos, dem wilden Knaben solche Ehre anzutun. Parzival aber gelobt, diese Schmach zu rächen. Seine ersten Rittertaten vollbringt er deshalb alle zu Ehren jener Dame. Kunneware ist die erste schöne Seele, die an ihn glaubte und für diesen Glauben leiden muß. Dieses verpflich=
tet ihn.

Inzwischen hat König Artus von dem steigenden Ruhm des jungen Helden vernommen, und es läßt ihm keine Ruhe, bis er ihn in seine Tafelrunde als Genossen aufgenommen hat. Er bricht mit seiner ganzen Zeltstadt von Caridöl auf, um den „roten Ritter" zu suchen. Sie lagern in der Nähe des Flusses Plimizöl. Da bricht zur Unzeit eine strenge Kälte herein, nachts= über fällt dichter Schnee, so daß am anderen Morgen alle Wege weiß verschneit erscheinen. Parzival läßt sich von seinem Rosse pfadlos im Walde dahintreiben. Wie er nun in eine Lichtung eintritt, schießt jählings ein Jagdfalke hervor und stößt in eine Schar von Wildgänsen hinein. Er trifft eine, die ihm nur mit knapper Not entwischt und im Aufflattern aus ihrer Wunde drei Tropfen Bluts fallen läßt. Parzival sieht die Blutstropfen im Schnee aufleuchten. Da steigt in seiner Seele das Bild Kon= dwiramurs auf. So schimmernd rein, durchglüht von Röte, war auch ihr Angesicht. Wie von der Minne Allgewalt völlig be= siegt, verliert sich der Held in den Anblick der Blutstropfen im Schnee. Die Welt versinkt um ihn. Ein Knappe, der auf Kund= schaft ausgesandt ist, entdeckt den fremden Ritter mit kampf= bereit erhobenem Speer und reitet sogleich mit Alarm zurück.

Denn die Tafelrunde steht in Schmach, wenn sich ein Eindring=
ling ungestraft in ihrem Bezirke aufzuhalten wagt. Da wappnet
sich als erster der kampfbegierige Segramors und stürmt dem
feindlichen Ritter entgegen. Der aber verharrt wie schlafend
noch am gleichen Flecke. Segramors fordert ihn heraus, der
andere aber scheint nichts davon zu hören, bis sich schließlich
sein Roß zum Kampfe gereizt umwendet. Dadurch wird des
Helden Sinn für einen Augenblick dem Bilde entrissen, das ihn
gebannt hielt. Er senkt die Lanze und stellt sich zum Kampfe.
Aber nach dem ersten Zusammenprall hat er den Angreifer
schon aus dem Sattel geworfen. Das Roß trabt ohne Reiter
heim, und der Besiegte muß schmachbeladen hinterdreinlaufen.
Parzival jedoch hat sich inzwischen wieder zu dem Fleck ge=
wandt, der ihm das Bild der Geliebten vor die Seele zaubert.
Schlimmer noch geht es dem zweiten Ritter. Es ist der Sene=
schall, Herr Keye, der den Träumenden höhnisch zum Zwei=
kampf herausfordert. Mit gebrochenem Arm und Bein muß er
sich vom Kampfplatz heimtragen lassen. Jetzt ist Kunnewares
Schmach erst völlig gesühnt.

Nun aber greift Gawan in die Handlung ein, die Zierde der
Ritterschaft. Ohne Waffen eilt er hinaus und reitet dicht an den
verzauberten Ritter heran, der ihm nicht einmal den freund=
lichen Gruß erwidert. Da kommt ihm, der die Macht der Minne
kannte wie nur einer, der Gedanke:

> Ob etwa Minne diesen Mann
> Bezwingt, wie sie mich auch bezwang,
> Indem sie sieghaft ihn umschlang
> Und das Bewußtsein ihm entrückte?

Er nimmt ein feines Schleiertuch und legt es über die Bluts=
tropfen im Schnee. Da erwacht Parzival. Zwar klagt er betrof=
fen, daß ihm die Gegenwart der Geliebten entrissen sei, deren
Minne, Krone und Land er doch im Streite gewonnen habe.

Gawan führt ihn sanft in die Wirklichkeit zurück und lädt ihn an den Hof des Königs Artus ein. Es ist wie ein Triumphzug seines jungen Lebens. Voller Güte wird er aufgenommen. Wie ein Engel auf Erden, nur ohne Flügel — sagt der Dichter —, so erscheint er in seiner Blüte.

Was war geschehen? — Gawan hatte ihm einen großen Dienst geleistet, der eine tiefe Schicksalsbeziehung zwischen den beiden begründen sollte. Minnezauber zu bekämpfen, ist nicht ratsam. Man muß dem Bezauberten helfen, den Blick einmal auf ganz anderes zu richten. So löst man ihn aus dem Bann und führt ihn liebreich in die Forderungen der Umwelt zurück.

Das Motiv der Blutstropfen im Schnee ist uns aus der Märchenwelt nicht unbekannt. Sneewittchen und das plattdeutsche Märchen von dem Machandelboom beginnen so. Mit diesem Bilde kündigt sich der erwartenden Mutter das himmlische Kind an. Es beginnt die Zeit der wachsenden Hoffnung. Als es geboren ist, stirbt die Mutter vor Freude, und das Kind wächst heran, um einen Passionsweg zu beschreiten, der durch das Sterben zur Auferstehung führt.

Es ist offenkundig ein christliches Mysterium, das in solchen Bilderfolgen nachgezeichnet wird. Mit der Imagination der Blutstropfen im Schnee beginnt die Seele den mystischen Pfad zu betreten. Sie erfährt in ihren Wesenstiefen die Erweckung unschuldiger Liebeskräfte. So birgt das Sneewittchen=Märchen das Blanchefleur=Geheimnis in sich.*

Für Parzival beginnt mit dem Aufglänzen dieser Imagination der Weg der Geistesschülerschaft. Mystische Seelenkräfte fangen an, sich in Bildern anzukündigen; sie wollen ihn auf einen Weg des inneren, meditativen Lebens ziehen. Alles, was ihn dabei stört und von der Außenwelt her aus diesem urgewalti=

---

* Die Darstellung der beiden genannten Märchen als Bilder=
folgen eines mystischen Seelenweges findet sich in des Verfassers
Buch „Die Weisheit der deutschen Volksmärchen" (Stuttgart, Ver=
lag Urachhaus).

gen Erleben herausreißen will, stößt er mit elementarer Gewalt zurück. „Hüte der Fährte": die Wegspur, die zum Grale weisen kann, leuchtet vor seinem inneren Blicke auf. Aber der Gral= sucher müßte das Seelengleichgewicht verlieren, wenn er nur mystisch in sich selbst versinken wollte, ohne die Forderungen der Umwelt zu gewahren. Hier erweist sich Gawan als der wahre Freund. Er hilft dem Jüngling auf verständnisvolle Art, den gesunden Zusammenschluß mit dem sozialen Leben zu fin= den. Statt sich mystisch zu steigern, zunächst einmal ein „Zeit= genosse" zu werden. Denn auch die heiligsten Empfindungen, einseitig verfolgt, können unfrei machen. Gawan löst ihn aus dem Minnezwang. (13)

*

Jetzt eröffnet sich für Parzival ein glänzendes Tatenfeld. Er ist in die Tafelrunde der edelsten Ritterschaft aufgenommen. Wird er sich auf die Bahn des Ruhms und der höchsten Ehren lenken lassen, die das Zeitalter zu verteilen hat?

Aber der Gral ist unerbittlich; er fordert die Seinigen. In wil= dem Ritte sprengt Kundrie la Surzière (das heißt, die Zauberin) mitten in die festliche Versammlung herein. Sie reitet auf einem falben Maultier daher, dessen Sattelzeug kostbar ge= schmückt ist. Ein Wesen, dem alle holde Weiblichkeit mangelt, ist sie sogar mit tierischen Merkmalen behaftet. Ihr schwarzes Haar erscheint wie Sauborsten, ihre Nase hundeähnlich, Eber= zähne ragen ihr aus dem Munde; sie hat Ohren gleich den Bä= ren und Hände mit Affenfell bezogen, die in Löwenklauen über= gehen. Dabei ist sie in allen fremden Sprachen gewandt und in den Wissenschaften, wie Dialektik, Geometrie und Astronomie, erfahren. Solch ein zwitterhaftes Wesen ist die Gralsbotin.

Eine Schmährede ist ihre Botschaft. Maßlos in ihren An= klagen, spricht sie der hohen Tafelrunde jede Ehre und allen Ruhm ab, da sie einen Parzival in ihrer Mitte weilen lasse. Und dann, zu diesem selbst gewandt, ruft sie Fluch über den, der vor dem Fischer gesessen habe und diesen leiden sehen konnte, ohne sich seiner zu erbarmen. Hartherzigkeit sei es gewesen, was ihn dort die Frage versäumen ließ. Da war Schweigen Sünde. Ehrlos sei, wer so der Gralsberufung ausweiche.

In Tränen ausbrechend, die Hände vor Schmerzen ringend, reitet sie ohne Abschied davon. Der Dichter meint, daß es nur ihre große Treue sei, die sie zu solchem Handeln treibe. Immer wieder zurückschauend, ruft sie weinend aus:

> Weh, Munsalväsche, du Jammers Ziel,
> Weh, daß dich niemand trösten will!

Wolframs tiefes Wissen um die Geheimnisse des inneren Weges offenbart sich an der Art, wie er diese Gestalt einführt. Einen „gründlich Eingeweihten" hat ihn Rudolf Steiner einmal genannt. Was dieser in seinem Buche „Wie erlangt man Erkenntnisse der höheren Welten?" über die Begegnung mit dem Hüter der Schwelle (zunächst dem „kleinen Hüter") schildert, gibt den Schlüssel zum Verständnis der Gralsbotin.

Es ist eine Selbstbegegnung, die dem Geistessucher an der Schwelle zum übersinnlichen Leben zuteil wird. Aus den Seelenuntergründen löst sich eine Gestalt los und verdichtet sich zur Imagination, indem sie den unverwandelten Teil des menschlichen Wesens vor den Seelenblick hinstellt. Jenen Teil, der bei der Vergeistigung von der strebenden Menschenseele unberücksichtigt gelassen, ja in die verborgenen Tiefen hinuntergedrängt wurde. Parzival war den Tafelrundern soeben noch als ein leibhaftiger Engel erschienen. Aber Heiligkeit, allzuschnell gewonnen, erweist sich oft als Trug. Echte Selbsterkenntnis enthüllt, daß man nicht ungestraft die Stufen der Menschwerdung überspringen kann. Sie führen durch die natürliche Entfaltung der Neigungen und der Begabungen, wie sie nur im steten Umgang mit dem Erdenleben in seiner Tiefe und Breite erreicht werden kann.

Aber solche Selbsterkenntnis erzeugt tiefste Seelenschmer=
zen. Sie scheint den Menschen zunächst in seinem Existenz=
gefühl vernichten zu wollen; denn sie zeigt ihm den Unwert
aller äußeren Erfolge und Anerkennungen der Welt. Sie will
ihn zur Treue gegen sein tiefstes Selbst aufrufen. Wolfram sagt:

> So stieß Kundrie, die Zauberin,
> So unhold, doch so treu im Sinn,
> Held Parzival in tiefen Schmerz.
> Was half ihm da sein mutvoll Herz
> Und wahre Zucht und Tapferkeit
> Und mehr als das, Schamhaftigkeit,
> Die ihn als höchste Tugend zierte?
> Die Falschheit nie sein Herz berührte.
> Wer Scham besitzt, hat Preis zum Lohne ...

Was im gewöhnlichen Leben dem Seelenblicke die Gestalt die=
ses „Hüters" verbirgt, ist nämlich die Scham. Man muß es einen
gesunden Instinkt nennen, was in solcher Selbstverhüllung
wirksam ist. Denn der strebende Mensch braucht zunächst ein
gewisses, noch naives Selbstgefühl, das ihm aus einer Wert=
schätzung seiner Person innerhalb des Lebensmilieus und der
religiös=sittlichen Traditionen, in denen er darinnensteht, er=
wachsen kann. Der Artuskreis pflegte mit seinen gesteigerten
Ehrbegriffen in ganz besonderer Weise diesen Persönlichkeits=
wert, wenn auch sehr zeit= und standesgebunden. In das Licht
der Geisteswelt eintreten, heißt jedoch, über alle Wertmaßstäbe
hinauswachsen, die sich das Ich aus der ständigen Spiegelung
an der Umwelt erworben hat. Die Seele muß den Mut haben,
sich bis in ihre tiefsten Untergründe hinein schämen zu können.
Als eine Bloßstellung des Helden vor seinem gesamten Lebens=
umkreise muß deshalb der Dichter dieses Erlebnis darstellen.

Kaum ist Kundrie entschwunden, sprengt schon ein anderer
Bote in den Kreis der Tafelrunder herein. Nun trifft es Gawan.

Ein unbekannter Ritter, später sich als Kingrimursel ausweisend, richtet eine furchtbare Anklage gegen Gawan auf Meuchelmord an seinem Herrn und König. Ein solches Mitglied wie dieses entehre die Tafelrunde. Sollte aber Gawan diesen Vorwurf bestreiten wollen, so müßte er sich nach vierzehn Tagen zum Sühnekampfe stellen. Rätselhafterweise stellt sich später die ganze Anklage als Irrtum heraus. Aber Gawans Schicksal ist es, unter Verleumdungen zu leiden. Er muß Verkennung ertragen lernen, um sein Ich gerade ganz in sich selbst zu gründen.

Die Schwellenbegegnung tritt für jeden Geistessucher individuell gestaltet auf. Weshalb Kundrie, die vor Parzival am Ende seines Prüfungsweges in herrlich verwandelter Gestalt erscheinen wird, für ihn gerade diese ganz bestimmten Wesenszüge trägt, kann sich erst aus dem Laufe der Handlung ergeben. Jedenfalls, die beiden Helden erkennen: vorläufig ist ihres Bleibens nicht mehr im Kreise der Tafelrunde. Wie wenig in solcher Lage alle Tröstungen von wohlmeinenden Freunden bedeuten, weiß Parzival genau. „Ein streng Gericht ging auf mich nieder", bekennt er und fühlt doch zugleich, daß es nicht Sinn hätte, sich hier noch rechtfertigen zu wollen. Darin zeigt sich die tiefe Bescheidenheit seines Bewußtseins, die er errungen hat. Er hat ja objektiv versagt, wenn auch unwissend:

> Nicht eher sei Glück und Heil mein Teil –
> Es währe kurz nun oder lang –,
> Eh' ich nicht sah des Grales Heil:
> *Dahin* zielt meines Herzens Drang,
> *Dahin* will ich mein ganzes Leben
> mit allen meinen Sinnen streben!

Was liegt noch an seinem persönlichen Leid! Anfortas' Leiden ist es, vor dem alles eigene verblassen muß. Es geht um die Gralsnot. Und doch, als ihn Gawan für den schweren Schick=

salsgang, der nun beginnt, seiner steten Hilfsbereitschaft ver=
sichert und dabei Gott bittet, daß er ihm dies gewähren möge,
fährt Parzival auf:

> Weh, was ist Gott?
> Wär' er gewaltig, solchen Spott
> Hätt' er uns beiden nicht gebracht,
> Ein Nichts erscheint mir seine Macht!

Parzival sagt ihm den Dienst auf; er kann einen Gott, der den
strebenden Menschen in solche Schuld geraten läßt, nicht mehr
als Gott anerkennen. „Und hat er Haß, den will ich tragen."

In völligem Zweifel an Gott — wir würden heute sagen, als
Atheist — geht Parzival auf die Gralsuche. Es mag ein Wider=
spruch in sich selbst sein; aber das Leben kennt solche Wider=
sprüche.

Der Seelenweg Gawans

Im Augenblick der höchsten Spannung wird der Held der Aventiure unseren Blicken entrückt. Der Dichter meint, es sei nicht gut, seinen Helden immer nur zum höchsten Preise zu treiben; man müsse ohne Neid auch andere zu rühmen wissen. So geht die Märe auf Gawans Wege über. Zwei große Gesänge verherrlichen seine Taten. Dann folgt der neunte Gesang: jene berühmte Karfreitagsunterweisung Parzivals, die den Schlüssel zu den Gralsgeheimnissen enthält. Aber noch einmal, obwohl wir den Gralsucher dicht vor dem Ziele wähnen, geht die Hand= lung auf Gawan über: vier weitere Gesänge werden ihm ganz gewidmet; erst der dann folgende, den wir als den vierzehnten zählen, läßt die Schicksalswege beider Helden wieder zusam= menfinden, ehe in den zwei letzten Gesängen Parzival zu den Höhen des Lebens emporgetragen und des Gralskönigtums er= würdigt wird.

Die Literaturforschung ist heute der Meinung, daß Wolfram die ersten sechs Bücher um 1205, gleichsam als einen ersten Teil der Dichtung, veröffentlicht habe. Den zweiten Teil bildet dann die eigentliche Gralsuche, die durch die Begegnung mit der Grals= botin ausgelöst wird. Diese hat Wolfram erst in den folgenden Jahren auszugestalten vermocht.

Ein bedeutsamer Einschnitt kann tatsächlich nach dem sechs= ten Gesange empfunden werden; Jahr um Jahr verfließt, ehe Parzival wieder zum Helden der Aventiure wird. Bei Chrestien wird von fünf Jahren gesprochen. Wolfram legt hier auf eine sehr genaue Kalenderrechnung Wert. An jenem Karfreitagmorgen, da Parzival den Einsiedler trifft und von diesem in eine Klause geführt wird, erkennt er den Altar mit dem Reliquienschrein wieder, auf den er einstmals die Hand zum Eide gelegt hatte, um vor Orilus seine Unschuld zu bekräftigen. Das aber war am Morgen nach dem Besuch der Gralsburg gewesen. Er hatte damals den Herzog Orilus getroffen, wie dieser in seinem Zorne Jeschute in bejammernswertem Aufzuge hinter sich herzureiten zwang. Es war zum Zweikampf gekommen, und Parzival hatte nach seinem Siege den Herzog mit dessen Gemahlin zu versöhnen gesucht; deswegen leistete er jenem am Altare den feierlichen Eid, daß zwischen Jeschute und ihm nichts Unrechtes geschehen sei, als er sie in ihrem Zelte überrascht hatte. Damals stand neben dem Altare ein bemalter Speer. Diesen nahm er — weil er an jenem Morgen wie geistesabwesend war — mit sich und vollbrachte damit manche Rittertat. Wann aber geschah dies alles?

Trevrizent erinnert sich noch genau an den Tag, da der bunte Speer, der seinem Freunde, dem „wilden Taurian" gehörte, abhanden gekommen ist. Er nimmt jetzt sein Psalterium hervor und rechnet an Hand des Kalenders darin aus, es müsse „vor fünfthalb Jahren und drei Tagen" gewesen sein. Nun erst begreift Parzival, wie lange er in der Irre umhergefahren ist. — Seit altersher galt nach guten spirituellen Traditionen der 3. April als der Todestag Christi, und Wolfram bekundet durch alles, was er gerade in diesem Karfreitagsgespräch zwischen Trevrizent und Parzival enthüllt, daß er in den tiefsten christlichen Traditionen darinnen steht. Rechnet man nun vom 3. April viereinhalb Jahre und drei Tage zurück, so kommt man zu einem 30. September. Das Betreten der Gralsburg muß sich folglich am Abend des 29. September abgespielt haben. Es war also an einem Michaelsfesttage, so will uns der Dichter bedeu=

ten. Michaelische Kräfte wollten damals in die Seelengründe des Jünglings ihren Einzug halten. Ein ritterliches Christentum ist es, zu dem sich Parzival aufgerufen fühlt.

Am Abend jenes Michaelstages, da er als Gast am Gralsmahle teilnehmen durfte, hatte er den bluttropfenden Speer, der an ihm vorübergetragen wurde, anschauen müssen. Die im Blute wirkende Triebkraft stellte sich in dieser Imagination vor den Seelenblick hin. Am anderen Morgen ergreift er den „bunten Speer". Aber nicht der tageswache Mensch, der Träumer in ihm ist es, der sich jenes Speers bemächtigt, mit dem er kurze Zeit danach die zwei Artusritter aus dem Sattel hob, als er am Waldesrande wie verzaubert über den Blutstropfen im Schnee dagestanden war. Eine junge Stoßkraft, ein michaelischer Willensimpuls ist in sein Handeln eingezogen. Es ist zwar die Gabe des „wilden Taurian", aber sie ist aus der Sphäre des Altars empfangen worden. Das ist das Bedeutsame an diesem bunten Speer. Wenn er auch noch die Farbe der Leidenschaft trägt, so ist er doch in einem Augenblick heiliger Selbstbesinnung ergriffen. Es spiegelt sich in ihm das Speergeheimnis, das dem Träumer im nächtlichen Gralserlebnis nahezukommen suchte.

Kämpfend, sich in der Auseinandersetzung mit der Welt selbst behauptend, zieht der junge Parzival zunächst dahin. Er gelobt, nachdem ihn Kundries Anklage aus dem Kreise der Tafelrunde aufgeschreckt hat, fortan nie länger als eine Nacht an einem Orte zu herbergen, ehe er nicht erfahren habe, wie es um den Gral und seine Geheimnisse stehe. Er betritt vollbewußt jetzt den Pfad der „Heimatlosigkeit". Und er will auf diesem Wege keinem Kampfe ausweichen; jede ritterliche Begegnung soll ihn dazu aufrufen, seine Kräfte zu messen.

Es handelt sich aber offenbar nicht um äußere Kämpfe; jedenfalls nicht immer. Denn wo mit dem Gralsschwerte gestritten wird, geht es um geistige Auseinandersetzungen. Der Dichter berichtet uns, Parzival habe in diesen Jahren als Schiffsgenosse

und als Reiter manches Land durchstrichen und mit seinem Speere jeden Streiter, der ihm begegnet sei, aus dem Sattel ge=
hoben:

> Stets schwerer wog in des Schicksals Waage
> Sein Ruhm und Preis an jedem Tage —

Und dann wird gesagt, daß das Schwert, das ihm Anfortas einst geschenkt hatte, das Gralsschwert, zerbrach, als er die Kämpfe bestand. Daß es danach aber am Brunnen bei Karnant durch Wunderkraft erneuert ward und ihm noch viel Preis verschaffte. Geistesrittertum hat Parzival zu bewähren. Nicht in nationaler Bindung reitet er; es ist kosmopolitische Gesinnung, die uns aus dieser Gralsuche entgegenweht. Gralsucher waren „gute Euro= päer", und ihr Interesse weitete sich stets auch über diesen Kon= tinent hinaus (es heißt deshalb, Parzival fuhr auch zu Schiffe). Wir werden noch hören, wie sich erst in der Begegnung mit dem Orient die Gralsuche vollenden kann.

Dennoch: die Wege Parzivals werden von dem Dichter ver= hüllt. Gawan rückt in den Vordergrund. Es gibt aber ein Hinter= grundsgeschehen, das sich hier zugleich abspielt und aus dem der „rote Ritter" nur von Zeit zu Zeit hervortritt, um sich, kaum greifbar, dem forschenden Blicke schnell wieder zu entziehen. Damit wird deutlich, daß der Geistesweg, den Parzival zu gehen hatte, zu jener Zeit noch esoterisch gehalten werden sollte.

•

Die Abenteuer Gawans werden bereits in Chrestiens Dichtung erzählt; man empfindet sie dort noch mehr als Unterbrechun= gen der Gralsuche Percevals. Allerdings wissen wir nicht, in welcher Weise sie dieser Dichter schließlich dem Ganzen ein= verwoben hätte, da sein Werk Fragment geblieben ist. Jeden= falls wird Gawan, als er in Avallon (bei Wolfram Askalon) nach einem Heldenkampfe in die Hände derer gerät, die an ihm das

Gastrecht verräterisch gebrochen haben, zum Ausgleich freige=
lassen: doch unter der Bedingung, daß er „auf die Suche nach
der Lanze gehe, deren Eisenspitze immer blutet und nie so rein
ist, daß nicht ein Blutstropfen daran hängt". Wenn er sie bin=
nen Jahresfrist nicht gefunden habe, müsse er als Gefangener
in den Turm zurückkehren. Daraufhin leistet er den Eid, daß er
seine ganze Kraft darein setzen werde, die blutende Lanze zu
suchen.

Es scheint danach also, daß Gawan einen Teil der Gralsauf=
gaben, die Perceval zu lösen versäumt hatte, übernehmen sollte.
Bei dem ersten Fortsetzer der Chrestienschen Dichtung dringt
Gawan tatsächlich in die Gralsburg ein. Er darf an der Grals=
speisung teilnehmen und stellt sogar die rechten Gralsfragen.
Da teilt ihm der König mit, daß die blutende Lanze die gleiche
sei, mit der der Gekreuzigte einst die Seitenwunde empfangen
habe; nun werde sie bis zum Tage des Jüngsten Gerichts blu=
ten. — Hier sehen wir das Motiv der Lanze zum ersten Male mit
dem Karfreitagsmysterium in einen Zusammenhang gebracht,
so wie es mit der heiligen Schale geschehen ist, in welche Josef
von Arimathia das Blut aus den Wunden des Erlösers aufge=
fangen hatte. Aber im Verlauf dieser Erzählung schläft Gawan
ein, und der König verliert die Lust, noch weiter zu erzählen.
Als der Held am anderen Morgen erwacht, findet er sich am
Meeresstrande. Das Schloß aber ist verschwunden.

Hier wird ganz deutlich, wie es sich um nächtliche Geheim=
nisse handelt und alles davon abhängt, wie weit sich der Er=
lebende im Geiste wach zu erhalten vermag. Das Schloß aber
ist innerhalb der Sinnenwelt nicht aufzufinden. Es liegt in einem
Bezirke, der durch den Schlaf verhüllt zu werden pflegt.

Wolfram beschreibt diesen Vorgang nicht; wohl aber, daß
durch Vergulacht, den König von Askalon, dem Gawan auf=
erlegt wird, binnen Jahresfrist den Gral zu suchen. Dadurch
behält er sein Leben, das nach der Anschauung Vergulachts

verwirkt war. Hier sieht man also, wie das starre Gesetz von Schuld und Sühne dadurch aufgelockert werden kann, daß ein Mensch den Entschluß faßt, den Weg zum Geiste anzutreten. Dadurch wird, so will uns die Gralsweisheit sagen, etwas Positives vollbracht: etwas, das in die Waagschale geworfen werden kann, wo es gilt, der Weltgerechtigkeit Genüge zu tun. Es gibt Initiativen, die aus dem Schuldgefängnis mensch= licher Verstrickungen herausführen. Wo nämlich Menschen Geisteswege zu gehen beginnen, lösen sich alte Forderungen auf, die der eine noch an den anderen zu haben vermeinte. Die Geschicke wollen sich auf neue Weise ordnen. Das darf Gawan immer wieder in seinem kämpferischen Leben erfahren. Der Gral, wo er gesucht zu werden beginnt, wirkt als Wand= lungsmacht zwischen den Menschen. Was zwischen ihnen stand, schmilzt in seinem Lichte auf wunderbare Weise dahin. Das größte Versöhnungsfest steht darum am Ende aller dieser Wege und Umwege.

Nicht als Idee wird dieses tiefe Schicksalsgeheimnis ausge= sprochen. Wolfram gestaltet das Gawanschicksal in lebensvol= len Bildern, er führt ihn durch Prüfungen und Bewährungen. Man hat sich gewöhnt, von der „Gawan=Episode" zu sprechen. Wenn man jedoch beachtet, wie liebevoll diese Abenteuer ausgemalt werden und wie sie sich nach einer tiefen Gesetz= mäßigkeit mit den Wegen und Zielen Parzivals zusammenschlie= ßen, wird man ihnen eine völlig andere Bewertung zukommen lassen. Sie bringen verborgene Schicksalsgesetze zur Anschau= ung, die damals von den Seelen erfüllt werden sollten, für die jedoch noch nicht die Zeit gekommen war, daß sie in erkennt= nismäßiger Formulierung vor die Welt hingestellt werden konnten.

Gawan geht nicht wie Parzival den Weg zum Geiste; es ist ein seelischer Weg, der seinem Streben entspricht. Die Läute= rung und Verinnerlichung der Seele ist ihm auferlegt. Aber auch darin ist bereits ein Gralsimpuls wirksam, wenn auch nicht ein in die Höhen und Weiten der Erkenntnis führender. Das spricht der Dichter dadurch aus, daß er immer wieder hervorhebt, wie Gawan auf einem Gralspferde reitet. „Gringuljet mit den roten Ohren" hat er einst als Freundesgabe von Herzog Orilus empfangen, der es auf Umwegen bekam. Ohne dieses Roß würde er niemals seine Wege vollbracht haben, vor allem nicht jenen Sprung über die „grause Furt", in deren tosenden Wassern er fast untergegangen wäre. Und doch sollte dieser Sprung über den Abgrund die letzte und entscheidende Tat sein, die ihn den Tugendkranz vom Baume des Gramoflanz erringen und dadurch ihm das Ziel seines Minnestrebens zuteil werden ließ, die Huld der vielgeliebten Orgeluse.

Was heißt: ein Gralsroß reiten? — Es bedeutet, in seinen Seelenuntergründen einer geistigen Führung folgen zu dürfen, die den Suchenden auf die Spuren zum Geiste hinlenkt, auch wenn es zunächst nur auf instinktive Weise zu geschehen vermag. „Rote Ohren" hat dieses Roß: es ist die Stimme des Bluts, auf die es innerlich hört. Denn die Macht der Minne ist es, die Gawans Führerin auf allen Wegen wird. Sie treibt ihn in Gefahr und Erniedrigung hinein, aber sie erfüllt ihn auch mit unüberwindlichem Mut, der ihn durch jede Herzensprüfung und Todesnot aufgerichtet schreiten läßt:

> Weh, gegen Minne ist Gawan
> Ein völlig waffenloser Mann!

Und doch wird sie für ihn zur Gnade einer Lebenseinweihung. Denn sie führt, wenn sie bis in die letzten Tiefen durchlitten worden ist, zur Verklärung des Herzens.

Wollte der Dichter diesen Seelenweg zum intimen Erlebnis bringen, so mußte er in das Schicksal Gawans eine Reihe von Frauengestalten verweben. Hier erweist sich Wolfram als wahrer Herzenskünder. Gewiß, die drei bedeutsamsten Ge=

stalten, die sich schicksalhaft in Gawans Leben einzeichnen, fand der Dichter bereits in der Darstellung Chrestiens vor. Aber wie viel Seelenerfahrung mußte erst verdichtet werden, um diesen weiblichen Wesen blutvolles Leben zu verleihen!

Da ist zunächst die rührende Erscheinung der kleinen Obilot, eines etwa zehnjährigen Mägdeleins, das mit der Mutter und der älteren Schwester von ihrer Burg Bearosche, die von Feinden umzingelt wird, heruntershaut und nun den Reiterzug Gawans an der Mauer der Festung gewahr wird. Die ältere Schwester verdächtigt ihn als einen Kaufmann, der nur mit Waffen zu handeln gekommen sei. Obilot aber hat sogleich den Ritter in ihm erkannt. Sie will ihn, trotz allen Spottes, den sie darum von der Schwester erdulden muß, zu *ihrem* Ritter erwählen. Und Gawan, der dieses Gespräch von der Burg herunter vernehmen kann, wird zu dem Entschluß getrieben — obwohl er gerade auf dem Wege nach Askalon ist, wo er im Zweikampf seine Ehre wiederherstellen soll —, sich in den hier entbrennenden Kampf zu mischen. Denn wie dürfte er die junge, süße Obilot enttäuschen: sie, die an ihn glaubt, während er aus dem Artuskreise verbannt ist und in Schmach seines Weges dahinziehen muß! Er, der Stolze, der Ruhmgewohnte, ist in einen Zustand geraten, in welchem man ihn höchstens noch für einen Krämer halten möchte. Ein *Kind* aber sieht den Ritter und zugleich den Retter in ihm! Und wie sie nun zu ihm kommt und ihm schamhaft versichert, daß er der allererste Mann sei, mit dem ihr eine Zwiesprache vergönnt werde, wie sie so rührend von ihrer Minne spricht und ihn bei dieser heiligen Minne beschwört, doch auf die Seite ihres Vaters zu treten, um ihm in höchster Not zu helfen: da ist auch Gawan schon in das Abenteuer hineingezogen. Eben noch schwankend, da er ja sein Treuwort zum Pfande bot, sich in vierzehn Tagen zum Kampfe beim König von Askalon zu stellen, muß er der Abschiedsworte Parzivals gedenken:

> Freund, kommt für dich des Kampfes Zeit,
> Dann helfe dir ein Weib im Streit
> (Sie möge leiten deine Hand),
> An der du Keuschheit hast erkannt
> Und wahre Weibesgüte:
> Ihre Minne dich behüte.

Worte innigster Herzensneigung werden zwischen Gawan und dem kleinen Mägdelein gewechselt, als ob sie ihre Seelen austauschen wollten. Der Held geht auf die Minne=Ideale der Kleinen ein, die noch durch keinerlei Lebenserfahrungen beirrt und abgeschwächt sind. Die Romantik einer ersten Liebe spricht aus diesen Worten:

> In Eurer Hand sei nun mein Schwert;
> Wenn jemand Trost von mir begehrt,
> So müsset Ihr das Rennen reiten
> Und müßt für mich im Speerkampf streiten;
> Und glaubt man mich im Streit zu sehn,
> Muß doch der Kampf durch Euch geschehn!

Mit einer Sprache, die sich zu höchster Gläubigkeit und Kühn=heit steigert, beflügelt ihn die Minnende zum Kampfe. Zum Zei=chen dafür, in wessen Dienst und in wessen Schutz er sich weiß, bedarf er eines Kleinods der Geliebten. So sendet sie ihm den rechten Ärmel ihres kostbaren Kleides, den er auf seinen Schild heftet. Mit diesem Talisman ausgerüstet, führt er die Schar der Belagerten zum Siege.

Wahre Minne ist eine mystische Tatsache. Sie ist die Durch=dringung der eigenen Seele mit dem strahlenden Urbild einer anderen; ist das Hereinrufen der Himmelskräfte dieser anderen in die Gegenwart des Ringenden und Bedrängten: ein Handeln aus ihrer Vollmacht heraus.

Wir werden noch sehen, wie später Parzival in seiner höch=sten Not den Namen Kondwiramurs anruft und dadurch jene letzte Entscheidung erwirkt, die ihn an die Schwelle seines Gralskönigtums trägt. Hier aber ist es Gawan, den ein Kind zu erneutem Rittertum ermutigt. Eine Verjüngung seines Wesens vollzieht sich. Der von der Welt ungerecht Beschuldigte und Ge= schmähte beginnt sich mit Unschuldskräften zu durchdringen.

Und nun die zweite Seelenbegegnung: Antikonie, die hero= isch Liebende. Während Gawan sich in Schampfanzun, der Hauptstadt von Askalon, zum Zweikampf stellen will, um sich von der Beschuldigung des Meuchelmordes zu reinigen, wird er vom König Vergulacht in die Burg zu seiner königlichen Schwester als Gast geladen, dann aber dort in verräterischer Art überfallen. Dabei wäre er, da man ja als Gast die Waffen abzulegen pflegte, wehrlos erschlagen worden, wenn nicht des Königs Schwester, die Jungfrau Antikonie, mannhaft auf seine Seite getreten wäre und sich mit ihm im Turmgemach ver= schanzt hätte. Es kommt zu einem wilden Verzweiflungskampf. Aber aus dem Anblick des sich zu ihm bekennenden Weibes saugt Gawan immer neuen Mut. Er wächst in diesem tobenden Sturme so sehr über Menschenmaß hinaus, daß er den Gegnern hohe Achtung abzwingt, die schließlich zu einem Vergleich führt.

Nicht umsonst hat Wolfram dieser Jungfrau den Namen „Antikonie" gegeben. Sie liebt, wo sie nach den Forderungen des Sippenrechts doch hassen sollte; denn Gawan ist ja der (vermeintliche) Mörder ihres königlichen Vaters. Die edelste Gestalt der griechischen Dichtung, Antigone, war in einem ähn= lichen Konflikt, und sie entschied sich aus dem Mut des reinen Herzens gegen das Gesetz und für die Liebe, obwohl sie ihre Handlung mit dem Tode büßen sollte.

„Nicht mitzuhassen, mitzulieben bin ich da" — so hat Sophokles, ein Christliches hiermit vorausnehmend, seine Hel= din sprechen lassen.

Orgeluse

schastelmarveil

Die schwersten Proben seiner Ritterschaft jedoch werden Gawan durch Orgeluse, die Herzogin von Logrois, auferlegt. Es konnte sich zwar inzwischen seine Unschuld in jener Sache erweisen, um deretwillen er vor der Tafelrunde angeklagt war. Er hatte die Welt, wie ihm die Verpflichtung geworden war, auch nach dem Grale durchforscht; er hatte hart gestritten, weil — wie er glaubte — „wer nach dem Gral begehrt, sich nur mit tapferem Speer und Schwert in seine Nähe kämpfen kann". Aber Gawan gerät auf diesem Wege in die Gegenwelt zum Gral. Er muß die Abenteuer von Schastelmarveil bestehen. Kundrie hatte von diesem Zauberschloß schon zu den Tafelrundern gesprochen und sie damals aufgefordert, sich jenen Abenteuern zu unterziehen, die dort auf den Mutigen und nach Minne Begehrenden warten. Vier Königinnen werden dort gefangen gehalten, dazu vierhundert Jungfrauen. Auch darin scheint Schastelmarveil ein Gegenbild zur Gralsburg, denn auf dieser fand Parzival vierhundert Ritter zum Mahle vereinigt. Während er aber in Anfortas und in dem uralten Gralskönig Titurel seinen eigenen Verwandten begegnet, wenn auch zunächst noch unwissend, so findet Gawan, als er die Abenteuer auf dem Zauberschlosse besteht, in den dort gefangenen Königinnen die seinigen. Es sind Sangive, seine Mutter, Arnive, seine Großmutter, die zugleich die Mutter Sangivens und des Königs Artus ist, und dazu Gawans Schwestern Itonje und Kundrie (nicht die Gralsbotin). Rätselhaft ist, daß er zunächst seine eigenen Angehörigen nicht kennt, wie auch diese ihn nicht kennen. Das wird nur dann erklärlich, wenn man versteht, daß es sich nicht um Begegnungen innerhalb der Sinnenwelt handelt. In eine Traum= und Zaubersphäre ist Gawan eingedrungen. Es sind astrale Imaginationen, die ihm entgegentreten. Er findet das Muttererbe in seiner eigenen Seele wieder. Und dieses ist verzaubert. Wie das Männliche ein Bild der Geisteskräfte ist — diese eben schaut Parzival in der Gralsburg —, so das Weibliche ein Bild der

Seelenkräfte. Gawan muß erleben, daß ihm diese in Verzauberung geraten sind. Aber nicht nur die eigenen. Es ist ein Zeitenschicksal, daß die Seelen wie gefangengesetzt erscheinen. Die Art, in der der Dichter schildert, wie sie auf diesem Zauberschloß allesamt nichts voneinander wissen, also in einem isolierten Dasein hinvegetieren, ist charakteristisch für jenen Zustand, in den die menschliche Entwicklung immer stärker hineintreibt, je mehr die Seelen dem Zauberbann der Sinnlichkeit erliegen und, in die eigene Leibesnatur eingefangen, nur noch ein Schattendasein führen können. Wer diesen Bann zu brechen versteht, wird auch vielen anderen Seelen einen Weg in die Freiheit bahnen. Gawan ist ein Kämpfer für die Erweckung der Seele.

Wie aber geschieht dies? — Es wird in einem Bilde angedeutet. Als sich Gawan zum Herrn über das Gebiet von Schastelmarveil gemacht und die Stunde der Befreiung für alle Insassen des Schlosses geschlagen hat, da wählt er aus dem „reichen Kram", der ihm jetzt zugefallen ist, als erste Gabe eine Harfe aus und schenkt sie der Tochter jenes Fährmanns, der ihn in der Nacht vor dem Abenteuer so liebevoll beherbergte und ihm über die Geheimnisse des Zauberschlosses erste Aufklärung gab. Bene heißt die demütige Magd, die ihm in selbstloser Liebe diente, während seine Minnesehnsucht der stolzen Orgeluse galt. Bene ist der ersten Gabe würdig. Wolfram bemerkt, daß diese kostbare Harfe noch zu seiner Zeit in England unter dem Namen „Die Schwalbe" wohlbekannt sei. Im Gesang, der schlichten Seele des Volkes anvertraut, will sich das fortpflanzen — frei wie die Schwalbe —, was durch Gawans Sieg errungen worden ist. Durch die Dichtkunst, diese seelenbefreiende Macht, zeugt sich die Tat Gawans im Zeitengange weiter und erschafft in den Herzen die Gegenkraft zu dem bösen Zauber, der sich von Klinschor über die Welt ausbreitet.

Denn Klinschor ist es, der Schastelmarveil erbaut und darin die vielen Seelen gefangengesetzt hat. Gawan läßt sich nach vollbrachter Tat durch Arnive, die er seine weise Helferin nennt, über den bösen Zauberer aufklären. Wir hören: Klinschor war der Herzog von Terra de Labur (einem Gebiet im Neapolitanischen). Großen Ruhm gewann er, während er noch in seiner Hauptstadt Kapua wirkte. Dann aber geriet er in Schimpf und Schande, als er mit der Iblis, der Königin von Sizilien, ein ehebrecherisches Bündnis einging. Von ihrem Gatten, der ihn auf seinem Schlosse Kalot=Embolot in den Armen der Frau Iblis überraschte, mit einem Schnitte zum Kapaun gemacht, mußte Klinschor fortan die Schmach des Entmannten tragen. Haß gegen Mann und Weib erfüllte seitdem seine Seele, die nie mehr zum Minnespiel fähig war. Er verfolgt mit seinem Hasse vor allem die Menschen, die noch die Sitte ehren. Ihnen die Freude, so viel er kann, zu rauben, daran hat sein Herz das größte Wohlgefallen.

Wolfram beschreibt die Seelenverfassung eines schwarzen Magiers. Denn aus der Zerstörung der Freuden anderer für sich selber eigenen Genuß zu saugen, hat immer als die erste Stufe auf diesem dunklen Wege gegolten. Erzwungener Verzicht auf die geschlechtliche Liebe bereitet die Seele darauf vor. Es ist ein Geheimnis der menschlichen Entwicklung, daß unnatürliche Askese, das aber heißt: nicht geläuterte, sondern nur unterdrückte Triebkräfte sich allzu oft in finsteren Haß verwandeln, in Haß auf alles Menschliche. Viel Unheil ist durch diese Verbindung Klinschors mit der Iblis und seine Entmannung heraufbeschworen. Denn nun erlernte er in der Stadt Persida „Zauberkunst und Zauberwort". Er ging in die Schule der schwarzen Magie. Klinschor gewann die Macht über alle bösen und guten Geister, die zwischen der Erde und dem Firmament wohnen, außer über jene, welche unter Gottes Schutz stehen.

Wenn Wolfram die Festung Kalot=Embolot nennt, so weist er damit auf eine bestimmte Stätte im Südwesten Siziliens hin, Kalta=Bellota. Von 827 an drangen die Sarazenen auf dieser

Insel vor und begründeten dort ihre arabischen Kulturstätten. Von Sizilien strahlte nun jahrhundertelang eine große arabische Weisheit, aber auch all das Seelentötende, die Herzen gegen das Christliche Aufstachelnde über das Abendland aus. Die Normannen, die sich in den folgenden Jahrhunderten auch auf Sizilien und in Süditalien auf ihren kühnen Wikingerzügen festgesetzt haben, lebten in ständiger Auseinandersetzung mit dieser arabischen Kultur, aber auch in teilweiser Durchdringung mit ihr. So wird es nicht zufällig sein, daß Gawan, der von Mutterseite her dem Artusgeschlechte, also dem Keltentum angehört, der Sohn des Königs Lot von Norwegen ist. Normannentum findet sich als Einschlag in seinem Wesen. Mit dieser nordischen Strömung trat Weltmut, der aus ungebrochener Herzenskraft erstrahlt, auf den Plan und stellte sich der seelenlähmenden Intelligenz entgegen, die vom Arabismus ausging, der vom Süden her Europa zu umklammern drohte. Ohne die ständige Zurückdrängung dieser arabisch=orientalischen Strömung, die auf den verschiedensten wissenschaftlichen und kulturellen Gebieten dem europäischen Christentum weit überlegen war, wäre die Entwicklung des Abendlandes in den Materialismus hinein sehr beschleunigt worden. Dieses alles spiegelt sich in Gawans Kämpfen um das Zauberschloß des Klinschor.

Arnive berichtet nun weiter, daß dieser Magier von seinem Gebiete Terra de Labur aus in andere Länder seine „Wunder" trug. Was er hier in Schastelmarveil als Zauberschloß aufgebaut habe, so prächtig und seelenberückend es auch sein möge, sei doch klein zu nennen gegenüber seinen anderen magischen Taten. Es handelt sich also um einen in die nördlichen Gegenden vorgeschobenen Posten dieser Wirksamkeit. Bezeichnend ist es, wie Klinschor in den Besitz dieser Stätte gekommen ist. Irot, der König dieses Landes, der Vater des Gramoflanz, bot sie ihm an. Er hatte Angst vor Klinschor. Nur um Frieden mit ihm zu haben, legte er ihm all sein Gut zu Füßen. Klinschors

Methode ist es, Schrecken um sich zu verbreiten; dadurch lähmt er in den Seelen den Widerstandswillen. Er entwaffnet sie durch die Angst. Deshalb sind Mutkräfte, die sich mit Erkenntnis der Situation paaren müssen, die einzige Rettung vor seinem Zauber.

Gawan muß die äußersten Mutproben in diesem Bezirke ablegen. Sein Eindringen in das Zauberschloß wird in Imaginationen beschrieben, die das Untertauchen in Geheimnisse der eigenen Leibesorganisation widerspiegeln. Das „Litmarveil" ist eine solche Imagination. Das auf dem spiegelglatten Estrich des Saales hin= und hergleitende Wunderbett gilt es zu besteigen. Gawan gelingt der Sprung hinein. Nach allen Seiten in rasender Eile rollend und rings an den Wänden mit stürmender Gewalt anprallend, wird er nun auf diesem Lager mit Getöse durch den Saal gejagt. In unablässigem Gebet verharrend, indem er der Allmacht und Güte Gottes ganz vertraut, hält der Geprüfte sein Bewußtsein aufrecht. Es gelingt ihm, das wilde Getöse zu überstehen. Das Wunderbett kommt schließlich zum Stillstand, es hält die Mitte zwischen den Wänden ein. Ein Einweihungsvorgang wird uns hiermit beschrieben. Das Untertauchen in das Wirken der Bildekräfte, in das gleitende, fluktuierende und überschäumende Leben der Ätherorganisation, die den physischen Menschen durchwirkt und aufbaut, ist zunächst ein Erlebnis von elementarer Gewalt. Es droht die Seele zu betäuben. Nur eine vom Göttlichen her gehaltene Seele übersteht den Schrecken, den das scheinbar Bodenlose, immer Bewegliche des Bildekräfteleibes dem Unerfahrenen einflößt. Er muß durch innere Ruhekräfte die Meisterschaft über diese Vorgänge gewinnen.

Der Kampf mit dem Löwen ist eine andere Imagination. In der Begegnung mit den eigenen Herzkräften lernt der mystisch Erlebende die ungebändigten Gewalten seiner verborgenen Willensnatur kennen. Sie wollen sein freies Menschentum überwältigen. Von Wunden bedeckt, sinkt der Held nach diesem

furchtbaren Kampfe sinnbetäubt nieder. Sein Haupt ruht dabei auf dem Löwen, den er überwunden hat. Er hat die Herzens=
ruhe errungen. Aber ein geheimnisvoller Schutz waltet über ihm. Ohne die Hilfe Arnives, seiner Ahnfrau, der Mutter des Königs Artus, die mit verborgenen Blicken dem Kampf zu=
geschaut hat, würde er nicht wieder zum Leben erstehen kön=
nen. Sie eilt ihm mit Arzneien zu Hilfe. Durch die Wundermacht ihrer Salben wird Gawan geheilt. Sie erzählt ihm, wie diese einzigartigen Arzneien sie nur durch die Belehrung Kundries habe gewinnen können. Die Gralsbotin ist es, die sie bei ihren wiederholten Besuchen in der Heilkunst unterwiesen hat. Von Munsalväsche stammt also diese Salbe, die den Todgeweihten wieder zum Leben führen kann.

Als Gawan den Namen der Gralsburg vernimmt, durchfährt ihn die Freude; die Sinne kehren ihm zurück. Er fühlt, wie der Gral mit seiner Stärkung dort ganz nahe ist, wo die Seele in Todesnöten zu ringen hat. Jetzt erst verstehen wir, weshalb Kundrie, als sie im Kreise der Tafelrunde gegen Parzival die Klage erhoben, am Schlusse von Schastelmarveil sprach und mitteilte, daß sie zur Nacht noch dort sein müsse. Was aus den Höhen des Geistes herniederstrahlt, muß seine Kräfte in die Tiefen der Leibesnatur heruntersenken, um die Seele den umklammernden Gewalten der Stofflichkeit zu entringen. Erst wo die Zauberwelt der Sinnlichkeit zu weichen beginnt, werden die edelsten Seelenkräfte frei. Die Minne läutert sich von der Sinnenbegierde. Sie kehrt in jene Herzensreinheit zurück, von der es in den Seligpreisungen Christi heißt, daß sie zum Schauen Gottes führe. Die heroische Handlung erhebt sich nun zu der Liebesfeier auf Schastelmarveil, da sich Gawan endlich mit Orgeluse vereinigen darf.

Es ist ein Urwald von Imaginationen, in dem man nur lang=
sam die Orientierung gewinnt, wenn man sich in die Aven=
tiuren Gawans einzuleben sucht. Erst allmählich offenbaren sie

ihre tiefe Gesetzmäßigkeit; und sie offenbaren sie um so kräf=
tiger, je unbefangener man sich zunächst dem rein=mensch=
lichen Empfindungsgehalt der poetischen Situationen hingeben
kann. Man muß warten können, bis sie sich Zug um Zug als ein
Stufenweg von Seelenverwandlungen zu enthüllen beginnen.
Herzensreichtum ist es, was sich Gawan auf seiner Lebens=
pilgerfahrt hat erwerben können, ehe er zur Anschauung der
hehrsten Schönheit gelangen darf. So ragt eines Tages vor sei=
nem Blicke Logrois, die hohe Feste auf, die kunstvoll erbaut
sich in Windungen zum Gipfel emporschraubt. Sie ist im Sturme
uneinnehmbar. Ebenso wie ihre Herrin, die stolze Orgeluse,
deren abweisendes Wesen Gawan sehr bald erleben soll.

Eine südliche Vegetation breitet sich um den Berg aus: Feigen=
bäume und Granaten, Ölbaum und Rebe gedeihen hier in üppi=
ger Fülle. Inmitten dieser Wunderwelt aber „die schönste Blüte
der Natur" am Felsenquell erscheinend: Orgeluse von Logrois.

Dächt' ich nicht dein, Kondwiramur,
Pries' ich als schönstes Weib nur sie —

ruft hier der Dichter aus. Wir ahnen, sie wird für Gawan das
Ziel aller Minnesehnsucht sein, wie es Kondwiramur für Parzi=
val einst wurde. Aber wie anders ist hier alles, als es Parzival
in Belrapeire fand! Mit Spott beantwortet die Schöne die erste
Huldigung Gawans. Hier wird kein Herz im Sturm genom=
men, Orgeluse ist jeder Sentimentalität abhold. Ihre Zurück=
weisung geht so weit, daß sie den Zügel seines Rosses, als sie
es bei einer Gelegenheit einmal zu halten genötigt ist, nur an
einer Stelle ergreifen will, mit der seine Hand noch nicht in
Berührung gekommen ist. Ihre Gefühlskälte erweist sich darin,
daß sie Gawan verhöhnt, er sei wohl ein Arzt und halte Salben=
büchsen feil, als sie ihn eine Wurzel ausgraben sieht, mit der
er einem wunden Ritter, den er unterwegs traf, hilfreich sein
möchte. Das widersprach dem ritterlichen Ideal; wieder also

wird Gawan des Krämertums verdächtigt. Doch unbeirrt trägt
er den Spott und läßt sich in seinem Heilerwillen nicht irre=
machen.

Gawan ist eben auch kein konventioneller Ritter. Er hat ge=
lernt, für die Leiden anderer zu leben. Er ist auf dem Wege, ein
Helfer der Menschheit zu werden. Allerdings, in diesem Falle
hatte Orgeluse recht gehabt. Als nämlich Gawan zu dem siechen
Ritter zurückkommt und ihm die Wurzel auf die Wunde bindet,
bittet ihn dieser, ihm auch noch zu helfen, in das nahegelegene
Spital zu gelangen. Während er sich noch eben liebevoll be=
müht, die Begleiterin des Ritters aufs Damenpferd zu heben,
da springt plötzlich der Wunde auf Gawans edles Tier und
reitet mit seiner Genossin davon. Gawan ist einer Gaunerei
erlegen. Orgeluses Spottlust ergießt sich nun um so mehr über
ihn. Sie habe ihn für einen Wundarzt eingeschätzt, jetzt möge
er höchstens noch ein Fußknecht sein. Wenn wir bedenken, daß
es dazu noch Gringuljet, das Gralsroß, ist, das ihm auf diese
listige Weise entführt wird und erst auf schwierige Art in sei=
nen Besitz zurückkommen soll, kann es uns deutlich werden,
daß Gawan noch einiges an Geisteswachsamkeit zu erringen
hat, um den warmen Herzenskräften das innere Gegengewicht
zu verschaffen. Orgeluse scheint eine gestrenge Lehrmeisterin
zu sein. Der Dichter gibt deshalb den Rat, man solle sie nicht
zu schnell um ihrer Kälte willen tadeln, sondern schweigend
abwarten, wie es um das Herz dieser Herrin bestellt sei.

Prüfung um Prüfung wird dem Herzensstarken auferlegt.
Unbeirrbar bleibt sein Minnewerben; doch ungerührt, trotz aller
Bewährungen, scheint die schöne Herzogin zu bleiben. Gawan,
dem Ehre und Selbstbehauptung im Blute lagen, muß eine
Schule der Demut durchlaufen. Er muß durch Minne dulden;
aber Wolfram läßt uns auch verstehen, daß jene Minne noch
nicht die wahre sei, die Amor und Kupido mit spitzen Pfeilen
und Fackelglut uns Menschen einpflanzen:

> Soll ich in wahrer Minne glühen,
> Muß sie aus Treue mir erblühen.

Gawan kennt noch nicht die „wahre Treue". Er steht noch im „Minnezwang". Deshalb muß er durch alle Leiden in Schastel=marveil hindurchschreiten. Orgeluse selbst führt ihn dorthin, wo jenes Zauberschloß vor seinem Blicke aufstrahlen kann.

In Gawan steht das Urbild einer Künstlerseele vor uns. Er ist dem Anblick der Schönheit ganz und gar verfallen. Aber er muß erst lernen, daß das Schöne in seiner reinsten Gestalt sich niemals im Sturm der Begierde erringen läßt. Er kennt noch nicht die Stillung aller Leidenschaften im Anschauen der Schön=heit selber. Was nordische Künstlernaturen oft erlebt haben, wenn sie zum ersten Male eine Pilgerfahrt nach Italien antreten durften, das erfährt hier Gawan. In südliche Landschaft taucht er ein, der Sinnenzauber der Klinschorwelt umfängt die Seele und, immerfort ihn umgaukelnd, das Bildnis der vollkommenen Schönheit, die sich erst dem ergibt, der alle Begierde zum Schweigen gebracht hat. Diesem Ziele dienen die Proben, die Gawan zu bestehen hat. Mancher Ritter, so erfahren wir, umwarb schon die stolze Schöne; sie scheiterten alle. Nur einer kam vor kurzer Zeit (der Fährmann sagt, er habe ihn erst gestern über den Fluß gesetzt) hier vor Logrois geritten und stritt so mächtig gegen die Heerschar Orgelusens, daß sie be=reit war, sich ihm zu ergeben. Sie bot dem Helden in der roten Rüstung Land und Hand und Leib. Doch dieser wies sie zurück. Er habe ein schöneres Weib daheim. Diese Rede kränkte sie sehr, als er vor ihr das Bekenntnis ablegte:

> Von Belrapeire die Königin,
> So heißt der Schönheit Sonnenstrahl.
> Ich selber heiße Parzival.
> Ich frage nicht nach Eurer Minne,
> Vom Gral ich Pein genug gewinne.

Parzival, wir sehen es wieder, geht gleichsam im Hintergrunde der Handlung über die Bühne. Der Dichter will uns darauf aufmerksam machen, daß der echte Gralsucher auch jene Erlebnisse kennen lernen muß, die Gawan in der Seele zu durchringen hat. Er schreitet durch die Welt des Sinnenzaubers hindurch, ohne sich in sie verstricken zu lassen. In seiner Seele lebt ein anderes Idealbild, der Glanz einer Sonne, die erst dort aufzuleuchten beginnt, wo aller Sinnenschein verblaßt. Parzival ist inzwischen, so will uns diese Einfügung verstehen lassen, über allen „Minnezwang" hinausgewachsen. Er steht an der Schwelle seines Gralskönigtums. Wir werden ihm wiederbegegnen, wie er den lichten Kranz um sein Haupt gewunden trägt, der von dem Baum des Gramoflanz gebrochen ist. Auch er hat also die Probe bestanden, die mit der Erringung des Tugendkranzes verknüpft ist.

Gawan kann neidlos auf den Weg Parzivals hinschauen. Es wird gesagt, daß er und die Herrin von Logrois bei diesem Gespräch einander tief in die Augen sahen. Denn sie ist völlig verwandelt, seit er die „grause Furt" auf dem Gralsrosse übersprungen und dabei das Reis vom Baume des Gramoflanz gebrochen hat. Jetzt gesteht sie ihm, welche Herzensnot sie bei diesem Wagnis um ihn gelitten habe, wie nur ein treues Weib sie um den Geliebten empfinden soll. All ihr Stolz ist in der Sonne dieser Liebe dahingeschmolzen, die aus ihrem Herzen bekennend hervorbricht. Wie Gold, das in der Glut geläutert ist, so erscheint ihr nun seine Mannestugend. Jetzt ist *sie* es, die um seine Minne wirbt, und unter Tränen erzählt sie ihm ihr leidvolles Schicksal. Bei dieser Gelegenheit erfahren wir auch, daß Anfortas, der König des Grals, einst auf seinen Ritterzügen zu ihr gekommen sei und um ihre Minne geworben habe. Aber dieser Minnebund endete leidvoll; sie deutet an, daß Anfortas dadurch zu jener Wunde kam, die er nun zu steter Qual zu tragen habe. So wird geheimnisvoll an dieser Stelle auf den tieferen Zusammenhang Orgelusens mit der großen Gralsnot hingewiesen. Und sogleich kommt hier auch die Rede auf Klinschor. Sie gesteht, sobald ihr der Schutz des Anfortas genommen war, mußte sie die Kunst und List des großen Zauberers fürchten. Aus Angst schloß sie mit ihm einen Vertrag, nur um Frieden zu haben. Mit diesem aber hängt alles zusammen, was Gawan an Proben zu bestehen hatte. Da er als Sieger aus ihnen hervorgegangen ist, werden die Wundergaben des Orients wieder frei, nämlich jener „Kram", den Anfortas einst als Minnekleinod der Orgeluse geschenkt hatte und den sie dem Zauberer in ihrer Notlage überlassen mußte. Klinschors Macht über jene Schätze ist jetzt gebrochen. Gawan und Orgeluse dürfen sie als ihr Eigentum empfangen. Welcher Art diese Kostbarkeiten sind, läßt der Dichter nur ahnen, indem er Gawan jene Harfe, „die Schwalbe" genannt, aus dem reichen Kram auswählen und der demütigen Maid Bene schenken läßt. Der Reichtum des Morgenlandes fällt dem Sieger zu. Ein Seelenbefreier ist in Gawan erstanden, der ein weites Reich der Schönheit zu gründen vermag. Nicht ein Reich der kalten Formen, aus denen die Seele entwichen ist. So erschien ja Orgeluse selber, solange sie im Banne Klinschors leben mußte. Ihre sich hoch über die Menschenwelt hinaufwindende Burg und der gütelose Glanz ihrer berückenden Schönheit drohten alle, die ihr huldigten, in ein lebensfernes Reich hineinzuführen. In die Welt des Ästhetizismus.

Goethes Helena=Akt aus dem zweiten Teil des Faust, jene „klassisch=romantische Phantasmagorie", in der er die mystische Vermählung zwischen dem schönheitsdurstigen Faust und dem reinen Urbild der Schönheit, der Helena zu veranschaulichen suchte, kann uns vor den inneren Blick treten, wenn wir die Kunde von der seligen Vereinigung Gawans mit der vielgepriesenen Orgeluse hören. Kulturkreise durchdringen sich. Der nordische Held taucht in die reife Formenschönheit des

Südens unter, aber er läßt sich von ihrem Anblick nicht ver=
zaubern. Er durchglüht sie mit Seele, er löst sie aus ihrer Erstar=
rung. Und durchseelte Schönheit befreit die Herzen. Goethe
schildert, wie aus dem Liebesbündnis zwischen Faust und Helena
der Euphorion entspringt. Als die „heilige Poesie" wird er be=
grüßt, wie er aufsteigt. Neue Geniuskräfte wollen sich, wo die
Schönheit zeugend wird, dem Leben der Zukunft mitteilen.

Goethe

Wolfram spricht in seiner Gawan=Dichtung nicht unmittelbar
von solchen Geheimnissen. Er läßt den Seelenweg Gawans am
Ende wieder mit dem Wege des Gralsuchers zusammenlaufen.
Denn im Gralstempel und seinen Mysterien faßt sich alles
zusammen, was das christliche Mittelalter an Zukunftsidealen
auszubilden vermochte.

Das Karfreitagsmysterium

Merkwürdig ist die Art, wie Wolfram den Parzival in die Gawan=Handlung hineinverwoben hat. Als dieser nach dem Abschied von der Artustafel sein erstes Abenteuer in Bearosche bestanden hat, erfährt er beim Austausch der gefangenen Für= sten nach der Schlacht, daß auf der Gegenseite ein roter Ritter gekämpft und sie gefangen genommen habe. Aus der Beschrei= bung seines Wappens und seiner Bedingung, daß er sie zur Gralsuche verpflichten wollte, errät Gawan, daß es nur Parzival gewesen sein könne. Er dankt Gott dafür, daß er sie beide in diesem Streite voneinander getrennt gehalten habe. Rätselhaft scheint es, daß der Gralsucher hier auf der Seite derer kämpfte, in denen rebellische Kräfte wirkten. Er zeigt sich auch hier noch als der „rote Ritter", obwohl er ja beim Auszug vom Artushofe in lichtweißer Rüstung erschienen war.

Und noch etwas Bedeutsames spielt sich dabei ab. Parzival gewinnt in jenem Kampfe das edle Pferd des Gawan, das die= sem in der Schlacht entlaufen ist: „Ingliart mit den kurzen Ohren". Auf diesem reitet er nun all die Jahre von Abenteuer zu Abenteuer. Man merkt, es ist ein Impuls in ihn eingezogen, der ihm aus der Begegnung mit Gawan erwuchs. So tief ist der Beiden Schicksalszusammenhang.

Mit den „kurzen Ohren" scheint uns angedeutet zu sein, daß dieses Roß gut „die Ohren zu spitzen" weiß. Wache Wahrneh= mung ist ihm eigen. Hat doch Gawan, als Parzival über den

Blutstropfen im Schnee der Welt vergaß, ihn aus der mystischen Versunkenheit herausgerissen. Nicht als Mystiker, als welt=
wacher Beobachter zieht der Gralsucher durch die Länder und über die Meere, bis er eines Tages an jene stille Klause heran=
kommt, in der er Sigune wiederbegrüßen kann. Von ihr auf die Spur der Gralsbotin Kundrie gewiesen, die erst vor kurzem sie verlassen hat, naht sich Parzival dem Bannkreis von Terre de Salväsche, der von den Gralsrittern streng gehütet wird. Er ge=
rät in ein Waldesdickicht und verliert die Fährte wieder.

In diesem Walde kommt ihm ein Mann entgegengeritten, der ihn auf Leben und Tod zum Kampfe herausfordert. Denn, so erklärt er ihm, Munsalväsche sei's nicht gewöhnt, daß einer ihr so nahe reite. Jetzt müsse er ihm „solche Sühne geben, die man vorm Walde nennt *das Leben*". Also vor dem Walde — im Reiche des Sinnenscheins — nennt man *das* „Leben", was im Gralsbereiche kaum noch so bezeichnet werden kann, sondern höchstens als ein Schattendasein empfunden wird. Parzival muß einen wilden Speerkampf mit diesem Templeisen bestehen. Es gelingt ihm, den Gegner in voller Wucht vom Roß zu werfen. Dieser fällt in eine tiefe Schlucht; weil aber Parzivals Roß allzu sehr im Schuß ist, stürzt es mit hinab und zerschellt in der Tiefe. Er selbst kann sich dabei gerade noch im Absturz an einem Zedernast halten und gewinnt schnell wieder festen Felsen=
grund unter sich. Der Templeise aber zieht sich auf die andere Seite des Abgrunds zurück, während er sein Roß diesseits der Schlucht lassen mußte. Parzival besteigt es. Jetzt reitet er ein Gralsroß. Ingliart mit den kurzen Ohren mußte also bei dieser Begegnung geopfert werden.

Das ist der große Umschwung, der sich im Seelenleben des Gralsuchers abspielt. Der dichte Wald, in dem man sich verirrt, ist ein ähnlicher wie jener, von dem Dante hundert Jahre spä=
ter gesungen hat; auch er verirrte sich in ihm und mußte sein Leben von drei Tieren bedroht sehen, bis ihm Hilfe aus dem

Totenreiche gesandt ward. Dadurch fand er die sichere Geistes=
führung. Er wurde Mystiker, dem sich die jenseitigen Welten
auftaten.

Parzival, bisher ganz der Weltbeobachtung hingegeben, stän=
dig seine Kräfte in der kämpfenden Auseinandersetzung mit
den Mächten der Zeit verbrauchend, sieht sich an den Abgrund
des Seins gestellt. Was hier auf ihn eindringt, kommt von jen=
seits der Todesschwelle. Zwar gelingt es dem Kämpfenden noch
nicht, diese Schwelle zu überschreiten. Aber etwas in ihm — die
instinktive Kraft, die ihn bisher sicher durch die Welt der
Erscheinungen hindurchtrug — zerschellt dabei! Er muß die
große Innenwendung vollziehen. Der Dichter spricht im Bilde:
er wurde an der Schlucht gezwungen, das Pferd zu wechseln.
Würde Parzival nicht ein Gralsroß reiten, fände er nimmer=
mehr die Fährte zum Gral wieder. Eine geheimnisvolle Kraft
von jenseits der Todesschwelle ist damit in ihn eingezogen. Ein
Toter hat fortan die Führung seines unablässigen Strebens zum
Geiste übernommen.

Wir wiesen bereits auf das Geheimnis hin, wie die Temp=
leisen in Wirklichkeit Tote sind. Wir werden noch an einem
bedeutenden Beispiel in einem späteren Kapitel kennen lernen,
wie sie in die Seele eines auf Erden Lebenden Einzug halten
können. Parzival war ja das erste Mal zur Gralsburg gelangt, als
er die tote Mutter suchte. Wir sahen dann, wie er unter dem
Eindruck Sigunens, die den toten Bräutigam im Schoße hielt,
die erste Ahnung von seinem Versäumnis und von seiner Grals=
berufung gewann. Wie er den Stufenweg der wahren Minne,
den Schionatulander aus ganzer Herzenskraft gesucht hatte,
jetzt immer bewußter zu gehen begann.

Nun aber erwacht das Geistgehör in seiner Seele. Nicht nur
mit den „kurzen Ohren" hört er jetzt. Mit Ohren, die sich nicht
mehr gegen das Heilige verschließen, die für die Stimmen der
anderen Welt offen sind, vernimmt er die Botschaft von dem

Gotte, der zur Erde herniederstieg, um für die Schuld der
Menschheit durch den Tod zu gehen. In Parzivals Seele leuchtet
das Karfreitagsmysterium auf.

*

Herzbewegend sind diese Begebenheiten. Der Dichter ist sich
dessen voll bewußt, wie er jetzt an ganz andere Seelenkräfte
seiner Hörer und Leser appellieren muß. Feierlich eröffnet er
den neunten Gesang, der diese Wende in Parzivals Schicksal
darstellen soll.

„Tut auf!" ruft eine Stimme, und der Dichter fragt: „Wem?
Wer seid Ihr?" — „Ich will ins Herz hinein zu dir", antwortet
die Stimme. Noch einmal sträubt sich der Mensch: „So wollt
Ihr in zu engen Raum." — Aber was hier um Einlaß wirbt, das
läßt sich nicht abweisen:

> Was tut es, faßt er mich auch kaum?
> Mein Drängen sollst du nicht beklagen,
> Denn Wunder hab' ich dir zu sagen.

Es ist fast wie die Stimme Dessen, der da spricht: Siehe, Ich
stehe vor der Tür und klopfe an. — Er ist es nicht selbst, aber
doch seine Botin.

> *Frau Aventiure*, ah, seid Ihr's?
> Wie geht's dem Herrlichen, sagt mir's,
> Wie geht's dem werten Parzival,
> Den Frau Kundrie nach dem Gral
> Mit bittern Worten hingejagt?

Homer rief die Muse an, um die Fahrten des göttlichen Dulders
Odysseus besingen zu können. Der christliche Dichter muß mit
Frau Aventiure Zwiesprache halten. Im Abenteuer des Lebens —
in dem, was auf die Seele zukommt, wenn sie das Wagnis der
Menschwerdung vollbewußt ergreift — ist ja Derjenige gegen=

wärtig, der sich mit allem Erdenschicksal in Liebe verband, um es mit uns zu tragen und uns die Kraft zu verleihen, es zum Geiste hinaufzuverwandeln.

Im Lichte des Karfreitagsmysteriums empfangen alle Erdenschicksale einen neuen Sinn. Sie ordnen sich in den Weltzusammenhang ein; denn die Menschenseele darf in diesem Lichte die Blickerweiterung erfahren. Allerdings ist das Menschenherz für dieses Umfassende zunächst viel zu eng. Als ein Herzsprengendes erlebt der Dichter den Inhalt dessen, was es nun zu verkünden gilt. Es ist Gralsnähe, was uns aus diesen Versen anwehen möchte. Wolfram will damit andeuten, daß er selbst erst ein anderer werden und eine Herzensumwandlung an sich vollziehen lassen mußte, ehe er diese Geheimnisse darstellen konnte. Man kann eben die Begegnung am Abgrund nicht so schildern, wie er es tut, wenn man nicht selbst einmal an diesem Abgrunde gestanden hat. In diesem Gesange spricht er ja auch ausführlich von seinem Meister Kyot und dessen Gralsforschungen.

Der Dichter sagt, er möge die Wochen nicht zählen, die Parzival nach jenem Schwellenerlebnis immer noch weglos und im tiefen Leide darum, daß er immer noch in der Gralsferne bleiben müsse, nun zu reiten hatte. An einem Frühlingsmorgen aber, da dünner Schnee gefallen war und neue Kälte mit sich brachte, begegnete ihm im tiefen Walde eine Büßerschar. Ein greiser Ritter mit seinem Weibe und zwei Mägdelein, alle in grauen Kutten, wallen barfuß durch den Schnee. Es scheint ein Fürst zu sein, denn ein Zug von Rittern und Knappen folgt ihm auf dieser frommen Pilgerfahrt. — Ganz anders Parzival: im Schmuck seiner reichen Ritterrüstung kommt er dahergeritten und muß nun die Klage des greisen Büßers vernehmen, daß er an diesem heiligen Tage nicht die Sitte beachte, ohne Waffen zu reiten und damit diesen Tag zu ehren.

Parzival erwidert ihm, er sei völlig unkundig über den Jah=

reslauf. Weder auf Wochen noch auf die Namen der Tage achte er mehr. Er weiß überhaupt nicht, daß es Karfreitag ist. Offen bekennt er:

> Ich diente einem, der heißt Gott,
> Ehe so lästerlichen Spott
> Seine Gnade über mich verhängte —

Ohne Wanken habe er einst zu ihm gestanden, von dessen Hilfe man ihm immer gesprochen habe; aber er mußte erleben, wie diese Hilfe ihn im Stich gelassen. — „Meint Ihr *den* Gott, den die Magd gebar?" fragt ihn darauf der greise Ritter. „Wenn Ihr an seine Menschwerdung glaubt und was er heute um unsretwillen erlitten, so ist es ein Unrecht, an diesem Tage im Harnisch einherzuziehen." Und nun unterweist er ihn, wie darin die höchste Treue offenbar geworden sei, daß sich dieser Gott für uns ans Kreuz schlagen ließ; denn durch diese Hingabe bis in den Tod habe er die Menschheit aus Schuld und Höllennot errettet.

Parzival hatte eben noch nicht die christliche Gotteserkenntnis gewonnen. Er suchte, wie viele Menschen, einen Gott, der uns gleichsam von oben her schützt und der uns zu Diensten stehen soll, genau wie wir ihn brauchen und es verdient zu haben meinen. Er denkt an den Allmachts=Gott. Und er muß enttäuscht sein, da er sich von diesem im Stich gelassen fühlt. *Den* Gott jedoch, dessen unerschütterliche Treue sich darin kundtut, daß er mit uns das Erdenschicksal geteilt hat: der durch die Ohnmacht ging, um sich für alle Zeit mit Menschenschuld und Menschenschwäche zu vereinigen, ihn kennt er noch nicht. Er weiß, obwohl er die Taufe empfing, im Grunde doch nichts von dem Gekreuzigten.

Parzival ist also zum Gottesleugner geworden, weil er Gott in einer falschen Richtung gesucht hat. Er wollte einen „treuen" Gott; aber er verstand noch nicht, worin die höchste Treue be=

steht. Und nun ist es ein tief christlicher, weil eben rein menschlicher Zug in der Darstellung, wenn der Dichter erzählt, wie der alte Ritter Parzival zu einem heiligen Manne weisen will, der ihn zur Buße anleiten könne – wie aber die beiden Töchterlein sich für den obdachlosen Ritter einsetzen, der da durchkältet bis aufs Mark in seiner Eisenrüstung umherirre; der Vater solle ihn doch lieber in seine Zelte einladen, wo er die Glieder erwärmen und sich mit Speisen stärken lassen könne. Sofort versteht der alte Ritter dieses und läßt von seiner Bußrede ab. Er lädt den Irrenden liebreich zu sich ein. Und wie nun Parzival die roten Lippen der Mägdelein sieht und die warmherzigen Bitten sowohl der Eltern wie der Kinder vernimmt, gewahrt er das Wunder, daß diese trotz der Kälte nicht frieren. Eine andere Wärme lebt offenbar in ihnen. Dennoch gewinnt er es nicht über sich, ihren Bitten Folge zu leisten. Wie könnte er in der Gemeinschaft jener Seelen verweilen, die Denjenigen von Herzen minnen, gegen den er nur Haß empfindet? – Schmerzlich scheiden sie voneinander.

Während er aber nun weglos dahinreitet, beginnt das Erlebte in ihm weiterzuarbeiten. Die Keuschheit und die Barmherzigkeit – Tugenden, die seine Manneszucht sich errungen hat – durchdringen sein Wesen. Und das Erbe seiner Mutter, der jungen Herzeloyde, wird jetzt wirksam: die Treue. Er fängt an, Reue zu empfinden; Gedanken über die Weltschöpfung und die Macht des Schöpfers bewegen zum ersten Male wieder sein Gemüt. Sollte Der, welcher solche Werke vollbringen konnte, nicht auch einen Menschen seiner Hilfe würdig erachten, dessen Mannesmut im Leben nur Schild und Schwert gekannt hat?

Dies will er erproben. Ist Gottes Kraft wirklich so groß, so kann er auch dem Tiere die rechten Wege weisen. Parzival verzichtet auf sein bewußtes Suchen, er geht in diesem Augenblicke zum ersten Male in jene andere Seelenhaltung über, die man mit *Gelassenheit* bezeichnen könnte. Er vertraut sich der

Führung des Tieres an; es ist ja ein Gralspferd, das er jetzt reitet —: aber er hatte bisher sich noch nicht der verborgenen Weisheit überlassen, die darin wirksam ist.

Kräftig gibt er dem Roß die Sporen, da trägt es ihn nach Funtane la salväsche. Hier ist er schon einmal gewesen, als er am Morgen nach dem Gralserlebnis dem Orilus den Eid an dem Altare geschworen und halb im Traume den bunten Speer mit= genommen hatte. Hier findet er endlich seinen Gralslehrer. Denn Trevrizent lebt dort als Einsiedler in strengster Enthalt= samkeit sein heiliges Leben. Fastend liegt er im Streit mit dem Teufel, nur noch der himmlischen Schar entgegenlebend. Einst war auch er, wie wir im Laufe des Gesprächs erfahren, ein welt= froher Ritter gewesen, der jüngere Sohn des Gralskönigs Fri= mutel, des jungverstorbenen. Aber sein älterer Bruder An= fortas, dem die Gralskrone zufiel, versündigte sich gegen die Gralsgesetze. Er ritt auf Minne aus: „Amor war stets sein Feld= geschrei." Im Dienste einer edlen Frau (es war Orgeluse) durch= zog er die weite Welt, Abenteuer suchend und bestehend, bis ihn der giftdurchtränkte Speer eines Heiden im Kampfe traf, der auf diese Weise die Macht über den Gral zu gewinnen trach= tete. Er traf ihn am Schambein, die Wunde wollte sich nie mehr schließen. Als man aber den König in seiner Qual vor den Gral hintrug, geschah ihm ein zweites Unheil. Nun konnte er nicht einmal mehr sterben. Trevrizent zählt alle Arzeneien auf, die man zu seiner Heilung anwandte. Merkwürdige Dinge werden da berichtet, die tief in die okkulte Weisheit des Mittelalters hineinführen. (6). Es ist offenkundig, daß es sich um keine leib= liche Wunde handeln kann. Eine tiefgreifende Vergiftung der menschlichen Natur ist es, an der Anfortas krankt. Sie hat das Blut, welches bestimmt war, den Gral in sich zur Erstrahlung zu bringen, durch ungebändigte Minnelust verdorben. Anfortas ist der Mensch, der das Unsterbliche in sich bereits zur Er= weckung bringen durfte und dennoch dem Sterblichen maßlos fröhnte; der schon von der heiligen Liebe berührt war und doch jener Triebgewalt, die die Menschen Liebe zu nennen pflegen, wehrlos erlag. Diese unselige Mischung seines Wesens, der Zwiespalt in ihm ist es, der das unaussprechliche Leiden verursacht und ihn zur Ohnmacht des Wirkens verdammt.

In dieser Not legte sein Bruder Trevrizent ein Gelübde vor der Gotteskraft ab, für immer dem Schwertesdienst zu entsagen. In strengster Askese wollte er für des Bruders Verschuldungen die Sühne leisten. Im Gralsbereich walten strenge Gesetze; aber es gilt dort auch das Gesetz der Stellvertretung, weil diejenigen, die am heiligen Blute des Erlösers teilhaben, in Brüderlichkeit füreinander haften. Diese Tat des Trevrizent reicht jedoch zur vollen Sühne noch nicht hin. Die Heilung des Siechtums kann nur durch etwas ganz anderes geschehen.

Trevrizent erzählt seinem Gaste, daß sie sich einstmals betend vor dem Grale versammelten. Da sahen sie mit einem Male an ihm geschrieben, es solle ein Ritter kommen; würde dieser beim Grale die rechte *Frage* tun, so solle die Not ein Ende haben. Nur dürfe ihn niemand zu dieser Frage ermahnen; denn dann bliebe sie unwirksam, ja es würde sich das Leiden noch steigern.

Man sieht: diese Frage muß eine freie Tat dessen sein, der zur Anschauung der Gralsnot geführt wird. Sie ist eine Herzensprüfung, die Antwort auf das, was sich aus dem Geist heraus offenbaren kann. Sie bedeutet ein Erwachen höchster moralischer Kräfte, ein Sichzusammenschließen mit dem Leidenden. Nur eine Individualität, die durch keine selbstischen Interessen mehr beschränkt, durch keine unausgeglichene Schuld (und sei es unbewußt begangene) mehr im Eigenschicksal gefesselt ist, kann sich völlig den Gralsangelegenheiten hingeben. Sie kann den bedingungslosen Einsatz tun. Dadurch wird sie selbst zum Hüter des Grals berufen. Die Krone des Grals ginge damit von Anfortas, der durch diese Frage seine Heilung fände, auf den im Geiste Erwachten über.

Oder anders ausgedrückt: der Gral ruft nach einem neuen Eingeweihten, da die alten Einweihungskräfte nicht mehr hinreichen, um die menschliche Natur so weit von ihren selbstischen Trieben zu läutern, daß sie sich zum vollbewußten Träger des Geistes machen kann. Die esoterische Strömung des Christentums ist an dem Punkte angekommen, an dem sie nach völlig neuen Wegen zum Geiste suchen muß. Der abendländische Mensch, der immer tiefer in die Stoffeswelt untertaucht und in ihr seine Persönlichkeitskräfte entfaltet, kann nicht mehr den alten Weg der Abtötung der Sinnennatur und der Entselbstung der Persönlichkeit gehen. Er muß einen Weg finden, wie er die Sinnenkräfte veredeln und die Persönlichkeit, ohne sie zu schwächen, in die Hingabe an das Überpersönliche hinaufwachsen lassen kann. Die Wunde schließt sich. Ein Strom heiliger Liebe zieht in den Blutkreislauf ein; er erneuert das Blut. Dieses aber gewinnt die Kraft, das Gift jenes heimtückischen Speers selbsttätig auszuscheiden.

Parzival ist diejenige Individualität, die für diese Tat als reif befunden wird. Indem sie ihren Erdenweg antritt, ruht bereits eine Verheißung auf ihr. Sie ist die Hoffnung der geistigen Welt; die Hüter der Mysterien schauen auf ihre Entwicklung hin. Aus ihren reinsten Jugendkräften dringt sie zu einer Anschauung der Gralsgeheimnisse vor. Aber sie kann diese noch nicht aus der Kraft der voll=erwachten Menschlichkeit ergreifen. So muß sie noch einen schweren Schicksalsweg beschreiten, auf dem sie — abgeschnitten vom Geistesschauen — in der Selbstbehauptung gegenüber den Mächten ihrer Zeit, aber auch in der unbeirrten Treue gegen sich selbst jene Kräfte erringt, die zum stärksten Einsatz für die heiligen Weltenziele fähig sind. Dieser Zeitpunkt ist nahe herbeigekommen, als Parzival an einem Karfreitagmorgen vor Trevrizent steht.

*

Wieder muß er als erstes den Vorwurf erfahren, daß er an diesem heiligen Tage in Waffen einherziehe. Der Einsiedel meint, so reite man wohl auf Abenteuer um Minnesold, heute aber gälte es, die höchste Minne in sich zu erfühlen. Und nun springt Parzival sogleich vom Roß und tritt zuchtvoll vor den „guten Mann" hin. Er ist also auf dem Wege, die höchste Minne, die Gottesliebe, in sich wirken zu lassen. Er spricht: „Herr, nun gebt mir Rat; ich bin ein Mann, der Sünde hat." Es ist ein Beicht= gespräch, um das er bittet. Trevrizent aber ist kein Priester.

Man ist darauf aufmerksam geworden, daß es sich hier um eine Tradition handeln müsse, die sich außerhalb der römischen Kirche und ihrer Beichtpraxis stelle. Die Albigenser wiesen ja – das war ein wesentlicher Konfliktspunkt mit der Kirche – die römischen Priester als Beichtiger zurück. Sie hatten in ihren Kreisen die „bonhomes", wie der Einsiedler in der altfranzösi= schen Dichtung genannt wird. Der „guote man" nennt ihn Wolf= ram öfter. Doch Chrestien verschleiert die Sachlage dadurch, daß er neben ihm noch einen messelesenden Priester erscheinen läßt und dem Parzival durch den heiligen Einsiedler der Beicht= rat erteilt wird, er solle auf seinen Wegen, wo immer er könne, Kirchen und Kapellen aufsuchen und an der Feier der Messe teilnehmen. Zum Abschluß der Bußübung, der er sich bis zum Osterfeiertage hingeben muß, empfängt er dann die heilige Kommunion. „So erkannte Perceval wieder, daß Gott für uns am Freitag den Tod erlitten hatte", sagt Chrestien.

Wolframs Trevrizent jedoch handelt aus eigener Geistesvoll= macht. Er ist deutlich ein Vertreter der Katharergemeinden. (5) In ihnen vollzogen die „Gutmänner" noch ein Sakrament, das den Empfang des Geistestrostes vermitteln sollte: das „Con= solamentum". Langsam, indem er in die tiefsten Menschheits= zusammenhänge Einblick erhalten darf, wird Parzival in diesem großen Beichtgespräch auch zum Verständnis der eigenen Situa= tion und damit zum vollen Schuldbekenntnis geführt. Erst sehr spät, nachdem ihm Trevrizent die Not des Anfortas genau beschrieben und von jenem Gast auf der Gralsburg, der die Frage versäumte, gesprochen hat, überwindet er sich, die große Lebensschuld einzugestehen, die auf seiner Seele lastet:

> Der einst nach Munsalväsche ritt,
> Des Unheils Jammer sah mit an
> Und keine Frage doch getan,
> Das Unglückskind, Herr, das war ich:
> So schwer hab' ich vergangen mich!

Er meint, es sei aus „tumbheit" geschehen, und wenn er hier nicht Verzeihung finde, müsse er ohne Tröstung als der immerfort Unerlöste weiterziehen. Zunächst aufs tiefste erschüttert, spricht Trevrizent ihm doch Mut zu. Nicht in zu heftigen Vorwürfen solle er sich verzehren. Maßvoll, so meint er, müsse selbst die Klage über die begangene Schuld sein, und man müsse dann auch ganz von ihr lassen können. Er möchte ihn wieder „grünen" lassen und ihm „das Herz erkühnen", daß er den Preis doch noch einmal erjage.

Wir sehen deutlich, hier wird nicht eine Bußpraxis geübt, die dem ringenden Menschen=Ich das Selbstvertrauen untergräbt und es dadurch für seine künftige Entwicklung schwächt. Denn aus der Gralsunterweisung Trevrizents, die wir an anderem Orte bereits darzustellen suchten, wissen wir ja, daß hier alles auf das Phönix=Mysterium aufgebaut wurde, das aber heißt: auf die todüberwindende Kraft des Ichwesens.

Allerdings stellt Trevrizent noch einmal, indem er aus der Seele Parzivals die Erinnerungen an das Jugenderlebnis des Grals genau heraufholt, den ganzen Ernst der Situation vor ihn hin, an dem sich der Sühnewille in der Seele des Bekennenden entzünden soll. Er spricht mit ihm auch von jener zwiefachen Sünde, die er noch mit sich trage: daß er nämlich Ither blindlings erschlug und daß er der Mutter das Herz zerbrach.

177

Nachdem die Verfehlungen erkannt und klar ausgesprochen sind, soll er sie „stehen lassen", so rät ihm Trevrizent.

Fünfzehn Tage darf er bei seinem Wirte verweilen. Er muß mit ihm das harte Lager auf der Streu teilen und sich von Kraut und Wurzeln ernähren, aber er tut es gern. So durchleben sie gemeinsam die österliche Zeit. Zum Abschied läßt Trevrizent noch einmal das Bild des hehren Ahnherrn Titurel vor seiner Seele erstehen, sein unvergängliches Leben und seine ritterliche Jugend. Das Ideal des wahren Gralshüters leuchtet auf. Für sein Rittertum gibt er dem Scheidenden den Rat, stets das Wehrlose auf Erden zu schützen: die Frauen und die Priester. Und nun folgen Worte, die die Stellung dessen zum Priestertum umschreiben, der im Sinne der Gralsweisheit Christ sein will. Was Trevrizent mit Parzival vornahm, war eine gemeinsame Erkenntnisfeier im Geiste. Aber nachdem er diese durchschritten hat, wird in ihm die tiefe Verehrung für das Sakrament geweckt:

> Kann, was dein Auge sieht auf Erden,
> Des Priesters Amt verglichen werden?

Sein Mund verkündet uns das Leiden Dessen, der den Sündenbann für uns zerbricht, seine geweihte Hand rührt das höchste Pfand an, das für unsere Schuld eingesetzt ist: den Leib des Erlösers. Ein Priester, der sich für diese Aufgabe keusch bewahrt, heiligt damit sein Leben. Es wird nicht von den Mißständen der Kirche gesprochen, wie wir es in jener Zeit vielfach sehr offen und nicht nur innerhalb der Ketzergemeinschaften finden; es wird einfach das Ideal des Priestertums, die Verantwortung für das Sakrament, in seiner Reinheit aufgerichtet.

Dann kann die Absolution erfolgen. „Gib mir deine Sünde her", spricht der Beichtiger. „Vor Gott will ich dein Bürge sein." Mit einem Worte der Ermutigung für sein künftiges Streben entläßt er Parzival in die Welt.

*

Es seien aus der Unterweisung, die er am Karfreitag erfährt, noch einige Züge herausgehoben, die das Charakteristische der Gralsweisheit zeigen können. Parzival beginnt dem Einsiedler zunächst zu erklären, weshalb er sich all die Jahre von Kirchen und Münstern völlig ferngehalten habe. Was ist ein Gott, dessen Hilfe man in größter Not und Sorge nicht verspürt? — Gegen ihn kann man nur Haß im Herzen tragen.

Hier setzt Trevrizent ein. Er sei zwar nur ein Laie, aber aus dem „wahren Buche" (er meint die Bibel) hätte er die Erkenntnis gewinnen können:

> Die Menschheit sollte wanken nie
> In Dessen Dienst, der helfen kann
> Und der mit Hilfe nie stand an,
> Galt es zu retten eine Seele.

„Gott ist selber die Treue." — Hier wird an Parzival wieder der Kern jener Lehre herangetragen, die seine Mutter Herzeloyde einst in sein Knabenherz zu senken suchte. Worin erweist sich diese Treue? — Daß er aus seiner Höhe zu uns gekommen ist und Menschengestalt angenommen hat. In dieser tiefsten Vereinigung mit der Menschennatur und dem Menschenschicksal muß man ihn suchen. Darin ist die wahre Hilfe gegeben.

Warum wurde dieses notwendig? Weil Luzifer und seine himmlischen Scharen, die ehemals unschuldig waren, durch Neid mit Gott in Streit gerieten und so zur Hölle fahren mußten. Nachdem dieses geschehen, ist erst der Mensch geschaffen worden. Er tritt also an Luzifers Stelle. Aus der Erde erbildete ihn Gott. Als er aber Eva aus dessen Seite nahm, kam alles Unheil über das Menschengeschlecht; denn Eva hörte nicht auf des Schöpfers Wort. Von diesen beiden stammt des Menschen Frucht; der eine der beiden Söhne aber ward durch Eigensucht dazu verführt, seiner Ahnfrau die Jungfräulichkeit zu rauben. Das geschah, als Kain den Abel erschlug. Damals floß das Blut

179

des Bruders zur Erde, und die Erde, die einst auf jungfräuliche Weise Adam hervorgebracht hatte, wurde dadurch befleckt. So ward der Erde, Adams Mutter, ihr Magdtum genommen. Seitdem hub Neid und Streit in der Menschheit an. Die Urschuld ist also zu einer Welttatsache geworden. Die Erde selbst wurde davon mitgegriffen.

In dieser Darstellung schimmert die kosmische Weisheit der Manichäerlehre durch, die von zwei Erdenzuständen spricht. Es ist die „Terra lucida", die Lichterde vom Urbeginn, wie sie noch unversehrt aus Gottes Hand hervorgegangen, und die „Terra pestifera", die verderbentragende Erde, die in den großen kosmischen Sturz mit hineingerissen wurde und auf der wir jetzt leben müssen.

Trevrizent sagt, zwei Menschen seien von Jungfrauen geboren worden. Adam, als Sohn der noch jungfräulichen Erde, war der erste; als aber Gott selbst, um Menschenantlitz anzunehmen, sich gebären ließ, da geschah es wiederum durch eine reine Magd. Durch seine Menschwerdung bekannte er sich zu uns in Treue. So sind wir, die wir mit Adam verwandt sind, es nun auch mit ihm geworden. Und jetzt wird wieder seine Lichtnatur geschildert, die uns völlig durchdringen kann. Sie hellt alle Finsternisse auf. Trevrizent beschreibt die Gedankenwesenheit des Menschen, in die dieses Licht Einzug halten will. In diesen Strahlen werden unsere geheimsten Gedanken gerichtet, aber andrerseits auch, sofern sie rein sind, von Gott beschützt. Der Mensch jedoch hat, weil er des *Gedankens* mächtig ist, die Freiheit erhalten, zwischen Liebe und Haß zu wählen.

Mit einer großen Innigkeit werden diese Gedankengänge entwickelt. Freude zieht in die Seele Parzivals ein, als er so das Wesen der Gottheit zu verstehen beginnt. Er lernt begreifen, worin die Treue Gottes besteht; und Treue war von Jugend her sein Ideal, obgleich ihm aus Treue viele Schmerzen erwachsen sind. Aber von dieser Lebenserfahrung her gewinnt er den

Schlüssel zum Geheimnis Gottes. Nun kann er auch von seinem zwiefachen großen Leiden sprechen: dem höchsten Leiden, das er um den Gral trägt, — und jenem anderen Leiden um sein eigenes Weib, dem er so viele Jahre fern sein mußte. Zwiefache Treue erzeugte in seiner Seele die tiefste Not. Aber jetzt ver= düstert das Leiden nicht mehr sein Gemüt. Es fängt für ihn an, zum Organ einer höheren Erkenntnis zu werden.

Dadurch beginnt er nun auch für das Anfortasleiden ein erstes Verständnis zu gewinnen. Es ist Menschheitsleiden, das Kainsmal offenbart sich an ihm.

> Sahst du den Speer, vermeld' es mir,
> Zu Munsalväsche im hohen Saal?

So sucht Trevrizent in ihm jetzt die Erinnerung zu wecken. Ein kosmisches Geheimnis kündigt sich darin an: das Wirken des Sternes Saturnus!

Jedesmal wenn Saturn seinen Umkreis vollendet und wieder beim Aufgang steht, erneuert sich das Siechtum des Anfortas; der Wunde Qual erhöht sich. Saturnwirkungen bedeuten ver= härtende Kräfte; man kann auch von Bleiwirkungen reden, die den Organismus ergreifen. Dann wird der Leib des Siechen von Eiseskälte durchzogen. Nur durch eine Gegenwirkung, wenn auch schmerzhafter Art, läßt sich diese Not mildern. Der Speer, der ein Gift enthält, das brennende Hitze im Blut erzeugt, muß in die Wunde eingeführt werden, dadurch zieht er die Pein des Frostes aus den Gliedern. Aber eine Eisschicht legt sich dabei um die Spitze des Speers. Die Eiskruste ist so hart, daß sie nur mit den beiden Silbermessern, die der weise Schmied Trebuchet angefertigt hat, wieder abgeschabt werden kann. Was hat es mit diesen Silbermessern auf sich? — In der Literaturwissen= schaft glaubt man, daß sie durch einen Übersetzungsfehler in Wolframs Dichtung hineingeraten seien; er habe den Silber= teller, von dem Chrestien spricht, nicht richtig verstanden. In den

Silberkräften offenbaren sich, kosmologisch betrachtet, immer Mondenwirkungen. Zwei Silberklingen, nämlich die Sicheln des zu= und abnehmenden Mondes, arbeiten in einem bestimmten Rhythmus innerhalb unserer Leibesnatur. Der Säftekreislauf erfährt durch diesen inneren Mondenrhythmus immer wieder eine Verjüngung. Die verhärtenden, zum Altern hinführenden Kräfte werden dadurch ausgeglichen. Aber sie wirken eben auf jene Triebgewalten ein, die das Blut mit dem Gifte der heißen Leidenschaften durchglühen. Wo diese Kräfte noch der Ver= eisung entgegengesetzt werden müssen, wird das Siechtum letzt= lich nicht ausgeheilt. Es sind augenblickliche Linderungen, aber sie treiben die Anfortasnatur in immer tieferes Leiden hinein.

Physiologische Geheimnisse, vom kosmischen Aspekt be= trachtet, wollen sich in diesen Imaginationen aussprechen. Nicht der Speer mit dem gefährlichen Gift, das das Blut durchfeuert, kann die Heilung bringen, sondern nur die Sonnenmacht des heiligen Grals. Sie allein vermag den Sieg über die verhärtende Kraft Saturns, über den Tod innerhalb der Menschennatur zu erringen. Ein Todüberwindendes ist in die Menschheit einge= zogen durch das Karfreitagsmysterium. Derjenige, der wie eine Sonne leuchtete, als er sich vor den Blicken der Jünger auf dem Berge Tabor verklärte, ist durch den Kreuzestod geschritten, um die Todeswirkungen in höheres Leben zu verwandeln; satur= nische Erstarrung sollte durch die Sonnen=Erstrahlung der hei= ligen Liebe aufgelöst werden. Nicht durch das heiße Gift des Speers soll sich die alternde Menschheit verjüngen, der Chri= stusgeist, der als das Licht der Welt in die Menschennatur Ein= zug halten will, führt das Blut in die Verklärung über. Nicht mehr die selbstische Triebgewalt, sondern die heilige Liebe er= neuert das Blut. Der Sohn der Jungfrau, als der neue Adam, tritt als unsterbliches Leben in die Menschheit ein. Er will dem alten Adam, der den Todeskräften verhaftet war, eine zweite Jugend schenken.

Wer die übersinnliche Wesenheit des Menschen verstehen will, muß dieses Eingespanntsein seiner Natur in die kosmischen Wirkungen anschauen lernen. Dann wird sich das Anfortas=
leiden vor seinen Seelenblick hinstellen. Parzival wurde durch eine gnadevolle Anlage bereits in jungen Jahren vor dieses Ge=
heimnis hingeführt. Er nahm es hellsichtig wahr, aber durch=
drang es noch nicht mit jenem Verständnis, das nur aus den tiefsten moralischen Kräften erwachsen kann. Trevrizent er=
zählt ihm, daß zu dem Zeitpunkt, da Parzival die Gralsburg betrat, sich das Weh des Anfortas gerade heftiger als je stei=
gerte. Saturn hatte sein Nahen angezeigt; der plötzliche Kälte=
einbruch, der am anderen Morgen den starken Schneefall be=
wirkte, von dem uns im sechsten Gesange berichtet wurde, war ein Zeichen dafür gewesen.

Deshalb mußte Parzival gerade an jenem Abend das erschüt=
ternde Leiden mit anschauen. Aber, so könnte man nun fragen, weshalb betrat er gerade im Zeichen des Saturn die Grals=
stätte? — Weil Saturn eben nicht nur die Todesmacht ist, sondern mit diesen Todeskräften in uns zugleich die bewußtseinwecken=
den Kräfte hereingetragen werden. Die abbauenden (altmachen=
den) Wirkungen innerhalb der Leibesnatur sind die Grundlage für das Erwachen des Geistesmenschen, während die aufbauen=
den (regenerierenden) Wirkungen, die sich im Mondenrhyth=
mus abspielen, bewußtseindämpfende Kräfte sind. Die Men=
schennatur bedarf der Saturnwirkung. Sterbekräfte haben die Aufgabe, den Geist zu erwecken. Darum wird betont, daß Parzival im Zeichen des Saturnus den Gralsbereich betrat. Jetzt aber weiß er erst, wie dem Tode — dessen wir bedürfen, um Geist zu werden — ein höheres Leben entrungen werden kann.

Trevrizent weiht ihn in das Karfreitagsgeheimnis ein. Er spricht zu ihm von der Taube, die Jahr für Jahr an diesem hei=
ligsten Tage die Gralswirkung erneuert: sie trägt die Hostie aus den Himmeln herab und legt sie auf jenen Stein, der den

Phönix zu Asche verbrennen läßt, um ihn zu neuem Leben er=
stehen zu lassen. Im Sonnenrhythmus des Jahreslaufs will sich
die Kraft des Todüberwinders gnadevoll in die Menschennatur
hereinleben. Sie weckt den unsterblichen Menschen in uns auf.
Parzival hatte sich völlig der Zeitenrechnung entfremdet. Er
wußte nichts mehr von den christlichen Festen und dem Kalen=
der. Durch die Gralsbelehrung lernt er das Christuswirken im
Kreislauf des Jahres kennen. Er beginnt zu erfühlen, *wer* sich
mit dem Leben der Erde, der durch den Brudermord befleckten
Mutter, in Treue verbunden hat, um sie aufs neue zu heiligen.
Ein Christentum von kosmischer Weite leuchtet hier vor uns
auf. (14)

Die Vollendung des Gralsweges

Im Schein der Ostergnade zieht nun Parzival seine weiteren Wege. Er lebt seinem Pfingstfeste entgegen. Alles, was noch berichtet wird, läßt sich nach den eigentümlichen Zeitangaben Wolframs, mit denen er uns ein Rechenexempel aufgibt, kalendermäßig festlegen. Wir erfuhren ja, wie Parzival durch das Gebiet von Schastelmarveil reitet; der Fährmann hat ihn einen Tag, ehe Gawan bei ihm weilte, über den Fluß gesetzt. Das geschah in den Osterwochen, und er muß damals mit seinem Gralsroß die „grause Furt" übersprungen haben, um sich ein Reis vom Baume, den Gramoflanz hütet, pflücken zu können. Denn mit diesem Reis, zum Kranze um sein Haupt gewunden, erscheint er dem Gawan draußen vor dem Zeltlager von Joflanze — am Rande des wilden Sabbins —, als dieser ausgeritten ist, um Gramoflanz zum festgesetzten Zweikampf zu treffen. Dieser hatte den Gawan zum Kampf auf Leben und Tod herausgefordert, da er gewagt hatte, sich ein Reis von dem gehüteten Baume zu brechen. Und Gawan seinerseits hatte durch einen Boten den König Artus zu diesem Schauspiel nach Joflanze eingeladen. Letzterer gibt dem geliebten Neffen, dem so lange Jahre von der Tafelrunde ferngebliebenen Gawan, die Ehre. Er bricht samt seiner Königin und dem ganzen Hofe nach Joflanze auf. Es wird ein Pfingstfest, wie es noch keines im Kreise der Tafelrunder gegeben hat.

Aber noch drohen die erbittertsten Kämpfe, die ausgetragen

sein wollen. Als Gawan in der Morgenfrühe den einsamen Ritter auftauchen sieht, der da im Schmuck des lichten Kranzes reitet, meint er zunächst, das könne nur Gramoflanz sein, der ihn zu einer allzufrühen Stunde und nicht auf öffentlichem Plane, wie verabredet war, zum Waffentanze herausfordern wolle. Es kommt zum Streit, und Gawan droht den mächtigen Schlägen des Gegners schon zu unterliegen; da rufen seine Knappen, die vorüberreiten, klagend den Namen ihres arg bedrängten Herrn aus. Als der siegende Ritter den Namen Gawans vernimmt, wirft er sein Schwert aus der Hand: unselig und entehrt fühlt er sich wiederum, Gottes Segen ist dennoch nicht mit ihm.

Mein Unheilsstern stieg neu empor,
Und all mein Heil ich neu verlor —

so muß er meinen, denn er war eben daran, den liebsten Freund zu erschlagen, um noch einmal unschuldig=schuldig zu werden. Er hat in ihm sich selber bezwungen, so empfindet Parzival diesen Kampf, in dem er sich mit Gawan gemessen hat.

Aber beide ritten ja, wie der Dichter hervorhebt, Rosse aus Munsalväsche. Es muß also eine geheime Führung hinter dieser Begegnung stehen. Sollte nicht Parzival in diesem Siege noch dasjenige haben bezwingen müssen, was ihn bisher wie mit unsichtbaren Banden in Gawans Schicksalskreise hineinzog und ihn dessen Wege mitgehen ließ? — Auch er trägt ja das Reis des Tugendkranzes und ist dem Minnezauber entwachsen.

Parzival wird nun mit zum festlichen Mahle geladen und wieder in den Artuskreis zurückgeführt. Ein Fest der beglückenden Wiederbegegnungen hebt an. Die entzauberten Frauen von Schastelmarveil, unter denen ja die Mutter und Schwester des Artus sind, werden in Freude aufgenommen; Gramoflanz, der inzwischen mit seinem Heere eintrifft und auf dem angesetzten Zweikampf besteht, wird durch die Weisheit des Artus versöhnt und mit Itonje, der Schwester Gawans, vermählt; die strahlende Orgeluse wird als Gemahlin Gawans im Kreise der Tafelrunder willkommen geheißen. Vier Hochzeiten werden zugleich gefeiert. Nur Parzival, obwohl von allen geehrt und liebevoll aufgenommen, vermag in dieser rauschenden Festgemeinschaft nicht froh zu werden. Jetzt erst empfindet er den ganzen Schmerz der Vereinsamung.

Als der Morgen heraufzieht, rüstet sich der „freudenflüchtige Mann", zäumt mit eigener Hand sein Roß und stiehlt sich heimlich davon.

*

Jetzt, sagt der Dichter, werde man „der Aventiure wahres Ende", das immer noch unbekannt war, durch ihn erfahren (denn Chrestiens Gralserzählung war ja Fragment geblieben). Und wirklich läßt er nun eine Gestalt auftreten, die in den übrigen Gralstraditionen völlig unbekannt war. Es ist Feirefis, der schwarz=weiße Bruder Parzivals. Gamurets Sohn, den ihm Belakane, die Königin im Mohrenlande, geboren, als er sie bereits heimlich verlassen hatte, erscheint als der Heidenkönig mit der gefleckten Haut; mit einem großen Heere kommt er über das Meer gefahren, um sein väterliches Erbe, das Reich Anschauwe, anzutreten.

Soeben ist er in einem ganz entlegenen Hafen an Land gegangen. Die Flotte mit seinen fünfundzwanzig Heeren aus allerlei Sarazenen= und Mohrenvölkern, die sich untereinander in ihren vielen Sprachen nicht verstehen können, wartet noch hinter einem Walde versteckt. Er allein ist, ohne Gefolge, auf Abenteuer geritten. Der Dichter meint, die Erde sei doch so weit, müssen da gerade Brüder einander begegnen, um sich ohne Grund zu bekämpfen? — Man möchte bei der Erscheinung dieses Heidenkönigs an die heiligen drei Könige aus dem Morgenlande denken, wie man sie im Mittelalter mit all ihrer Pracht und ihrem märchenhaften Reichtum darzustellen liebte. Feirefis beherrscht nicht nur die arabische Welt. Die Königin Sekundille, der er in Minne verbunden ist, hat ihm „Tribalibot", ein indisches Reich geschenkt. Die Schätze von „Tabronit", dem Goldlande am Kaukasus, das seiner Geliebten ebenfalls untertan ist, fließen ihm zu. Durch die Minne Sekundillens ist er übermächtig im Kampf, und durch die Edelsteine, mit denen seine Rüstung und seine Waffen geschmückt sind, fühlt er sich unverletzlich. Mit dem ganzen Zauber der Sage erscheint Feirefis, und man müßte die Edelsteinlehre des Mittelalters sowie allerlei östliche Weisheitstraditionen herbeiziehen, um diese Gestalt und ihre Ausrüstung voll zu verstehen. Es ist die Begegnung des Abendlandes mit dem Orient, was uns in diesem Zusammenprallen Parzivals mit Feirefis zum Erlebnis gebracht werden soll. Die junge Kraft des christlich=europäischen Menschen wird zunächst von all dem überwältigt, was ihm aus uralter Weisheit und überreifer Kulturtradition entgegentritt. Mit Riesenkraft streitet der Heide, und sein Schlachtruf, der ihn an alles erinnert, womit ihn die Königin Sekundille ausgestattet hat, läßt ihn als den Überlegenen erscheinen. Der Christ ermattet bereits in diesem Kräftemessen. Erst in letzter Not kommt ihm Kondwiramur in den Sinn, dadurch gewinnt Parzival die Kraft zurück. Die reinste Minne rettet ihn: mit dem Schlachtruf Belrapeire auf den Gegner eindringend, zwingt er diesen auf die Kniee nieder. Da zerbricht sein Schwert am Helm des Heiden. Es ist nicht das Schwert, das er in Munsalväsche gewann. Mit dem Gralsschwert würde man niemals den Repräsentanten der östlichen Weisheit bekämpfen wollen. Es ist das Schwert, das Parzival einst dem Toten entwand, als er Ither erschlagen hatte.

Jetzt steht er wehrlos da. Der Heide springt auf und hätte die Macht, den Entwaffneten zu bezwingen. Aber sein Edelmut gestattet ihm nicht, gegen einen Wehrlosen zu kämpfen. Er bietet ihm Frieden an. Und nun entdecken sie, daß sie beide „Anscheweins" sind: Söhne des gleichen Vaters — aber zwei Welten vertretend. Feirefis bietet dem Bruder das Du an, Par=

zival jedoch mag es zunächst aus Scham nicht erwidern. Er emp=
findet die überlegene Würde des mächtigen Herrschers, dem die
weiten Reiche des Ostens untertan sind.

Hier offenbart sich edelste Gesinnung eines kosmopolitischen
Christentums, wie es sich aus den Erfahrungen der Kreuzzugs=
zeit in vielen abendländischen Seelen bildete, die in der Begeg=
nung mit der hohen Kultur des Orients das Staunen lernten und
oftmals von der größeren Humanität ihrer mohammedanischen
Gegner sich beschämen lassen mußten. Nichts von der An=
maßung eines dogmatischen Kirchentums findet sich bei Wolf=
ram, nichts von dem Fanatismus christlichen Missionseifers
spüren wir hier.

Das Erlebnis der Brüderlichkeit bricht zuerst mit elementarer
Gewalt aus der Seele des Heiden hervor. Zwar hört er mit
Schmerzen, daß Gamuret, der nie gekannte Vater, den er im
Abendlande zu suchen gekommen war, längst im Ehrenkampfe
gefallen sei. Aber das Glück, den Bruder gefunden zu haben
(„Verloren und zugleich gefunden!"), überstrahlt alles:

> Unser Vater, du und ich,
> Wir sind ein Ganzes alle Drei,
> Wie ungleich unser Wesen sei...
> Drum hast du *selbst* mit dir gestritten,
> Ich *selbst* bin gegen mich geritten
> Und hätte gern mich selbst erschlagen.

In ein Dankgebet zu seinem Gott, der hier „Jupiter" genannt
wird, münden die Worte Feirefis' ein. Tränen füllen sein „heid=
nisches Auge", die Tränen könnten wohl einen Getauften ehren,
so meint der Dichter:

> Denn uns wird durch die Taufe Treue
> Gelehrt, seit unser Bund, der neue,
> Nach Christi Namen ward genannt,
> Nach ihm, der Treue Unterpfand.

Es ist ein Christuserlebnis, was in dieser Stunde durch die Seele dessen zieht, der seinen Menschenbruder gefunden hat; wenn auch zunächst noch ein unbewußtes.

Und für Parzival ist ein anderes wesentlich. Er ist zum ersten Male nicht als Sieger aus einem Kampfe hervorgegangen. In dieser Stunde, da das Schwert Ithers in seiner Hand zerbrach, hatte er sein Leben verwirkt. Das war die Sühne für die Schuld seiner Jugend, da er blindlings Ither erschlagen und ihn seiner Rüstung beraubt hatte. Aber sein Leben wird ihm, da es schon verwirkt ist, aufs neue geschenkt. Es ist ein heiliges Gesetz: nur ein verwirktes Leben — ein Dasein, das nicht mehr aus der Kraft der Selbstbehauptung lebt — kann zum Grale berufen werden. Denn es gehört von Rechts wegen bereits dem Reiche der Toten an. Die Kainsnatur, die durch den Brudermord die Erde befleckt, ist in Parzival durch den Tod geführt worden. Sein Name leuchtet am Grale auf.

*

Feirefis wird sogleich zu den Zelten des Artushofes geführt und in den Orden der feiernden Tafelrunder aufgenommen. Es ist ein Pfingstfest des Geistes, zu dem uns die Dichtung führt: den großen Zusammenklang der Religionen und die Ver= söhnung der Rassen im Symbol vorbildend.

Diesen heraufkommenden Tag preist der Dichter. Denn nun tritt die Gralsbotin wieder in den festlichen Kreis. Man erkennt sie am Wappen des Grals, den goldgestickten Turteltauben auf ihrer Kleidung. In edlem Gewande, das Angesicht von langen Schleiern dicht verhüllt, so reitet sie feierlich heran. Sie scheint wie verwandelt, obwohl man erkennt, daß es die gleiche Kundrie la Surzière ist, deren Anblick einstmals so großen Abscheu er= regte. Zuchtvoll steht sie vor der Versammlung und begrüßt den Sohn der Herzeloyde. Sie verkündigt ihm das Epitaphium, das am Grale zu lesen sei: Du sollst des Grales Herr nun sein.

Kondwiramur, seine Gemahlin, sei mit ihm zum Gral erkoren.

Jetzt erst erfährt er, daß diese ihm zwei Söhne geboren, während er in die Welt hinausritt. Parzival ist Vater und wußte es bisher nicht. Loherangrin und Kardeis sind die Namen der Zwillinge. Der eine soll mit zum Grale geführt, der andere zum Herrscher der weltlichen Reiche Parzivals erzogen werden.

Schauen wir die Mitteilung dieser Tatsachen zunächst als ein Bild an. Die Vereinigung mit dem Urbild der Seele, die Erweckung des „idealischen Menschen" in uns, bleibt nicht ohne Früchte, wo sie einmal gepflegt worden ist. Der Keim eines höheren Lebens reift in den Seelengründen, wenn auch zunächst unbewußt, heran. Dieses neue Menschentum jedoch offenbart sich als ein Zwillingswesen: die eine Wesensseite bildet die Fähigkeit aus, vollbewußt im Reiche des Geistes zu leben, die andere aber soll sich kraftvoll den Erdenaufgaben hingeben und die Meisterschaft über die irdischen Anlagen erringen. Der Eingeweihte des Grals muß mit gleicher Hingabe in beiden Welten leben können und ihren Anforderungen gerecht werden.

Kundrie teilt ihm ferner mit, daß er jetzt fähig geworden sei, die rechte Frage beim Gral zu stellen; dadurch werde er Anfortas von seinem Leiden erlösen. Parzival ist in den Zustand der „Saelde" eingetreten. Der „Zweifel" ist endgültig von ihm gewichen. Es fällt kein Wort des Gerichts mehr. Die Gralsbotin sagt ihm, von Jugend an habe er bereits die Sorge in sich großgezogen, dadurch sei er um die Lebensfreude betrogen worden. Jetzt aber habe er sich der Seele Ruhe erstritten.

Worin das Gralskönigtum besteht, wird von ihr auf eine eigentümliche Weise umschrieben. Kundrie zählt in arabischer Sprache die Namen der sieben Planeten auf, wie man sie in der alten Astrologie anordnete: vom Saturn beginnend, der die äußerste Sphäre umgrenzt, über Jupiter, Mars, Sonne bis zu Venus, Merkur und Mond hin. Feirefis, so wird ausdrücklich be=

191

merkt, kannte ihre Namen wohl. Denn das Morgenland hatte, wenn auch in abgeblaßter Gestalt, die Sternenweisheit bewahrt, und durch die Araber wurde sie dem Abendlande vermittelt. Zu Parzival aber wird gesprochen:

> Was der Planeten Lauf umkreist
> Und was ihr Schimmer überdeckt,
> So weit ist dir das Ziel gesteckt,
> Das hast du Macht, dir zu erwerben.

Er wird fortan in die Sternenwelten eindringen dürfen, ein Bürger des Makrokosmos zu werden. Vor unsere Seele kann sich das Bild des himmlischen Menschen hinstellen, das sich einst dem Seher auf Patmos offenbarte. Er ist es, der die sieben Sterne in seiner Rechten hält, das aber heißt: er hat sich zum Herrn der Planetenkräfte gemacht. Er ist nicht mehr von den Sternen bezwungen, er ist frei.

Die alte Astrologie schaute den Menschen und sein Schicksal noch im kosmischen Zusammenhange an. Sie wußte, daß er nicht nur ein Erdenbürger sei. Aus hellseherischen Erkenntnissen schöpfte sie ihr Wissen von den Sternencharakteren und suchte das Menschenschicksal aus diesen Sternenwirkungen heraus zu deuten. Sie vermochte die Astralnatur des Menschen zu erfassen und wie er aus diesen astralischen Einflüssen heraus zu handeln und zu leiden gedrängt wird.

Sollte sich die Menschheit zur Freiheit heranentwickeln, so mußten diese Astralwirkungen zunächst abgedämpft werden. Das Ichwesen soll aus sich selbst heraus handeln lernen; es muß aus der Sternenführung entlassen werden. Deshalb hatte das junge Christentum, wie es sich innerhalb der europäischen Welt entwickelte, keine Sternenweisheit. Auf dem Wege über die Araber drang nun die Astrologie in die mittelalterliche Welt mehr und mehr herein. Wolfram erzählt, wie die Königin Sekundille vom Gralskönigtum erfuhr und in ihrer Bewunderung

dem Anfortas Geschenke aus ihrem Reiche sandte, so wie einst=
mals die Königin von Saba von der Weisheit Salomos hörte und
nach Jerusalem kam, um ihm zu huldigen. Unter den Gaben
der Sekundille waren auch zwei mißgestaltete Wesen, Kundrie
und Malkreatiure. Letzterer erscheint als das männliche Gegen=
stück zu Kundrie und wurde von Anfortas an Orgeluse weiter=
verschenkt, als er ihre Minne zu erwerben suchte. Er heißt ein=
mal „der Kräuter und der Sterne Sohn" und tritt dem Gawan
höhnend entgegen, als dieser sich um eine Wurzel bemüht, die
er als Heilmittel für den verwundeten Ritter verwenden will.
Wir hörten bereits, wie Orgeluse damals den Gawan für einen
Arzt hielt und damit zu verspotten suchte. Der Dichter belehrt
uns bei dieser Gelegenheit über die Geschlechter Adams. Er er=
zählt, wie Adam, unser Ahnherr, noch die umfassende Sternen=
weisheit besaß und auch die Heilkräfte der Wurzeln kannte;
wie er aber nicht verhindern konnte, daß durch den begierde=
vollen Mißbrauch bestimmter Kräfte seine Nachkommen Ge=
stalten erzeugten, die das Bildnis des Menschen völlig entstell=
ten. Schmachvolle Mißbildungen kamen zustande; Kundrie und
Malkreatiure gehören dazu. Es sind Astralgestalten, nicht phy=
sische Menschen, die hier gemeint sind. Aber in diesen pflanzt
sich zugleich das alte hellseherische Erbe der Menschheit weiter.
Sie sind also, in einem uralten Sinne, noch Weisheitsträger,
aber zugleich von tierhaften Instinkten durchsetzt; deshalb die
furchtbaren tierischen Merkmale, mit denen Kundrie und ihr
Bruder erscheinen. Solche Astralwesen können Gewalt über den
Menschen bekommen und, wenn sie sich seiner bemächtigen,
wie „Doppelgänger" in ihm zu wirken beginnen. Gawan mußte
solch einem Wesen eben begegnen, als er sich in die alte Natur=
weisheit, die aber zur Heilkunde gebraucht wurde, einzuleben
suchte.

Es ist eine astrale Imagination, die sich Parzival gegenüber=
stellt, als er zum ersten Male der Kundrie begegnet. Dieses

Wesen vermittelt ihm zugleich eine schmerzvolle Selbsterkennt=
nis; denn es zeigt ihm, was in ihm selbst noch unverwandelt
in den tieferen Instinkten wirksam ist. Es ruft ihn aber zur
Überwindung dieser rückständigen Kräfte auf, die auch er
noch — wie ein Erbteil alter Erdenleben — in sich trägt. Alles
nämlich, was wir aus früheren Daseinsstufen in die gegenwär=
tige unbewußt mit herübertragen, wird zum Hindernis unserer
Entwicklung; wir müssen es erst in das Licht der Erkenntnis
heraufheben und verwandeln lernen. Parzival ist eine Indi=
vidualität, die ein hohes Weisheitserbe aus früheren Verkörpe=
rungen in die Gegenwart mit herüberträgt. Auf jener Entwick=
lungsstufe, da sich die junge Seele des Menschen aus den Ban=
den der Mutter freikämpft und ihr eigenes Schicksal ergreifen
lernt — dieses vollzog sich ja bei Parzival geradezu mit erup=
tiver Gewalt —, beginnt ihn zugleich jene Astralgestalt zu er=
greifen, die ihm das Erbe seiner vergangenen Erdenleben be=
wahrt hat. Parzival muß sich mit diesem Erbteil vereinigen ler=
nen, und doch ist es in der vergangenen Form unbrauchbar. Er
muß es im Durchschreiten des Erdenschicksals und im Sieg über
alle dumpfen Instinkte erst völlig verwandeln. Dann schenkt
sich ihm sein Weisheitserbe in neuer Gestalt. Das ist der Schlüs=
sel zu dem Rätselwesen der Kundrie.

Unverwandelt, waltet sie wie ein Fluch über Parzivals Schick=
salswegen; in das Licht der Erkenntnis hereingehoben, wird sie
ein Segen für ihn. Jetzt wird sie ihm erst zur wahren Grals=
botin. Sie führt ihn den Weg nach Munsalväsche.

Sein Ich hat sich zur Freiheit hindurchgekämpft, es steht nicht
mehr unter dem Sternenzwang. Deshalb kann er die Sternen=
sphären auf neuer Stufe wachen Geistes durchdringen lernen.
Von Feirefis wird gesagt, daß ihm die Planetenkunde vertraut
war. Sein Gott ist Jupiter; die kosmische Weisheit ist eine
Jupitergabe an die Menschheit. Im Umgang mit ihm gewinnt
Parzival, der das Sonnenmysterium des Christus gnadevoll er=

leben durfte, die Kenntnis der Sternengeheimnisse. Der Orient hat dem christlichen Abendlande ein hohes Erbe zu bringen, will der Dichter sagen.

*

Als Parzival nun den Weg zur Gralsburg antreten darf, spricht Kundrie zu ihm die Worte:

> *Ein* Mann soll dein Begleiter sein:
> Den wähle!

Und Parzival erwählt den Bruder. Feirefis, der aus seinen Anlagen heraus nicht den Weg zum Gral hätte finden können, darf ihn im Bunde mit Parzival gehen. Man kann nicht vor dem Grale erscheinen, wenn man nicht *einen* Menschenbruder mit= bringt. Dieses lernt jetzt Parzival verstehen.

In feierlichem Zuge, unter Kundries sicherer Führung, er= reichen sie die Gralsburg. Templeisen sprengen ihnen entgegen. Ungezählte Scharen von Armen, leidbedrängten Seelen begrüßen die Ankömmlinge. Festlich wird der lang Erwartete aufgenom= men. Parzival aber drängt es, vor den Schmerzensmann hin= treten zu dürfen. Auf seinem Leidensbette empfängt sie der Gepeinigte. Unter Tränen wirft sich Parzival dreimal zur Erde nieder und fleht zur Dreifaltigkeit um die Genesung des Lei= denden. Dann richtet er sich auf und spricht nur: „Oheim, was wirret dir?"

Das ist die Gralsfrage. Sie kann nur derjenige stellen, der die *Entwirrung* des Schicksals an sich selbst erfahren hat. Deshalb wurde uns ja gesagt, daß Parzival wegen der ungesühnten Schuld, die er zur Gralsburg mitbrachte, damals noch am Fragen gehindert war. Nur der zur Freiheit Erwachte, der zur Ent= wirrung des eigenen Schicksalsnetzes kommen durfte, kann die Wirrnis des Menschenwesens durchschauen. Er beginnt an der Ordnung der Geschicke zu arbeiten.

In der Sphäre des Geistes ist Fragen zugleich Erkennen. Der

Arzt würde sagen, in der richtigen Diagnose liege schon der Anfang der Therapie. Erkenntnis erweist sich als Heilkraft. Pfingsten ist das Fest des „heilenden Geistes". Und Pfingst= mysterien sind es ja, die der Dichter in den letzten Gesängen feiern will. Er deutet dieses in einem Gleichnis an, indem er an die Legende vom heiligen Silvester erinnert, der einstmals vor dem Kaiser Konstantin eine Probe abzulegen hatte. Dieser weckte einen unbändigen Stier, der durch den Zauberspruch eines Rabbi tot niederfiel, durch die Anrufung des Christus= namens wieder zum Leben auf, und der Stier ging gezähmt da= von. Es ist eine Imagination für die Verwandlung der Stier= natur im Menschen: sie wird durch die Strenge des Gesetzes in den Tod geführt, durch die Gnade des Christus aber zu höhe= rem Leben aufgerufen. Damit hängt das Siechtum des Anfortas= Menschen zusammen und seine Heilung. Und noch ein Bild gibt der Dichter, als er von der Genesung des Anfortas sprechen will: er redet von der Auferweckung des Lazarus. Derselbe, der diesen Jünger aus dem Grabe von Bethanien zu neuem Leben erweckte, er ließ auch den Anfortas gesunden.

Und nun wird beschrieben, wie das ganze Wesen des Ge= nesenden aufzublühen begann. Ein Jugendglanz ging von ihm aus, gegen den die Schönheit Parzivals selbst nur ein Wind war. Die Äthergestalt des übersinnlichen Menschenwesens ent= ringt sich triumphierend den Fesseln der selbstischen Triebe, die es verwirrten, und den Todesmächten, die es lähmten. Es erscheint in seiner ungetrübten Lichtnatur. Zum Gralskönig= tum aber wird nun Parzival berufen, wie es die Schrift am Grale bestimmt hatte.

In gedrängtem Berichte läßt Wolfram noch all das an uns vorüberziehen, was zur Vollendung des Heils und für die Zukunft des Gralsgeschlechts von Bedeutung ist. Keime künf= tiger Dichtungen, wie zum Beispiel die ganze Lohengrinsage in knappen Zügen und die vom Priesterkönig Johannes, liegen

196

in diesem letzten Gesange beschlossen. Weniges sei heraus=
gehoben.

Inzwischen hat sich Kondwiramur, an die die Gralsbotschaft
gelangt ist, mit großem Gefolge von Belrapeire aufgemacht und
wird von den Ihrigen bis an die Grenze von Terre de Salväsche
geleitet. Dorthin kommt ihr Parzival entgegen, dem ein Temp=
leise das Nahen der Königin gemeldet hat. Er findet ihre Zelte
am Plimizöl aufgeschlagen, an der gleichen Stätte, wo ihm vor
fünf langen Jahren die Blutstropfen im Schnee aufglühten und
seinen Sinn verzauberten. Der Dichter betont, daß Parzival in
all den Jahren niemals den Trost der Minne in Minnenot
empfangen habe, obwohl sie ihm von manchem Weibe angebo=
ten ward. Es ist ein Preisgesang auf die eheliche Treue. Herz=
bewegend ist die Schilderung, wie ihn der Hofmarschall der
Königin in das Zelt hereinführt, wo er sie aus dem Schlafe
erweckt und die beiden einander wiedererkennen. Wie er dann
seine beiden Söhnlein zum ersten Male erblicken darf und die
eben erwachenden liebevoll küßt. In einer seligen Liebesfeier
erneuern Parzival und Kondwiramur ihren Bund.

Bedeutsam ist vor allem noch, wie das Schicksal des schwarz=
weißen Bruders zur Erfüllung kommt. Er darf, obwohl ein
Heide, an der strahlenden Gralsfeier teilnehmen, die nach Kond=
wiramurs Einzug in die Gralsburg gehalten wird. Staunend
schaut er die Prozession der fünfundzwanzig Jungfrauen an,
die den Gral in den Festsaal hereingeleiten. Repanse de Schoye,
die reine Magd, beschließt den Zug. Von keiner anderen ließ
sich der Gral tragen, denn sie besaß das keuscheste Herz. Nun
beginnt wieder das Speisungswunder; der Gral spendet in
Fülle, was ein jeder zu essen und zu trinken begehrt. Der Heide
aber begreift nicht, wodurch sich die Gefäße auf der Tafel
immer wieder füllen. Er kann nirgends die Quelle dieses Spei=
sungswunders wahrnehmen. Nur die gekrönte Jungfrau, die
mit dem grünen Seidenstoff vor ihm steht, sieht er — doch nicht

den Gral, der auf dem Tuche liegt. Aber der Blick dieser Jungfrau geht ihm ins Herz hinein und erfüllt es mit tiefster Minnenot. Sein ganzes Wesen wird zu der Gralsträgerin hingezogen. Als Titurel von jener Tatsache erfährt, gibt er die Erklärung für das Rätsel: niemals werde ein Auge ohne die Kraft der Taufe den Gral erschauen können. Eine Schranke bleibe da aufgerichtet.

Jetzt ist der Augenblick gekommen, da man dem Feirefis raten muß, die Taufe zu empfangen und dadurch einen ewigen Gewinn zu erwerben. — Verhilft die Taufe mir zur Minne? ist seine erste Frage. Und nun gesteht er dem Bruder, was in seinem Herzen vorgehe. Parzival soll für ihn um die Hand der Gralsträgerin werben; aber dieser erklärt, er könne es nur tun, wenn Feirefis zuvor die Taufe empfange. So unwissend ist der Heide — und hier würzt der Dichter die Schilderung mit Humor, um ihr jede fanatische Note christlicher Rechthaberei zu nehmen —, daß er fragt, ob man die Taufe denn in ritterlichem Streit gewinnen könne; gerne wolle er um sie tjostieren und den Schwerterkampf bestehen. Sein Sinn ist noch nicht für das Geheimnis der Taufgnade geöffnet.

Wir müssen wohl beachten, wie Wolfram eine Religion der umfassenden Toleranz verkündet. Der heidnische Bruder bringt das reiche Weisheitserbe des Ostens mit; Parzival bedarf dieser Ergänzung auf seinem Wege zum Gral. Feirefis findet ohne Christentum durch ihn den Zugang zur Gralssphäre. Er nimmt sogar mit großer Unbefangenheit die Offenbarungen der Geisteswelt entgegen. Christuswirkungen nimmt er auf, zu christerleuchteten Menschenseelen fühlt er sich aufs tiefste hingezogen. Aber der Quell dieser Ausstrahlungen bleibt ihm verschlossen. Eine Schranke muß noch fallen; um eine Blick-Erweckung handelt es sich.

Es ist im Sinne der Gralsweisheit wichtig zu verstehen, daß das christliche Bekenntnis keineswegs als Vorbedingung für

den Weg zum Geiste gefordert wird; daß auch niemals die tiefste Gemeinschaft mit dem abgelehnt wird, der sich nicht zum Christentum bekennt. Im Weiterschreiten auf dem Geistes=
wege tritt jedoch eine Situation ein, in welcher der Erkennende Tatsachen gewahr wird, die ihn durch ihr eigenes Wesen über das bisher Errungene hinausführen. Er lernt verstehen, daß er sich selbst den Zugang zu den tiefsten Kräftequellen verbauen würde, wenn er an dieser Grenze im Trotz verharren wollte. Gnadenwirkungen offenbaren sich ihm, deren Ursprung er zunächst nicht zu durchschauen vermag.

Nicht die christliche Wahrheit als solche interessiert einen Feirefis; der christerfüllte Mensch ist es, der ihn überzeugt. Es ist dies eine Tatsache, die uns in vielfacher Abwandlung immer wieder im Leben entgegentreten kann. Sie legt gerade dem=
jenigen, der in bewußtem Sinne Christ sein möchte, eine höchste Verantwortung auf.

In der Morgenfrühe des nächsten Tages wird der Heide in den Gralstempel geführt. In Gegenwart der versammelten Templeisen soll an ihm die Taufe vollzogen werden. Das Tauf=
gefäß ist ein Rubin, der auf einem rundgeschliffenen Jaspis=
steine ruht. Indem man dieses Gefäß ein wenig gegen den Gral hinneigt, füllt es sich mit Wasser — „nicht zu heiß, auch nicht zu kalt" —: das heißt, in Körperwärme; denn seine Strömung wird im menschlichen Blute empfangen. Der Rubin nimmt den reinen Strom des Grals in sich auf, indem er sich zu ihm hin=
neigt. Damit wird auf eine übersinnliche Tatsache hingewiesen, die im Leben der Erde immerfort wirksam ist. Es gibt einen ätherischen Strom der kosmischen Liebe, der von Golgatha aus=
strahlt; dieser verbindet sich mit der Blutsströmung im Men=
schenherzen, das sich dem Christus entgegenzuneigen beginnt.

Ehe Feirefis die Taufe empfing, war er gralsblind. Die Taufe hat ihn für den Gral sehend gemacht. Es wird uns also ein sakramentales Geschehen beschrieben, das die Seele unmittel=

bar zur Erleuchtung führt; es entbindet im Blute eine völlig neue hellseherische Kraft.

Bedeutsam ist, was dieser Taufhandlung vorangeht. Parzival stellt zunächst an den Täufling die ernste Frage, ob er seinen alten Göttern entsagen wolle. Es heißt, er müsse Jupiter vergessen lernen und auch Sekundillen. Darin kommt ein Gesetz der Menschheitsentwicklung zum Ausdruck, welches die Wissenden im Mittelalter kannten: daß nämlich die alte Sternenweisheit zunächst einmal hingeopfert werden müsse. Nur durch den völligen Verzicht auf dasjenige, was durch die alte Astrologie der Menschheit gegeben worden ist, kann in der Seele die Freiheitskraft geboren, kann das Ich gefestigt werden. Die sich im Kräftenetz der Sterne erlebende Seele bleibt immerfort determiniert. Der Bekenner des Islams trug die Kunst des Horoskopstellens in das Abendland hinein. Er leugnete ja auch die menschliche Freiheit. Er sah das Menschenwesen als determiniert an, sein Gott war der Allmachtsgott, das erstarrte Weltgesetz. Theologisch ausgedrückt: er kannte nur den Vatergott, der Sohnesgott war ihm noch verhüllt. Wer aber den Sohn nicht in der Seele findet, kann sich nicht der Last der Vergangenheit entringen. Für ihn gibt es keine Entwirrung des Schicksals durch die sühnende Opfertat Christi. Er kann deshalb auch nicht in Freiheit den Geist ergreifen, der das Menschen=Ich über alle Erdenfesseln hinauswachsen und vom Reich der Natur in das Reich der Gnade hinüberleben läßt.

Anfortas fand nicht den Weg der Entwirrung. Er konnte nicht vom Vatergott den vollbewußten Übergang zum göttlichen Sohne vollziehen und dadurch auch nicht den heiligen Geist in sich entbinden.

Feirefis wird, nachdem er jenen Verzicht auf das gesamte atavistische Weisheitserbe geleistet hat, das ihn zwar in die Gralsnähe führen konnte, aber am Schauen des Grales selber hinderte, jetzt zum Verständnis der göttlichen Trinität angelei=

tet. Ein altehrwürdiger Priester tritt herzu, um die Taufe an ihm zu vollziehen. Er spricht zu ihm von dem Gotte, der Mensch geworden und das Wort des Vaters selber ist. Zieht der göttliche Sohn in die Menschenseele ein, so wird alles durch eine Verjüngung geführt, was aus Urzeiten herübergekommen ist; es muß durch eine völlige Umschmelzung gehen. Dieses geschieht in den Gralsmysterien; sie wollen den Geist in der neuen Gestalt pflegen, wie er vom *Sohne* ausgeht, weil die Geistigkeit, die als Erbgut in der Menschheit fortgepflanzt wird, in der Tradition erstarrt ist. Dieser Kampf um die Verjüngung des Geisteslebens drückte sich in den dogmatischen Kämpfen zwischen der östlichen und westlichen Kirche aus. Die Konzilien rangen um die Formel im Glaubensbekenntnis, ob der heilige Geist nur vom Vater ausgehe oder auch vom Sohne: „filioque". Das Abendland entschied sich für die letztere Formulierung. Dieses aber bedeutete, wenn es nicht Dogmatik bleiben, sondern lebenswirksam werden sollte: daß im Menschen, der den Sohn in sein Wesen aufnimmt, der Quell des lebendigen Geistes unmittelbar zu fließen beginnen kann; daß der christerfüllte Mensch offenbarungsfähig wird. (15)

„Wer an mich glaubt — so spricht Christus —, von dessen Leibe werden Ströme lebendigen Wassers fließen." Und das Johannesevangelium fügt hinzu: das aber sagte er von dem Geiste, welchen empfangen sollten, die an ihn glaubten (Joh. 7, 38).

Nachdem der Priester in feierlichen Worten dem Täufling das Mysterium der göttlichen Dreifaltigkeit verkündet hat, geht er nun zum Geheimnis des Wassers über:

> Im Wasser Er zur Taufe ging,
> Von dem Adam das Antlitz empfing —

Der den Menschen einstmals zu Seinem Ebenbilde gestaltet hat, Er verbindet sich mit der Menschennatur durch die Jordan=

taufe. Er zieht damit durch das Element des Wassers in das ge=
samte Erdenleben ein:

> Das Wasser gibt den Bäumen Saft,
> Befruchtend wirkt des Wassers Kraft
> Auf alle Kreatur der Welt.
> Des Wassers Tau das Aug' erhellt.
> Wasser verleiht den Seelen Schein,
> Daß die Engel nicht könnten lichter sein.

Das sind Worte, die zur Meditation auffordern. Sie wer=
den ihren innersten Sinn wohl nur einer solchen Vertiefung
erschließen. Wenn man modern sprechen wollte, Wasser ist
eben mehr als H$_2$O. Es ist Mittler der ätherischen Bildekräfte,
die im Säftekreislauf der Natur wirksam sind. Wenn diese vom
Wasser geweckte und in seiner Strömung wirkende Ätherkraft
des Lebens in die Menschenseele übergeht, die sich in das reine
Pflanzenweben der Natur versenkt, so entbindet sie im Auge
das Schauen. Der Blick wird hellsichtig im innigen Miterleben
der keuschen Wachstumsvorgänge des Pflanzenlebens. In die=
sem Ätherleuchten verklärt sich die Menschenseele, sie wird der
Engelnatur verwandt. Dann versteht sie aber auch, wie sich mit
den auf= und absteigenden Wassern, die in den Lebensvorgän=
gen der Natur wirksam sind, jenes Gotteswesen einst verbin=
den konnte, um sich an die Erde hinzuopfern und sie mit seiner
Sonnenglorie zu durchdringen.

Durch die Geburt werden wir in das Stoffesdunkel der Erde
herabgeführt, wir werden damit ihrem ersterbenden Teile ver=
haftet. Durch die Taufgnade sollen wir in jenen Kräftestrom
der ätherischen Erde hineingehoben werden, der uns am
Zukunftsleben unseres Planeten teilhaben, der uns sonnen=
verwandt werden läßt. Durch die physische Geburt betreten
wir die „Terra pestifera", so würde die manichäische Weis=
heit sagen können. Durch die Geistesgnade werden wir für

die „Terra lucida", die Lichterde der Zukunft, sehend gemacht.

Wenn sich das Rubingefäß dem Grale entgegenneigt, so empfängt es jenen „Strom des lebendigen Wassers" in sich, von dem das Johannesevangelium spricht. Denn dieser Strom geht durch die Gemeinschaft derer hindurch, die um den Gral versammelt sind. Es ist die Strömung des heiligen Geistes, in die Feirefis in jenem Augenblick eintritt, da er sich aus der Strömung der uralten Erbkräfte zu lösen entschließt:

> Eh' ihn der Taufe Naß umfloß,
> War er den Gral zu sehen blind,
> Doch dem Getauften sich erschloß
> Der Gral und ließ sich von ihm sehen.

Wie er nun Repanse de Schoye als seine Gemahlin in den fernen Osten heimführen will, muß Feirefis zunächst den Hafen wieder aufsuchen, wo seine Heere noch auf den Schiffen ver= sammelt sind und in banger Sorge ihres Königs warten. Da trifft ihn die Nachricht vom Tode der Königin Sekundille. Jetzt ist er erst wahrhaft frei für das neue Schicksal, das er erwählt hat. Mit Sekundille aber erlischt alles, was noch als atavistisches Geisteserbe, als unzeitgemäß gewordene Fähigkeiten in ihm waltete. Was ihm zwar Weite und Reichtum des Geistes ver= liehen hatte, ihn jedoch auch an die Vergangenheit fesselte.

Feirefis beginnt nun nach seiner Rückkehr überall im Lande India christliches Leben zu verbreiten. Der Sohn, den ihm Re= panse de Schoye schenkt, empfängt den Namen Johannes. „Priester Johannes" nennt man ihn und alle späteren Könige, die ihm nachfolgen. Diese sagenhafte Gestalt, hinter der ja tat= sächlich der Träger eines östlichen Christentums stand, das noch uralte apostolische Traditionen bewahrte, wurde im Mittel= alter weithin mit Verehrung genannt. Die Kreuzfahrer suchten sein Land. Man brachte sogar Kunde von ihm in das Abend= land herüber. Wolfram aber will damit auf das Menschheit=

umspannende der Gralsströmung hindeuten. Es handelt sich um das Christentum des heiligen Geistes, jenes Christentum, das auch der fernste Osten aufzunehmen fähig sein wird. Die Dichtung klingt gleichsam in das Bekenntnis Goethes aus: „Orient und Okzident sind nicht mehr zu trennen."

*

Wir hörten bereits, daß der Dichter dem Meister Christian von Troyes vorwirft, er habe „der Märe Unrecht angetan". Nicht dadurch natürlich, daß er sie nicht zu Ende führen konnte, sondern weil er die Sage nicht aus dem engen Kreise der kelti= schen Überlieferung befreite. Er gab ihr nicht die Weltumfas= sung, die dem Gral gebührt. Er vermochte das „Gralsgeschlecht" nicht zu erkennen, das in kosmopolitische Zusammenhänge hineingestellt ist. Denn ihm ist die Sorge um das Heil der gan= zen Menschheit anvertraut, es hat die Angelegenheiten des heiligen Geistes zu verwalten. Wolfram bekennt:

> Aus der Provence in deutsches Land
> Ward uns die rechte Mär' entsandt
> Und kam zu rechtem End' und Ziel.

Man muß diese Worte auf dem Hintergrunde der Zeiterei= nisse hören, der drohenden Wetterwolke, die sich über Süd= frankreich sammelte und sich kurz darauf zur Vernichtung der Katharergemeinden entladen sollte.

> Ich lehrt' euch kennen wahr und echt
> Des Helden Kinder und Geschlecht
> Und hab' ihn selber hingeleitet
> Zum Heile, das ihm war bereitet.

Die *Hüter des Grals* sollte das Zeitalter kennenlernen. Denn die Seelen müssen fortan eine Anschauung von der verborge=

nen Menschheitsführung gewinnen. Diese soll immer mehr eine offenbare werden; denn anders würden die zum Geiste strebenden Seelen sich nicht aus dem Bann der alten Autori=täten freikämpfen können.

Wolfram hat also den Gralsucher selber bis an sein Ziel ge=leitet. Er ist im Geiste die gleichen Pfade gegangen, die zur Anschauung des heiligen Grals führen. Wie hätte er auch sonst mit solcher Sicherheit den Weg beschreiben können!

Die Weltsendung des Grals

In eine tragische Stimmung klingt immer wieder die Kunde von dem Gral und seinen Hütern aus. Einst durfte das Abendland dieses Heiligtum in seiner Mitte wähnen. Aber es hat sich zurückgezogen. Seine Sendboten werden nicht in rechter Weise aufgenommen, wenn sie erscheinen.

In den französischen Gralserzählungen heißt es, der Gral sei nach Sarras zurückgeführt, das bedeutet: in das Sarazenenland. (9) Galahad besteigt mit seinen beiden Begleitern Perceval und Bohort auf Befehl einer himmlischen Stimme das „Schiff Salomos" und landet nach einer langen Seefahrt bei der Stadt Sarras. Nach einer Reihe von Taten und Leiden wird Galahad dort zum König erhoben. Er läßt für das heilige Gefäß einen kostbaren Schrein machen. Wieder erscheint aus dem Reiche der Toten Josefe, der nach dieser Tradition als der Sohn Josefs von Arimathia gilt, und enthüllt ihm die Wunder des Grals. Galahad sehnt sich, nach dieser Schau, nur noch danach, ins Paradies eingehen zu dürfen. Seine Seele löst sich von der Erde, Gral und Lanze aber werden von unsichtbaren Händen zum Himmel entrückt. Perceval stirbt als Einsiedler, Bohort kehrt an den Hof des Artus zurück, um Bericht zu erstatten. Der König Artus läßt die Geschichte der Gralsuche zum Gedächtnis der Nachwelt aufschreiben.

Eine andere Darstellung, wie sich der Gral der abendländischen Welt wieder entzieht, finden wir in der deutschen Dichtung. Als eine Spielmannsdichtung ist der „Sängerkrieg auf

Wartburg" etwa in den sechziger Jahren des 13. Jahrhunderts entstanden. In ihr heißt es, daß der König Artus mit seiner gesamten Hofhaltung in einen Berg entrückt worden sei. Auch Parzival und das Gralsheiligtum sind bei ihm. Wir sehen, wie diese beiden Mysterienkreise immer mehr verschmelzen. Die Gralsströmung, die vom Osten herüber die christlichen Geheim= nisse zu bringen hatte, fließt mit der keltischen zusammen, die vom Westen her sich dem Christentum entgegenbewegte.

Auch Barbarossa wurde ja als der in das Bergesinnere ent= rückte Kaiser vorgestellt. Er war am Ende des 12. Jahrhunderts auf den Kreuzzug gegangen, um, wie es die Sehnsucht der Zeit war, im Morgenlande das wahre Christentum zu finden. Dort aber hatte ihn der Tod ereilt. Sein Geist jedoch, so fühlte man, war ins Abendland zurückgekehrt. Wenn man in die Tiefen der Mysterien einzudringen vermochte, so konnte man ihm be= gegnen, wie er als inspirierender Führergeist hinter dem äuße= ren Geschehen wirksam war. Dieses wird mit der Entrückung in den Berg ausgedrückt.

In jener Wartburgdichtung, an die sich die Loherangrinerzäh= lung unmittelbar anschließt, wird nun berichtet, wie dieser Sohn Parzivals vom König Artus aus dem Bergesinnern nach Bra= bant entsandt worden sei, weil die Artusritterschaft der Sitte treu blieb, ihre Helden überall in die Welt zum Schutz und Schirm für die bedrängte Unschuld auszuschicken.

Erst in einer späteren Fortsetzung dieser Dichtung durch einen bayrischen Verfasser wird die Sage in Einklang mit der Gralserzählung des großen Titurelepos gebracht. Hier heißt der Held Lohengrin. Er berichtet, als er sich gezwungen sieht, seine Herkunft zu enthüllen: im inneren Indien liege ein hohes Ge= birge, das habe den Gral mit all seinen Helden in sich auf= genommen; König Artus habe sie mit sich dorthin gebracht, dort sei auch Muntsalvätsch zu finden, mit Edelsteinen geziert stehen Tempel und Palast ...

Albrecht von Scharfenberg ist der einzige, der im Ausklang seines „Titurel" eine anschauliche Schilderung von der Entrückung der Gralsburg in den fernen Orient gegeben hat. Als sich um Salvaterre die ruchlosen Nachbarn mehren und es den Gralshütern immer unmöglicher scheint, durch Gebet und Fasten den Fall der sündigen Menschenseelen aufzuhalten, will der Gral nicht länger im Okzident bleiben. Er wendet sich aus einer unwürdigen Welt zu dem Lande hin, von dem uns das Licht der wonnegebenden Sonne kommt. Die Templeisen begeben sich mit dem Gral auf die Reise; im Hafen von Marsilie liegt ein Schiff für sie gerüstet, das die Hüter des Heiligtums, mit Titurel und Parzival an der Spitze, besteigen. Wohin sie auf ihrer Fahrt kommen, speist der Gral die Hungernden und lindert alle Nöte, wenn ihm die Christen mit Ehrfurcht entgegenkommen. Sie reisen, von günstigen Winden geleitet, durch wunderbare Länder der Heiden. Am Magnetberg, der alles Eisen aus den vorüberfahrenden Schiffen zieht, so daß sie zerfallen und scheitern müssen, fahren sie durch des Grales Kraft unversehrt vorüber. Das Lebermeer, von dessen klebrigen Fluten sonst die Kiele festgehalten werden, wird durch des Grales Kraft flüssig, wie Eis im Feuer. Diese und andere Abenteuer gilt es auf der Reise zu bestehen.

Es sind Naturwunder, wie man sie aus den mittelalterlichen Erzählungen, zum Beispiel der Herzog Ernst=Sage, genugsam kennt. Solche seltsamen Erlebnisse stellten sich dem elementarischen Hellsehen gewisser mittelalterlicher Menschen noch vor die Seele. Man würde einer Äthergeographie bedürfen, um sie zu deuten. Wenn Menschen mit solchen Fähigkeiten durch die verschiedenen Zonen reisten, sei es als Pilger oder als Seefahrer, hatten sie eigentümliche Impressionen von den Ausstrahlungen des Erdbodens oder den Strömungen der Lüfte. Die Fahrten des Grals spielen sich in einer imaginativen Sphäre ab, und es erweist sich, daß sich das Heiligtum als Meister über

208

die Elementarreiche zeigt. So riefen einst die Brüder des heili=
gen Columba, die Mönche der Kuldeerkirche, in ihren altkelti=
schen Hymnen und Gebeten Christus als den „König der Ele=
mente" an. Seelen, die sich mit der Christuskraft durchdrungen
hatten, konnten auf solchen Reisen erleben, wie sich die Atmo=
sphäre auflichtete, wenn die Wandlungsmacht des Grals in sie
überzugehen begann. Die Erde selbst mit den sie bevölkernden
Elementarwesen wird in die große Verwandlung miteinbezogen.

Die Dichtung erzählt nun, wie Feirefis mit seiner Gemahlin
Repanse de Schoye ihnen vom Osten her entgegenzieht, als er
das Herankommen des Grales gewahr wird. Auf das herzlichste
werden die Gralshüter von ihnen empfangen. Alle Länder, die
der Herrschaft Feirefis' unterworfen sind, hat dieser inzwischen
zum Christentum bekehrt. Unermeßliches Lob aber zollt er
einem Könige Indiens, von dessen wunderbarem Reichtum und
tiefer Frömmigkeit wir hören. Er ist König über die „drei
Indien" und läßt sich „Priester Johannes" nennen. Sein Land
liegt dem Paradiese nahe, das Gott durch den Glasberg von
der Welt abgeschieden hat, aus dessen Höhen sich aber ein
Strom in die Länder ergießt, der in seinem Gries die mannig=
faltigsten Edelsteine mit sich führt. Der Dichter ergeht sich in
märchenhaften Schilderungen dieses Reiches.

Es folgen dann aber Beschreibungen von Kämpfen mit den
Tataren, die auf die Auseinandersetzungen des Dschingis=Khan
mit dem Ung=Khan, dem Herrscher der Keraïten hindeuten.
Dieser wurde nämlich von den nestorianischen Christen, die
sich als Ketzer seit dem 5. Jahrhundert in den Fernen Osten hat=
ten zurückziehen müssen und dort bei den verschiedensten
Stämmen Mission trieben, „Priester Johannes" genannt.

Es kamen im Hochmittelalter von diesem Priester Johannes
verschiedene Briefe an die Oberhäupter des Abendlandes. Auch
die Kreuzfahrer hatten von ihm Kunde erhalten. Zweifellos
wurden viele Berichte von dieser im Orient wirkenden Nesto=

rianerkirche ins Phantastische gesteigert. Aber es läßt sich nicht leugnen, daß diese abgesplitterten und gegen den Osten hin verdrängten Christengemeinden weltgeschichtlich wichtige Aufgaben zu erfüllen hatten. Sie durchdrangen die östlichen Kulturen mit christlichem Geistesgut. Nicht auf die zahlenmäßige und in festen Organisationen zu erfassende Ausbreitung christlich=kirchlichen Lebens kommt es bei diesen Strömungen an, sondern auf die geheimnisvolle Befruchtung der asiatischen Welt mit den Impulsen, die von Golgatha ausstrahlen. Das aber ist, sagenhaft erfaßt, eine für die fernere Menschheitszukunft bedeutsame Tatsache und deshalb im Sinne der Gralsangelegenheiten durchaus der strahlenden Bilder würdig, mit denen sie umkleidet worden ist. Hier wird das „St. Thomas=Land" genannt, welches an die Mission jenes Apostels erinnert, dessen Legende stets mit der Auffindung der heiligen drei Könige im Fernen Orient verbunden worden ist. Diese im Mittelalter weitverbreitete und beliebte Legende trägt offensichtlich manichäische Geisteszüge. Sie diente dem gleichen menschheitumspannenden Ideal eines Christentums des heiligen Geistes. Deshalb hat sich der alte Goethe ihrer mit besonderer Zuneigung angenommen und sich für ihr Bekanntwerden kräftig eingesetzt.

In diese sagenhaften Länder halten nun Parzival und mit ihm die Templeisen Einzug. Auf die inbrünstigen Gebete aller hin wird auch die heilige Burg des Grals und sein geweihter Tempel aus dem verderbten Volke des Westens auf wunderbarste Weise nach dem Osten entrückt. Als die Morgensonne wieder über Indien aufstrahlt, fällt ihr erster Schein auf die Zinnen und die Tempelkuppel von Montsalvatsch.

Das geheimnisvolle Zusammenströmen der tiefsten Christuserkenntnis mit dem uralten Weisheitsleben Indiens kann nun beginnen. Es ist ein Vorgang in den übersinnlichen Welten, in welchen sich diese gegenseitige Durchdringung abspielt; und

deshalb in strahlenden Imaginationen sich widerspiegelnd, wo von ihm etwas wahrgenommen worden ist. Was zwischen den asiatischen und christlichen Geistesgütern sich in jenen Jahr=
hunderten als Austausch anbahnte, mag freilich vom Stand=
punkt einer äußeren Geschichtsbetrachtung etwas verhältnis=
mäßig Unscheinbares gewesen sein.

Es heißt, daß Priester Johann über die Heiligkeit des Grals Belehrungen zu empfangen wünschte. Titurel selbst unterweist ihn, wie der Gral ein edler Stein gewesen sei, den eine Engel=
schar vor alten Zeiten zur Erde brachte. Hier tritt die Wolf=
ramsche Lehre von dem Stein noch einmal auf, der den Phönix zum Leben erweckt, wenn er sich selber zu Asche verbrannt hat. Aber nun wird diese esoterisch=alchymistische Lehre mit der sakramental gerichteten aus der französischen Gralstradition zum erstenmal verschmolzen. Es wird gesagt, aus dem Stein sei eine Schüssel gebildet worden. Aus dieser Schüssel habe Jesus Christus mit seinen Jüngern das letzte heilige Mahl ge=
nommen. Josef von Arimathia, der Christus=Minnende, durfte sie nach der Kreuzigung des Herrn bewahren. Aber ein Engel brachte sie später dem Titurel und nannte sie in der Engel=
sprache: „den Gral".

Titurel, nachdem er ein halbes Jahrtausend den Gral schauen und sein Hüter sein durfte, sehnt sich nun, so bekennt er, nach Ruhe vom Erdensein. Neun Tage lang soll man ihm die heilige Schale nicht zeigen, dann werde er sterben können. Und so ge=
schieht es. Priester Johann, von der Heiligkeit und Würde Par=
zivals tief durchdrungen, bietet diesem die Krone seines Reiches an. Parzival jedoch ist erst dazu bereit, als am Rande des Grals die Schrift erscheint: er solle König werden, doch seinen Namen mit dem des Priesters Johann vertauschen.

Zehn Jahre herrscht er nun als Priesterkönig Johann. Dann folgt ihm, als auch er zu Gott heimgekehrt ist, der Sohn des Fei=
refis und der Repanse de Schoye. Alle Hüter des Grals unter=

liegen fortan zwar dem Gesetz des Todes, da sie nicht mehr vom Anblick des Grals verjüngt werden. Aber ihre reine Seele bedarf nicht der Läuterung im Fegefeuer. Die Schrift am Gral jedoch zeigt stets den Namen dessen an, der Priester Johann werden soll.

Wer seitdem die Welt durchschweifte, um den Gral zu suchen, vornehmlich die Ritter der Tafelrunde, kehrte unverrichteter Sache zurück. Im fernen Osten, nahe den Paradiesesquellen, blieb der Gral bei seinen Hütern verborgen.

Wir sollen verstehen, wie sich die Möglichkeiten des schauenden Erlebens zurückgezogen haben. Wohl gibt es im Orient noch die Stätten, in denen hohe Meister das Gralsgeheimnis hüten, ohne es jedoch zum vollen Leuchten bringen zu können. Wie ein gewaltiger Sehnsuchtsruf nach dem, was verloren gegangen, klingt die Gralsdichtung des ausgehenden 13. Jahrhunderts zu den geistigen Welten hinauf.

Angesichts der dogmatischen Erstarrung der abendländischen Kirche, ihres drohenden Machtanspruchs, der überall die Strömungen des freien Geistes mit den Mitteln der Inquisition aufspürte und sie mit Feuer und Schwert auszurotten suchte, ist es wie ein Hereinrufen, ein Hereinerflehen der Gegenwart des Grals in die Not des Zeitalters. Die sagenhaften Templeisen, die längst in den Osten entrückten, mochte mancher vielleicht im Orden der Tempelherren wiederbegrüßen. Aber es dauerte nur wenige Jahrzehnte, bis die edlen Gestalten des Templertums, mit Jakob von Molay an der Spitze, unter der Folter die furchtbarsten Geständnisse abzulegen gezwungen wurden, dann aber widerriefen und unter ständiger Beteuerung ihrer Unschuld die Scheiterhaufen besteigen mußten. Finsternis breitete sich mit diesem tragischen Geschehen über das Abendland aus.

*

Hinter dem glanzvollen Stil der höfischen Kultur und der himmelanstrebenden Gotik spielte sich ein Geisteskampf ab, der um die Seele des Abendlands entbrannt war. Die eindrucks= volle Zivilisation des Islams hatte in Spanien ihre Hochburgen der Wissenschaften und der Künste, sie schob sich aber auch über Sizilien und Süditalien, wo sich der Staufenkaiser Fried= rich II. stark mit ihr verband, und durch die vielfältigen Kon= takte, die die Kreuzfahrer mit ihr im Morgenlande aufnah= men, immer mächtiger in die europäische Welt hinein. Sie schien einen Siegeszug in den Seelen des christlichen Abendlandes anzutreten. Bewundernd schauten die fortgeschritteneren Gei= ster auf alles hin, was als arabisches Weisheitsstreben an sie herankam. Wo hatte das Christentum eine Medizin, Chemie, Mathematik und Astronomie, die sich mit jener weltumspan= nenden Wissenschaft messen konnte? — Aber diese Wissen= schaft, gerade die Sternenkunde zeigte es, wußte nichts von der Freiheit und dem unendlichen Wert der einzelnen Menschen= seele. Sie kannte wohl Allah, den allmächtigen Gott, aber nicht den göttlichen Sohn, der sich am Kreuze geopfert und dadurch die Menschheit aus ihrer Schuldverkettung gelöst, sie zur Frei= heit berufen hatte.

In der Spielmannsdichtung vom „Sängerkrieg auf Wartburg" spiegelt sich dieses Ringen der Geister wider. Da treten im Rittersaal der Wartburg, die Landgraf Hermann von Thürin= gen zu einem weithin strahlenden Musenhofe gemacht hatte, die berühmten Sänger gegeneinander auf. Heinrich von Ofter= dingen hat sie zu einem Wettstreit herausgefordert, bei dem er seinen Kopf zum Einsatz gab. Als sich der Kampf schließlich gegen ihn entscheidet und schon der Henker herbeigerufen werden soll, bittet die Landgräfin Sophie um sein Leben. Aber der arg bedrängte Ofterdingen ruft einen Mächtigeren herbei, den er als seinen Meister anerkennt. Es ist Klingsor, der „Mei= sterpfaffe" vom Ungarland, der in der Rolle eines Krämers kommt und dem Fürsten seine Ware feilbietet. Seine Waren jedoch sind Rätsel, die er aufzugeben hat. Und jetzt hebt ein Wettstreit zwischen Klingsor und Wolfram von Eschenbach an. Ein Streit in Rätseln. — Wolfram, obwohl erst wenige Jahrzehnte verstorben, wächst in dieser Dichtung bereits ins Sagenhafte hinauf. Man empfand: dieser Sänger des Grals stellte eine Geistesmacht dar. In seiner Individualität konzentrierte sich der Kampf des christlichen Abendlandes gegen den Ansturm der Mächte, die den strebenden Menschengeist einer kalten Intelligenz ausliefern wollen. Mit diesen Mächten aber zieht die größte Herzensnot herauf!

Es gelingt nun Wolfram, die Rätsel zu lösen, die Klingsor ihm aufgibt, um seine Weisheit auf die Probe zu stellen. Es geht um die christlichen Heilswahrheiten, die mystischen Lehren von Gott und Unsterblichkeit, von Sünde, Gnade und Erlösung. Beim zehnten, dem letzten Rätsel, schickt Klingsor jedoch den Teufel Nasio vor, der Wolfram mit den schwierigsten astronomischen Fragen versucht. Da soll es sich erweisen, daß Wolfram doch nur ein „Laie" ist und in der Sternenweisheit versagt. Wolfram aber durchschaut, was hier gegen ihn ins Feld geführt wird. Er ruft Gott selbst und die Jungfrau Maria um Hilfe an. Da muß der Zauber des Teufels weichen, Wolfram bannt ihn mit dem Zeichen des Kreuzes.

Als Magier hat Klingsor seinen Wettstreit zu führen gesucht. Er ist in die schwarze Kunst eingeweiht. Zu Paris, so hören wir, fand er eine gute Schule; zu Konstantinopel lernte er, aber auch in Bagdad und Babylon war er drei Jahre in Mohammeds Diensten. Dort studierte er Alchymie und Astrologie. „Meisterpfaffe" nannte man ihn, weil er das Wissen eines „Pfaffen" (Theologen) hatte, aber in weltlicher Stellung war. An andrer Stelle erzählt er: sein Ahne, der bereits nach jenem alten Zauberer von Terra de Labur den Namen Klingsor trug, sei einst von Rom an den König von Ungarland gesandt worden. Diesen

Namen habe auch er von ihm geerbt. Eine geheimnisvolle Linie zieht sich also von jenem Magier, der vor Zeiten das Schloß Schastelmarveil erbaute, das mächtige Gegenzentrum zur Gralsburg, durch die Jahrhunderte zu diesem anderen Klingsor hin, der seinen Einfluß in den Kreisen des Minnesangs geltend machte. Sogar in den alten Minnesängerhandschriften sind uns Strophen erhalten, deren Verfasserschaft ihm zugeschrieben wurde. Natürlich sucht die literarische Kritik auch dieses abzustreiten, obwohl schon ein Chronist des 13. Jahrhunderts von Klingsor und seiner Rolle berichtete. Es könnte sogar der Fall sein, daß Wolfram, der ja sehr frei, aber doch tiefsinnig mit seiner Namengebung verfuhr, den Zauberer des 9. Jahrhunderts (durch dessen Sphäre Parzival unbeirrt hindurchschreitet und dessen Macht Gawan in einem gewissen Bezirke zu brechen vermag) erst „Klingsor" genannt hat, um damit auf die Geistesverwandtschaft des großen schwarzen Magiers mit jenem Meisterpfaffen des 13. Jahrhunderts hinzudeuten. Dann wäre damit tatsächlich eine kühne Herausforderung gegenüber einem Zeitgenossen geschehen; man möchte sie dem Geistesrittertum eines Wolfram von Eschenbach wohl zutrauen. Ihm kam es ja darauf an, in seiner Parzivaldichtung die großen Gegensätze aufzuweisen, die im geistigen Leben seines Jahrhunderts miteinander rangen. Gerade der Minnegesang und die ritterliche Epik seiner Zeit waren vom Ungeist der niederen Minne bedroht; sie zur Gottesminne hinaufzuläutern, den Stufenweg aufzuzeigen, der im „Brackenseil" gegeben ist, war der tiefe Sinn seines machtvollen Wirkens. Wie hätte er, neben allen Bewunderern, nicht Feindschaft finden sollen? — Sogar ein Gottfried von Straßburg, der in seiner Tristandichtung wohl die Welt der „edlen Herzen" zu verherrlichen wußte, aber die Seelen nicht aus dem Minnezwang heraus zur Befreiung des Herzens hinzuleiten verstand, mischte sich unter die Gegner Wolframs. Er verhöhnte ihn als einen „Erfinder wilder Mären",

215

Der „Sängerkrieg auf Wartburg" ist, wenn auch ins Sagenhafte hinaufgehoben, der Widerhall jenes Geisterkampfes an einer Zeitenwende, in welchem Wolfram tatsächlich mit dem Gralsschwert, dem neu zusammengefügten, zu streiten verstand. (16) Wolfram entlarvt die Sternenweisheit, die arabischen Geistes ist und die Seelen in Unfreiheit bannt. Aus dem Mut des christergebenen Herzens stellt er ihr die Glaubensweisheit gegenüber. Diese mag zunächst im Vergleich mit den großen arabischen Weisheitstraditionen laienhaft erscheinen. Sie trägt jedoch den Keim von etwas Zukunftsvollem in sich. In der Vereinigung von Parzival und Feirefis leuchtet ahnungsvoll jene künftige Gestalt des Christentums herauf, welche den Zusammenklang mit der Weisheit des Orients einmal gefunden haben wird. Denn das Christentum soll keineswegs auf das Streben nach kosmischer Weisheit verzichten. In jener Wartburgdichtung blitzt nämlich an einer Stelle ein hohes Wissen vom Gralsgeheimnis auf, wie es in solcher Art von keinem andern Dichter ausgesprochen worden ist:

> Soll ich die Krone bringen für?
> Sie ward gewirkt nach 60 000 Engel Kür.
> Die wollten Gott vom Himmelreich verdrängen.
> Sieh, Luzifer, da ward sie dein!

Aus dem Zusammenwirken unübersehbarer Engelmächte ist im Urbeginne die Summe aller Weisheit erbildet worden. Sie ward zu einer Strahlenkrone, Luzifer aber riß sie an sich. Es heißt jedoch, daß St. Michael, als er Gottes Zorn darüber sah, den Streit mit Luzifer aufnahm und ihm diese Krone vom Haupte schlug. Dabei sprang ein Stein aus ihr heraus! Dieser Stein ist es, den Titurel, der nach höchster Würde Ringende, gefunden hat: derselbe Stein, den einstmals Parzival zu eigen gewinnen sollte.

Hier ist die kosmische Imagination des Gralsgeheimnisses

gegeben. Ihre Schilderung wird von dem Dichter wieder Wolf=
ram in den Mund gelegt. Ein höchstes Kleinod, der Extrakt aller
Weisheit der Engelwelten, ist mit diesem Steine der Mensch=
heit anvertraut. Aber dieser Stein mußte zur Schale werden,
um einen noch heiligeren Inhalt aufzunehmen. Er mußte dem
stürzenden Luzifer entrungen werden, um das Gefäß für das
Blut des Erlösers, der sich am Kreuzesstamm für uns hingeben
wollte, zu bilden. Denn die göttliche Liebe, wenn sie nicht un=
erkannt verströmen soll, bedarf eines Gefäßes, in dem sie auf=
gefangen werden kann. Aus Weisheitskräften ist dieses Gefäß
geformt. Weisheit ist die Gabe Luzifers, Michael entwand sie
ihm im kosmischen Sturze. Luzifers Gabe soll die *Form* her=
geben, von Golgatha aber soll der *Inhalt* in sie einströmen. Da=
durch wird die Gabe aus Luzifers Bereich geheiligt werden
können.

*

Nun schließt sich an jene Rätseldichtung des Wartburgkrieges
die Erzählung von dem Schwanenritter Loherangrin an. Auch
sie wird Wolfram selber in den Mund gelegt; er hatte ja bereits
im letzten Gesange seines „Parzival" in knappen Umrissen die
Sendung Loherangrins geschildert. Klingsor fordert ihn dazu
heraus, das dort Angedeutete weiterzuführen. — Es ist eben
bedeutsam, daß in diesen Zeitenkampf die große Geistes=
tröstung hereingestellt wird. Denn die Welt bedarf in höchster
Not immer wieder der Gralsnähe. Und der Gral — das wird uns
in dieser Sage veranschaulicht — vernimmt die Gebete der be=
drängten Unschuld. Er sendet seine Streiter in die Welt.

Die Dichtung, in thüringischer Mundart gehalten, blieb un=
vollendet. Aber sie fand durch einen bayrischen Dichter eine
Fortsetzung, zwar schwerfällig und mit der Schilderung vieler
Heerzüge überladen; doch durch diesen letzteren Dichter in
eine festumrissene geschichtliche Situation hineingestellt. Es
handelt sich um die Epoche des Königs Heinrich I., also um

das anbrechende 10. Jahrhundert. Das ist die Zeit jener Abwehr=
kämpfe gegen die Ungarn, die mit ihren Reiterzügen vom Osten
her das Reich in Unruhe versetzten. Die militärische Situation
forderte die Anlage fester Städte. Viele Seelen mußten in die=
sem Jahrhundert den Übergang zum Stadtleben vollziehen.
Damit wurden sie erst ganz aus ihren Naturzusammenhängen
gerissen und den darin waltenden Göttermächten entfremdet.
Sie wurden verbürgerlicht, aber dadurch erst zu jener Innerlich=
keit hingeführt, in der der christliche Impuls immer tiefer das
Gemüt durchdringen konnte. Richard Wagner hat in seiner
Lohengrindichtung diesen Wendepunkt dramatisch zu erfassen
verstanden, indem er dem Grafen Telramund die Gestalt der
Ortrud zugesellte als Trägerin des heidnischen Zauberwesens;
sie ruft noch die alten Götter an, um den Kampf gegen die
Gralskräfte aufzunehmen.

Durch Wagners „Romantische Oper" ist die strahlende Ge=
stalt des Gralsgesandten weithin bekannt geworden. Abgesehen
von der notwendigen dramatischen Verdichtung und dadurch
zeitlichen Verkürzung der Handlung, hat er in vorbildlicher Art
den Kern der Sage herausgeschält. Mit wenigen Zügen brauchen
wir deshalb nur auf die mittelalterliche Dichtung einzugehen.

Elsam, die Tochter des Herzogs von Brabant, ist in großer
Herzensnot dem Gebete hingegeben. Denn Friedrich von Tel=
ramund, dem der sterbende Herzog den Schutz seiner Tochter
anvertraute, behauptet, Elsam habe ihm die Ehe versprochen.
Da sie sich hartnäckig weigert, ist er mit seiner Klage bis zum
Kaiser gegangen. Nun soll ein Gottesgericht, das auf Gebot des
Kaisers anberaumt ist, die Entscheidung bringen. Doch kein
Streiter will sich finden, der für die Unschuld der Herzogstoch=
ter den Kampf aufzunehmen wagt; so sehr gefürchtet ist Fried=
rich. Da läutet Elsam, während sie vor dem Altare kniet, zum
Zeichen ihrer höchsten Not ein goldenes Glöcklein, das sie einst=
mals einem beschädigten Falken abgenommen hat. Der Klang

wächst fernhin über den Wolken zum Donner an und erschallt unaufhörlich vor König Artus, der mit der Gralsritterschaft in die Bergeswelt entrückt ist. Am Grale leuchtet eine Schrift auf, sie verkündet, wie in Brabant eine edle und reine Magd in ihrer Bedrängnis um einen Kämpfer bittet. Lohengrin ist es, der zu ihrem Ritter auserwählt wird. Parzival wappnet selbst seinen Sohn zur Ausfahrt. Da kommt, als er schon den Fuß im Stegreif hält, um sein Roß zu besteigen, ein Schwan dahergeschwommen, der ein Schifflein durch die Wellen zieht. Lohengrin läßt das Roß und tritt in das Schiff hinein. Als man ihm für seine Reise die Wegzehrung mitgeben will, wehrt es der Schwan ab: „Die Nahrung ist des Herrn, für den ich reise, Pflicht."

Eine schnelle Strömung trägt sie aufs hohe Meer hinaus. Fünf Tage fastet Lohengrin bereits, da taucht der Schwan in die Wellen unter und trägt eine Oblate aus dem Meere herauf. Er bietet sie dem Helden dar, der sie mit ihm teilen soll. Da hebt der Schwan einen süßen Gesang nach Engels Weise an und singt damit den Helden in Schlummer. Er kommt zur Scheldemündung herein und bringt den Ritter in Antwerpen ans Gestade. Dort stellt sich Lohengrin der staunenden Versammlung zum Kampfe für Elsam und erringt den Sieg über Friedrich von Telramund. Wir wissen ja — und Richard Wagner hat auf das Motiv des Frageverbots seine dramatische Handlung aufgebaut —, wie der Schwanenritter nur die eine Bedingung stellt, unerkannt unter den Menschen bleiben zu müssen.

Was ist nun das Rätsel eines solchen Schwanenritters? — In jenem Zusammenhang, den wir bereits erwähnten, als wir von den „Hütern des Grals" sprachen und Rudolf Steiners Worte zitierten, daß es sich um „besonders auserlesene lebende Tote" handele, die sich um den Gral versammelten, wird auch von den Schwanenrittern gesprochen. Es heißt: die Menschen des Frühmittelalters wußten noch, daß man im höchsten Sinne erst wirksam werden könne, wenn man in sich aufnähme, was einem

ein lebendiger Toter zu geben vermöge. Denn die Toten be=
dürfen, um auf der Erde Taten verrichten zu können, der Hülle
solcher Erdenmenschen, die sich für ihre Wirksamkeit ganz zur
Verfügung stellen. In diesem Sinne, sagt Rudolf Steiner, gab es
damals einen Schwanenorden: „Dem Schwanenorden haben
sich diejenigen gewidmet, welche wollten, daß die Gralsritter
durch sie hier in der physischen Welt wirken können. Und man
nannte einen Schwan solch einen Menschen, durch den ein sol=
cher Gralsritter hier in der physischen Welt wirkte ... Es ist der
Schwan, der aufgenommen hat einen Mitgenossen aus der
Runde des heiligen Grals, der da erscheint: man darf ihn um
sein eigentliches Geheimnis nicht fragen. Und am glücklichsten
fühlten sich zum Beispiel in dem Jahrhundert — aber auch noch
in den folgenden Jahrhunderten — sogar solche Fürsten wie
Heinrich von Sachsen, der bei seinem Ungarnzuge diesen Schwa=
nenritter, diesen Lohengrin, innerhalb seiner Heeresmasse
haben konnte."

Wenn die Sage beschreiben will, wie sich eine irdische Per=
sönlichkeit mit der Wesenheit eines großen Toten zu durchdrin=
gen sucht, so spricht sie von der Meerfahrt des Ritters, von sei=
nem tagelangen Fasten und wie er sich aus der Kraft der Hostie
wunderbar ernährt, bis er an Land stoßen kann. Der Vorgang
der Inkorporisation eines hohen Eingeweihten in die Hülle
eines Erdenmenschen wird so in Sagenbilder eingekleidet. Ein
besonderer Bildekräfteleib muß auf verborgene Weise erst auf=
erbaut werden, um dem Gralsgesandten den Einzug in einen
irdischen Körper zu ermöglichen. Dazu müssen heiligste Sub=
stanzen aus der Ätherwelt zusammengezogen werden. Die Spei=
sung durch die Hostie, wie sie der Schwan aus dem Meere
heraufholt, ist der Ausdruck für den geheimnisvollen Aufbau
eines ätherischen Organismus, der den Lebensbedingungen
jenes großen Toten entspricht. Christus=Lebenskräfte müssen
den Leib eines solchen „Schwanenritters" durchziehen, wenn er

sich für die Einwohnung eines zweiten, höheren Menschen
würdig machen will.

Solche Umwandlungen, wie sie sich in den Seelentiefen einer Persönlichkeit abspielen, sind etwas viel zu Zartes, als daß sie mit Erdenbegriffen erfaßt, mit menschlichen Worten beredet werden können. Man soll sie durch Schweigen ehren. Niemals aber dürfte sich eine auf Erden wirkende Persönlichkeit darauf berufen, daß sie aus den Kräften eines Toten heraus handelt, oder daß sie im Auftrag der Gralsgemeinschaft ihre Taten verrichtet. Was sie tut, soll durch sich selbst überzeugen. Das Mittelalter verlangte für denjenigen, der im öffentlichen Leben wirksam sein wollte, entweder die Legitimation durch Blutsabstammung im Sinne der Adelsgesetze oder durch die priesterliche Sukzession im Sinne der kirchlichen Hierarchie. Wer dem Grale dient, darf sich nicht auf solche Autoritäten stützen wollen. Die Gralswirkung selbst, wie sie sich in ganz freier Weise von Mensch zu Mensch fortpflanzt, als eine Erweckung reinster Geisteskräfte in den Seelen, zeugt für den Gralsboten. Nichts anderes.

Schwanensagen deuten immer auf Geburtsgeheimnisse hin. Der himmlische Flügelschlag einer Seele, die sich zur Verkörperung anschickt, wurde in diesem Bilde angeschaut. Die bäuerliche Vorstellungswelt hat daraus den Storch gemacht, der die Kinder bringt. Wenn Helena als die Schwangezeugte gepriesen wurde, weil Zeus sich einst in Gestalt eines Schwans der Leda nahte, so soll damit der Blick auf eine göttliche Seele gelenkt werden, die aus der Zeus= oder Jupitersphäre in diesen bestimmten Leib hineingesenkt worden ist; Jupiterseelen brachten die Ideale allen griechischen Strebens zur Erde hernieder.

Wer war nun dieser Lohengrin, dessen Schwanengeburt uns die Sage schildert? — Richard Wagner schreibt in einem Briefe an Mathilde Wesendonck (August 1860) einmal seine Anschauung darüber: „Gestern traf mich der ‚Lohengrin' sehr, und ich kann nicht umhin, ihn für das allertragischeste Gedicht zu halten, weil die Versöhnung wirklich nur zu finden ist, wenn man einen ganz furchtbar weiten Blick auf die Welt wirft. Nur die tief= sinnige Annahme der Seelenwanderung konnte mir den trost= reichen Punkt zeigen, auf welchen endlich alles zur gleichen Höhe der Erlösung zusammenläuft, nachdem die verschiedenen Lebensläufe, welche in der Zeit getrennt nebeneinanderlaufen, außer der Zeit sich verständnisvoll berührt haben. Nach der schönen buddhistischen Annahme wird die fleckenlose Reinheit des Lohengrin einfach daraus erklärlich, daß er die Fortsetzung Parzivals — der die Reinheit sich erst erkämpfte — ist. Ebenso würde Elsa in ihrer Wiedergeburt bis zu Lohengrin hinan= reichen... So wäre alle furchtbare Tragik des Lebens nur in dem Auseinanderliegen in Zeit und Raum zu finden." Und er meint, der vollkommen Hellsehende, der diese Trennungen er= kennend überwindet, durchschaue damit auch den tiefsten tragischen Schmerz noch als eine Illusion.

In Wagners Seele arbeitete sich der Gedanke der wiederhol= ten Erdenleben ins Bewußtsein herauf. Er fand zunächst nur die östlich=buddhistische Form dieses Gedankens vor, um seine aus tiefsten Lebensschmerzen sich gebärende Anschauung in Begriffe prägen zu können. So wird ihm Lohengrin „die Fort= setzung Parzivals".

Wir können auch sagen: Parzival in seiner Weltsendung, in seinem Wirksamwerden innerhalb der europäischen Geschichte wird unter der strahlenden Gestalt des Lohengrin zur Darstel= lung gebracht. Und diese Inkorporation erscheint in jenem Gebiete, das bei der Teilung des großen Karolingerreiches in Ost und West den Mittelstreifen bildete, als das Reich Lothars: vom Süden aufwärts über das Elsaß und Lothringen hin sich bis nach Flandern und Brabant an die Nordsee erstreckend.

Nach einer anderen Fassung der Sage nämlich soll Lohengrin, als er von Elsa nach ihrer verhängnisvollen Frage Abschied neh=

men mußte, in das Land Lyzaborie weitergezogen sein und dort gewirkt haben. Dieses aber sei später nach ihm Lotharingen ge= nannt worden. Der Name Loherangrin wird als „Garin der Lothringer" gedeutet. Echte Sagen haben stets bestimmte histo= rische Gestalten und Ereignisse im Sinne.

Noch einmal hat im 15. Jahrhundert ein Meistersinger die Schwanenrittersage bearbeitet. „Lorengel" heißt hier der ge= heimnisvolle Held. Als er in Antwerpen an Land geht, kehrt er zuerst bei einem Bürger namens Calebrand ein. Dort begegnet er einem Ritter, der noch den Parzival gekannt haben will und der ihm erzählt, wie dieser einst mit der Hilfe des Grals dem Wüten Etzels ein Ende gesetzt habe. An der Ähnlichkeit mit Parzival habe er ihn, Lorengel, als dessen Sohn erkannt.

Auch Etzel, der große Hunnenkönig Attila, ist ja eine über die Jahrhunderte hinaus wirkende Sagengestalt. Er, der den Be= stand des christlichen Abendlandes mit seinen Heerzügen auf das äußerste bedroht hatte, wurde noch immer hinter all dem wirkend empfunden, was bis in spätere Zeiten hinein mit den Einfällen der Ungarn die mitteleuropäische Kultur beunruhigte. Parzival aber und seine über den Tod hinaus wirkende Gegen= wart in der Sendung Lohengrins steht als der Garant für das Schicksal des christlichen Abendlandes da. Dieses darf aus dem Reiche der Toten Führung und Schutz erwarten. Die Hüter des Grals sind die mächtigen Beschirmer der christlichen Sendung Europas.

Wenn um die Mitte des 13. Jahrhunderts die Lohengrin=Sage volkstümlich gemacht wird, so kann damit eine unmittelbare Parallele zwischen den Hunnen= und Ungarnzügen früherer Jahrhunderte und dem Tatarensturm der Gegenwart empfun= den werden. 1241 hatte sich die christliche Ritterschaft Schle= siens dem ersten Ansturm des großen Mongolenheeres ent= gegengestellt. Sie war dabei in der Schlacht von Liegnitz völlig aufgeopfert worden, aber das Mongolenheer zog sich zurück.

Ein rätselhafter Vorgang, hinter dem man das Walten unsichtbarer Mächte zu spüren glaubte.

Die Lohengrin=Dichtung mit ihren ausführlichen Schilderungen der Heldenkämpfe gegen die Ungarn und Sarazenen konnte ermutigend wirken für die Ritterschaft, deren heilige Aufgabe es war, den Schild über die christliche Kultur des Abendlandes zu halten. Lohengrin hatte, als er dem Gralsgesetz Folge leisten und nach dem Aussprechen der verbotenen Frage von Elsam und seinen Kindern Abschied nehmen mußte, ihnen drei Gaben zurückgelassen: ein Schwert, ein Horn und einen Ring.

Das Gralsschwert haben wir kennen gelernt; es verbürgt den Sieg aus reinsten Geisteskräften. Das Horn vermag in höchster Gefahr die Nothelfer aus dem Totenreiche herbeizurufen. Der Ring aber soll das Zeichen steter Erinnerung sein an den, der einst in größter Not zur Stelle war: ein Unterpfand immerwährender Gralsnähe für alle, welche die Geistestreue zu pflegen wissen.

Im Zeichen des Rosenkreuzes

Es gibt Zeiten, in denen sich der Geist in Fülle an die Mensch=
heit hinschenkt. Aber es gibt auch Zeiten der Erwartung. Dann
lebt die auf ihre eigenen Kräfte zurückgewiesene Seele von
dem Nachglanz vergangener Offenbarungszeiten. Das 13.Jahr=
hundert stand in solchem Verebben alter Geistesfähigkeiten
darin. Durch die Gralsdichtung sollte noch einmal die ganze
Glorie einer verlorenen Mysterienwelt zum Aufleuchten ge=
bracht werden, Wehmut in den Herzen erweckend. Zugleich
aber die erwartungsvolle Stimmung pflegend, die der Wieder=
kunft der Geistesoffenbarung notwendig vorangehen muß.

Damals erhob sich mit der Scholastik, die sich den Aristoteles
zum Meister erwählt hatte, um denkerisch die Fundamente für
eine christliche Weltanschauung zu legen, das Erkenntnisstre=
ben zu kühnen Ideengebäuden. Die Gotik türmte zu gleicher
Zeit in den engen Städten ihre himmelwärtsweisenden Kathe=
dralen empor. Die Grundsteinlegung des Kölner Doms fand
gerade um die Jahrhundertmitte unter der Leitung des berühm=
ten Theologen und Alchymisten Albertus Magnus statt. Zu
Ehren der heiligen drei Könige, deren Sarkophag man in den
Mauern der Stadt hütete, sollte dieses Bauwerk errichtet wer=
den. Barbarossa hatte ihre Gebeine nach Köln überführen las=
sen. War mit ihnen nicht ein Unterpfand gegeben, daß die
Weisheit des Morgenlandes, die in Kaspar, Melchior und Balt=
hasar ihre Gaben zum Kinde von Bethlehem gebracht hatte,

nun auch im Abendlande aufleuchten werde? Sollten die weisen Könige nicht auch ihre Patendienste leisten, wenn sich das mystische Wunder, die Christgeburt im Menschenherzen, vollziehen würde?

Gewiß, man kann das 13. Jahrhundert dadurch kennzeichnen, daß man die machtpolitische Entfaltung der römischen Kirche und die von ihr ausgehende Bedrohung eines freien Geistesstrebens in aller Schärfe geißelt. So haben wir von jenen Kreuzzügen gegen die Katharer Südfrankreichs, welche Freveltaten gegen eine vom heiligen Geiste durchflammte Kultur waren, sprechen müssen. Aber auch diese Kultur nährte sich aus spirituellen Kräften, die doch nur noch ein verglimmendes Licht gegenüber dem mächtig drängenden neuen Zeitgeist sein konnten. Man muß zugleich die andere Seite der Wahrheit sehen, um der Not des Zeitalters gerecht zu werden. Es wurden eben auch im Rahmen der Kirche, besonders in den Ordensgründungen der Dominikaner und Franziskaner, Anstrengungen von außerordentlicher Intensität gemacht, um dem Ansturm des Arabismus, der heraufziehenden Kultur eines christusfeindlichen Intellektualismus das Bollwerk wohlbegründeter Glaubenswahrheiten und christlich=sakramentaler Lebensformen, bis in den künstlerischen Stil hinein, entgegenzustellen.

Wie eine Samenkraft, die in der Erde ruhend der weckenden Frühlingssonne entgegenharrt, sollte in der Menschenseele eine neue Bewußtseinsfähigkeit herangebildet werden. In innerster Konzentration sollte die Ichkraft erstarken, die einmal, frei von allen Traditionen, auf ganz neue Art den Geist wieder würde ergreifen lernen. Albrecht von Scharfenberg läßt in seinem „Titurel" Sigune zu Parzival, als er nach langer Mühsal wieder vor sie hintritt, die Worte sprechen: „Sei keusch und pflege der Mannheit, und *suche den Gral nicht*. Doch sei versichert: wärest du auf dem Grunde des Lebermeeres und erwählte dich Gott zum Grale, o wie schnell wird Kundrie dich aufzufinden wissen —." Nun, die Imagination des Lebermeeres, in welchem die Kiele vor der Zähflüssigkeit des Wassers stecken bleiben und die Schiffe elendiglich versinken müssen, braucht uns nicht gar zu fern zu liegen. Wie mancher spannte kühn die Segel, als er die Lebensfahrt antrat, und geriet allmählich doch in Regio=nen, wo es für ihn dickflüssig wurde und scheinbar nichts mehr vorwärtsgehen wollte! Aber auch dort noch, so sagt die Tröstung, kann ihn die Gralsbotin auffinden, wenn für ihn die Sternen=stunde der Geist=Erweckung geschlagen hat. Er war vielleicht in Unscheinbarkeit untergetaucht, in Auseinandersetzung mit dem Erdenalltag Treue erübend; er war namenlos geworden. Doch nun leuchtet sein Name an der Schale des heiligen Grales auf.

Als die Titurel=Dichtung gegen Ende des 13. Jahrhunderts er=schien, war inzwischen der Zeitpunkt eingetreten; leise öffnete sich wieder das Tor zum Geiste. Die Rosenkreuzer=Strömung nahm ihren Anfang. Was in der historischen Forschung mei=stens als Scharlatanerie bewertet wird — und sich leider oft=mals auch mit üblem okkultistischen Hochstaplertum vermischt hat —: es ist von Rudolf Steiner in seinen wahren Untergrün=den geschildert worden. In seinen Vorträgen über „Mysterien=stätten des Mittelalters" (Dornach, im Januar 1924) hat er das Rosenkreuzertum und die Anfänge eines modernen Ein=weihungsprinzips mit großer Anschaulichkeit dargestellt: das Erlöschen der früheren christlichen Einweihungen im Abend=land und ihre Neugeburt in jenen stillen, anspruchslosen Bru=derschaften, die sich im Zeichen des Rosenkreuzes versammel=ten und die ersten Stufen eines Geistesweges mühsam zu erringen suchten, wie er den Seelenfähigkeiten der modernen Menschheit angemessen sein kann. Auch hier wurde jene erwartungsvolle Stimmung gepflegt, die nur aus tiefster Fröm=migkeit, aus christ=ergebener Gelassenheit aufzusteigen vermag.

Was war das Charakteristische an diesem neuen Erkenntnis=wege? — Daß der Geist nicht in weltfernen Reichen gesucht

wurde, sondern zunächst in seinem Wirken und Weben inner=
halb der Stoffeswelt. Die Gotik, in ihrer letzten Konsequenz,
entreißt die Seele der Stoffesschwere und erhebt sie zur seligen
Gottesschau; aber sie bringt sie damit auch in die Gefahr, die
Erde unter sich liegen zu lassen und sie völlig den Widersacher=
mächten preiszugeben. Wenn sich ein Gotteswesen so innig mit
der Menschennatur einen konnte, daß es ganz in das Erden=
schicksal untertauchte, um die Schuld der Erde zu sühnen, so
muß ja innerhalb der irdischen Substanzen etwas zu finden
sein, was sich für diesen Gotteskeim empfänglich erweist. Es
muß einen Zustand der Stofflichkeit geben, der noch die Unent=
weihtheit seines göttlichen Ursprungs an sich trägt: „jung=
fräuliche Erde" — „terra sancta". Wir haben aus Wolframs
„Parzival" die Belehrung Trevrizents darüber kennen gelernt:

> Adams Mutter die *Erde* war
> Und auch die Nahrung ihm gebar,
> Sie *blieb* die jungfräuliche Magd.

Erst durch Kains Brudermord, als das Blut Abels sie befleckte,
verlor sie ihr Magdtum.

Die Materie selbst ist dadurch etwas anderes geworden, daß
sie von den Kräften der Eigensucht durchzogen wurde. Sie trägt
die Todeswirkungen in sich, der Mensch hat diese immerfort
durch sein selbstisches Handeln und sein Begierdenwesen in die
Erde hereingetragen. Ihre Jungfräulichkeit ist geschändet wor=
den, sagt Trevrizent.

Es ist hier in imaginativer Form von einem uralten Welt=
zustande die Rede, in welchem unser Planet selbst noch solche
Substantialität in sich trug, wie sie notwendig ist, um in
unschuldiger Weise einen Menschenleib zu bilden und zu
erbauen; damals konnte die Erde selbst noch die Mutter sein,
es gab noch nicht die geschlechtliche Fortpflanzung des Men=
schenwesens. Der Alchymist, im Sinne des Rosenkreuzerweges,

suchte jene „prima materia" wieder aufzufinden: eine Stoff=
lichkeit, die noch in sich belebt und beseelt, aber völlig
keusch ist. Einstmals war alle Stofflichkeit — keimhaft ver=
anlagt — noch im Äther enthalten. Sie wurde dann aus ihm aus=
geschieden, sie entfiel ihm. So entstanden nacheinander aus
dem Wärmeweben die gasförmige, flüssige und feste Erschei=
nungsform der Substanz. Jene Ursubstanz aber enthielt alle
diese Stoffesformen noch ungeschieden (potentiell) in sich.

Von dieser Ursubstanz trägt allein der Mensch noch etwas in
sich, und das ist der Grund, weshalb er den Geist in sich auf=
nehmen, zum Mittler zwischen Geist und Stoff werden kann.
Rudolf Steiner beschreibt diese Tatsache, von der alle echte
Alchymie auszugehen hat, in folgender Weise: „Wenn wir
unseren physischen Organismus ansehen als dasjenige, was
die äußeren Stoffe aufnimmt und sie wiederum abschiebt in der
Form von äußeren Stoffen, so ist dieser physische Organismus
in einem gewissen Sinne also hinorganisiert auf die Aufnahme
und Ausscheidung der heutigen Substanz; aber in sich trägt er
etwas, was im Erdenanfange vorhanden war, was heute die
Erde nicht mehr hat, was aus ihr entschwunden ist, denn die
Erde hat die Endprodukte, nicht aber die Anfangsprodukte.
Wir tragen also etwas in uns, was wir suchen müssen in sehr,
sehr alten Zeiten innerhalb der Konstitution der Erde. Und
das, was wir so in uns tragen, was zunächst die Erde als Gan=
zes nicht hat, was wir so in uns tragen, das ist dasjenige, das
den Menschen hinaushebt über das physische Erdendasein. Das
ist dasjenige, was den Menschen dazu bringt, sich zu sagen:
Ich habe in mir den Erdenanfang bewahrt. Ich trage, indem ich
durch die Geburt ins physische Dasein hereintrete, immer etwas
in mir, was die Erde heute nicht hat, aber vor Jahrmillionen
gehabt hat."*

* Aus den Einführungsvorträgen „Anthroposophie" (Dornach, im
Januar 1924).

Im Menschen selber ist also zunächst die prima materia noch aufzufinden. Sie ist „der Stein", den die Gralsritterschaft kennt und der an jedem Karfreitag seine Kraft zu erneuern vermag, wenn die Taube des heiligen Geistes die Oblate auf ihn herab= trägt. Denn in diese Substanz hinein kann der Keim des unver= weslichen Leibes empfangen werden: der Auferstehungsleib, der sich aus der wiedererrungenen prima materia erbilden las= sen will. Dies nannte man auch den „Lapis philosophorum" oder den Stein der Weisen. Rudolf Steiner sagt in dem Vor= tragszyklus „Von Jesus zu Christus", in welchem er die pau= linische Lehre vom Auferstehungsleibe mit modernen Erkennt= nismitteln begründet hat: „Daher haben die Alchimisten immer betont, daß der menschliche Leib in Wahrheit besteht aus derselben Substanz, aus welcher der ganz durchsichtige, kristallhelle ‚Stein der Weisen' besteht."*

Die „chymische Hochzeit" suchten die echten Rosenkreuzer. Und sie meinten damit: es gälte, die Stoffesprozesse so anschauen zu lernen, daß man in ihnen die Offenbarung des schaffenden Geistes wahrzunehmen vermöge. Das aber kann nur derjenige, der zunächst in sich selber diese Vorgänge auf= zufinden versteht. In uns selbst sind sie zugleich moralische Vorgänge. Wenn wir reine Gedanken bilden, so vollziehen wir in uns das gleiche, wie wenn sich Salz aus einer Flüssigkeit absetzt. Es ist ein Kristallisationsvorgang, nur auf anderer Stufe. Und wenn wir in opfernder Hingabe unser Eigensein sich verzehren lassen, so vollzieht sich ein ähnlicher Prozeß, wie wenn Schwefel sich an der Wärme entzündet und in der Flamme aufgeht. Naturprozesse, in rechtem Sinne angeschaut,

---

* In diesen Vorträgen (Karlsruhe, Oktober 1911) wird der reine Formenleib geschildert, der unserem physisch=stofflichen Körper zugrunde liegt und der in der Auferstehung Christi dem zerstäu= benden Stoffe entrungen worden ist: dieser ist das Urbild jener Leibesgestalt, die wir keimhaft hier schon in uns empfangen dür= fen und in der wir einstmals auferstehen werden.

sind Vorstufen zu dem, was sich im Menschen abspielt. Sie sind gleichsam auf dem Wege zur Menschengestaltung aufgehalten worden:

> Nichts ist drinnen, nichts ist draußen;
> Denn was innen, das ist außen.
> So ergreifet ohne Säumnis
> Heilig öffentlich Geheimnis.

In diesen Sätzen faßt Goethe den Impuls rosenkreuzerischer Weltbetrachtung zusammen. *Die Natur* mit all ihren Vorgängen, die auf dem Wege zum Menschen sind, die zum Menschen hindrängen, weil sie in ihm erst zu ihrer Selbst=Erfüllung kommen, ist das „offenbare Geheimnis". Sie bringt die gleichen Gesetze zur Anschauung, die sich auf verborgene Art in uns vollziehen. In einem Zeitalter, das mit all seinen Kräften heute auf die Ergründung der Stoffeswelt und ihre Bemeisterung hinzielt, bedarf es einer solchen Anschauung von der Substanz, die sie als aus dem Geiste hervorgegangen und zum Geiste hinstrebend verstehen läßt. Man muß nicht Materialist werden, wenn man sich der Erforschung der Materie im Sinne einer echten Naturwissenschaft hingibt. Aber es gibt auf diesem Wege Prüfungen zu bestehen. Versuchungen treten an die Seele dessen heran, der die Natur zu ergründen strebt und darüber den Menschen verliert. Ein Rittertum des Geistes muß geübt werden, so fühlten jene Wegbahner des naturwissenschaftlichen Zeitalters. Sie wußten, daß man mit den Truggebilden der Stofflichkeit zu ringen hat. Wer aber die Substanz vom Geiste durchlichtet anzuschauen vermag, verfällt ihnen nicht mehr. Er ist zum „Ritter des güldenen Steins" geworden. In der berühmten Schrift, die unter dem Titel der „Chymischen Hochzeit des Christian Rosenkreuz" erschien, wurden in imaginativer Sprache die Seelenwege aufgezeigt, die zu solcher neuen „Ritterschaft" hinführen können.

Die „chymische Hochzeit" ist offenkundig in einem gewissen

Gegensatz zur „mystischen Hochzeit" gedacht. Letztere war das Hochziel alles christlich=mittelalterlichen Strebens gewesen. Der Mystiker suchte einen Weg, der ihn in die Tiefe der eigenen Seele hineinführte. Indem er die Seelenkräfte — sich selbst läuternd — aus der Verstrickung in die Sinnennatur zu lösen strebte, machte er sie für die Vereinigung mit dem Geiste reif. Er durfte die Vermählung der Seele mit ihrem höheren Selbst, das er in Christus fand, am Ende seines Weges feiern. Aber die Abtötung der Sinnennatur führte zu einer weltflüchtigen Lebensstimmung; der Mystiker läßt die Erde unbearbeitet und unverwandelt unter sich zurück, wenn er sich zu einem reinen Reiche des Seelendaseins erhebt. Niemals jedoch hätte das christliche Abendland über den heraufziehenden Materialismus den geistigen Sieg erringen können, wenn sich die edelsten Geister einer einseitig gerichteten Mystik verschrieben hätten.

In der „Fama Fraternitatis", einer von Johann Valentin Andreae 1614 verfaßten Rosenkreuzerschrift, die sich an die „Häupter, Stände und Gelehrten Europas" wendet, wird uns von einem Jüngling erzählt, der nach einer klösterlichen Erziehung die Sehnsucht bekommt, eine Wallfahrt zum heili= gen Grabe zu machen. Auf sein inständiges Flehen wird er von einem älteren Ordensbruder mitgenommen. Da dieser jedoch unterwegs stirbt, muß er seine Reise allein fortsetzen und wird dabei in Damaskus festgehalten. Hier lernt er eine Gemein= schaft von Weisen kennen, denen die Geheimnisse der Natur enthüllt sind und die in einer so vorbildlichen Harmonie des geistigen Zusammenwirkens leben, daß ihm daran ein neues Ideal aufgeht. Es heißt in jener Schrift: „Hierdurch wurde das hohe und edle Ingenium des Bruders Christian Rosenkreuz erweckt, daß ihm Jerusalem nicht mehr so hoch wie Damaskus im Sinne lag."

Er wird von diesen Weisen jahrelang in ihre umfassenden Naturerkenntnisse eingeweiht. Sie sind Araber. Er aber lernt durch sie das Ideal wahrer Toleranz in geistigen Dingen kennen. Als er nach Europa zurückkehrt, ist es sein innerstes Anliegen, auch hier eine solche Gemeinschaft von geistig strebenden Menschen zu stiften, die in der Gesinnung echter Toleranz, in der gegenseitigen Förderung und Ergänzung ihrer Kräfte sich der Erforschung der Weltgeheimnisse hingeben. Das Mittelalter hatte noch mit tiefster Inbrunst nach Jerusalem hingeblickt. Die Kreuzfahrer suchten das heilige Grab. Christian Rosenkreuz aber schaute im Geiste auf Damaskus hin. Es ist die Stätte, an welcher einstmals Paulus dem Auferstandenen begegnen durfte. Ein Schritt deutet sich damit an, den das Christentum gleichsam vom Karfreitags= zum Ostermysterium hin zu vollziehen hatte. Das Christuslicht, das in der Seele aufgegangen ist, soll von nun an auch alle Weltzusammenhänge durchdringen, es soll zur Welterleuchtung führen. Auf diesem Wege aber nimmt der Christusimpuls einen überkonfessionellen Charakter an. Im Bilde der Gralssage gesprochen: Parzival vereinigt sich mit Feirefis, dem schwarz=weißen Bruder, im Lichte des Grals. Der Christ aber beginnt, von dem Hüter der Geistesschätze des Orients etwas Wesentliches zu lernen.

Dieser geheimnisvolle Austausch zwischen dem christlichen Abendlande und dem fernen Orient mit seiner arabisch gefärbten Weisheit nimmt jedoch bereits in einem früheren Zeitpunkt seinen Anfang. Wir haben auf die Karolingerzeit hingedeutet, in der ein lebendiger Verkehr mit dem Kalifenhofe von Bagdad gepflegt worden ist. Gamurets Züge in den Orient sind bildhafte Schilderungen dieses geistigen Kontaktes zwischen den Kulturen. Eine poesievolle Widerspiegelung jener inbrünstigen Suche nach der verlorenen Urweisheit, um deretwillen mancher die Fahrt ins Morgenland unternahm, finden wir in der Sage von Flore und Blanscheflur. Sie spielt in Spanien zur Zeit des vordringenden Islams, also im 8. Jahrhundert, und ist im Beginn des 13. Jahrhunderts als epische Dichtung be=

kannt geworden. Das aber war um die gleiche Zeit, in der die großen Gralsdichtungen ans Licht traten. Wir hören von Flore, dem Sohn eines spanischen Königs namens Fenix, der aus einer grenzenlosen Liebe zu Blanscheflur die abenteuerliche Fahrt in das Morgenland antritt und nicht ruht, bis er sie, die gefangene Jungfrau, heimgebracht hat. Der alchymistische Zug dieser Sagenbilder kann als eine Vorstufe der Rosenkreuzerweisheit empfunden werden. Wer war dieser Sohn des Königs Fenix, mit dem offenbar auf einen Träger der Phönixmysterien hingedeutet wird? — Dieselbe Seele, so sagte Rudolf Steiner, „ist wiederverkörpert erschienen im 13. und 14. Jahrhundert zur Begründung einer neuen Mysterienschule, welche in einer neuen, der Neuzeit entsprechenden Weise das Christusgeheimnis zu pflegen hatte, in dem Begründer des Rosenkreuzertums." Und von diesem Rosenkreuzertum heißt es, daß in ihm zu jener Zeit die Eingeweihten herangebildet wurden, die die Nachfolger der alten europäischen Mysterien, „die Nachfolger der Schule vom heiligen Gral" werden konnten.*

*

Es ist die Überzeugung jener „Fama Fraternitatis", daß Gott „in den letzten Tagen (gemeint ist das heraufziehende 17. Jahrhundert) seine Gnade und Güte so reichlich über das menschliche Geschlecht ausgegossen habe, daß sich die Erkenntnis beides, seines Sohnes und der Natur, mehr und mehr erweitert". Verborgene Welten beginnen sich den Menschen zu erschließen; es wird dabei sowohl an die Entdeckungsfahrten des Kolumbus und seiner Nachfolger gedacht, wie auch an die Erforschung der übersinnlichen Sphären. Es ist an der Zeit, daß „doch endlich der Mensch seinen Adel und seine Herrlichkeit verstünde".

---

* Aus dem Vortrage „Die europäischen Mysterien und ihre Eingeweihten" (Berlin, 6. Mai 1909). — Siehe über die Sage von „Flore und Blanscheflur" die Ausführungen im 11. Nachtrag.

Denn er ist selbst ein „Mikrokosmos" oder, wie Goethe es später ausdrückte: „Im Innern ist ein Universum auch".

Diese Schrift, die mit großer Eindringlichkeit auf die Zeitenstunde hinwies und eine Sammlung der strebenden Geister Europas herbeizuführen suchte in einem Augenblick, da gerade Mitteleuropa ein brodelnder Kessel widereinander strebender Kräfte und fanatisch=religiöser Leidenschaften war, mutet heute wie ein Ultimatum an. Es erging noch kurz vor dem Ausbruch des Dreißigjährigen Krieges, jenes kulturzerstörenden Bruderkrieges der christlichen Konfessionen untereinander, an die Verantwortung=Tragenden. Ein Kreis von spirituellen Persönlichkeiten, die sich als Hüter hoher Mysterien wissen, die einen Goldhort der Weisheit zu bewahren meinen, den sie für wertvoller als alle Goldschätze halten, die die Spanier von ihren Amerikafahrten heimbrachten, faßt den Entschluß, die bisher geheimgehaltene und nur in intimster Gemeinschaft gepflegte Rosenkreuzerweisheit in das öffentliche Kulturleben überzuführen. „Denn Europa gehet schwanger und wird ein starkes Kind gebären, das muß ein großes Gevatterngeld haben", beteuert der Verfasser jener Schrift.

In dem apokalyptischen Bilde des Weibes, das in Kindesnöten ringt, erscheint hier die Seele Europas im Zeitalter der heraufziehenden Naturwissenschaft. Ein kraftvolles Geisteskind soll geboren werden, aber der Drache der Tiefen erhebt sich zugleich vor dem Weibe, um die Frucht ihres Geistesstrebens zu verschlingen. Das war die Tragik der abendländischen Entwicklung, daß ihre edelsten Geistesfrüchte, die aus dem Schoße einer tausendjährigen Kultur heranzureifen begannen, in ihren Tendenzen abgebogen und einseitig zu den Impulsen einer materialistischen Zivilisation und Technik umgestaltet wurden. Der geistige Impuls, in der Ausdrucksweise der Rosenkreuzerschrift: „das Gevatterngeld", das an der Wiege des neugeborenen Wesens gleichsam als Patengeschenk niedergelegt werden sollte, wurde nicht angenommen. Es wurde nur von allzu wenigen nach Erleuchtung Strebenden in seinem wahren Werte erkannt. Jakob Böhme gehörte zu diesen wenigen. Erst nach der großen Sturmflut, die dann unter der Entfesselung des religiösen Fanatismus über Mitteleuropa hinbrauste, steigt im 18. Jahrhundert langsam das Ideal der geistig-religiösen Toleranz herauf und bahnt den Weg zur Versöhnung der echten Naturerkenntnis mit dem Christuslichte. Goethe wurde der wirksamste Bannerträger dieser Geistesströmung.

Aus einem Briefe an Frau von Stein (1786) wissen wir, daß er mit der bedeutsamsten Schrift der Rosenkreuzer=Strömung bekannt wurde, der „Chymischen Hochzeit Christiani Rosenkreuz". In dieser auf rätselhafte Weise zustande gekommenen Schrift (sie wurde etwa 1603 von dem damals erst siebzehnjährigen, später als pietistischer schwäbischer Theologe bekannten Valentin Andreae niedergeschrieben) wird uns ein Geistessucher dargestellt, der in einem Stufengang von sieben Tagen eine Reihe tiefgreifender Lebensprüfungen durchzumachen hat. Sie verwandeln sein ganzes Wesen und führen ihn zu jener Erleuchtung, die unter dem Bilde einer Teilnahme an der chymischen Hochzeit dargestellt wird.

Die Schilderung beginnt am Vorabend des Osterfestes. Sie beschreibt auf eine innige Art Meditationserlebnisse des eifrig nach den geistigen Daseinsgeheimnissen Forschenden, der den Namen Christian Rosenkreuz trägt. Diese Persönlichkeit erscheint hier in sehr hohem Alter; dazu wird die Handlung auf das Jahr 1459 datiert. Es soll also ein Geistesforscher gekennzeichnet werden, der vom 14. ins 15. Jahrhundert hinüberlebte; der mit gewissen hohen spirituellen Fähigkeiten, die noch ein Erbstück der mittelalterlichen Welt zu sein scheinen, ausgestattet ist, aber erleben muß, wie die Menschheit von nun an ganz neue Wege zum Geiste suchen soll.

Er wird aus der Meditation durch einen Sturmwind heraus=
gerissen, der seine stille Klause in Erschütterung versetzt. Ein
herrlich schönes Weib tritt zu ihm ein, blau gewandet und mit
goldenen Sternen übersät. Sie überbringt ihm ein Brieflein, in
welchem die feierliche Einladung zur königlichen Hochzeit ge=
schrieben steht. Mit kräftigem Posaunenstoß, von dem der
ganze Berg widerhallt, schwingt sie sich davon. Als ob es ein
Weckruf apokalyptischer Art sei, ein Zeitenruf der Geisteswelt,
so dringt jene Ladung an seine Seele heran und führt ihn auf
eine Pilgerschaft, die sich über die ganze Osterwoche ausdehnt.
Wir sind der Überzeugung, daß unter dem Eindruck dieser
Schrift Goethe den ersten Monolog seines Faust ebenfalls in
die Karsamstagnacht verlegt hat; denn in der ersten Fassung sei=
ner Dichtung fehlt dieser Zug noch. Erst als Goethe gegen sein
fünfzigstes Jahr die Arbeit an dem Faustfragment wieder auf=
nahm, gab er der ersten Szene jenen bedeutsamen Hintergrund,
auf dem das Drama zu einem Hinüberleben der Seele vom
Karsamstag in den Ostermorgen und damit zu einer großen
Auferweckungshandlung werden konnte.

Wir haben bereits aus dem großen französischen Gralsroman
die Visionen jenes heiligen Einsiedlers kennen gelernt, der in
der Karwoche von Christus ein Büchlein dargereicht bekam, das
am Ostersonntag wieder entschwand und um dessentwillen er
eine lange Wanderung antreten mußte, bis er es auf einem
Altare zurückempfangen durfte. Diese Pilgerschaft war also in
die Osterwochen verlegt und ließ die Seele in die Auferstehungs=
welt hineinwachsen. In ähnlichem Sinne charakterisiert sich
auch die siebentägige Pilgerschaft des Christian Rosenkreuz als
die eines Gralsuchers.

Aus der Fülle imaginativer Erlebnisse, die dem Geistsucher
zuteil werden, nachdem er in das geheimnisvolle Geisterschloß
Einlaß gefunden hat, sei nur ein Motiv herausgegriffen. Er be=
richtet, wie ihm bei der Besichtigung des Schlosses auch die

Grabstätte der Könige gezeigt wurde: „wo ich mehr Weisheit erfuhr, als in allen Büchern geschrieben steht. Dort fand ich auch den herrlichen Phönix". – In den heiligen drei Königen aus dem Morgenlande wurden immer die Hüter des uralten Weisheitserbes verehrt. Die Könige liegen im Grabe. Aber über ihnen waltet, wie eine Verheißung, der Phönix. Wir wissen aus der Gralsbelehrung des Trevrizent, daß dieser das Geheimnis einer immerwährenden Verjüngung in sich birgt.

Vorgänge, die uns Rätsel über Rätsel aufgeben, ziehen an dem zur königlichen Hochzeit Geladenen vorüber. Sie könnten willkürlich und verwirrend erscheinen, wenn nicht ein unerbitt=lich wirkendes und zugleich zum Höchsten ermutigendes Ge=setz alles Geschehen durchzöge. Dieses aber heißt: Was an alten Kräften und Gaben noch in der Menschennatur waltet, das muß alles durch die Opferung geführt werden, auf daß es verjüngt wiedererstehe. Wandlungsgeheimnisse werden zur Anschauung gebracht. Seelisch=geistige Prozesse werden wie Naturvorgänge dargestellt, Gesetze einer inneren Chemie enthüllen sich. In der Selbstverwandlung der Seele erzeugt sich aus ihr eine höhere Natur, eine „Übernatur". In dieser liegt der Keim der künftigen Welt. Der Mensch aber, dessen Geistesauge erweckt ist, vermag jene tief verborgenen Vorgänge anzuschauen und nicht nur dies: er fühlt sich immerfort aufgerufen, an der Erzeugung die=ses höheren Lebens mit allen Kräften aktiv teilzunehmen.

Die Parzivalsage hatte uns den Geistsucher gezeigt, der erst „fragen" lernen muß. Denn ob er im Anblick des siechen Kö=nigs sich zur Verantwortung aufgerufen fühlt, daran läßt sich sein Reifegrad erkennen: die Stärke seiner Bewußtseinsseele. Dieses Seelenglied ist eine noch junge Kraft. Es ist, wie sich an Parzival bei seinem ersten Besuch der Gralsburg erweist, noch mancher Erfahrungen bedürftig, ehe es zu seiner hohen Bestim=mung herangereift sein wird. – Das Rosenkreuzermysterium schildert uns auch einen Gast, der eine Burg voller Rätsel be=

tritt. Aber wie anders! Dieser verharrt nicht im Staunen, er strebt unablässig danach, die Geheimnisse des Schlosses zu erforschen. Seiner Geisteswachheit entgeht nichts. Sogar solche intimen Dinge, die ihm zunächst verhüllt bleiben sollten, sucht er zu beobachten; er fühlt sich in den mannigfaltigen Situationen zur Aktivität herausgefordert. Christian Rosenkreuz erweist sich, wenn auch in aller Bescheidenheit davon Zeugnis ablegend, als eine Individualität, die mit der vollerwachten Bewußtseinsseelenkraft durch die Prüfungen des Geistes hindurchschreitet. Er kann deshalb zum Hüter der neuen Phönixmysterien berufen werden. (17)

Goethe als Gralsucher

Von dem Karfreitagsmysterium werden, trotz des Verfalls der christlichen Traditionen, immer wieder die Seelen beein= druckt. Das Bild des am Kreuze leidenden, für die Schuld der Menschheit sterbenden Gottessohnes erschüttert stets von neuem das menschliche Gemüt. Die Ostertatsache dagegen ver= flüchtigt sich für das Gegenwartsbewußtsein. Denn das Leben mit dem Auferstandenen fordert die Entfaltung zartester See= lenkräfte, eine Empfänglichkeit für Lebenswirkungen von jen= seits der Todesschwelle. Und doch liegt für das Christentum heute der entscheidende Schritt darin, den Lebensbereich des Auferstandenen zu finden. Die Bruderschaft der Rosenkreuzer suchte diese österliche Stimmung vorzubereiten. Für sie tritt an die Stelle des Crucifixus das Rosenkreuz als Symbol der heilig= sten Empfindungen. Joseph von Arimathia hatte den Leichnam des Gemarterten vom Kreuze abgelöst; ein Kranz von roten Rosen ist an jener Stelle erblüht, wo Er den Tod erlitten.

Bekannt ist die innere Scheu, die Goethe vor dem Zurschau= stellen des am Kreuze Leidenden hatte. Er empfand darin die Profanierung eines höchsten Mysteriums. „Wir ziehen einen Schleier über diese Leiden, eben weil wir sie so hoch verehren", läßt er die weisen Pädagogen in den „Wanderjahren" auf Wil= helm Meisters Frage antworten, weshalb man in ihrem Erziehungsinstitut nirgends das Bild des Gekreuzigten sähe. Goethe fand das Sinnbild höchsten Geistesstrebens in jenem Kreuze, das von Rosen umwunden erscheint.

Gerade als seine Entfremdung vom kirchlichen Christentum, in dem er ja als Knabe mit großer Wärme gelebt hatte, ihren Höhepunkt zu erreichen begann — es war um sein 35. Lebens=
jahr —, schrieb er jene tiefsinnige Dichtung, die uns wie eine Art Gralsuche anmuten kann.

Der junge Bruder Markus wird auf seiner Pilgerschaft, ab= seits von den gewohnten Wegen der Menschen, in einem ver= borgenen Talgrunde zu einer klosterartigen Niederlassung geführt, in welcher ein Kreis von zwölf weisen Männern, die sich um einen dreizehnten scharen, in der Hingabe an hohe Zukunftsziele der Menschheit lebt. Über der Pforte erscheint ihm zum ersten Male das Kreuz von Rosen umwunden. Spä= ter findet er es noch einmal in jenem Saale, in welchem sich die ehrwürdige Runde zu versammeln pflegt. Im Zeichen des Rosenkreuzes haben sich diese Männer zusammengefunden, um auf geheimnisvolle Weise die Universalreligion vorzubereiten, die sich aus dem Zusammenklang aller religiösen Strömungen und Weltanschauungen ergeben wird. Denn diese Zwölf reprä= sentieren, nach des Dichters Absicht, die zwölf verschiedenen Weltansichten oder Religionen der Menschheit. Sie haben durch den verehrungswürdigen Meister, der den Mittelpunkt ihrer Gemeinschaft bildet, jene tiefste Toleranz gelernt, in der man trotz der verschiedenen Bekenntnisse harmonisch zusammen= leben und einander ergänzen kann. Das Christentum der Kir= chen kannte zunächst noch nicht dieses Ideal der vollkommenen Duldung. Wer aber das Mysterium der Wandlung in seiner Tiefe zu erfassen beginnt, kann den Standpunkt jeder Religion neben sich gelten lassen, weil er ihn als eine Stufe der Men= schenseele auf ihrem Wege zur Wahrheit wertet. Durch Zeiten= und Völkerschicksale sind Begrenzungen gegeben; sie schwin= den dahin, wo jene Sphäre aufzuleuchten beginnt, in welcher der Tod in höheres Leben verwandelt wird. „Humanus" heißt der erhabene Meister. Sein Name drückt aus, daß er jene Be=

grenzungen überwunden hat, die uns daran hindern, das umfassende Menschentum darzuleben.

Goethe ließ diese großangelegte Dichtung unvollendet. Auf eine Anfrage junger Menschen hin hat er in späteren Jahren angedeutet, wie er den Leser „durch eine Art von ideellem Montserrat" habe führen wollen und wie die ganze Handlung hätte in der Karwoche stattfinden und dadurch „die durch den Ostertag besiegelte ewige Dauer erhöhter menschlicher Zustände tröstlich offenbaren" sollen. — „Allerdings", so meint er, „wäre dieses Gedicht vor dreißig Jahren, wo es ersonnen und empfangen worden, vollendet erschienen, so wäre es der Zeit einigermaßen vorgeeilt." Er ist also zu der Anschauung gekommen, die Zeit sei noch nicht reif dafür, eine solche Darstellung „erhöhter menschlicher Zustände", die in die Auferstehungswelt hineinführen würden, unbefangen aufzunehmen.

Mit dieser Wendung, die von einem ideellen Montserrat spricht, hat Goethe unseres Wissens das einzige Mal auf die Gralssymbolik hingedeutet. Ein parzivalisches Streben finden wir jedoch durch sein ganzes Leben, besonders innerhalb seines jugendlichen Suchens und Ringens wirksam. Rudolf Steiner hat einmal darauf hingewiesen, wie der Anstoß zu jener Dichtung bis in Goethes Jugendentwicklung zurückverfolgt werden könne. Am Ende seiner Leipziger Studienzeit, im neunzehnten Lebensjahre, trat er in eine schwere Lebenskrisis ein. Wir wissen aus Goethes Selbstbiographie, wie er damals zur Erschöpfung all seiner Lebenskräfte gekommen war und, durch einen Blutsturz an den Rand des Todes getrieben, wochenlang zwischen Tod und Leben schwebte. In diesem Zustand nun war es, daß an seine Seele jene erhabene rosenkreuzerische Inspiration herantrat. Rudolf Steiner spricht geradezu von einer Initiation, indem er sagt: „Goethe war sich dieser zunächst nicht bewußt, sie wirkte als eine Art poetischer Strömung in seiner Seele, und es war ein höchst merkwürdiger Vorgang, wie sich diese Strömung

242

hineinarbeitete in seine verschiedenen Produktionen. Solch
einen Lichtblitz finden wir in dem Gedicht ‚Die Geheimnisse',
das die intimsten Freunde Goethes als eine seiner tiefsten
Schöpfungen bezeichnet haben; und es ist in der Tat so tief
angelegt, daß Goethe niemals die Kraft wiederfinden konnte,
zu diesem Fragmente den Schluß zu gestalten. Die damalige
Kulturströmung hatte noch nicht die Macht, äußerlich die ganze
Tiefe des Lebens auszugestalten, die in diesem Gedichte
pulst... Dann aber arbeitete sich diese Initiation immer wei=
ter heraus, und Goethe konnte endlich, nachdem er sich dieser
Initiation mehr und mehr bewußt geworden war, jene merk=
würdige Prosadichtung entstehen lassen, die wir als ‚Das Mär=
chen von der grünen Schlange und der schönen Lilie' kennen.
Es ist eine der tiefsten Schriften der Weltliteratur; wer sie in
richtiger Weise zu interpretieren vermag, der weiß viel von der
rosenkreuzerischen Weisheiten."*

Es ist das Kennzeichen einer solchen Rosenkreuzer=Inspira=
tion, daß sie in dem strebenden Menschen einen Umschwung
der gesamten Seelenverfassung hervorruft, verbunden mit
einem Verjüngungsimpuls, der bis in die tiefsten Schichten der
Leibesorganisation dringen kann. Für den jungen Goethe be=
deutete es tatsächlich die Lebensrettung. Wir sehen, wie er in
den folgenden Monaten im elterlichen Hause zu Frankfurt als
Rekonvaleszent ganz neue Interessen entwickelt. Mystische
Schriften, wie Johannes Tauler, vor allem aber alchymistische,
in denen die okkulte Tradition des Abendlandes ihren Nieder=
schlag fand, beginnt er zu studieren. Er erzählt später, wie er
noch bis in seine Straßburger Studienzeit hinein im geheimen
solche Experimente gepflegt habe, wie sie in der Alchymie üblich
waren, und hierin seien die Urmotive zu seiner Faustdichtung
zu suchen. Denn nur im Zusammenhang mit der rosenkreu=

---

* Siehe dazu den 1. Vortrag des Zyklus: „Die Theosophie des
Rosenkreuzers" (München 1907).

zerischen Geistesströmung läßt sich die Faustgestalt und alles, was Goethe in sie an Erlebnissubstanz im Laufe seines langen Werdens hat einfließen lassen, zutiefst verstehen.

*

Die Art, wie sich der junge Goethe in seine Zeit hereinlebt, trägt manche parzivalischen Züge an sich. Gewiß, nicht im Waldesfrieden, abgesondert von der Welt, wie der Sohn der Herzeloyde, wächst dieser Knabe heran. Eine reiche Ausbil= dung, die ihm frühe schon den Sinn für alles Edle und Schöne der Welt öffnete, wurde ihm in dem wohlhabenden Patrizier= hause zuteil. Immerhin, der Vater behütete ihn vor jeder Erziehungsschablone, indem er ihn nicht in eine öffentliche Schule gehen ließ. Tiefe religiöse Empfindungen, die in dem Knaben erwachen, suchen sich einen eigenen Ausdruck abseits von allen kirchlichen Formen. Wer dächte hier nicht an den Altar, den sich der etwa Siebenjährige insgeheim auf seines Vaters Musikpult zurichtet, indem er darauf die Naturreiche in ihren Repräsentanten pyramidenartig gestaffelt anordnet, um sie in einem Räucherkerzchen als dem Sinnbild der opfernden Menschenseele gipfeln zu lassen. „Der junge Priester", wie er sich selber nennt, möchte sich durch eine eigene Kultushand= lung den Weg zu dem „großen Gott der Natur" bahnen. So entfacht er mittels eines Brennglases, mit dem er die Strahlen der über den Giebeln der Stadt aufsteigenden Morgensonne auffängt, den Opferbrand und verrichtet vor der verglimmen= den Räucherkerze des Altars seine Andacht. — Spüren wir nicht in solchem Lichtdienst, wie ihn das Knabengemüt sich selber erschuf, uraltes Parsentum aus Wesenstiefen wieder herauf= tauchen? So lehrte einstmals Herzeloyde ihren Sohn, als er die ersten Fragen nach dem Wesen Gottes tat, daß dieser heller sei als jedes Licht. Bis in seine späte Zeit hinein, vor allem aber in der Art, wie er das monumentale wissenschaftliche Werk seiner

244

„Farbenlehre" aufbaute, hat Goethe diesen Lichtdienst gepflegt. Es war der Ausdruck seines Parsentums, wir können auch sagen: seiner echt manichäischen Gesinnung, das Weltgeheimnis unter dem Bilde des Kampfes zwischen Licht und Finsternis anzuschauen und deren Versöhnung, ja Vermählung im reinen Phänomen der Farbe zu verehren.

Wie aus tiefen, durch keine Schul= und Berufsdressur ab= gestumpften Seelenimpulsen tritt der junge Goethe den Erschei= nungen der Welt gegenüber. Erinnert nicht die Unbefangenheit seines Umgangs mit Menschen, die reine Eindrucksfähigkeit für das, was sie ihm vermitteln können, an das parzivalische Herein= stürmen in das Leben, an das Temperament jenes ungebändig= ten Jünglings, dessen Erscheinung dennoch die Welt entzückte und dessen Torheit sich so schnell zur Seelenreife wandelte?

Der ungebrochene Fragetrieb — „Daß ich erkenne, was die Welt im Innersten zusammenhält" — ist Goethes Naturell zu= tiefst eingeboren. Er läßt ihn ungestüm an den Erkenntnispfor= ten rütteln. Und auch ein gewisser Trotz tritt in der Seele des Jünglings auf, als er mit seinem Suchen und Streben nicht sofort ans Ziel gelangt. Goethe bekennt später in seiner Selbstbiogra= phie, daß er der göttlichen Führung gegenüber einen gewissen Dünkel entwickelt habe; als ihn nämlich sein Weg zunächst in eine Sackgasse führte, habe er es Gott nicht recht verzeihen kön= nen, daß dieser solches zuzulassen vermochte. So sagt er ge= radezu: „Dieser Dünkel gründete sich auf meinen unendlich guten Willen, dem er, wie mir schien, besser hätte zu Hilfe kom= men sollen." Diese Stimmung steigert sich in seiner Seele zeit= weise zur prometheïschen Rebellion: „Ich dich ehren? Wofür?"— „Hast du nicht alles selbst vollendet, heilig glühend Herz? Und glühtest jung und gut."

Als Parzival am Artushofe die Kundriebegegnung hat und durch sie aus seinen jungen Lebensträumen aufgeschreckt wird, da kommt über ihn eine ähnliche Stimmung: „Weh, was ist

Gott?" ruft er aus. Wir wissen ja, von nun an ergreift Zweifel die Seele Parzivals, da er sich zum ersten Male ganz auf sich selbst zurückgewiesen erlebt und erfahren muß, wie man zum Schuldner des Lebens wird, noch ehe man sich seines Handelns recht bewußt geworden ist. Und doch wird — auch im Zweifel — sein innerster Strebenswille, jene unbeirrbare Treue zu dem, was er als Lebensauftrag empfindet, nicht gebrochen. Er weicht dem Abenteuer des Lebens in keiner Situation aus. Sein Weg geht „inmitten durch". So auch Goethes Lebensbahn.

Er hat in seinem „Wilhelm Meister", aus der Überschau über den zurückgelegten Weg, manches zur Spiegelung gebracht, was er als das geheime Gesetz seiner eigenen Schicksalsführung zu erkennen meinte. Wie dieser junge Mann aus den festgefügten Formen der Familientradition hinausstrebt und mit seinem Hang zum Theater zunächst nach einem unbürgerlichen Milieu sucht, gerät er unwissend in Schuld und scheint sich in mancherlei Illusionen zu verlieren. Und doch waltet hinter seinen Schicksalswegen eine sehr bewußte Führung, die aber nicht davor zurückschreckt, ihn durch kräftigen Irrtum gehen zu lassen, weil er, ohne diesen ganz auszukosten, nie zur vollen Selbsterkenntnis und damit zur Mündigkeit kommen würde. Wilhelm lernt, als er auf dem Schlosse des Lothario „freigesprochen" werden soll, den geheimnisvollen Führerkreis kennen, der das Werden und Suchen dieses jungen Menschen aufmerksam begleitete und an entscheidenden Wendepunkten seines Strebens immer wieder, wie scheinbar zufällig, eingriff, sobald es galt, ihm zur Klarheit über sein tieferes Wollen zu verhelfen. Dieser Kreis bildet die „Turmgesellschaft" — eine Art Loge, die von einigen Freunden aus dem uneigennützigen Interesse an der menschlichen Natur und ihrer reinen Entfaltung gestiftet worden ist und sich von einem alten Adelssitze aus auf verborgene Weise der Heranbildung bestimmter, dazu auserwählter Menschen widmet. Maurerische Ideale haben in diesem Roman Ge=

stalt gewonnen, wie sie im Sinne der freiesten Geister des
18. Jahrhunderts damals auch in Goethes Anschauung aufleuch=
teten. Was bedeutsam daran ist, scheint uns vor allem dieses zu
sein: hier wird das Leben selber zu einer geheimnisvoll wirken=
den Schule erhoben, Menschenbegegnungen haben erweckende
Kräfte in sich. Das Schicksal führt in Situationen hinein, die das
Gewissen herausfordern. Sie prüfen den Menschen. Sie weihen
ihn Stufe um Stufe ein.

Das ist aber auch die innerste Überzeugung, die aus Wolf=
rams Parzivaldichtung spricht: daß das Leben selber ein=
weihende Kraft für denjenigen habe, der ihm nicht ausweicht,
sondern sich ihm mit offenem Herzen auszusetzen bereit ist;
sich von ihm herausfordern läßt. Dadurch wird jenes tiefe Ge=
fühl für die Heiligkeit alles Erdendaseins erweckt. Die Gegen=
wart des Göttlichen in allem Menschenschicksal wird wahr=
nehmbar gemacht.

Wunderbar ist es, wie die Mündigsprechung in „Wilhelm
Meisters Lehrjahren" mit der Bereitschaft zusammenhängt, ver=
säumte Lebensschulden auszugleichen; wie dann in den „Wan=
derjahren" Wilhelm noch einmal die Lebenswege geht, nun
aber in Begleitung des kleinen Felix, seines eigenen Knaben,
und wie er gerade durch diesen die Gnade eines Neubeginns
findet: er darf noch einmal die Welt mit Kindesaugen an=
schauen. Aus den Kräften der „Ehrfurcht" heraus, wie sie an
den Offenbarungen des Lebens selber in der Seele heranreifen
kann, lernt er das Mysterium des Christentums jetzt auf ganz
freie Art ergreifen. Menschenbegegnungen werden ihm immer
wieder, „was die Ideale im Innern sind, Vorbilder, nicht zum
Nachahmen, sondern zum Nachstreben". — So wird der Wan=
derer durch mannigfaltige Lebenskreise geführt. Indem er sie in
ihren Wesensäußerungen begreifen und schätzen lernt, weitet
sich allmählich sein eigenes bildsames Wesen; es wandelt sich.

Ein höchstes Ziel menschlichen Strebens tritt ihm in der

wundersamen Individualität der Makarie entgegen. Eine „ätherische Dichtung" hat Goethe selbst die Beschreibung dieser Gestalt genannt: „Makarie befindet sich zu unserm Sonnensystem in einem Verhältnis, welches man auszusprechen kaum wagen darf. Im Geiste, der Seele, der Einbildungskraft hegt sie, schaut sie es nicht nur, sondern sie macht gleichsam einen Teil desselben; sie sieht sich in jenen himmlischen Kreisen mit fortgezogen, aber auf eine ganz eigene Art; sie wandelt seit ihrer Kindheit um die Sonne, und zwar, wie nun entdeckt ist, in einer Spirale, sich immer mehr vom Mittelpunkt entfernend und nach den äußeren Regionen hinkreisend. — Wenn man annehmen darf, daß die Wesen, insofern sie körperlich sind, nach dem Zentrum, insofern sie geistig sind, nach der Peripherie streben, so gehört unsere Freundin zu den geistigsten; sie scheint nur geboren, um sich von dem Irdischen zu entbinden, um die nächsten und fernsten Räume des Daseins zu durchdringen." Eine Seele will uns Goethe schildern, die innerhalb ihres Erdendaseins bereits einen Teil jenes kosmischen Lebens, das uns nach dem Tode bestimmt ist, vorauserfahren darf. Sie wächst, obwohl noch dem Körperleben verhaftet, in die Sternenweiten hinaus; aber das bedeutet für sie keineswegs die Auslöschung ihres individuellen Bewußtseins: „Sie erinnert sich — so heißt es — von klein auf ihr inneres Selbst als von leuchtendem Wesen durchdrungen, von einem Licht erhellt, welchem sogar das hellste Sonnenlicht nichts anhaben konnte. Oft sah sie zwei Sonnen, eine nämlich, und eine außen am Himmel..."
Im Laufe der Jahre ist sie mit ihrem inneren Kosmos von einer Planetensphäre zur anderen hinausgewachsen. Ein ihr befreundeter Astronom prüft an den äußeren Beobachtungen des Sternenhimmels ihre Angaben genau nach. So konnte er feststellen, daß sie bereits im Begriffe sei, die Bahn des Jupiter zu überschreiten und nun dem Saturn entgegenwachse, der äußersten Sphäre im Sinne der alten Sternenweisheit: „Dorthin folgt ihr

keine Einbildungskraft, aber wir hoffen, daß eine solche Entelechie sich nicht ganz aus unserm Sonnensystem entfernen, sondern wenn sie an die Grenze desselben gelangt ist, sich wieder zurücksehnen werde, um zugunsten unsrer Urenkel in das irdische Leben und Wohltun wieder einzuwirken."

Makarie ist eine Bürgerin des Universums; aber sie lebt nicht ein weltflüchtiges Dasein, sondern stellt sich mit voller Verantwortung in einen sozialen Pflichtenkreis hinein, dem sie in Liebe zu dienen bereit ist, wie ihre trefflichen Eltern sie in allen irdischen Fähigkeiten tüchtig werden ließen. Sie hat das Gleichgewicht zwischen der Hingabe an das Überirdische und der Treue zur Erde gefunden. Deshalb darf man auch darauf vertrauen, daß sie nicht für ewig in die himmlische Seligkeit entschwinde, sondern dereinst wiederkommen und immer neue Verklärungskräfte in das Erdendasein hereintragen werde. Goethe kann sich ein höchstes sittliches Ideal nicht ohne den Ausblick auf die wiederholten Erdenleben vorstellen.

Er muß im Alter gewisse, wenn vielleicht auch sehr verborgene Möglichkeiten in sich gespürt haben, durch die ihm eine solche Seelenentwicklung wie die der Makarie nicht gar zu abseits gelegen schien. Sein Gedicht „Im Grenzenlosen sich zu finden –" ist ein Zeugnis dafür, wenn er die Weltenseele selber anruft, um sich zum kosmischen Leben ausweiten zu lassen, und die Sehnsucht empfindet, hier schon an einer unsichtbaren Geistergemeinschaft teilzuhaben, um zum schaffenden Leben des Weltalls erhoben zu werden:

> Weltseele, komm, uns zu durchdringen!
> Dann mit dem Weltgeist selbst zu ringen,
> Wird unsrer Kräfte Hochberuf.
> Teilnehmend führen gute Geister,
> Gelinde leitend höchste Meister
> Zu dem, der alles schafft und schuf...

Was ist das Gralskönigtum, zu dem Parzival berufen wird, anderes als ein Eintritt in den Orden jener hohen Meister, die für die Weltverwandlung unablässig tätig sind? — Kundrie zählt, als sie zum zweiten Male erscheint, die Namen der sieben Planeten auf, um die Grenzen des weiten Reiches zu umschreiben, über das von nun an Parzival die vollbewußte Meisterschaft gewinnen soll. Bis zum Saturn hin erstreckt sich sein Herrschaftsbereich. Und nur weil er die saturnischen Gewalten erkennen und beherrschen darf, wird ihm die Vollmacht zuteil, die saturnische Krankheit des Anfortas zu heilen.

Auch Wilhelm Meister wird schließlich Wundarzt, nachdem er in den Orden der „Entsagenden" eingetreten ist und eine Entwicklung zum vollbewußten Glied des sozialen Lebens durchlaufen hat. Denn das „herrliche Ebenbild Gottes", immer wieder hervorgebracht und sogleich wieder beschädigt von innen und von außen, ist auf Erden in Gefahr. Er aber will fortan sein Hüter werden.

In seiner „Makarie" deutet Goethe auf eine menschliche Konstitution hin, welche an uralte Bewußtseinszustände erinnert, die heute durch die intellektuelle Entwicklung tief verschüttet scheinen. Am nächsten mag ihr noch die „Wala" gekommen sein, wie sie bei den keltischen und germanischen Völkern verehrt wurde. Innerhalb der Gralsmysterien dürfen wir uns neben dem starkmutigen Ritter des Geistes solche jungfräulichen, vielleicht in stillem Kreise behüteten Gestalten denken, die die Wala=Kräfte auf christliche Weise zu entfalten vermochten. Repanse de Schoye, die Gralsträgerin, wird als eine Seele gekennzeichnet, die aus jenem keuschen Bewußtsein heraus, das im Sonnengeflecht seinen Sitz hat, die kosmische Offenbarung zum Erstrahlen bringen kann. Aber auch Herzeloyde, so heißt es, war Pflegerin des Grals gewesen, ehe sie sich vermählte. So verstehen wir ein eigentümliches Gesetz, auf das Trevrizent hinweist. Er erklärt dem Parzival, wie die vom Gral

entsandten Jungfrauen offen in die Welt hinausgeschickt wer=
den, die Männer dagegen auf unerkannte Weise in der irdischen
Welt wirken müssen. Das will besagen: Innerhalb einer weib=
lichen Organisation konnte sich die Gralswirkung unmittelbar
entfalten, sie leuchtete in sonnenhaften Inspirationserlebnissen
auf. Die männliche Konstitution war dafür nicht durchlässig
genug, sie verbarg viel mehr die Gralszugehörigkeit einer Per=
sönlichkeit. Nur durch die Art, wie eine solche im Leben stand
und handelte, konnte man ihren Zusammenhang mit dem Gral
erschließen. Wir haben in diesem Sinne von dem Schwanen=
orden gesprochen und dem Hereinwirken der großen Toten, die
gewisse Erdenpersönlichkeiten zu ihrem Werkzeug erkoren.
In den Willensimpulsen solcher Männer, die dem Geist die
Treue hielten, suchte sich die Gralsinspiration, wenn auch tief
verhüllt, Geltung zu verschaffen. Parzival allerdings erscheint
als eine Individualität, die bereits während des Erdenlebens die
Gnade des kosmischen Bewußtseins erfahren darf. Er hat, trotz
seiner männlichen Ich=Entfaltung, die Jungfrau in sich behüten
und sie zu höchster Erleuchtung erwecken können. Er lebt damit
ein Zukunftsideal dar.

*

Goethe ist, vordergründlich betrachtet, eine Gawan=Natur.
Er zieht seine Schicksalsbahn noch im Minnezwang einher. Aber
er reitet doch ein Gralsroß, wie einst Gawan „Gringuljet mit
den roten Ohren" ritt. Die Minne, wenn er auch immer wieder
erleidend ihre Macht an sich erfahren muß, entfremdet ihn nicht
seinen höchsten Zielen. Sie wird ihm Stufe zum Geiste. Zwar
legt der Greis in der „Marienbader Elegie" das erschütternde
Bekenntnis ab, wie er noch immer ihrer Gewalt untertan ist.
Aber er findet jene Worte vom „Frommsein", mit dem er die
Liebe vergleichen darf. In der Verehrung des „Ewig=Weib=
lichen", das uns hinanzieht, läßt der Chorus mysticus jenen

Stufenweg der höchsten Minne ahnen, wie ihn der Gral lehrt: er führt zur Verklärung des Herzens.

Wir haben das Orgelusen=Erlebnis Gawans bereits mit dem Helenamysterium verglichen, wie es Goethe in seinem Faust ge= staltete: reinste Spiegelung seines Ringens im Süden um die geläuterte Anschauung der Schönheit. Der nordische Mensch, der „im Nebelalter jung geworden" ist, wird zum klassischen Künstler, wenn ihm in der südlichen Landschaft und Kultur= welt die Urgestalt des Schönen aufgeht. Lynkeus, der Türmer, legt das Bekenntnis ab:

> Harrend auf des Morgens Wonne,
> Östlich spähend ihren Lauf,
> Ging auf einmal mir die Sonne
> Wunderbar im Süden auf.

Aber Goethes Italienfahrt läßt ihn auch den Boden betreten, wo Klingsors Zauberkünste einstmals gewaltet haben. Er taucht in die Sinnenfülle unter; doch sie verzaubert ihn nicht mehr, obwohl sie ihn nicht völlig unverletzt läßt. In den Tiefen seiner Seele jedoch bleibt als Richtkraft der parzivalische Impuls wirk= sam. Denn eben dort in Süditalien und Sizilien gelingt es Goethe in stetiger Übung der Sinnenbeobachtung, sich zur klaren An= schauung der Urpflanze hinaufzuläutern. Hier gerade, das be= zeugen uns die Briefe der italienischen Reise, enthüllt ihm die Natur ihr „offenbares Geheimnis". Er schaut die „sinnlich= übersinnliche Form", wie sie in der Pflanzenmetamorphose wirksam ist, leibhaftig an. Das ist sein Blanchefleur=Erlebnis: die reine Anschauung der ätherischen Gebilde, um die er unab= lässig geworben; sie hat sich dem Erkenntnissucher ergeben. Es ist zugleich die Vermählung des jungen Königs mit der schönen Lilie, die er in seinem Offenbarungsmärchen unter so wunder= baren Bildern gefeiert hat.

„Suche nicht verborgne Weihe!" kann der gereifte Goethe

ausrufen. Nicht mehr im Kreise geheimer Bruderschaften, nicht mehr im Dunkel der alten Tempelstätten werden die echten Mysterien gehütet. Sie sind im Erdenleben überall als „offenbares Geheimnis" aufzufinden. Sie sprechen sich in der Anschauung der Natur und im Durchschreiten der Schicksalsbahn aus. Der Tempel ist allgegenwärtig. Wie in der Sage König Artus mit dem Gralstempel in das Bergesinnere verschwand, so harrt der Tempel mit den versteinerten Königen im Goetheschen Märchen auch in den Felsenklüften der Erde. Aber er soll *offenbar* werden: so sagt die Verheißung. Dafür ist es „an der Zeit"! Er will ans Licht emporsteigen — weithin sichtbar und allen zugänglich, die die edelsteinschimmernde Brücke über den trennenden Fluß zu betreten bereit sind.

*

Rätselhaft steht neben diesen höchsten Offenbarungen des Goetheschen Genius, aus denen uns das Gralsleuchten entgegengrüßt, manches andere da, das wir als das Menschlich-Allzumenschliche aus seiner Biographie kennen lernen müssen. Es ist die Anfortasnatur, die ihm in so starkem Maße zugesellt war und deren Vorhandensein in seinen Wesenstiefen er, als ein Selbsterkenntnis-Übender, niemals verleugnet hat. In einer Vortragsreihe über „Die Mysterien des Morgenlandes und des Christentums" (Berlin 1913) geht Rudolf Steiner auf dieses oftmals quälende Rätsel ein, das wir an bedeutenden Persönlichkeiten der neueren Zeit immer wieder gewahr werden müssen. Die Klingsorwirkung, welcher einst Anfortas erlag, da die Gemütsseele des mittelalterlich-christlichen Menschen nicht den Angriffen gewachsen sein konnte, die von dem Bündnis des großen Magiers mit der Iblis ausgingen, ist auch in unserer Zeit noch nicht überwunden. Denn der heutige Mensch trägt noch das Erbe alter Seelenkräfte und gleichsam tote Einschlüsse vergangener Entwicklungsstufen in seinen Wesensgründen mit sich. Der Geistesforscher sagt deshalb: „So auseinandergefaltet sind die beiden Naturen des Menschen in den alten Zeiten nicht gewesen, sie konnten nicht so auseinanderfallen. Es konnte nicht ein Mensch, dessen Biographie in einer solchen Weise darzustellen ist wie die Goethes, zu solchen Höhen hinaufkommen, wie sie sich ausleben in gewissen Partien des zweiten Teiles des Faust oder in dem Märchen von der grünen Schlange und der schönen Lilie, und in seiner Seele so auseinanderfallen. Das war in älteren Zeiten unmöglich. Erst in der neueren Zeit ist es möglich geworden, weil in der menschlichen Natur sich der angedeutete unbewußt gewordene Teil der Seele und der tote Teil des Organismus findet. Was lebendig geblieben ist, kann sich so weit hinaufläutern und reinigen, daß in ihm Platz haben kann, was zum Märchen von der grünen Schlange und der schönen Lilie führt, und das andere kann den Attacken der äußeren Welt eben ausgesetzt sein. Und weil sich da die charakterisierten Kräfte einnisten können, deshalb kann unter Umständen eine recht geringe Übereinstimmung mit dem höheren Ich des Menschen vorhanden sein ... Wenn wir uns dies vor die Seele halten, dann können wir sehen, wie eine solche Seele hinuntergeführt wird, die in den alten Inkarnationen den *ganzen* Menschen beherrschen konnte, dann aber von der gesamten Menschennatur zunächst etwas übrig lassen muß, worauf die schlimmen Kräfte Einfluß haben können."

Gerade an Goethes innerer Entwicklung können wir ja verfolgen, wie ein bestimmter Wesensteil in ihm — und zwar der mächtige künstlerische Impuls — in eine alte Kulturepoche zurückstrebt. Die Sehnsucht Iphigeniens, die als Priesterin in ein unwirtliches Barbarenland verschlagen ist, „das Land der Griechen mit der Seele suchend", und die Entrückung des Faust nach Arkadien, wo er die Traumehe mit Helena eingehen darf, nicht aber ohne die unheimliche Phorkyas zur Begleiterin hinnehmen zu müssen, ist der Ausdruck für ein solches Geistes=

streben, das noch mit älteren Mysterienkräften arbeiten möchte. Der andere, wach in den Forderungen der Gegenwart stehende und sich in ihnen bewährende Wesensteil dieser großen Individualität zeigt sich in der Art, wie er in den Zeitströmungen handelnd oder richtungweisend auftritt; vor allem aber, wie er ein Leben lang sich übend mit den materialistischen Tendenzen auseinandersetzt und dadurch Bausteine zu einer neuen Naturanschauung, einem geistdurchleuchteten Weltbilde zusammenträgt. In diesen Bemühungen spricht das Zeitgewissen, die junge Kraft der Bewußtseinsseele in Goethe. Rudolf Steiner fährt fort: „Weil die äußeren Verhältnisse eben so sind, daß erst im Laufe der Zeit die toten Einschlüsse der Menschennatur überwunden werden, die den Initiierten so beunruhigen können, deshalb muß man sagen: Es wird in unserer Zeit und in die weitere Zukunft hinein noch durchaus viele ähnliche Naturen geben, wie Goethe eine war, die mit dem einen Teil ihres Wesens hoch hinaufsteigen, mit dem anderen Teile dagegen mit dem ‚Menschlichen, Allzumenschlichen' zusammenhängen. Naturen, die in den früheren Inkarnationen durchaus nicht diese Eigentümlichkeiten zeigten, die im Gegenteil damals eine gewisse Harmonie des Äußeren und des Inneren zeigten, sie können hineingeworfen werden in neuere Inkarnationen, in denen sich eine tiefe Disharmonie zwischen der äußeren und der inneren Organisation zeigen kann. Und die, welche die Geheimnisse der menschlichen Inkarnationen kennen, werden sich nicht beirrt fühlen, wenn eine solche Disharmonie da sein kann; denn es wächst ja in demselben Maße, als diese Dinge zunehmen, auch die Urteilsfähigkeit der Menschen, und damit hört auf das alte Autoritätsprinzip ... Ob zwar nicht im allermindesten die Zweiheit der Menschennatur in Schutz genommen werden sollte, sondern im strengsten Sinne die Herrschaft der Seele über das Äußere gefordert werden muß, so muß doch gesagt werden, daß die angedeuteten Tatsachen für die neuere Entwicklung durchaus stimmen. Denn im Grunde genommen sind sie noch immer vorhanden, wenn auch in anderer Gestalt, die Nachwirkungen Klingsors und der Iblis. Insbesondere stehen wir gegenwärtig vor einer Zeitepoche, in der diese Wirkungen, diese Attacken, die von Klingsor und der Iblis ausgehen und die Menschen nach und nach ergreifen, heute noch, sich auch hineinschleichen in das intellektuelle Leben — in dasjenige intellektuelle Leben, das zusammenhängt mit der modernen Bildung, mit der Popularisierung der modernen Wissenschaft."

Gerade auf diesem Gebiete aber hat Goethe die Ansatzpunkte geschaffen, die zum Sieg über die seelenlähmenden Wirkungen dieser neueren Wissenschaft führen können. Es ist kein Zufall, daß er gerade in Sizilien mit der Anschauung der „Urpflanze" und ihrer Lebensgesetze den Durchbruch zu dieser Methode einer ideendurchleuchteten Naturbeobachtung erreichte. Die Metamorphose, die er überall in den Naturreichen zu verfolgen beginnt, ist ein Bildungs*gesetz*. Sie muß für das Menschen-Ich, wenn es sich selbst versteht, zum Bildungs*entschluß* werden, zum freien Wandlungswillen von einer Daseinsform zur anderen. In diesem Sinne hat Goethe auch Osteologie betrieben. Er suchte sich eine Anschauung von dem Knochenbau der Wirbeltiere zu erarbeiten und den Kunstgriff der Natur zu belauschen, wie sie von einfachen Elementen zu immer höheren Gestaltungen aufsteigt, zum Beispiel Wirbelknochen zu Schädelknochen umzugestalten vermag. Er verfolgte die Formen der Lebewesen in ihrer stufenweisen Steigerung bis zur aufgerichteten Menschengestalt hinauf, die sich den Schädel zur reinen Wohnung des Geistes bildet:

> Ein Blick, der mich an jenes Meer entrückte,
> Das flutend strömt gesteigerte Gestalten —

heißt es in dem Gedicht „Bei Betrachtung von Schillers Schädel". Goethe erklärt einmal: „Die Natur, um zum Menschen zu ge=

langen, führt ein langes Präludium auf von Wesen und Gestal=
ten, denen noch gar viel zum Menschen fehlt. In jedem aber ist
eine Tendenz zu einem anderen, was über ihm ist, ersicht=
lich." — Wie grundsätzlich anders ist doch diese Anschauungs=
art, mittels derer Goethe den Menschen durch die Reihe der
Naturformen organisch aufsteigen läßt, als die Evolutions=
theorie des Darwinismus, für den die Entstehung der Menschen=
gestalt letztlich nur ein Zufallsprodukt im Kampf ums Dasein
ist, der sich nach den Gesetzen der Auslese und der Anpas=
sungsfähigkeit an die Verhältnisse vollzieht. Dem Darwinis=
mus, dessen Vorstellungsweise auch heute noch das biologische
Denken weithin beherrscht, kann der Mensch nur Fortsetzung
der Tierheit sein. Auf eine solche Anschauung läßt sich keine
Lebensgesinnung begründen, die das Menschenwesen in eine
moralische Weltordnung eingliedert. Goethes Entwicklungsidee,
wenn sie auch zunächst keimhaft blieb, läßt uns den Menschen
als das Ziel des gesamten Naturwerdens erleben. Wie ein Künst=
ler ein Präludium aufführt, das aber von vornherein zu dem
Thema hinstrebt, das er dann symphonisch zu entfalten beab=
sichtigt, so drängt die Natur, das aber ist: der in ihr schaffende
Weltgeist, auf allen Wegen und Umwegen zur Menschengestalt
hinauf. Denn nur in dieser Wohnung, auf der Schädelstätte des
Menschen, vermag der Geist seiner selbst innezuwerden. Er ist
im vollerwachten Menschentum zu sich heimgekehrt. Solches
Metamorphosendenken ist allein fähig, den erkennenden Men=
schen auch an die Auferstehungsgeheimnisse heranzuführen.
Es sind die Phönixmysterien, die in Goethes Natur= und Men=
schenanschauung wieder heraufleuchten. Das 19. Jahrhundert
vermochte sie zunächst nicht aufzugreifen. Es deckte durch den
naturwissenschaftlichen Materialismus jede Verständnismög=
lichkeit für das wahre Wesen des Menschen zu. Es verschüttete
damit auch die Quellen einer echten Christuserkenntnis. Erst
durch die Wiedergeburt des Goetheanismus, wie sie sich im

Übergang vom 19. zum 20. Jahrhundert durch Rudolf Steiners Geistesleistung vollzog, wurde jene Weltanschauung ausgestaltet, die imstande ist, auch den faustischen Erkenntnismenschen an die Auferstehungstatsache heranzuführen.

Goetheanismus will gleichsam die Umhüllung sein, in welcher ein neues Grals=Christentum heranreifen kann. Er bildet die Gedanken= und Empfindungskräfte dazu heran, jenes Reich lebensvoller Gestalten zu erfahren, in dem sich „die durch den Ostertag besiegelte ewige Dauer erhöhter menschlicher Zustände" offenbaren will.

Richard Wagners Gralsbotschaft

In einem Aufsatz über „Religion und Kunst", den Richard Wagner nach der Vollendung seines Parsifaldramas (er war noch mit der Instrumentierung dieses Werkes damals beschäf=tigt) aus tiefen philosophischen Einsichten schrieb, spricht er von der wahren Sendung der Kunst: „Man könnte sagen, daß da, wo die Religion künstlich wird, der Kunst es vorbehalten sei, den Kern der Religion zu retten, indem sie die mystischen Symbole, welche die erstere im eigentlichen Sinne als wahr ge=glaubt wissen will, ihrem sinnbildlichen Werte nach erfaßt, um durch ideale Darstellung derselben die in ihnen verborgene tiefe Wahrheit erkennen zu lassen." — Es ist immer das Zeichen für das Absterben einer Religion, wenn sie sich zum Ausbau eines dogmatischen Systems genötigt sieht. Dann „lebt sie nur noch künstlich", meint Wagner, und mit der christlichen Religion, die er „der Wunder allergrößtes" nennt, trat dieser Zeitpunkt ein, als es möglich wurde, aus ihr „eine Staatsreligion für römische Kaiser= und Ketzerhenker zu machen". Hier setzt nun die läuternde Aufgabe der Kunst ein, die den *Erlebnis*gehalt der Symbole (ihre tatsächliche Wahrheit aber offen lassend) frei=zulegen sucht. Dem Künstler ist ein stellvertretendes Amt über=tragen.

Richard Wagner wollte damit keineswegs den Wahrheitsge=halt des Christentums leugnen; er suchte vielmehr als erleben=der und erkennender Mensch des 19. Jahrhunderts einen neuen

Zugang zu ihm zu gewinnen. Auch als erkennender: davon legt sein philosophisches, sich vielfach nur stammelnd ausdrücken= des Ringen klares Zeugnis ab. Vor allem die nächste Schrift über „Heldentum und Christentum"; in ihr suchte er der Frage der „Regeneration", den „Möglichkeiten der Veredelung der menschlichen Geschlechter" nachzugehen. Einen der Gründe für den Rassenverfall glaubte er in der Umstellung der mensch= lichen Ernährung von der ursprünglichen Pflanzenkost auf die animalische Nahrung sehen zu müssen; sie habe die Grundsub= stanz unseres Blutes verändert und sich bis in die moralischen Eigenschaften ausgewirkt. Eine andere Ursache sah er unter dem Einfluß des Grafen Gobineau in der Vermischung der Ras= sen. Die weiße Rasse schien ihm die edelste, weil die leidens= fähigste. Denn in der Fähigkeit zu bewußtem Leiden sah er „die letzte Stufe, welche die Natur in der aufsteigenden Reihe ihrer Bildungen erreichte; von hier an bringt sie keine neuen höheren Gattungen mehr hervor, denn in dieser, des bewußten Leidens fähigen Gattung erreicht sie selbst ihre einzige Freiheit durch Aufhebung des rastlos sich selbst widerstreitenden Willens."

Niedergehende Rassen bringen keine *Helden* mehr hervor. Es gilt aber, den Helden da wiederum aufzusuchen, wo er gegen die Verderbnis seines Stammes sich aufrafft, um durch eine wunderbare Umkehr seines mißleiteten Willens sich im *Heiligen* als göttlichen Helden wiederzufinden. In seiner Leidensbereit= schaft und Selbstaufopferung wird er jenen noch überbieten. In seiner Demut jedoch ist er größer, als es der Held in seinem Stolze sein kann.

Was bedeutet nun das Blut — die Qualität der Rasse — für die Befähigung zu solchem heiligen Heldentum? fragt Wagner. „Offenbar ist die letzte, die christliche Heilsverkündung aus dem Schoß der ungemein mannigfaltigen Rassenvermischun= gen hervorgegangen", antwortet er und weist damit auf die Mischung der vorderasiatischen Kulturen und der Völker des

späteren Römerreichs hin, die als lateinische Rasse eine Ver=
schmelzung der verschiedensten Elemente darstelle; sie bildete
die römisch=katholische Kirche mit ihren kanonisierten Heiligen.
„Es ist uns unmöglich geworden, dem durch die Jahrhunderte
sich erstreckenden, ungeheuren Verderbe der semitisch=lateini=
schen Kirche noch wahrhaft Heilige, d. h. Heldenmärtyrer der
Wahrhaftigkeit, entwachsen zu sehen", so bekennt er.

„Das Blut des Erlösers selbst, wie es einst in den Adern sei=
ner Helden sich heiligend ergossen hatte", ist in Verderbnis ge=
raten. Es ist deshalb unwirksam geworden, wie es innerhalb der
kirchlichen Tradition weiterströmt. Das ist die „Heilandsklage",
wie sie Parsifal vom Grale her vernommen hat:

> die Klage, ach! die Klage
> um das verrat'ne Heiligtum: —
> „erlöse, rette mich
> aus schuldbefleckten Händen!"
> So — rief die Gottesklage
> furchtbar laut mir in die Seele.

Christian Morgenstern hat später das gleiche Erlebnis einmal
radikal formuliert: „Christus aus den Händen der Christen
erretten!"

Wenn Parsifal, am Ende der mystischen Handlung, den heili=
gen Gral aus dem Schreine heraushebt, in dem er verschlossen
gehalten war und den zu öffnen der sieche Amfortas sich
sträubte, so ist es die Befreiung des christlichen Mysteriums
aus dem Schrein der Dogmen und der erstarrten Kirchenformen,
was damit zur Anschauung gebracht werden sollte. Der Gral
ergießt seine volle Glorie wieder über alle, die sich um ihn ge=
sammelt haben. Und dieses ist des „höchsten Heiles Wunder",
das aus der Kuppel des Gralstempels hernieder — „kaum hör=
bar leise" — verkündet wird:

> „Erlösung dem Erlöser."

Wie kann der Erlöser erlöst, wie kann das heiligste Opfer für die Menschheit wieder zur vollen Wirksamkeit gebracht werden? das ist für Richard Wagner die wahre Gralsfrage.

Es ist ein Blutsopfer; aber dieses Blut, das vom Kreuze floß, trug nichts von der Differenzierung der Menschheit nach Rassen in sich. Ein Wesen, das allen Menschen in gleicher Weise verwandt ist, das in göttlichem Mitleiden das Leiden der ganzen menschlichen Gattung in sich hineinzunehmen und opfernd aufzuheben vermochte, hat in ihm sich hingegeben. Wagner sagt: „Das Blut des Heilandes, von seinem Haupte, aus seinen Wunden am Kreuze fließend, — wer wollte frevelnd fragen, ob es der weißen oder welcher Rasse sonst angehörte? Wenn wir es göttlich nennen, so dürfte seinem Quelle ahnungsvoll einzig in dem, was wir als die Einheit der menschlichen Gattung ausmachend bezeichneten, zu nahen sein, nämlich in der Fähigkeit zu bewußtem Leiden." Nicht ein höher organisiertes Individuum, eine neue *Spezies* ist mit ihm ins Dasein getreten. Es ist das Gleiche, was Paulus den „neuen Adam" genannt hat. — „Das Blut in den Adern des Erlösers, meint Wagner, dürfte so der äußersten Anstrengung des Erlösung wollenden Willens zur Rettung des in seinen edelsten Rassen erliegenden menschlichen Geschlechtes, als göttliches Sublimat der Gattung selbst entflossen sein."

Als ein in den Begriffen der modernen Philosophie und Naturwissenschaft Geschulter erkühnt sich Wagner hier zu einer „an der äußersten Grenze zwischen Physik und Metaphysik schwankenden" Ideenbildung. Und er geht noch einen Schritt weiter. Dieses in jener einzigartigen Geburt sich sublimierende Blut des Erlösers gehört dem ganzen menschlichen Geschlechte, nicht mehr einer bevorzugten Rasse. Die brahmanische Religion wie auch andere waren immer einer bestimmten Rasse zugeordnet. Im Christusopfer aber handelt es sich um eine Blutserneuerung, die allen Menschen zugute kommen will: „Während wir somit das Blut edelster Rassen durch Vermischung sich verderben sehen, dürfte den niedrigsten Rassen der Genuß des Blutes Jesu, wie er in dem einzigen echten Sakramente der christlichen Religion symbolisch vor sich geht, zu göttlichster Reinigung gedeihen." Wagner nennt dieses Sakrament geradezu das „Antidot" gegen den Verfall der Rassen durch ihre Vermischung. Es wäre eine Illusion, diese Vermischung noch aufhalten zu wollen. Wir haben „den Adel des Blutes verloren". Der Degeneration des gesamten menschlichen Geschlechts kann nur ein einziges Heilmittel entgegengesetzt werden: die Durchdringung der Menschennatur mit dem Blute des Erlösers — ein mystischer Vorgang, der durch die sakramentale Handlung sichtbar gemacht werden soll. „Und vielleicht brachte dieser Erdball atmendes Leben nur hervor, um jener Heilsordnung zu dienen." In diesem Satze gipfelt Richard Wagners Bekenntnis zum christlichen Mysterium. Es ist sein Grals-Christentum.

*

Bereits der junge Wagner kreiste um dieses Geheimnis. In seiner Dresdener Zeit, dreißigjährig, versenkte er sich in die Ursprünge des Christentums. Die Welt kannte ihn damals als Freigeist und Revolutionär, der wenige Jahre danach aus Deutschland fliehen und jahrelang in der Verbannung leben mußte. Unkonfessionell, aber um so mehr dem Inspirationsquell des Christuswirkens nachspürend, suchte er das Heilige in Wort und Ton zu verkündigen.

Er komponierte für das große Männergesangsfest in Dresden (1843) „Das Liebesmahl der Apostel", das von 1200 Stimmen in der Frauenkirche vorgetragen wurde. Eine „biblische Szene" hat er dieses Chorwerk genannt. Man mag sich die Tage nach dem ersten Pfingstfeste etwa vorstellen, wie sie in der Apostelgeschichte geschildert werden. Die Urgemeinde versammelt sich immer wieder, vor den Augen der Welt verborgen, zur stillen

Feier des heiligen Mahles. Die Zahl der Gläubigen wächst, aber auch die Bedrängnisse von außen her. Die Apostel treten zu den Verängsteten herein und berichten von den Drohungen, die sie erfahren mußten, als sie im Tempel zu lehren wagten. Leiden künden sich an. Doch „Stimmen aus der Höhe" sprechen ihnen Tröstung zu:

> Seid getrost, ich bin euch nah, und mein Geist ist
> mit euch.
> Machet euch auf! Redet freudig das Wort,
> Das nie in Ewigkeit vergeht.

Und der Chor der Jünger erkennt die Gegenwart des Parakleten:

> Welch Brausen erfüllt die Luft? Welch Tönen,
> welch Klingen?
> Bewegt sich nicht die Stätte, wo wir stehen?
> Gegrüßt sei uns, du Geist des Herrn, den wir erfleht,
> Dich fühlen wir das Herz umwehen, mächtig
> Erfüllst du unsre Seele!

Kann man in diesen Motiven nicht eine Vorstufe zu jenen mystischen Stimmen erkennen, die später in Wagners „Parsifal" aus dem Kuppelgewölbe des Gralstempels erklingen werden? — Es ist auch verständlich, wie sich der Dichter bei seinen Gralstudien vor allem zu Robert von Borons Darstellung der urchristlichen Gralsgemeinde hingezogen fühlte, während ihm Wolframs Auffassung weniger zugänglich blieb.

Es war die für die christliche Vertiefung so oft entscheidende Zeit zwischen dem 30. und 33. Lebensjahre, die Richard Wagner damals durchlebte. Er schuf in dieser Epoche auch die beiden romantischen Opern „Tannhäuser" und „Lohengrin". Beide, dem Sagenstoffe nach, aus jenem Studium mittelalterlicher Epen gewonnen, das er während seines Pariser Aufenthalts (1841) mit großem Eifer betrieben hatte. Solche Sagenmotive, wie er sie aus der alten Dichtung „Sängerkrieg auf Wartburg" oder der Tannhäusersage aufnehmen konnte, ruhten zunächst auf dem Grunde seiner immer bewegten, von leidenschaftlichen Kämpfen um die innere und äußere Existenz durchschütterten Seele. Eruptiv, in völliger Umschmelzung und künstlerischer Ausreifung, traten sie dann aus den Tiefen plötzlich ans Licht. Wagner hat es selbst einmal beschrieben, wie in einer zaube= rischen Mondnacht am Schreckenstein, während er eine Fuß= wanderung von Teplitz aus in das Elbsandsteingebirge unter= nahm, jene Welt des Minnesangs vor ihm lebendig geworden sei. Es ist wie eine Entrückung in eine alte Epoche, Traumkräfte weckt ja der Mond auf: die Wartburg als Stätte einer wunder= baren Geistesblüte, aber auch jener Kämpfe, in deren Mittel= punkt einst Wolfram, der Gralssänger, gestanden hat, steigt vor dem inneren Blicke herauf.

Und wenige Zeit danach, im Juli 1845, das andere Werk: „Wieder war ich auf dem vulkanischen Boden Böhmens", so heißt es, als er von der Geburt seines Lohengrin, der ihn ge= radezu im Bade überfällt, temperamentvoll berichtet. Der Arzt hatte ihm für ein ernstliches Leiden die Marienbader Kur ver= schrieben. Wagner springt, von den Gesichten seines Lohengrin hingerissen, aus dem Bade, um das Erschaute auf das Papier zu werfen. Er weiß nun, daß er zu solchen Kuren doch nicht ge= schaffen sei. Er bricht sie ab und lebt trotzdem weiter. Andere warme Quellen, ebenso eruptiv wie die böhmischen, hatten sich in ihm geöffnet. Eine Regeneration von innen heraus, die erneuernd bis in die Blutsnatur wirkte, wollte sich in ihm voll= ziehen.

In Wagners Lebensablauf tritt jenes Amfortasleiden des höhe= ren Menschen, von dem wir im Blick auf Goethe sprechen mußten, besonders handgreiflich hervor. So interessant seine Selbstbiographie sein mag – diese Kette von Erfolgen und

Verkennungen, von Geldnöten und Verschwendung, von großen Freundschaften und peinlichen Dissonanzen —, es läßt sich aus ihr kaum eine Ursache für sein schöpferisches Werk auffinden. Eine zweite Biographie muß für diesen produktiven Menschen in ihm ergänzend hinzu gedacht werden, eine mystische: wie unter Tag ablaufend. Nur von Zeit zu Zeit stößt jener verborgen arbeitende mit vulkanischer Gewalt ans Licht herauf und setzt Markstein seiner inneren Entwicklung für alle Welt sichtbar hin. Die Sagenstoffe, die er in ihrer mittelalterlichen Fassung teils „dürftig und platt" empfindet, bieten ihm jene symbolkräftigen Handlungen dar, auf die er zurückgreifen kann, wenn es innere „Erreichnisse" darzustellen gilt. Wie sehr seine irdische Persönlichkeit dahinter zurückblieb, wußte er selbst recht gut, wenn er in einem Briefe an Mathilde Wesendonck bekennt: „Mit meinen dichterischen Konzeptionen war ich stets meinen Erfahrungen so weit voraus, daß ich meine moralische Ausbildung fast nur von diesen Konzeptionen bestimmt und herbeigeführt betrachten kann" (Venedig, 19. Januar 1859).

Richard Wagner verstand die Sprache der Imagination. Er wußte, weder die Alltagspsychologie noch die philosophischen Ideen, die er sich in intensivem Studium erarbeitete, sind fähig, jene Prüfungen und Überwindungen auszusprechen, die der mystische Mensch zu durchschreiten hat. Einzig das imaginative Element bot ihm die Möglichkeit, sich mitzuteilen. Durch die Tonwelt aber vermochte sich zu offenbaren, was das inspirierte Bewußtsein gnadevoll erlebte.

*

Von jenen Pariser Studien her ruhte auch der Stoff des Parzival in ihm. Es war im Frühling des Jahres 1857, da sich der Inspirationsquell öffnete, der ihn in die Tiefen der Gralswelt hereinführte. Wagner erzählt selbst, wie er an einem Karfrei=

tagmorgen aus dem Hause trat, das ihm Otto und Mathilde Wesendonck auf dem „grünen Hügel", in einem Vorort Zürichs, zur Verfügung gestellt hatten. Von dieser Stätte aus — er nannte sie sein „Asyl" — breitete sich vor seinem Blicke der Zürchersee mit seinen lieblichen Ufern; sie schienen von der Heiligkeit des Karfreitagsmysteriums verklärt. Und eine leise Stimme sprach: Du sollst nicht Waffen tragen an dem Tage, da dein Herr am Kreuze starb.

Damals ging in Wagners Seele die Erleuchtung auf, wie die Christuswirkung bis in die Natur ausstrahlt. Die Kreatur darf an der Erlösungstat teilhaben, auch sie sehnt sich nach der Annahme an Kindes Statt. Der erlöste Mensch aber soll ihr Mittler sein. Der Apostel Paulus hat dieses tiefe kosmische Geheimnis im Römerbriefe ausgesprochen. Es wurde für Richard Wagner zum Ausgangspunkt für seine Parsifalschöpfung: die Klänge des „Karfreitagszaubers" durchzogen an diesem Morgen seine Seele.

Es sollte zwar noch mehr als zwanzig Jahre dauern, ehe diese Dichtung in ihm die letzte Gestalt gewinnen konnte. Mit Schicksalsgewalt schob sich zunächst die Tristanschöpfung davor. Die Liebe zu Mathilde Wesendonck und die Entsagung, zu der er sich durchringen mußte, suchen in diesem Werke den befreienden Ausdruck. Wagner dachte damals daran, die Gestalt des Parsifal dem letzten Akte des „Tristan" einzuverweben. Der Held sollte, auf seiner Irrfahrt nach dem Grale, an der Burg des sterbenden Tristan vorüberziehen. Das Motiv der Gralsuche hätte aufklingen sollen: „Wo find' ich dich, du heil'ger Gral, dich sucht voll Sehnsucht mein Herze." So notierte es Wagner in jenen Tagen eines tiefen Seelenkampfes. In Parsifal sollte der Held erscheinen, der sich dem Minnezwang entringt: der Sieger über jene Gewalten, denen ein Tristan erliegt.

Doch bald wird er gewahr, wie dieses Thema die ganze Komposition sprengen müßte. In der Gestalt des Amfortas, den er zum „Mittelpunkt und Hauptgegenstand" des Parsifal machen will, ersteht noch einmal das Tristanleiden. „Mir wurde das plötzlich erschreckend klar" — so schreibt er am 30. Mai 1859 an Mathilde Wesendonck —, „es ist mein Tristan des dritten Aktes mit einer undenklichen Steigerung. Die Speerwunde und wohl noch eine andere — im Herzen, kennt der Arme in seinen fürch= terlichen Schmerzen keine andere Sehnsucht als die, zu sterben; dies höchste Labsal zu gewinnen, verlangt es ihn immer wieder nach dem Anblick des Grals, ob der ihm wenigstens die Wunde schlösse, denn alles andere ist ja unvermögend, nichts — nichts vermag zu helfen: — aber der Gral gibt ihm immer nur das eine, eben daß er *nicht* sterben kann."

Wagner entwirft den Grundgedanken der Dichtung, indem er an die Boronsche Tradition anknüpft. Der Gral ist ihm die Abendmahlsschale, in welcher Josef von Arimathia das Blut des Heilandes am Kreuze auffing. Hier findet er bittere Worte gegen Wolfram von Eschenbach: „Sehen Sie doch, wie leicht sich's dagegen schon Meister Wolfram gemacht!" Wagner meint, dieser habe ohne tieferes Verständnis des Mysteriums nur Abenteuer an Abenteuer gereiht.

Gewiß ist Richard Wagners Musikdrama, als Kunstwerk ge= sehen, vollendeter als das mittelalterliche Epos. Aber er irrt in seinem Urteil über Wolfram; er vermag noch nicht die Sprache der Initiation zu enträtseln. Es war ein Erkenntnisweg zum Geist=Erwachen, der hier gegangen worden ist. Ihn mit den Mitteln der Gralserkenntnis des 13. Jahrhunderts nachzuzeich= nen, war eine Lebensleistung, welche Seelenkämpfe und Gei= stessiege einschloß, die wir nur noch ahnen können. Wagners Parsifal jedoch geht einen mystischen Weg, der nur in einer Skala von Gefühlen verläuft. Er wird „durch Mitleid wissend". Zwar sind es Gefühle der allertiefsten Art, die „welthellsichtig" machen. Es ist in einem gewissen Sinne durchchristeter Buddhis= mus, der hier zum Grale hinfindet.

Wagner hatte sich in jener Epoche dem Studium der Schopen=
hauerschen Philosophie hingegeben. Sie war die intellektuelle
Einkleidung, in welcher damals der Buddha=Impuls an das
abendländische Bewußtsein herangetragen wurde. Ihm bedeu=
tete sie Orientierung und Tröstung in jenem Seelenkampfe,
den er um diese Zeit durchzuringen hatte. Er fand die mora=
lische Kraft zur Entsagung und wußte die Leidensfrucht in
schöpferisches Leben umzuwandeln. Im Leiden und in der
Überwindung des selbstischen Leidens weitet sich seine Seele
zum umfassenden Mitleiden: „Dieses Mitleiden erkenne ich in
mir als stärksten Zug meines moralischen Wesens, und vermut=
lich ist dieser auch der Quell meiner Kunst" (Venedig, 1. Okto=
ber 1858).

Damals entwarf er den Plan eines Buddhadramas „Die Sie=
ger". Ananda und Sawitri, die einander Liebenden, gehen den
Weg der Entsagung. Doch allmählich verwandelt sich ihm die=
ses Paar, der Jünger und die Jüngerin, die den Buddhapfad
erwählt haben, in ein ganz anderes: Parsifal und Kundry, die
durch Entsagung das Gesetz des Grales erfüllen. Immerhin
aber dauerte es noch ungefähr zwanzig Jahre, ehe in Wagners
Seele das Mysteriendrama dessen, der „durch Mitleid wissend"
wurde, zur vollen Reife kam.

Die bedeutsamste Neuschöpfung, abgesehen von der genialen
Zusammenziehung der Handlung in die drei Akte, scheint mir in
der Gestalt der Kundry zu liegen. Sie ist nicht mehr in dem von
Wolfram gemeinten Sinne die Gralsbotin; die Schwellen=
geheimnisse, die mit diesem Rätselwesen zusammenhängen,
kennt Richard Wagner nicht. Aber er hat ihr nach einer ande=
ren Richtung eine einzigartige Vertiefung gegeben. Züge der
Sigune, die dem Parzival seinen Namen verkündet und ihm von
seiner Mutter sprechen kann, — wiederum aber auch Züge der
Orgeluse, die im Banne Klingsors leben muß und dem Amfor=
tas zum Verderben wurde, verschmelzen mit dieser Kundry, die

Kundry der Fluch der Evanatur, die Verhaftung des Weibes an die Triebgewalten, von Dasein zu Dasein hetzt.

Das Gesetz der wiederholten Erdenleben suchte Wagner in dieser Gestalt zur Anschauung zu bringen. Sie ist die Büßerin im Gralsgebiet, die sich darum müht, alte Schuld in Dienst= bereitschaft zu sühnen. Aber sie kann, wenn die dämonische Natur wieder über sie Gewalt gewinnt, auch die Teufelin sein, die ihre Verführungskünste spielen läßt, durch die sie über die edelsten Männer triumphiert.

Herodias Diese Kundry ist ein weiblicher Ahasver. Einst war sie dem Heiland auf Erden begegnet, da sie als Herodias lebte. Sie weiß sich daran zu erinnern:

> Ich sah — Ihn — Ihn —
> Und — lachte ...
> Da traf mich sein Blick.

Nun muß sie, von Welt zu Welt irrend, Ihm wieder zu begeg= nen suchen. Wenn sie in höchster Not schon wähnt, daß sein Blick auf ihr ruht, ist es doch immer wieder ein Sünder, der ihr in die Arme fällt. Und doch sucht sie im Grunde den *Geist* im Manne, den erlösenden Geist. In Parsifal begegnet ihr dieser Mann, der ihrem Zauber nicht verfällt, aber sie gerade deshalb der Verzauberung entreißen kann, dem dämonischen Bannkreis Klingsors.

Auch Wolframs Parzival geht unbeirrt durch jene Sphäre von Schastelmarveil; Orgeluses Reize beirren ihn nicht. Aber wie völlig anders hat Wagner diesen Durchgang des reinen Toren durch die Klingsor=Welt zu gestalten vermocht! Es ist ein Seelen= kampf, der an Abgründe führt. In diesem Kampfe wird Parsi= fal wissend: „welthellsichtig" durch Kundrys Kuß. Denn nun erkennt er erst das Leiden des Amfortas, vor dem er damals stumm geblieben war, als er die Gralsburg zum erstenmal be= treten durfte. Warum blieb er stumm, warum stellte er nicht die

Frage, obwohl er das Leiden des Amfortas mit anschaute? — Weil er die Wunde, an der jener krankte, noch nicht im eigenen Herzen erfahren hatte. Wagners Parsifal wird, als er Klingsors Reich durchschreitet, allen Anfechtungen ausgesetzt, die aus der Sinnennatur aufsteigen können. Bis in die Tiefen des Bluts muß er von jenen Gewalten durchrüttelt werden, die ihn seiner wahren Bestimmung entfremden wollen; aber in diese Tiefen hat noch eine andere Macht Einzug gehalten, da er den Gral zu schauen erwürdigt ward. Diese Macht spricht durch das Mit=leid, sie durchwellt das Blut mit den reinsten Empfindungen. Sie befreit das Herz. Dieses Heilige, das Parsifal in seinem Blute strömen fühlt, ist stärker als jede Naturgewalt, die ihn in Fesseln schlagen will. Der Ansturm der Dämonen bricht sich am Gral, der im Blute aufleuchtet. (18)

In einer psychologisch wunderbar gestuften Steigerung läßt Wagner den „Toren" zu diesem Mitleid erwachen. Die erste Stufe wird beschritten, als Parsifal eben das Gralsgebiet be=tritt. In blinder Jagdlust hat er den Schwan über dem heiligen See mit seinem Pfeile erlegt. Ein Frevel geschah; alle sind ent=setzt. Denn im Gralsbezirk darf kein Tier getötet werden. Gurnemanz, der Gralslehrer, führt den Jüngling vor den ster=benden Schwan hin und läßt ihn den brechenden Blick an=schauen. „Ich wußte es nicht", bekennt der Erschütterte und zerbricht sogleich seinen Bogen. Fortan wird er nicht mehr töten. Richard Wagner suchte damit ein tiefstes ethisches Anlie=gen zum Ausdruck zu bringen, mit dem er in den Kultur=kämpfen seiner Zeit darinnenstand. Er hatte sich mit aller Lei=denschaft an dem Kampf gegen die Vivisektion beteiligt, in welcher er die moderne Form der Folterkammern sah. Schützer des Wehrlosen zu sein, in diesem Falle der gemarterten Tiere, empfand er als ein erstes Gebot des Gralsrittertums. Denn Rit=terschaft verpflichtet.

Tiefsinnig hat Wagner auch ein anderes Gralsgesetz zu ge=

stalten gewußt, das wir aus Wolframs Dichtung kennen. Es heißt, daß derjenige, der zum Grale kommt, noch eine andere Seele mitbringen müsse, die ihn aus ihren eigenen Schicksals=bedingungen nicht hätte erreichen können. Parzival hatte Feire=fis, den heidnischen Bruder, erwählt; dieser empfing im Grals=tempel die Taufe und wurde dadurch erst für das Gralsgeheim=nis sehend. In Wagners „Parsifal" ist Kundry die Seele, die der Gralsucher zum Tempel mitnehmen darf. Es zeugt von einem tiefen Einblick in die Schicksalsgesetze, wie der Dichter die Wege dieser beiden Menschenseelen miteinander verbunden hat.

Als sich Parsifal dem leidenschaftlichen Begehren Kundrys verweigert hat, trifft ihn ihr Fluch. Den Weg, den er sucht, soll er nicht finden; denn alle Pfade, die ihn ihr entführen, ver=wünscht sie ihm. Sein jahrelanges Irrsal (es wird von Wagner zwischen dem zweiten und dritten Akte musikalisch zur Dar=stellung gebracht) ist in dieser Verwünschung begründet.

Aber Parsifal läßt wiederum Kundry nicht ohne Verheißung in ihrer Not zurück. „Du weißt — wo du mich wiederfinden kannst!" spricht er zu ihr, während er Klingsors Zauber mit dem Zeichen des Kreuzes bannt und sich unbeirrt auf den Weg zum Gral begibt.

Nur im Bezirk des Grals wird ihm Kundry wieder begegnen können. Aber er wird nicht dorthin gelangen können, ehe — sie nicht auch dazu bereit ist. Nur als Entsagende werden beide einander wiederfinden. Deshalb beginnt der dritte Akt im Gralsgebiete mit der Erweckung Kundrys aus dem Todes=schlafe. „Dienen" — ist das erste Wort, das die Erweckte her=vorzubringen vermag. In diesem Augenblick naht sich auch Parsifal dem heiligen Quell. Die Irrfahrt ist an ihr Ziel ge=kommen.

Die Karfreitagsunterweisung durch Trevrizent (der bei Wag=ner den Namen Gurnemanz, des Jugendlehrers Parsifals, trägt)

ist auch innerhalb des Dramas die herzbewegendste Szene. Handlungen, die in die Sphäre des Evangeliums hineinführen, vollziehen sich hier. Der Geist der Fußwaschung waltet zwi=
schen den Menschenseelen. Und wie einstmals sich die große Sünderin weinend zu den Füßen Jesu herniederbeugte und über sie die kostbare Narde ausgoß, so salbt auch Kundry die Füße des Pilgers, der nach langer Irrfahrt den Weg zum Grale gefun=
den. Und Parsifal, an dem Gurnemanz nun die Salbung zum Priesterkönig vollzieht, verrichtet aus der Vollmacht des Grals sein erstes Amt: er tauft Kundry, die heidnische Seele.

In diesem Augenblick breitet sich das Wunder der Wandlung über die ganze Frühlingslandschaft aus. Die Kreatur will teil=
nehmen an dem Karfreitagsmysterium; denn auch für sie hat der Christus sein Liebesopfer dargebracht:

> Ihn selbst am Kreuze kann sie nicht erschauen:
> Da blickt sie zum erlösten Menschen auf ...

In Kundry ist selbst ein Stück Natur entsündigt und zum Geiste hinaufgehoben. Denn der Mensch ist zum Mittleramt für die Natur berufen. In ihm und durch ihn wollen die Elemente zu ihrem göttlichen Urstand heimkehren. Die Gralswirkung ist nicht nur ein innerlich=menschliches Geheimnis; sie strahlt in das Leben der Erde aus. Es ist die „Terra lucida", die keimhaft hier aufzuglänzen beginnt: die Äthererde der Zukunft.

Wagner läßt die Handlung immerfort in die sakramentale Wirklichkeit übergehen. Im ersten Akte seiner mystischen Handlung hatte er Parsifal das Ernährungsgeheimnis des un=
sterblichen Menschenwesens auf der Gralsburg anschauen las=
sen, das immerwährende Liebesopfer des Christus in der Feier des heiligen Mahles. Jetzt aber waltet ein Gleiches in der Taufe, die aus der Vollmacht des Grales verrichtet wird. Die Wand=
lung wird zur Weltenkraft, sie führt die Natur in die Ver=
klärung über.

*

Die höchste Heilestat aber vollbringt Parsifal an Amfortas. Dazu bedarf es der Kraft des heiligen Speers. Des gleichen, der die Wunde schlug. Kein Gralsdichter hat die Bedeutsamkeit des Speeres in solcher Konsequenz herausgearbeitet wie Richard Wagner. Damit gab er seiner Dichtung jene Wendung, die ihr gerade für unsere Zeit eine besondere Aktualität verleiht.

Denn was ist dieser Speer? — Chrestien und Wolfram kannten zunächst nur die blutende Lanze, die beim Gralsmahle mit hereingetragen wurde. Es ist, wie wir bereits sahen, die Imagination für die im Blute wirkende Triebgewalt. Sie vergiftet das heiligste Streben; sie verwundet allnächtlich, wenn sie zum Haupte heraufdringt, den verborgenen Menschen in uns. Erst Chrestiens Fortsetzer bringen sie zu jener heiligen Lanze in eine mystische Beziehung, mit der einst der Hauptmann Longinus dem Erlöser am Kreuze die Seite geöffnet haben soll. Sie spielte in der Tradition des Mittelalters eine große Rolle.

Man empfand: die Selbstsucht der Menschheit ist es, die den Heiland ans Kreuz geschlagen hat und die ihn immer noch kreuzigt. Sie schlug ihm auch die Seitenwunde. Aber aus dieser Freveltat ist dennoch für das Menschengeschlecht das höchste Heil entsprungen. Das Liebesopfer des Gottessohnes hat das Böse in ein höheres Gutes verwandelt. Es hat auch die Lanze geheiligt, welche die Wunde schlug, aus der das Blut des Erlösers geflossen ist: das Blut, das nun in der Gralesschale sonnenhaft erstrahlen kann. Deshalb gehört die Lanze zum Gralsgeheimnis hinzu. Auch sie muß, wie das Heilsgefäß, in rechter Weise gehütet werden.

In der Gralesschale will sich der Menschheit lauter *Gnade* mitteilen; mit dem Gralsspeer ist ihr etwas in die Hand gegeben, was im innersten Sinne mit ihrer *Freiheit* zusammenhängt. Denn die gleiche Kraft, die — als Selbstsucht entfesselt — Siechtum und Zerstörung bringt, kann — in Freiheit ergriffen — als Schöpfermacht des höheren Ich sich offenbaren.

Nicht ausgelöscht soll also das Ich im Menschen, es muß der
Triebgewalt der Sinnennatur entrungen werden.

Amfortas hatte, wie es Wagner schildert, den heiligen Speer
an Klingsor verloren, als er des Grales keuschen Dienst ver=
gaß und sich in sein Zauberreich verlocken ließ. Mit diesem
Speer konnte ihm der Gegner des Grals die Wunde schlagen.
Siechtum, scheinbar unheilbares, ist die Folge. Die Gralsnot
bricht herein.

> O, wunden=wundervoller, heiliger Speer!
> Ich sah dich schwingen von unheiligster Hand —

so klagt Gurnemanz, als er von diesem Unheilsgeschehen Be=
richt gibt. (19)

Immer seltener wird der Gral enthüllt, da seine Anschauung
dem siechen Amfortas jedesmal die Qualen ins Unerträgliche
steigert. So welkt die Gralsritterschaft dahin. Alle Mittel, die
man zur Heilung der Wunde herbeischaffte, erwiesen sich als
unwirksam. Denn „die Wunde schließt der Speer nur, der sie
schlug".

Wer aber vermag ihn dem Gralswidersacher zu entringen? —
Nur wer so rein ist, daß er in Klingsors Reich eindringen kann,
ohne seinem Zauber zu erliegen. Darin besteht die Tat Parsi=
fals. Ihn trifft die Waffe nicht, als ihn Klingsor mit ihr zu ver=
nichten sucht. Denn Parsifal blieb in der Anfechtung wach, er
verlor sich nicht an Kundry. Wohl lernte er die Tiefe des Lei=
dens kennen, das aus der Leidenschaft entspringt; aber es wan=
delte sich in seiner Seele zur Kraft des höchsten Mitleidens.
Darum darf er, in der Rückschau auf den vollbrachten Weg,
dieses Leiden segnen. Amfortas selber in seinem Leiden segnet
er, weil nur aus der Anschauung dieses Leidens dem zagen
Toren jene höchste Mitleidsfähigkeit erwachsen konnte.

Als Parsifal den Speer auffängt, der im Wurfe über seinem

Haupte schweben bleibt, schlägt er mit ihm das Kreuzeszeichen über das ganze Klingsorreich:

> Mit diesem Zeichen bann' ich deinen Zauber:
> Wie die Wunde er schließe,
> Die mit ihm du schlugest,
> In Trauer und Trümmer
> Stürz' er die trügende Pracht!

Man muß die Illusion des Sinnenzaubers durchschauen, um seinen Bann brechen zu können. Parsifal ist zum Sieger über ihn geworden, darum wird er zum Gralskönigtum berufen. Als er an einem Karfreitag=Morgen den heiligen Speer zum Grals= gebiete zurückbringen kann, gibt er Bericht über seine Irrfahr= ten und zahllosen Nöte. Viele Wunden hat er empfangen müs= sen, ohne sich im Streite zu wehren. Denn niemals hat er den Speer zur Selbstverteidigung auf seinem Wege verwendet. Unentweiht bringt ihn der Held zum Grale zurück.

Wolfram deutet auf dieses Geheimnis in anderer Weise hin. Sein Parzival führt in all den Jahren der Irrfahrt den Kampf der Selbstbehauptung. Erst jedoch, als sein Schwert im letzten Kampfe zerbricht und er sich zum ersten Male wehrlos erlebt, kann die Gralsberufung an ihn ergehen.

Jene Kraft, die bisher der Selbstbehauptung gedient hat, sie muß die Hinwendung zum Geiste vollziehen. Die Persönlich= keit, die in der Auseinandersetzung mit der Erdenwelt erstar= ken und heranreifen kann, muß sich aus innerster Freiheit dem Reich der Gnade erschließen. Wohl sind jene Gnadenkräfte immer da, die sich von Golgatha in die Menschheit ergossen haben. Aber es bedarf der Tat des freien Menschen, sie wirk= sam werden zu lassen: des schöpferischen Menschen, der den Speer zu handhaben versteht. Das Christentum der Tradition hält die Heileskräfte im Schrein der Dogmen und überlieferten

Formen verschlossen. Es weiß den Speer nicht zu handhaben. Ja, es hat sich diese Waffe von dem Gralsfeinde entwinden lassen. Nur aber, wo der Speer zugleich beim Grale ist, kann der Gral zum höchsten Leuchten gebracht werden und sich dadurch in seiner weltüberwindenden Macht offenbaren.

Die Welt bedarf einer neuen Gralsenthüllung. Nur ein Christentum, das zugleich den Speer besitzt, wird sie voll= ziehen können.

Gralsenthüllung

„Den heil'gen Speer – ich bring' ihn euch zurück." Mit diesem Worte schreitet Parsifal zu seiner erlösenden Tat. Er schließt die Wunde des Amfortas, er vollzieht die Gralsenthüllung.

Es war im Jahre 1879, da Richard Wagner die Dichtung in dieser mystischen Handlung seines Helden gipfeln ließ. Der Durchbruch eines Zeitalters neuer Geistesoffenbarungen, das sieghafte Leuchten des Grals, den die Kirchen im Schrein verschlossen gehalten, stand vor seinem inneren Blicke. Jetzt konnte er an die Instrumentierung gehen, die mit weissagender Gewalt die Morgenweckrufe der Posaunen in den tiefen Seelenschlaf der Zeit hineindringen ließ. Es war eine festliche Eröffnung jener Epoche, in der der Erzengel Michael – nach alten Traditionen und Erwartungen, die sich damit erfüllen sollten –, wiederum die Zeitenführung übernahm.

Man kann diesen Wendepunkt der neueren Geistesentwicklung, den zum Beispiel der große Humanist Trithem von Sponheim genau vorausberechnete, den aber aus seiner Geistesforschung heraus auch Rudolf Steiner auf das Jahr 1879 datiert hat, durchaus in den Seelenbiographien und Schicksalskrisen vieler Zeitgenossen gespiegelt finden, wenn man sich auf ein intimeres Studium jener Jahre einläßt. Vielleicht wird man darauf kommen, daß im gleichen Jahre Edison die erste Kohlenfadenlampe konstruierte und damit das Zeitalter des elektrischen Lichts heraufführte. Aber solche Ereignisse stellen mehr das materialistische Gegenbild jener inneren Wandlungen dar. Die Sehnsucht der Menschheit nach „mehr Licht", die aus den tiefsten Seelengründen heraufsteigt, findet zunächst eine Befriedigung im Bereiche des Handgreiflich=Sinnlichen. Schastelmarveil hat sofort immer Ersatzlösungen zur Verfügung.

Oder man könnte, wenn man im Technisch=Materiellen mit seiner Beobachtung bleiben will, auf die Anwendung des Dynamits zu Bergesdurchbrüchen den Blick richten und konstatieren, wie in diesen Jahren der St. Gotthard=Tunnel erbaut wurde; Naturschranken zwischen Ländern und Nationen wurden für den Verkehr niedergelegt. Es gab freilich Seelen, die sich nach ganz anderen Durchbrüchen sehnten.

Im Herbst dieses gleichen Jahres betrat der junge Rudolf Steiner die Hochschule in Wien; es begann jenes stille und doch mächtige Ringen um den Durchstoß zur Geisteswelt, die durch die naturwissenschaftliche Vorstellungsart des 19. Jahrhunderts völlig vermauert schien. Aus seinem „Lebensgang" erfahren wir — in jener schlichten Form, in der er über seine eigenen Wege Bericht erstattet hat —, wie hier eine Individualität in das Erdenleben eintrat, der von den frühesten Zeiten an ein Zugang zu den übersinnlichen Reichen gegeben war. Die aber dadurch zu einer inneren Einsamkeit in ihrer Zeit verurteilt war. Er erzählt: „Ich sollte Mathematik und Naturwissenschaft studieren. Ich war überzeugt davon, daß ich dazu kein Verhältnis finden werde, wenn ich deren Ergebnisse nicht auf einen sicheren philosophischen Boden stellen könnte. Aber ich schaute doch eine geistige Welt *als Wirklichkeit*. Mit aller Anschaulichkeit offenbarte sich mir an jedem Menschen seine geistige Individualität. Diese hatte in der physischen Leiblichkeit und in dem Tun in der physischen Welt nur ihre Offenbarung. Sie vereinte sich mit dem, was als physischer Keim von den Eltern herrührte. Den gestorbenen Menschen verfolgte ich weiter auf seinem Wege in die geistige Welt hinein..."

Rudolf Steiner erkannte ganz klar, wie er mit dieser An=
schauung von der Geisteswelt, die er in sich trug, nicht inner=
halb seines Zeitalters wirksam werden könne, wenn er sie nicht
„auch vor dem Forum des naturwissenschaftlichen Denkens für
gerechtfertigt halten" dürfe. Ein universelles Studium der Wis=
senschaften, vor allem aber der Philosophie setzte ein. Er wurde
gewahr, wie es nicht die Naturbeobachtungen und Experimente
selber seien, die uns ein Weltbild geben, das den Geist verleug=
net, sondern die Art, wie die Phänomene gedeutet werden. So
in der Optik: er lernte den Kampf Goethes verstehen, den er in
seiner „Farbenlehre" gegen Newton führte; so in der Biologie:
er begann sich in Goethes Metamorphosenlehre einzuleben. Es
galt, „die Tatsachen der Natur richtig zu lesen". Diese Erkennt=
nisanstrengungen ließen ihn im besten Sinne für die Heraus=
gabe und Kommentierung der naturwissenschaftlichen Schriften
Goethes geeignet erscheinen. Es gab zu jener Zeit unter den
Goethe=Forschern kaum eine Persönlichkeit, die für diese Seite
des Goetheschen Schaffens ein wahres Verständnis gehabt hätte.
Karl Julius Schröer, der Wiener Literaturprofessor, hatte es
wohl ahnungsweise; so vermittelte er seinem Schüler Rudolf
Steiner, der damals noch ein 22jähriger Student war, jene be=
deutende Aufgabe. Wir haben bereits darauf hingewiesen, wie
sich in Goethes Geistesart — vor allem dort, wo er sich der An=
schauung der in der Natur waltenden Gestaltungskräfte übend
hingab — ein neuer Gralsweg eröffnete.

Rückschauend schilderte Rudolf Steiner einmal, wie schwer es
ihm von Natur aus gefallen sei, gerade in der Sinnenbeobach=
tung zu leben. Die Welt der Ideen, ihre unmittelbare Anschau=
ung im Geiste, war ihm das Natürliche. Wie er sich aber
allmählich, unablässig übend, in die Welt der konkreten Sin=
neserscheinungen hereingelebt habe. In der Beschäftigung mit
dem Werke Goethes lag für ihn ein Impuls, sich liebevoll der
reinen Anschauung der Phänomene hinzugeben, bis diese selbst

280

zu sprechen und ihren Sinn zu offenbaren begannen. „Das Gewahrwerden der Idee in der Wirklichkeit ist die wahre Kommunion des Menschen", konnte Rudolf Steiner in der Einführung zu Goethes naturwissenschaftlichen Schriften schließlich als eine beseligende Erfahrung aussprechen. Er hatte den Weg gefunden, der in mutvollem Untertauchen in die Welt der Sinneserscheinungen — nicht in ihrer Verleugnung — zum Geiste hinzuführen vermag.

Es war ein langer, mühevoller Weg, der gegangen werden mußte. Und ein Weg nicht ohne Gefahren, der den modernen Geistessucher harten Seelenprüfungen aussetzte, für die er nirgends Halt und Tröstung zu finden vermochte außer im eigenen Selbst, in dem ihm der Quell der reinen Ideenwelt aufgegangen war. Das Zurückgewiesensein auf sich selbst, wie es zum parzivalischen Schicksal gehört, mußte in Einsamkeitserlebnissen durchrungen werden. Die „Philosophie der Freiheit" stellt die Erfahrung dessen dar, der, von der reinen Beobachtung ausgehend — ohne eine religiöse Tradition zu Hilfe zu nehmen —, das Ewige, die in der reinen Ideenwelt gegründete Individualität, vollbewußt ergreifen lernt.

Immerdar kämpfend, sich wachsam mit den Zeitströmungen auseinandersetzend, sollte dieses Geistesrittertum seine Bewährung finden. Oftmals mag es rätselhaft erscheinen, auf welcher Seite er sich einsetzt und welch scharfe Klinge er im Kampfe führt. Wenn es gilt, einen Nietzsche, den Umnachteten, gegen eine Welt von Philistern zu verteidigen, die über ihn pharisäisch zu Gerichte sitzen, während er nach einem heroischen Geisteskampfe zusammengebrochen ist, so findet man Rudolf Steiner ganz auf der Seite des tragisch Gezeichneten. Oder in der Auseinandersetzung Ernst Haeckels mit seinen Gegnern, die die großen Entwicklungsideen des kühnen Naturforschers mit billigen Argumenten zu entkräften suchten, tritt er völlig auf die Seite des letzteren, obwohl dieser ja gegen alles Sturm lief, was christliche Tradition war. Der Geist des Fortschritts war damals auf der Seite derer, die den Evolutionsgedanken mutvoll zu handhaben und auf alle Daseinserscheinungen an= zuwenden vermochten, selbst wenn sie ihn zunächst in mate= rialistischer Färbung vertraten.

Auch Parzival, wie ihn Wolfram schildert, haben wir bis= weilen auf der Seite kämpfend gefunden, wo man ihn nicht erwarten möchte. Und wie dieser, so scheint der Geistessucher an der Schwelle des 20. Jahrhunderts nicht mehr zu wissen, wann Karfreitag ist. Auch er lebt völlig außerhalb des „christlichen Kalenders". Jene radikalen Urteile, in denen er, je näher die Jahrhundertwende kommt, um so entschiedener die christliche Glaubenswelt abzulehnen scheint, deuten darauf hin. Rudolf Steiner gibt für diese Widersprüche, die man in seiner Entwick= lung oftmals zu finden meinte, eine Erklärung. Er schreibt in seinem Lebensgange: „Sprechen wollte ich von dem, was im ‚Diesseits' als das Geistig=Natürliche, als das wesenhaft Gött= liche zu finden ist. Denn in den traditionell bewahrten Bekennt= nissen war dies Göttliche zu einem ‚Jenseits' geworden, weil man den Geist des ‚Diesseits' nicht anerkannte und ihn daher von der wahrnehmbaren Welt absonderte. Er war zu etwas geworden, das für das menschliche Bewußtsein in ein immer stärkeres Dunkel untergetaucht war. Nicht die Ablehnung des Göttlich=Geistigen, sondern die Hereinstellung in die Welt, die Anrufung desselben im ‚Diesseits' " — das war es, was ihm damals am Herzen lag.

Den Gral kann nicht finden, wer das Göttliche noch fern über der Welt thronend und sie von außen her lenkend vor= stellt, statt seine Gegenwart im Erdendasein selber anzuerken= nen und erfahren zu wollen. In einem Briefe aus jener Zeit ver= teidigt Rudolf Steiner einmal die Prometheus=Idee. „Nicht als die sich in unendlichem Hochmut gegen den Weltschöpfer em= pörende, sondern als die, welche gewahr wird, daß sie das

Höchste, was es für sie überhaupt in der Welt geben kann, aus ihrem eigenen Selbst sich schöpfen muß", will er die in Prometheus verkörperte Menschheit aufgefaßt wissen. „In dem Moment, wo der Mensch gewahr wird, daß die höchste Potenz des Daseins in unendlicher Liebe sich selbst aufgegeben hat, um in der menschlichen Seele wieder aufzuleben und hier die Taten der Freiheit zu verrichten, in demselben Moment muß er jeden Gott, der außer ihm steht, als einen Pseudogott ansehen, gegen dessen Tyrannei er sich auflehnen muß..."*

Parzival lebte im Trotz gegen den Gott, den er sich noch als ein Allmachtswesen vorstellte, von dem er daher meinte, dieser habe das Schicksal anders und gegen ihn gerechter lenken sollen. Erst als er ihn als den im Erdendasein Geopferten, den in unerschütterlicher Treue sich an das Menschenschicksal Hingebenden erfahren lernt, da beginnt er Gott in seiner Wirklichkeit zu erfühlen. Er findet ihn an einem Karfreitag. Er findet ihn als Den, der auf die freie Tat des Menschen wartet. — Von dem gefesselten Prometheus sagt Rudolf Steiner in jenem Briefe: „... daß die Fesselung in dem Momente aufhört, wo die im Innern schlummernde höchste Daseinspotenz, das ist eben Weisheit und Liebe, entbunden wird." So ist auch die Lähmung des siechen Anfortas aufgehoben, als Parzival die aus dem Herzen geborene Frage zu stellen vermag. Denn um sie stellen zu können, bedarf es der ganzen Lebensreife: der Weisheit und der Liebe.

Es können nur Hinweise sein, die in diesem Zusammenhange auf die innere Folgerichtigkeit eines Weges deuten sollen, der von dem Geistessucher bis an jene Schwelle hin gegangen werden mußte, die die Jahrhundertwende war; sie bedeutete zugleich „ein Umschlagen des Werdeganges der Menschheitsentwickelung". Rudolf Steiner sagt: „Mir schwebte damals

---

* Aus „Briefe", Bd. II (an Helene Richter, Weimar, 29. August 1891).

vor, wie die Jahrhundertwende ein neues geistiges Licht der Menschheit bringen müsse. Es schien mir, daß die Abgeschlossenheit des menschlichen Denkens und Wollens vom Geiste einen Höhepunkt erreicht hätte." Aber nicht aus historischen Überlieferungen — auch zunächst nicht den Evangelien — vermochte an dieser Zeitenschwelle das Christusmysterium seine wahre Gestalt zu offenbaren; es mußte für ihn unmittelbar aus den Geisteswelten heraus geholt werden. Rudolf Steiner sagt: „Ich fand das Christentum, das ich suchen mußte, nirgends in den Bekenntnissen vorhanden. Ich mußte mich, nachdem die Prüfungszeit mich harten Seelenkämpfen ausgesetzt hatte, selber in das Christentum versenken, und zwar in der Welt, in der das Geistige darüber spricht." Die erste Frucht dieser Gralsuche tritt in dem Buche „Das Christentum als mystische Tatsache" ans Licht (erschienen 1902). Rudolf Steiner bekennt: „Auf das geistige Gestanden=Haben vor dem Mysterium von Golgatha in innerster, ernstester Erkenntnis=Feier kam es bei meiner Seelen=Entwicklung an."*
Damals hielt das Karfreitagsgeheimnis in seinen Geist und in seine Seele Einzug. Es war, als sei in unendlicher Mühe und Geduld nun die reine Schale geschliffen, die den allerheiligsten Inhalt aufzunehmen vermöchte. Die Summe aller Wissenschaften, der Extrakt aller Erkenntnisarbeit formte sich zum Heilsgefäß, in dem fortan das Blut des Erlösers gehütet und zum hellen Leuchten gebracht werden sollte. Die Gralsenthüllung konnte beginnen.

*

Die Erscheinung des Christentums aus dem Zusammenhang der Mysterienströmungen des Altertums zu verstehen, als deren Erfüllung und zugleich ihre Ablösung, war die Zielsetzung des genannten Buches. Es bedeutet einen Markstein in der Geschichte des Christentums selber. In den folgenden Jah=

---

* Zitate aus „Mein Lebensgang".

ren und Jahrzehnten wurde nach allen Seiten hin ausgebaut, was dieses Buch im Grundriß gab. Die Evangelien wurden, mit dem Johannesevangelium beginnend, Schritt um Schritt für das moderne Bewußtsein zurückgewonnen. Nicht nur gedeutet wurden sie. Aus ihren Inspirationsquellen heraus gleichsam aufs neue erstehend, konnten sie als „Himmelswort" wieder ihren Urklang offenbaren: seelen=weckend, geist=erleuchtend. Statt historischer Dokumente, die von vergangenen Ereignissen nur Bericht erstatten wollen, erwiesen sie sich als Stufenwege zum Geiste, unmittelbar in die Nähe Dessen tragend, der durch den Tod zu höherem Leben führen will. Als Wege, die auch heute noch gegangen sein wollen und die im Beschrittenwer= den ihre Wahrheitskraft bezeugen.

Eine Kosmologie wurde aufgebaut, die von Grund auf das naturwissenschaftlich=materialistische Weltbild überwand, ob= wohl sie in jeder Einzelheit auf deren Forschungsergebnisse und Einwände Rücksicht nahm. In ihrem Mittelpunkt leuchtete das Christusereignis auf, das Opfer von Golgatha als Sinn der Erde und des gesamten Sternenkosmos. In seiner „Geheimwissen= schaft im Umriß" (1909) hat Rudolf Steiner, neben unzähligen Vortragsreihen, dieses Bild der Welt= und Menschheitsentwick= lung grundlegend dargestellt. Er nannte es in diesem Buche die „Wissenschaft vom Gral" und zeigte den Weg in die übersinn= lichen Welten, der zu diesen Erkenntnissen führen kann, in seinen ersten Stufen auf. Er sagt hier vom Grale: „Wer dieses Symbol, wie es in Erzählung und Sage gegeben ist, seiner tiefe= ren Bedeutung nach verstehen lernt, wird nämlich finden, daß es bedeutungsvoll das Wesen dessen versinnlicht, was oben die Erkenntnis der neuen Einweihung, mit dem Christusgeheimnis in der Mitte, genannt worden ist. Die neuzeitlichen Eingeweih= ten können deshalb auch die Eingeweihten des Grales genannt werden."

Jedes Zeitalter muß die Fährte zum Geiste neu auffinden,

indem es an die ihm entsprechenden Seelenfähigkeiten an=
knüpft und auf die jeweiligen Kulturbedingungen zugleich
Rücksicht nimmt. „Gardevias!" stand auf dem Brackenseil. —
„Hüte der Fährte", so wurde den Gralsuchern des frühen Mit=
telalters zugerufen, die den Pfad zum Geiste zu beschreiten
willig waren. Wir hörten von Seelen, die mit dem Einsatz ihres
Lebens und ihres Glücks darum rangen, das geheimnisvolle
Brackenseil zu gewinnen und die Fährte zum Geiste aus der
edelsteinfunkelnden Schrift dieses Bandes zu entziffern. Heute
ist diese Fährte für die Bewußtseinskräfte des 20. Jahrhunderts
neu gefunden worden. Sie ist zum ersten Male offen aufgezeigt
in dem Buche: „Wie erlangt man Erkenntnisse der höheren
Welten?"

Nimmt man dazu die vier Mysteriendramen Rudolf Steiners,
die die Schicksalswege einzelner, zum Geiste strebender Per=
sönlichkeiten dramatisch=anschaulich darstellen, so kann sich in
lebensvoller Art enthüllen, worin die Seelenprüfungen und
Geistbewährungen bestehen, wie sie der moderne Gralsucher
zu durchleben hat. Es erweist sich, daß auch er seinen Schulungs=
weg nicht im Klosterfrieden absolvieren kann oder sich als
weltentrückter Eremit zur seligen Gottesschau erheben darf.
Mitten im Lebensschicksal trifft ihn die Einweihung. Sie for=
dert, daß er unbeirrt *in diesem* stehen bleibt: „Inmitten durch!"

Rudolf Steiner hat den modernen Erkenntnispfad immer
wieder im Zusammenhang mit der Schilderung alter Mysterien=
schulungen darzustellen gesucht. Einmal, um die Kontinuität
des spirituellen Strebens, wie sie von Epoche zu Epoche führt,
aufzuzeigen und zu pflegen; zweitens aber, um aus der ahnen=
den Anschauung ehrwürdiger Vergangenheiten jenen Zauber=
hauch in die Gegenwart hereinzurufen, der durch die Myste=
rien aller Zeiten ging und der die Seele auf seine Schwingen
nehmen muß, wenn sie auf dem Pfad der Prüfungen nicht er=
lahmen soll.

So begann er vom Jahre 1905 an von jenen Weisheitsstätten zu sprechen, von denen in grauer Vorzeit die geistige Führung der europäischen Urbevölkerung ausgegangen ist. Er entwik=
kelte zunächst an Hand von Wagners Musikdramen die An=
schauung jener alten Mysterien, weil in diesen Dichtungen am unmittelbarsten für das moderne Empfinden etwas von den geistigen Urquellen lebendig werden kann, aus denen die My=
then und Sagen erflossen sind. Es ist, als ob der Merlin=Zauber einer versunkenen Welt in diesen Dichtungen wieder her=
aufbeschworen würde, vor allem aber in der Klangmagie der Wagnerschen Tonwelt. Und zwar sind es die Mysterien des hohen Nordens, die sich im „Ring des Nibelungen" spiegeln, während die der westeuropäischen (keltisch=germanischen) Völ=
kerschaften im „Tristan" und in der weihevollen Gralswelt ihren reinsten Ausdruck gefunden haben.*

Und hier schilderte Rudolf Steiner, durch die Kraft der Gei=
stesschau uralte Mysterienerlebnisse wieder heraufholend, eine bestimmte Schulung, die sich zunächst an zarteste Naturgeheim=
nisse anschloß. Die Schüler — so heißt es — wurden angeleitet, sich in den reinen Blütenkelch zu versenken und zu empfinden, wie es die Sonnenstrahlenkraft ist, unter deren Wirkung die Samenkörner reifen. Begierdelos, in unendlicher Unschuld voll=
zieht sich dieser Vorgang. Ganz anders ist das im Tier= und Menschenreiche, die von der Begierde durchwaltet sind. Erst in der göttlichen Sphäre darüber sieht man wieder ein Reich der Unschuld und pflanzengleichen Keuschheit. Und die Schüler der Mysterien wurden in die Zukunft verwiesen: „Schwinden werden einstmals alle Lüste und Begierden. Es wird dann von

* In den Darstellungen Rudolf Steiners werden neben den Drui=
denmysterien immer wieder die „Trotten" genannt; es hießen in der nordischen Mythologie die Opferpriester „Drotten". Das Wort „Drude" (oder Trutte), das dann später für Hexenmeister und unheimliche Geister gebraucht wurde, als die mythischen Gestalten als böse gefürchtet waren, ist eine Abwandlung davon.

oben herunter der Kelch sich öffnen, so wie der Kelch der Blumen sich öffnet, und herab zum Menschen schauen. Wie der Sonnen= strahl sich in die Pflanze senkt, so wird des Menschen eigene geläuterte Kraft sich mit diesem göttlichen Kelche vereinigen." In diesen Mysterien nannte man die im Sonnenstrahl wirkende Schöpferkraft „die heilige Liebeslanze". Sie wird aber, miß= braucht und in die Sphäre der niedersten Selbstsucht herab= gezogen, zur „blutigen Lanze". Das ist, ins Abergläubische ver= zerrt, später dann der Zauberstab geworden. Klingsors Zauber= reich erhält durch den Besitz dieser Lanze seine furchtbare Macht. Es ist das Geheimnis der schwarzen Magie, das mit dem Mißbrauch der Schöpferkräfte zusammenhängt. Der Sphäre der niederen Triebe muß die Blutlanze durch den christerfüllten Menschen entrungen werden. Dieser soll einmal „die heilige Liebeslanze" handhaben lernen. Der Kelch aber, der sich von oben her blütenhaft öffnet, ist das Bild für die Seelen, die sich zur Verkörperung herabneigen. Durch reinste, sonnenhafte Schöpferkräfte, die ihnen von unten her aus Menschenseelen entgegengeschickt werden, wird ihnen die Möglichkeit zum Herniederstieg gegeben. Dieser Kelch ist der heilige Gral. Aber zu ihm gehört die wiedererrungene und geheiligte Lanze hinzu: das Symbol der weißen Magie. (19)

Auf ein Mysterium ferner Menschheitszukunft wird mit die= sen Bildern auf die allerzarteste Weise hingedeutet. Vor dem prophetischen Blicke jener alten Mysten stand eine Zeit, in der die geschlechtliche Fortpflanzung der menschlichen Gattung er= loschen sein wird. Völlig andere Daseinsformen wird das Men= schengeschlecht dann annehmen, nur noch in einem ätherisch= zarten Medium sich verdichtend. Im menschlichen Blute jedoch kann heute schon vorbereitet werden, was künftig einmal jene sonnenhafte Schöpferkraft aus ihm entbinden wird. Dazu be= darf es freilich einer Verwandlung aller menschlichen Lebens= regungen; das Blut soll einstmals mit pflanzenhafter Reinheit durch die menschlichen Adern pulsieren. Es wird dann dem Saft der roten Rose vergleichbar sein.

Vorher jedoch muß es durch das Ersterben aller niederen Leidenschaften geführt werden. Dafür stand, als das christliche Mysterium in die alte Einweihungssymbolik aufgenommen wurde, das Zeichen des Kreuzes. Was aus ihm erblühen soll, wurde mit den roten Rosen angedeutet, die dem Kreuzesholze entsprießen können. Alles, was mit diesem Symbolum zusammenhängt, ist einmal aus den Gralsmysterien herausgeboren.

In diesem Lichte lernen wir auch ein Christuswort verstehen, das uns aus einem esoterischen Evangelium, dem verlorengegangenen oder vielleicht auch bewußt vernichteten „Ägypter=Evangelium" erhalten geblieben ist. — „Ich bin gekommen, des Weibes Werke aufzulösen", heißt es da. Auf die Frage der Jünger, wann er sich offenbaren werde und sie ihn schauen dürften, antwortete er: „Wenn ihr die Kleider abgelegt habt und euch nicht mehr schämt." Deutlicher noch spricht er sich aus, als ihn Salome nach diesem Geheimnis fragt: „Wenn ihr das Kleid der Scham mit Füßen tretet und wenn die Zwei eins werden, so daß es weder Männliches noch Weibliches gibt."

Gralsmysterien sind Menschheitsangelegenheiten. Sie bereiten künftige Entwicklungsstufen vor. Richard Wagner, dessen Ideen um die Regeneration des verfallenden Menschengeschlechts kreisen, wollte in der Erlösung der Kundry auf tiefste Wandlungsmöglichkeiten der Menschennatur hindeuten.

*

Es kann nicht im Sinne dieses Buches liegen, in allen Einzelheiten zusammenzutragen, was Rudolf Steiner über den Gral und die sich um ihn gruppierenden Gestalten ausgesprochen hat. Sein gesamtes Lebenswerk ist Gralserkenntnis und Gralsenthüllung. Dennoch gibt es bestimmte Marksteine auf dem Geisteswege, den er selbst zu gehen und von dem er Zeugnis abzulegen hatte. Das Jahr 1913 kann als ein solcher empfunden werden. Der sichtbare Ausdruck dafür ist die Grundsteinlegung des Goetheanums, die am 20. September 1913 auf dem Dornacher Hügel bei Basel stattfand. In ihm sollten jene Impulse gepflegt werden, die Goethe in den Imaginationen seines weissagenden Märchens mächtig an die Zeit herandrängen fühlte: das Heraufsteigen des Tempels aus den Felsengründen der Erde, die Erweckung der drei Könige der Vorzeit aus ihrer Verzauberung, die Vermählung des Jünglings mit der schönen Lilie: wie sich auch Parzival einst mit Blanchefleur im Lichte des Grales wiedervereinigen durfte.

In jenem Jahre gab Rudolf Steiner die bedeutsamsten Aufschlüsse über den Parzivalweg. Sie vollzogen sich in drei Stufen. Zunächst sprach er in den Vorträgen über „Die Mysterien des Morgenlandes und des Christentums"* von den einander folgenden Zeitaltern, in denen die Menschheit nach ihrer jeweiligen Bewußtseinsstufe die entsprechenden Wege zum Geiste geführt werden mußte. Was einstmals die Kultur Ägyptens mit jener einzigartigen Geisteswürde geadelt hatte, die Mysterien des Osiris und der Isis, es fand seinen Niedergang in jener Zeit, da die Schüler der Einweihung vor der trauernden und schweigsamen Isis standen und als „Söhne der Witwe" den Schmerz der verlöschenden Mysterien erfahren mußten.

Für den spirituellen Blick, so sagte Rudolf Steiner, erscheint die Mysterienströmung der Menschheit wie ein Fluß, der zeitweise an der Oberfläche dahinfließt, dann für eine gewisse Epoche verschwindet, um später an ganz anderer Stelle wieder hervorzutreten.

---

* 1. Ein Vortragszyklus vom 3. bis 6. Februar 1913, Berlin.
2. „Welche Bedeutung hat die okkulte Entwicklung des Menschen für seine Hüllen und sein Selbst?" Haager Zyklus vom 20. bis 29. März 1913.
3. „Christus und die geistige Welt" (oder: „Die Suche nach dem heiligen Gral"). Leipzig, vom 28. Dezember 1913 bis 2. Januar 1914.

„Wie stieg herauf, was im alten Ägypten untergetaucht war?" so stellt er die Frage. „So stieg es herauf, daß es sichtbar wurde in jener heiligen Schale, die da bezeichnet wird als der ‚heilige Gral', die da gehütet wird von den ‚Rittern des heiligen Grals'. Und im Aufstieg des heiligen Grals kann empfunden werden, was im alten Ägypten hinuntergetaucht ist." — Es ist mit diesen Sätzen ein Schlüssel für manches gegeben, was in die Geheimnisse des Parzivalweges hineinführen kann. Erinnern wir uns nur daran, daß ihn Chrestien, ehe er noch seinen Namen nennt, als den „Sohn der Witwe" vor uns hintreten läßt und daß wiederum auch Sigune, durch die Parzival seinen Namen und die erste Gralsbelehrung erfährt, ein *Isisgeheimnis* zu bergen scheint: ist sie doch die jungfräuliche Witwe, die den erschlagenen Bräutigam im Schoße hält.

In diesem Zusammenhange unterscheidet Rudolf Steiner drei Mysterienkreise, die in der Gralssage miteinander verschmolzen erscheinen: die Artustafelrunde, die eigentliche Legende vom heiligen Gral und den Parzivalweg. Drei Seelenkräfte hatten die Kulturvölker nacheinander auszubilden: „die Empfindungsseele", die noch aus einem uralten Erbe hellseherischer Kräfte schöpfen konnte, „die Verstandes= und Gemütsseele", die durch das Ersterben des alten Bilderschauens gehen mußte, aber zugleich die Gemütskräfte in der religiösen Verinnerlichung auszubilden hatte, und „die Bewußtseinsseele", die den Menschen heute in die Freiheit der vollen Selbstverantwortung hineinführt, ihn deshalb aber auch aus der Autorität der alten Mysterienführung entläßt und ihm das Hindurchgehen durch Zweifel und Lebensirrsale nicht ersparen kann. Die Artustafelrunde, wie sie Merlin stiftete, stellt einen Nachglanz der erstgenannten Mysterienepoche dar. Die europäische Bevölkerung wurde in den vorchristlichen Jahrtausenden aus der Druidenweisheit heraus erzogen. In den Helden der Tafelrunde (wie zum Beispiel Gawan, dessen Abenteuer wir ja im Sinne des Wolfram=

schen „Parzival" betrachtet haben) leben Nachbilder jener gro=
ßen Mysterienboten einer alten Kultur, die durch die wunder=
bare Bildersprache von Mythos und Sage, als Rhapsoden oder
Barden die Länder durchziehend, unter den abendländischen
Völkern Weisheit und Sitte verbreiteten. Die Empfindungs=
seele galt es damals mit diesen Mitteln zu wecken und zu har=
monisieren. Im Mittelalter pflanzte die „Artusritterschaft" nach
der Art von Geheimbünden jene Weisheitstraditionen noch
fort. Ihre letzten Nachklänge mündeten später in das westliche
Logenwesen ein.

Die Gralslegende selber hatte die esoterische Pflege der Chri=
stusereignisse zum Inhalt. Die Träger dieser Geistesströmung
fühlten stets, wie schwer es sei, an die Kräfte der herrschenden
Verstandesseele die mystischen Tiefen des Christentums heran=
zutragen. Sie konnten das erhabene Geisteslicht, das von Gol=
gatha ausstrahlte, zunächst nur in das ahnende Gemüt hinein=
senken. Sie mußten darauf warten, wann neue Bewußtseins=
kräfte erwachen würden, die *erkennend* den Inhalt der neuen
Geistesoffenbarung zu ergreifen vermögen. (20)

Das Herankommen einer solchen Individualität an die Grals=
mysterien, die sich aus innerer Freiheit dem Geiste öffnet, fand
seine sagenhafte Einkleidung in der Parzivalgestalt. Deshalb
das Freilassende, das sich in den Prüfungen ausdrückt: die
Frage, die auch unterlassen werden kann, die Lebensirrtümer,
die trotz des edelsten Strebens nicht zu verhindern sind — aber
auch das Lernen aus der Schuld, das Erwachen an ihr zur inner=
sten Verantwortung des Handelns. So bahnen sich Mysterien
der Bewußtseinsseele an, denen die Zukunft gehört.

Im März des gleichen Jahres folgen dann jene Haager Vor=
träge, in denen Rudolf Steiner das erste Betreten der Grals=
burg durch Parzival als ein nächtliches Erlebnis schildert: als
ein Aufwachen nach innen zu, das sich in Imaginationen spie=
gelt. Wir hatten die Betrachtungen dieses Buches gerade mit

jenem bedeutsamen Hinweis eröffnen können und damit einen ersten Schlüssel zum Verständnis der Gralserlebnisse gewonnen.

Den Höhepunkt seiner Ausführungen über den Parzivalweg stellen jedoch die Leipziger Vorträge aus der Weihnachtszeit von 1913 auf 1914 dar. Hier knüpft Rudolf Steiner im wesentlichen an die Dichtung Chrestiens an, um dann allerdings auch die spirituelle Tiefe der Kyot=Tradition zu würdigen. Bedeutsam ist dort vor allem die Art, wie der Geistesforscher von den eigenen Seelenwegen spricht, die ihn erst nach jahrelangem Verfolgen und Wiederverlieren der Fährte an das Ziel kommen lassen: die Schrift zu entziffern, die an der Schale des heiligen Grals aufleuchtet und durch die Perceval zum Gralskönig berufen wird. Es ist „Sternenschrift", in welcher der Name des neuen Eingeweihten sichtbar wird.

Was heißt das? — Wir wiesen bereits auf die altnordische Saga von Parceval hin; in ihr wird der Gral „ganganda greida" (die herumgehende Bewirtung) genannt. Parceval sieht während der abendlichen Speisung, wie er bei jedem Gange vorübergetragen und immer wieder dem greisen Titurel dargereicht wird. Jenes Wort „ganganda greida", so sagt nun Rudolf Steiner, sei als Inspiration zu ihm von dem nordischen Volksgeiste gekommen, als er diesen auf der Suche nach dem Gralsgeheimnis um Rat gefragt habe. Und indem er sich in die Seele des durch Tage und Nächte dahinreitenden Perceval versenkte, der durch den Einsiedler am Karfreitag die Gralsbelehrung empfangen hatte, schaute er den über dem Dahinreitenden am Himmelszelte auf= und niedergehenden Ostermond: die goldene Schale, die von Abend zu Abend immer mehr dahinschwindet, während der dunkle, der nur zart angedeutete Teil des Mondes wie die Hostie in der Schale zu wachsen scheint.

Ein Himmelszeichen: der „Stein", der einstmals im Welten=

kampfe aus Luzifers Krone geschlagen und so dem Luzifer ent=
rungen wurde, er schimmert als Bild vom Firmament hernieder!
An jedem Karfreitag, so sagt Kyot=Wolfram, kommt die Him=
melstaube und senkt die Hostie auf diesen Stein herab. Denn
wenn der Frühlingsmond in der Karwoche voll geworden ist,
dann kann das Ostermysterium wirksam werden. Der Mond
wird Schale, während er in den Osterwochen wieder abnimmt.
Er läßt ein Verborgenes, das er umschließt, erahnen.

Im Sinne der Geisteswissenschaft ist die Sonne nicht nur die
Licht= und Wärmequelle unseres Planetensystems. Sie ist zu=
gleich der Sitz erhabener Weisheitswesen des Kosmos, die den
höchsten Geist der Liebe, den Sonnensohn, durch Äonen in
ihrem Schoße heranreifen ließen. In den Ätherstrahlen der
Sonne zog er, als die Zeit erfüllt war, aus den Weltenhöhen
zur Erde herab. Ein höchstes Sonnenopfer an die Erde war die
Erscheinung des Christus, kosmisch betrachtet.

Es lebt nämlich in den Sonnenstrahlen nicht nur das, was wir
physikalisch als Licht beobachten und berechnen und durch
Spektralanalyse auf seinen chemischen Ursprung hin zu be=
stimmen versuchen. Was wir „Licht" nennen, das sehen wir
auch von der Oberfläche des Mondes reflektiert. Was aber auf
den Bahnen des Lichts sich als kosmische Liebe in die Welt ver=
strömen will, das wird nicht mit zurückgeworfen: es dringt hin=
durch. Der Mond nimmt es in seine verborgenen Tiefen auf.
Dem geöffneten Blicke des Sehers offenbart es sich, wie es in
der Mondenschale aus dem dunklen Teile heraus erglüht, wie
es von ihr umschlossen und durch das Weltall dahingetragen
wird. Das ist die „herumwandelnde Wegzehrung", die nur dem
Geistesschauen, dem durch die Liebe erweckten Herzensauge
sichtbar wird.

Es ist also Sternenschrift, in welcher der Name „Perceval"
an der Schale des heiligen Grals gelesen werden will. Wenn
der Blick den Sinnenschein zu durchdringen beginnt, wenn die

Welt ihm für das in allem Dasein verborgen webende Liebes=
opfer durchlässig wird, dann verklärt sich ihm die Welt. Es ist
der österliche Blick; dieser dringt „inmitten durch".

*

Christian Morgenstern, durch dessen ganzes Suchen und
Streben von jung an jener parzivalische Impuls ging und der
in seinen letzten Lebensjahren als Schüler Rudolf Steiners be=
wußt=übend den Gralsweg betreten konnte, hat diesem Erleben
in einem Gedichte den innigsten Ausdruck verliehen:

> Gib mir den Anblick deines Seins, o Welt...
> Den Sinnenschein laß langsam mich durchdringen...
> So wie ein Haus sich nach und nach erhellt,
> Bis es des Tages Strahlen ganz durchschwingen —
> Und so wie wenn dies Haus dem Himmelsglanz
> Noch Dach und Wand zum Opfer könnte bringen —
> Daß es zuletzt, von gold'ner Fülle ganz
> Durchströmt, als wie ein Geisterbauwerk stände,
> Gleich einer geistdurchleuchteten Monstranz:
> So möchte auch die Starrheit meiner Wände
> Sich lösen, daß dein volles Sein in mein,
> Mein volles Sein in dein Sein Einlaß fände —
> Und so sich rein vereinte Sein mit Sein.

Innere Wachstumsvorgänge zartester Art werden hier beschrie=
ben. Alles Erkennen ist auf dieser Stufe sakramental geworden.
Es ist ein *Wandlungsgeheimnis*.

Dieses in den Mittelpunkt des religiösen Lebens zu stellen,
bedeutet, das Christentum im Lichte des heiligen Grals zu
erneuern. Es war der Grundimpuls, der in den Jahren 1921 und
1922 nach dem Zusammenbruch der mitteleuropäischen Kultur
eine Anzahl junger Menschen beseelte, als sie den Weg zur
Neugestaltung des christlichen Wirkens in der Gegenwart

suchten. Sie fanden in Rudolf Steiner den Lehrer einer neuen Christuserkenntnis; sie durften von ihm sich unterweisen lassen, um die Grundlagen eines zeitgemäßen sakramentalen Wirkens zu gewinnen. Sie glaubten den Zeitenruf verstanden zu haben, der sie aufforderte, Altäre zu errichten, an denen sich Menschenseelen opfernd zu Dem erheben können, der seine Lebenskräfte – erleuchtend, heilend, todüberwindend – in die Zeitennot hineinzuschenken bereit ist. Vor ihnen stand das Ideal, Stätten zu gründen, an denen das Wandlungsmysterium wieder erfahren werden darf. Nicht um ein neues Dogma an die Stelle des alten zu setzen; sie wußten, daß es sich immer nur darum handeln kann, Wachstumsvorgänge in den Seelen anzuregen, die sich heute keimhaft den ersten Strahlen einer neuen Geistessonne erschließen möchten: eine Atmosphäre zu bilden und zu pflegen, in die die Grals-Erstrahlung eintreten kann. Aus solchen Gesinnungen heraus wurde ein neues christliches Priestertum begründet. Dieses leitet seinen Geistesauftrag nicht aus den Traditionen der Vergangenheit her, sondern aus der Gegenwart des Auferstandenen. Denn für Sein offenbarendes Wirken in die Zukunft hinein möchte die „Christengemeinschaft" immer mehr ein Gefäß werden.

Aus einer solchen tieferen Einsicht in die kosmischen Zusammenhänge des Christusmysteriums ist es auch wieder möglich geworden, die christlichen Feste im Jahreslauf im neuen Sinne zu gestalten; sie zum Ausdruck dessen werden zu lassen, was sich Jahr für Jahr zwischen dem Christuswesen, das sich liebend mit dem Leben der Erde verband, und der Menschennatur, die sich Ihm öffnet, abspielen will. Die ersten christlichen Jahrhunderte haben aus ihren kosmischen Einsichten heraus noch die Festsetzung des Ostertermins vollzogen. Wir wissen, wie ernst in den verschiedenen kirchlichen Strömungen darum gerungen worden ist. Das Karfreitagsgeschehen nicht einfach zu einem kalendermäßigen Erinnerungsfest im Jahresablauf wer=

den zu lassen, sondern es immer wieder neu aus der Zusammenschau der Himmelswirkungen, den Konstellationen von Sonne und Mond und Erde zu bestimmen, war ihr innerstes Anliegen. Zur Osterzeit soll ja der Blick des Christus=suchenden Menschen über die bloßen Erdenvorgänge hinaus in den Kosmos gerichtet werden. Denn Sonnen= und Mondenkräfte mußten zusammenwirken, damit das höchste Gotteswesen in einer Erdenhülle erscheinen konnte, und sie müssen immer wieder in einer bestimmten Weise ihre Kräfte darreichen, wenn der Auferstandene im Ätherleben der Erde zur Erscheinung kommen soll. Das gehört zur Gralserkenntnis.

Solange dieses noch fühlend von den Trägern der christlichen Überlieferung erlebt wurde, dachte man nicht daran, den Ostertermin in seiner Beweglichkeit anzutasten. Im gegenwärtigen Kampf um die Kalenderreform, die ja das Osterfest fixieren will, wirkt eine Absage an die Weltgeheimnisse des Christentums. Diese geht aus einer tiefen Gralsfeindschaft hervor, wie sie der intellektualistischen Seelenhaltung unseres Jahrhunderts, auch in weiten Kreisen der Theologie, eigen ist. Nur ein Christentum, das diesem materialistischen Ansturm mehr als eine ehrwürdige Tradition, nämlich *Einsichten*, entgegenstellen kann, die einem durchgeistigten Weltbild entspringen, wird die christliche Osterfeier in ihrem kosmischen Zusammenhang noch zu schützen vermögen. Etwas Heilvolles würde damit für das Leben der kommenden Generationen geschehen können, wenn es den Einsichtigen gelänge, ihnen das wahre Osterfest, das uns zu den Himmelszeichen von Sonne und Mond aufschauen läßt, auch künftig zu retten.

Makrokosmisch ist die Mondenschale, die zur Osterzeit hinschwindet, um für die verborgen leuchtende Sonnenhostie immer mehr Raum zu geben, das Zeichen für den Gral. Mikrokosmisch aber muß das Gralsgeheimnis im Menschenwesen selber gefunden werden. Mondenkräfte waren in der Großhirn=

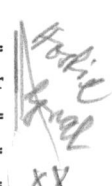

bildung wirksam, um dieses Organ zum reinen Spiegel der Ge=
dankentätigkeit heranzubilden. Wie der Mond das Sonnenlicht
reflektiert — aber es wird in dieser Widerspiegelung kaltes,
oftmals gespenstisch wirkendes Licht —, so kann uns das Hirn=
denken nichts anderes als eine Scheinwelt vermitteln. In dieser
Sphäre des kalten Scheins ist kein Raum für solche Tatsachen,
wie sie mit dem Mysterium von Golgatha in die Erdenwelt
hereingestellt sind. Erst wo wir dieses hirngebundene Vorstel=
lungsleben abklingen lassen, kann sich das dahinter kraftende
Weltendenken kundgeben. Ein Sonnenhaftes leuchtet auf. Her=
zensoffenbarungen strömen in diese reine Gedankentätigkeit
ein, die dann nur noch empfangende Schale sein möchte:

> Ertötend alles Eigenlicht,
> Erscheint dir Geisteshelle —

heißt es in einem Spruche Rudolf Steiners, der diesen inneren
Vorgang beschreibt, in welchem sich die Seele mutvoll aus den
verhärteten Gedankenformen freikämpfen kann.

*

In solchem reinen Denken, das hinter dem sinnengebundenen
Vorstellungsleben kraftet, ist der Willensstoß wirksam, der die
Scheinwelt zu durchbrechen strebt; in ihm findet sich das wahre
Selbst des Menschen. Imaginativ gesprochen, ist es der „heilige
Speer", vor dem die Scheinwelt zerstiebt. Vor ihm muß jede
Verzauberung weichen, die über dem gesamten Dasein liegt.

Ohne die höchste Aktivität im Ich kann der Gral dem Suchen=
den nicht entgegenkommen. Und doch ist alle Aktivität nur ein
vorbereitendes Handeln, ein Sichwürdigmachen für das offen=
barende Leben des Geistes. Denn der Gral und seine sonnen=
hafte Erstrahlung ist Gnade, der gegenüber einzig die Stim=
mung der Erwartung ziemt.

Es liegt, wenn man sich in das Ideengut der Geisteswissen=

schaft Rudolf Steiners einzuleben beginnt, immer wieder die Versuchung nahe, es in ein Weltanschauungssystem zusammen=fassen zu wollen; das aber heißt, es zu intellektualisieren. Der Begründer der Anthroposophie hat dieser Zeittendenz selber dadurch entgegengewirkt, daß er sein Werk von immer neuen Ansatzpunkten aus und mit immer anderen Begriffsbildungen wie aus dem Fundamente aufgebaut hat. Gleichsam immer wie=der in neuen Durchbrüchen die Welt des Geistes öffnend. Die Speerkraft des schöpferischen Ich kann man fortwährend in dieser Gralsenthüllung wirksam empfinden. Sie bewahrt das Werk vor jeder Dogmatisierung, vor der Erstarrung im Reli=quienschrein. Es bleibt stets *Weg*. Das aber besagt: die Er=kenntnisfrüchte dürfen niemals völlig vom denkenden Nach=erleben des Erkenntnisweges, der zu ihnen hinführte, abgelöst werden. Darin liegt das Parzivalische dieses Geistesringens.

Als Zeugnis eines mächtigen Durchbruchs in die kosmischen Höhen und Weiten steht noch einmal jene Vortragsreihe Rudolf Steiners aus dem letzten Sommer seines Lebens da: „Das Initiatenbewußtsein" (Torquai, im August 1924). In diesem Kur=sus wird aufgezeigt, wie hinter unserem sinnenbefangenen Be=wußtsein nicht nur *eine* Tiefenschicht zu finden ist, zu der wir durchstoßen können. Sieben Bewußtseinszustände sind es, die unser Menschenwesen konstituieren. Es wird enthüllt, wie sie auf verborgene Weise immerwährend in uns tätig sind. Im Bilde der Apokalypse gesprochen, ist es der Menschensohn, der zwischen den sieben Leuchtern wandelt. — Diese Bewußtseins=zustände entsprechen den sogenannten sieben Planetensphären, wie man sie in der alten Sternenweisheit aufzählte und wie sie für eine spirituelle Betrachtungsweise, die den Menschen als kosmisches Wesen aus ihnen heraus aufgebaut anschaut, in gewissem Sinne auch heute noch Gültigkeit haben können. Zu ihnen im meditativen Erleben wieder aufzusteigen, ihnen von Stufe zu Stufe entgegenzuwachsen, ist eine Frage des Wach=

werdens. Die Initiation vollzieht sich in inneren Auferweckungs=
vorgängen.

In dieser Vortragsreihe beschreibt nun Rudolf Steiner, wie die siebenfältigen Bewußtseinszustände mit den verschiedenen Metallen zusammenhängen, die uns mit ihrer Ausstrahlung geheimnisvoll durchdringen. Wie es zum Beispiel verborgene Silberwirkungen sind, die den inneren „Träumer" in uns, den Mondenmenschen erregen; oder Kupferwirkungen, die uns für die Kräftestrahlung der Venussphäre aufzuwecken vermögen. Wir werden durch sieben Metallzustände geführt und damit zugleich durch sieben Sternensphären, bis zur Grenze des Saturns hinaus.

Als Parzival die Kunde erhält, daß sein Name am Gral er= schienen sei, nennt die Gralsbotin die Namen der sieben Pla= neten; denn so weit erstreckt sich von nun an sein Herrschafts= bereich. Nur weil er den Saturn geistig zu durchdringen vermag, kann er auch Anfortas von seiner saturnischen Erkrankung heilen. Es ist das Kennzeichen des zum Grale Berufenen, daß er ein Bürger des weiten Kosmos geworden ist. Er vermag die Erdenwelt wiederum mit der kosmischen Weisheit zu befruch= ten, aus ihren Kräften heraus die irdischen Verhältnisse neu zu ordnen.

Als Rudolf Steiner am Morgen des 30. März 1925 das Werk= zeug des Erdenleibes abgelegt hatte, durften wir an seine Bahre treten. Sie befand sich in jenem schlichten Atelier, in welchem er an seiner Christusstatue zu arbeiten pflegte. Zu Füßen dieser erhabenen Holzplastik war seine irdische Hülle aufgebahrt. Wir standen in der Vorosterzeit: an den Abenden sah man die zarte Schale des Frühlingsmondes in ihrem ersten Wachsen. Albert Steffen konnte im Hinschauen auf das Lebenswerk des großen Geistesboten damals die Grals=Imagination vor uns erstehen lassen. Er nannte ihn in seiner Trauerrede „den Erfüller Par= zivals".

Gralsnähe

1.

Aus Sternenweiten senkt ein zweites Leben
Sich sanft herab in deiner Tage Drang.
Wirst du den Lichtgesandten Einlaß geben?

Schon kreisen sie mit strahlendem Gesang
Und tragen eine Schale zu dir nieder:
Das Heilsgefäß, darin erglüht der Trank,

Der alle labt, die sich als treue Glieder
Der ew'gen Ritterschaft zum Dienst geweiht,
Vom Gral gerufen und geehrt als Brüder.

Sie heben dich aus Erdenangst und Streit
Und lassen dich der Sendung Glück erfahren —
Den Strahl, der gegen jedes Dunkel feit:
Dich schützt der Sonnenspeer der weißen Scharen.

2.

Der Sonnenspeer, der alle Weltmacht birgt,
Ist zum geweihten Ort zurückgetragen,
Den heil'ge Bruderliebe streng umzirkt.

Der edle Hort, nach dem die Weisen fragen,
Der Wallfahrt Ziel, das Kleinod der Legenden,
Schwebt strahlend-unverhüllt in unsern Tagen

Hoch über trübem Dunst in reinen Händen...
Der Erde Heil ist blindem Trieb enthoben:
Nun muß das Reich des Zornes=Engels enden.

Ob Schatten streiten, ob noch Völker toben,
Die Menschheit wächst zur Einigen Gestalt
Nach jenem Bildnis, das die Sterne loben

Und dessen Preis durch alle Sphären schallt.
Dämonen weichen vor des Speeres Spitze,
Der Funken sät mit zeugender Gewalt:
Der Menschheit Urbild pflanzt sich fort im Blitze.

Ergänzende Gesichtspunkte

1. *Die Gralsforschung in der neueren Literaturwissenschaft*
(zu S. 32)

Wolfgang Golther hat mit seinem Werk „Parzival und der Gral in der Dichtung des Mittelalters und der Neuzeit" (Stutt=gart 1925) die umfassendste Übersicht über die Gralsdichtun=gen von Chrestien bis zu Richard Wagner gegeben. Er versucht, die gesamte Entwicklung der Sage aus dem Keim des Chrestien=schen „Perceval" herzuleiten. Dabei versteigt er sich zu der Formulierung: „Der geheimnisvolle Zauber, den Kristians Ge=dicht auf alle Fortsetzer und Bearbeiter des Mittelalters und der Neuzeit ausübte, lag weniger in seinem Gehalt als vielmehr in seiner unvollendeten Gestalt. Es gab Rätsel zu raten, deren Lösung auf verschiedene Weise gesucht werden konnte..."

Gewiß ist es nicht zu leugnen, daß von Fragmenten oder skizzenhaft gegebenen Kunstwerken oftmals die wunderbar=sten Inspirationen auszugehen vermögen. Aber doch eben, weil sie einen *Gehalt* keimkräftig in sich bergen, der über das bis=her Gestaltete hinausdrängt. — Golther vertritt die These, daß sich die Fortbildung der Sage und die Abwandlung ihrer Motive völlig aus dem vorliegenden literarischen Material erklären lasse. Bisweilen sogar aus Mißverständnissen, wie er sie gerade Wolfram gegenüber seiner Vorlage, die er einzig in Kristians Epos gehabt habe, nachzuweisen sucht. Das alles erscheint zwar auf philologischer Ebene recht scharfsinnig, obwohl es nirgends tiefsinnig zu nennen ist; das heißt aber, jene Tiefenschicht, aus der die Bilder geschöpft sind und aus denen sich die Sage in ihrem wunderbaren Wachstum fortlaufend gespeist hat, ist diesem Gelehrten völlig verschlossen. So sagt er in seiner späteren Schrift „Parzival in der deutschen Literatur" (1929), die eine Stoff= und Motivgeschichte geben will: „Wir müssen frei werden vom Wahnglauben an unbekannte Größen, die im Verborgenen alles das schufen, wofür die Meister der mittelalterlichen Dichtkunst von den Zeitgenossen laut gepriesen und anerkannt... werden." Wenn Golther damit meint, man solle nicht immerfort nach Vorlagen forschen, zum Beispiel eines „Ur=Perceval", den Chrestien sklavisch benutzt, oder einer Kyot=Dichtung, die Wolfram gleichsam nur verdeutscht haben würde, — sondern man möge den Meistern der epischen Dichtung ihr Schöpfertum endlich voll zugestehen, so kann man ihm nur zustimmen. Etwas anderes ist es aber, ob dieses Schöpfertum als ein bloßes Spiel der Phantasie vorgestellt werden darf oder ob es in tieferen Bindungen darinnensteht, die den Dichter, je größer er ist, gerade um so behutsamer mit seiner Bilderwelt umgehen lassen, weil er sich vor einer höheren Wirklichkeit verantwortlich weiß, deren Abglanz die poetischen Gestalten und Ereignisse nur sind und zu deren Erleben den Leser hinzuleiten das Ziel des echten Kunstwerks sein muß.

Wer die innere Gesetzmäßigkeit der Imaginationen zu lesen versteht, wird immer zurückhaltender in der Beurteilung solcher Texte. Er wird ihnen gegenüber ehrfürchtiger. — Eine bahnbrechende Leistung für die neuere Literaturforschung verdanken wir in erster Linie San Marte (A. Schulz). Er hat in der Mitte des 19. Jahrhunderts seine Lebensarbeit daran gesetzt, eine erste Übertragung des Wolframschen „Parzival" aus dem Mittelhochdeutschen zu geben, aber uns auch in gleicher Weise mit den übrigen Dichtungen Wolframs, wenigstens in Auszügen, bekannt zu machen und so auch mit dem späteren großen Titurel=Epos: „Leben und Dichten Wolframs von Eschen=

bach" (zwei Bände, Magdeburg 1836 und 1841). San Marte hat auch den Umkreis der Gralsdichtung durchforscht, und weil er den keltischen Ursprung der Sage mit großem Eifer verfocht, ging er den Druiden= und Bardentraditionen nach. Sein Buch „Die Sagen von Merlin" (Halle 1853) enthält viel Aufschlußreiches über jene keltische Welt und über die „Prophetengestalt" des alten Merlin. — Dieser Forscher hielt vor allem mit großer Kon= sequenz an der Kyot=Hypothese fest. Er glaubte in dem fran= zösischen Dichter Guiot von Provins, von dem uns eine Kampf= dichtung gegen Papst und Klerus, die „bible", erhalten ist, jenen „Provençalen" gefunden zu haben, auf den sich Wolfram be= ruft. Es müßte dann allerdings Wolfram das französische Städt= chen Provins mit der Provence verwechselt haben. Es gibt man= ches, was für San Martes Hypothese spricht; mehr aber, was sie unwahrscheinlich macht. Vor allem dieses, daß von einer solchen Gralsdichtung, aus der Wolfram geschöpft, ja die er sogar aus dem Französischen nachgedichtet hätte, nirgends ein Zeitgenosse spricht. Es wird diese Hypothese heute von der Wissenschaft verworfen. Eine andere Frage ist es, ob wir nicht hinter jenem Kyot einen Wissenden vermuten dürfen, der die Katharer=Traditionen der Provence an Wolfram herantrug und dessen wahre Persönlichkeit zu verhüllen und von ihr den Blick abzulenken dieser gute Gründe hatte. — San Marte hat in der Erklärung der Wolframschen Werke und noch einmal in seinen Parzivalstudien („Über das Religiöse in den Werken Wolf= rams", Halle 1861) den christlich=sittlichen Kern der großen Dichtung herauszuarbeiten gesucht. Er sieht in der edlen Per= sönlichkeit des Dichters bereits die Grundimpulse des Prote= stantismus vorgebildet. Wenn man diese Deutung auch für un= zureichend halten muß, so wird man aus seinen Darstellungen immer noch viel gewinnen können. Denn sie sind aus der Ehr= furcht vor dem, was menschlich und künstlerisch groß ist, her= vorgeflossen.

Simrocks Übertragung (1862 vollendet) ist künstlerisch gewiß reifer; seine Erläuterungen jedoch sind bereits völlig von der vergleichenden Literatur= und Sagenforschung des 19. Jahrhunderts angekränkelt. Wir haben teilweise nach dieser, meistens aber nach der moderneren von Karl Pannier (Reclam=Ausgabe) zitiert, immer jedoch den Urtext nach der Ausgabe und Erläuterung von Paul Piper (in Kürschners Deutscher National=Literatur) zu Rate gezogen. Für den „Perceval" des Chrestien von Troyes konnten wir die in Prosa gegebene, aber in besonderem Maße durch ihre Diktion die Zauberstimmung und den hochgemuten Geist der Dichtung einfangende Übertragung von Konrad Sandkühler benutzen (Stuttgart 1929).

Von den nachfolgenden Forschern sei an dieser Stelle noch Adolf Birch=Hirschfeld genannt, der, wie die meisten späteren, die Kyot=Quelle radikal ablehnt. In seinem Werke „Die Sage vom Gral, ihre Entwicklung und dichterische Ausbildung in Frankreich und Deutschland" (Leipzig 1877) vermittelte er zum ersten Male einen Gesamtüberblick über die Gralsdichtungen des 12. und 13. Jahrhunderts. Er meinte, aus dem Material die Abwandlungen und Weiterbildungen des Stoffes rein literarisch von Stufe zu Stufe erklären zu können. Es fehlt dieser Art Wissenschaft jeder Blick für das Wesen der Ordenszusammenhänge und Bruderschaften des Mittelalters, deren Geheimtraditionen den Mutterboden für das Aufsprießen solcher Sagenbildungen abgegeben haben. Eine Gralsforschung, die auf jenem literarkritischen Standpunkt verharren möchte, ist zur völligen Unfruchtbarkeit verurteilt. Sie ist jener vergleichenden Evangelienforschung verwandt, die aus dem historischen Kritizismus des 19. Jahrhunderts hervorgegangen ist und die nur die Substanz der biblischen Urkunden aufzulösen vermochte. Auch sie konnte nicht zu Maßstäben kommen, die solchen aus Inspiration erflossenen Texten irgendwie entsprechen.

Auf andere wissenschaftliche Beiträge der letzten Zeit wer=

den wir im Laufe der Betrachtungen hier und da eingehen. Hier sollen nur noch die Parzival=Studien von Walter Johannes Schröder in „Der Ritter zwischen Welt und Gott" (Weimar 1952) genannt werden. In ihnen kommt eine neue Haltung der Ehr= furcht gegenüber der Dichtung herauf. Ein Gefühl für die sakra= mentale Substanz des Wolframschen Werks möchte ich es nennen, wenn auch noch nicht zu den spirituellen Erlebnis= quellen durchgestoßen wird. Dieses ist freilich zum ersten Male in wegbahnender Art durch Ernst Uehli vollzogen worden. Nach einer grundlegenden Auseinandersetzung mit den Wer= ken der historisch=kritischen Forschung schreitet er in seinem Buche „Eine neue Gralsuche" (Stuttgart 1921) mutvoll zu den neuen geisteswissenschaftlichen Methoden vor. Er hat als erster die Gralsforschungen Rudolf Steiners als einen Schlüssel ange= wandt, um in den Gehalt der Sage einzudringen und die großen mittelalterlichen Dichtungen für ein modernes Verständnis auf= zuschließen. Die Überlegenheit in ihren methodischen Gesichts= punkten und die Prägnanz in der Entzifferung des imaginativen Gehaltes läßt diese Arbeit — in jenem Rahmen, den sie sich gesetzt hat — als ein Vorbild künftiger Literatur= und Sagen= forschung erscheinen.

*

2. Die Veronika=Legende
(zu S. 34)

In die Gralssage ist die Legende vom Schweißtuch der Vero= nika hineinverflochten. Es heißt, daß Vespasian, der Kaiser= sohn, an einem Aussatz litt und abgeschieden von allen Men= schen in einem Turm leben mußte. Ein Pilger kommt nach Rom und erinnert sich der wunderbaren Heilungen, die Christus während seines Erdenwandels vollbracht hat. Der Kaiser Titus (hier werden die beiden Namen verwechselt, denn in Wirklich= keit war Titus der Sohn des Vespasian) hört davon und schickt nach Judäa Boten, um durch den Statthalter Pilatus irgendeinen Gegenstand suchen zu lassen, der dem Christus angehört habe. Pilatus findet eine Frau, Verrine (es ist Veronika gemeint), die ein Tuch besitzt, auf dem sich das Antlitz des Erlösers abdrückte, als sie ihm den Schweiß trocknete, da er zum Richtplatz geführt wurde. Sie will es nicht herausgeben, doch reist sie mit dem Boten nach Rom, und Vespasian wird durch den bloßen Anblick dieses Bildes geheilt. Darauf drängt es ihn, den Tod des Pro= pheten an den Juden zu rächen. Er fährt mit seinem Vater Titus übers Meer, bestraft die Juden und forscht nach dem Schicksal Josefs von Arimathia, den er aus dem Turm befreit. Er wird durch dessen tiefe Unterweisungen Christ.

Die Legende vom Ursprung des Christusbildes wird auf ver= schiedene Art erzählt. In einer mittelfränkischen Dichtung aus der zweiten Hälfte des 12. Jahrhunderts (also aus der gleichen Zeit, in der Robert von Borons „Josef" entstanden ist) heißt es, der Heiland habe sein Gesicht in einem Tuche getrocknet, das ihm einst Veronika, ein ihm in Liebe anhangendes Weib, bei der Mahlzeit reichte. In diesem Tuche prägte sich sein Ant= litz für immer ab. Dann folgt vom gleichen Verfasser, der sich „Der wilde Mann" nennt, noch eine Vespasian=Dichtung. —
Man kann sagen, es handle sich in solchen Legenden um Reli= quienglauben oder auch „Aberglauben". Wenn man jedoch die Veronikalegende wie auch die Gralstradition von Josef von Ari= mathia genau betrachtet, findet man eine durchaus spirituelle Lehre vor. Denn weder ist hier von einem bloßen Tuche die Rede, noch ist der Gralskelch ein äußerlich aufbewahrter Gegen= stand. Der Auferstandene bewahrt ja diesen Kelch und bringt ihn selbst dem Josef ins Gefängnis; nicht jeder vermag dieses Gefäß zu schauen. Worum handelt es sich also?

Der Bildekräfteleib des Menschen sondert sehr feine, flüch= tige Bilder von sich ab, die in der ätherischen Umwelt weiter= weben. Wir sind immerfort von solchen Abbildern umgeben, sie können jedoch nur unter bestimmten Bedingungen hellseherisch wahrgenommen werden. In einer einzigartigen Weise vermochte es nun der Christusleib, solche ätherischen Bilder von sich abzusondern. Gleichsam aus dem reinen Hingabewillen seines Wesens — aus der „schenkenden Tugend", die seiner Sonnennatur eigen war — entströmten ihm die ätherischen Lebenskräfte. Wie eine unendlich zarte Art der Fortpflanzung kann diese Mitteilung von Abbildern seiner Gestalt an die Umwelt empfunden werden. Seelen, die noch den Umgang mit Ihm auf Erden hatten erfahren dürfen, trugen solche Ätherbilder in sich einverwoben. Rudolf Steiner beschreibt einmal, wie die Jünger Christi, wenn sie nach seinem Tode von ihrem Meister sprachen, während der Rede wie von seinem Wesen durchdrungen erschienen: es war, als ob man seine Stimme aus ihnen erklingen hörte und ihr Antlitz sich in das seine verwandelte. Veronika ist eine Jüngerin, die ein solches Abbild aus dem Umgang mit dem Meister in ihrer Seele zu bewahren und zu pflegen weiß. Durch ihre Anwesenheit pflanzt sich noch etwas von der Lebenssubstanz des Erlösers wirksam fort. Es können deshalb auch noch heilende Kräfte durch eine solche Jüngerin vermittelt werden, wo die rechte Empfänglichkeit ihnen entgegenkommt.

Beginnt man solche Vorgänge zu verstehen, so wird man auch die außerordentlichen Wirkungen begreifen, die im frühen Christentum noch von der Feier der Eucharistie ausgegangen sind. In der Handlung des „Brotbrechens", die immer wieder an das Liebesopfer des Christus beim letzten Abendmahle anknüpfte, strömte etwas von den sich hinschenkenden Lebenskräften des Erlösers auf die Mitfeiernden über. Das ist die tiefere Wirklichkeit, die im Altarsakrament erfahren wurde. Denn in ihm soll das Verklärungsgeheimnis des Christusleibes immer wieder vergegenwärtigt werden; dadurch kann sich dieser in unzähligen Abbildern unter den Gläubigen fortpflanzen.

Das Schweißtuch der Veronika deutet also in legendärer Form auf eine mystische Erfahrung hin. Der *Leib* des Erlösers, indem er „gebrochen" wird, vervielfältigt sich im Erdendasein; es ist das Wunder der Brotvermehrung.

Die Schale des heiligen Grals aber stellt die andere Seite der sakramentalen Geheimnisse dar. Es ist das *Blut* des Erlösers, das für uns vergossen ward — dessen Strömung aber im Menschenherzen aufgefangen werden kann. Das menschliche Blut ist ja Träger des Ichs. Mit dem hinströmenden Blute wurde auf Golgatha das Christus=Ich frei und begann als heilige Liebe in das Leben der Menschheit einzuziehen. In der mystischen Kontemplation, die sich auf die Kreuzesgeheimnisse richtet, kann dieses Ich von der Seele gefunden und in das eigene Innere aufgenommen werden. Es ergreift tatsächlich die Blutsorganisation des christ=ergebenen Menschen. Als sonnenhaftes Leben leuchtet es in ihr auf.

Rudolf Steiner konnte deshalb von den Gralsmysterien sagen, in ihnen sei das Ich des Christus und das Geheimnis seiner Vervielfältigung durch die Jahrhunderte aufbewahrt worden. Aus dieser Mysterienströmung heraus vermag sich in einer Zeit, da die gnadevollen Ausstrahlungen des sich hinschenkenden Lebensleibes, wie sie das frühe Christentum in wunderbarer Weise kannte, an ein gewisses Ende gekommen sind, das sakramentale Wirken neu zu erzeugen. Nur durch den „Gral" wird die Gegenwart des Christus — die Einsenkung seines Ichwesens in jede einzelne Menschenseele — aufs neue in die Menschengemeinschaft hereingerufen werden. In den Vorträgen „Geistige Osterglocken" (Köln 1909) sagt Rudolf Steiner darüber: „Heute ist die Zeit gekommen, wo diese Geheimnisse verkündet werden dürfen, wenn die Herzen der Menschen sich reif machen lassen durch ein spirituelles Leben, so daß sie sich zum Verständnis erheben können dieses großen Mysteriums."

*

3. Das Nikodemus=Evangelium
(zu S. 35)

Die Gralstradition, die Robert von Boron vertritt, knüpft an ein apokryphes Evangelium an, das im Mittelalter sehr geschätzt war. Die „Gesta Pilati", die den ersten Teil des Nikodemus= Evangeliums darstellen, berichten, wie Josef von Arimathia vor den Hohen Rat gestellt wird und diesem seine Erlebnisse im Kerker schildert. Die Gegner hatten ihn am Karfreitag „um die zehnte Stunde", also unmittelbar nach der Kreuzabnahme Christi, in den Kerker eingeschlossen. Er verweilte den ganzen Sabbat über darin. Doch „um Mitternacht (so heißt es), da ich aufrecht stand und betete, wurde der Raum, in den ihr mich eingeschlossen hattet, an seinen vier Ecken emporgehoben, und ein Licht strahlte in meine Augen ein, daß ich zitternd zu Boden fiel..." Da hebt ihn jemand auf und spricht ihm trostreich zu. Josef aber hält ihn für Elias. Doch die Stimme sagt: „Ich bin Jesus, dessen Leib du von Pilatus erbeten und in ein reiches Leinen gehüllt hast, du hast mir ein Schweißtuch auf das An= gesicht gelegt und mich in dein neues Grab gelegt und dann einen Stein vor die Grabespforte gewälzt." — Der vom Tode Erstandene selber ist es, der ihm in der Kerkerzelle erscheint, um ihm seine Liebe zu erweisen. Er führt ihn selbst aus dem Gefängnis heraus, um ihm die Stätte des Begräbnisses und die Leinen zu zeigen, in die er seinen Leichnam geborgen hatte.

Adolf Birch=Hirschfeld kann in seinem Gralsbuche mit einem Schein des Rechts sagen: „Wir können demnach ganz genau den Punkt bezeichnen, wo der Dichter einsetzte, um den Gral in die Legende Josefs von Arimathia zu bringen. Wir fanden, daß diese dem Dichter selber dazu Veranlassung gab, indem ganz einfach die Worte der lateinischen Vorlage ‚mystice' auf= gefaßt wurden und an Stelle der Sache selbst ihr Symbol ge= setzt ward." Er meint, der Dichter wolle zwei wichtige Akte der heiligen Geschichte, nämlich Abendmahl und Grablegung, mit dem Symbol der Abendmahlsschüssel, also dem „Gral", bezeichnen. Denn dieser symbolisiere sowohl die Eucharistie wie die Grablegung Christi. Er weist dann zwar auf eine Änderung hin, die der Dichter dabei vorgenommen habe: daß er nämlich die Befreiung aus dem Kerker nicht sofort erfolgen lasse, sondern erst nach vielen Jahren durch Vespasian, indem sogar die Veronika=Legende und die Bestrafung der Juden durch den römischen Kaiser, das aber heißt, die Eroberung Jerusalems, in die Handlung hineinverflochten wird.

Birch=Hirschfeld zieht jedoch aus dieser Abänderung keine Folgerungen. Er vermag nicht zu sehen, daß mit diesem jahrelangen Verweilen im Gefängnisturm etwas Wesentliches ausgesprochen wird. Denn in diesem Zeitraum ist ja dem Josef die Gnade des Umgangs mit dem Grale zuteil geworden. Er wird von ihm erleuchtet und wird durch ihn gespeist. Als Eingeweihter der Christusmysterien tritt er nun nach der Zerstörung Jerusalems heraus und begründet jene esoterische Strömung, die abseits von der kirchlichen Überlieferung ihren Weg durch die Jahrhunderte nehmen sollte. Es handelt sich hier um mehr als um ein Weiterspinnen von Legendenmotiven.

In dem großen Werke „Ein Gralbuch" von G. Gietmann S. J. (Freiburg 1889) ist, wenn auch mit völlig anderer Tendenz, der gleiche Gesichtspunkt wie bei Birch=Hirschfeld eingenommen. Die Gralslegende wird einfach als eine symbolische Verkleidung des sakramentalen Christentums gewertet, ja sogar mit allegorischen Mitteln auf die römische Kirche selber gedeutet, obwohl über letztere sich die Gralstradition gerade hartnäckig ausschweigt. Hier handelt es sich um eine Methode, die Gralsströmung zuzudecken, indem man sie für etwas völlig anderes in Anspruch nimmt.

Dazu dient dem Verfasser vor allem jener Prosaroman „Perlesvax" (so wird dort der Percevalname abgewandelt). Reli=

quiendienst und ein militantes, zugleich asketisch=kirchlich gefärbtes Christentum kennzeichnen diese Fassung aus der Mitte des 13. Jahrhunderts. Perlesvax erobert mit einer Schar von Eremiten die Gralsburg. An Stelle innerer Wandlungen, die die Seele dem Gral entgegenreifen lassen, tritt eine fanatisch= inbrünstige Haltung: der Gottesstreiter im Sinne der mönchi= schen Orden ist hier als Ideal gezeichnet. Wir müssen darin eine Abbiegung der ursprünglichen Gralsimpulse sehen.

*

4. Die Hiram=Tradition
(zu S. 47)

„Flegetanis", wie der erste Erforscher des Grals genannt wird, ist aller Wahrscheinlichkeit nach überhaupt kein Personen= name. Josef Görres leitet das Wort aus dem Arabischen her: „Felek daneh". Das würde der Sternenkundige, der Astronom bedeuten. In der späteren Dichtung „Sängerkrieg auf Wart= burg" wird auf diese Individualität ebenfalls hingewiesen; dort heißt sie der Zauberer Zabuloni. Wiederum wird von diesem gesagt, daß er „noch ein Kalb anbetete und ein Jude von Mut= ters Seite, ein Heide vom Vater her gewesen sei". Wir wiesen bereits auf den Baumeister Hiram hin, für den diese Herkunft stimmen würde. Denn Hiram war nach 1. Könige 7,14 der „Sohn einer Witwe aus dem Stamme Naphtali, und sein Vater war ein Mann aus Tyrus". Die Wendung „Sohn der Witwe" deutet in der spirituellen Ausdrucksweise stets auf einen Eingeweihten hin. In den ägyptischen Mysterien war ja Horus selbst der Sohn der Witwe; die göttliche Isis hatte ihn einst aus dem Blickstrahl des Osiris, ihres toten Gemahls, empfangen. Alle Isis=Einge= weihten nannten sich „Söhne der Witwe". Aber auch in bib= lischen Zusammenhängen tritt dieser Ausdruck uns öfters ent= gegen. So erweckt Elias den Sohn der Witwe zu Sarepta, und hier handelt es sich um die imaginative Schilderung einer mystischen Erweckung, die Elias in einer phönizischen Stätte (Sarepta) an sich selbst zu durchleben hat. In dieser Weise hat Rudolf Steiner in seiner Vortragsreihe „Wendepunkte des Geisteslebens" („Der Prophet Elias im Lichte der Geisteswissenschaft", Berlin, 14. Dezember 1911) zum ersten Male die Elias=Schicksale gedeutet. — Im Lukas=Evangelium erweckt Christus den „Sohn der Witwe"; es ist der Jüngling zu Nain, der neben dem auferweckten Lazarus als der andere Christus= eingeweihte innerhalb der Evangelien erscheint. — Ist man auf den Sinn einer solchen Formel erst einmal aufmerksam geworden, so wird man es nicht mehr als bedeutungslos empfinden, wenn Chrestien seine Perceval=Dichtung mit den Worten beginnt: daß zur Zeit des Frühlings sich der Sohn der Witwe im einsamen Walde erhob ... Man verstand in gewissen Kreisen sofort, was gemeint war, wenn Perceval mit dieser Bezeichnung eingeführt wurde.

Was nun den Namen „Zabuloni" (= Sebulon) betrifft, so ließe sich etwa folgende Beziehung denken. Man hätte hier Naphtali erwarten können, da ja Hiram von mütterlicher Seite aus diesem Stamme hervorgegangen sein soll. Nun wird aber im Buche Jesaja von dem Lande Sebulon und Naphtali gesprochen, das da im Dunkeln liege: dies ist nämlich „das Volk, das im Finstern wandelt und ein großes Licht aufgehen sieht" (Jes. 8,23 u. 9,1). Bekanntlich wird diese Stelle von Matthäus noch einmal zitiert, als das erste Hervortreten des Christus in Galiläa geschildert werden soll. Es könnte sich also im Hinblick auf die Christus=Prophetie, die dem Gebiet dieser zwei Stämme im besonderen gilt, Sebulon mit Naphtali in der Vorstellung der Legende verschmolzen haben. — Daß dann allerdings der Dichter des Wartburgkrieges noch hinzufügt, jener sei der erste gewesen, der sich auf die Sternenkunst verstanden, und er habe eines Nachts in den Sternen gefunden, daß nach 1200

Jahren ein Kind zur Welt geboren würde, das alle Juden von den Ehren stieße: dies läßt sich nur damit erklären, daß er den sternenkundigen Bileam (4. Mose 22—24) mit jener Hiram=Zabu= loni=Gestalt verschmilzt. Bileam war der erste, der den Stern des Messias herannahen sah; er spielt ja auch in der Drei= königslegende eine große Rolle. Denn an ihn knüpft die außer= jüdische Christuserwartung an, die als Mysterientradition ge= pflegt worden ist.

Was war aber jener Tempelbau des Salomo anderes als eine Vorbereitung auf den kommenden Messias, die einer Konzen= tration höchster Geisteskräfte an Einem Orte bedurfte? Hiram, der phönizische Meister, leistete zu diesem Bauwerk seinen Bei= trag. Die Tempellegende, wie sie in maurerischen Zusammen= hängen erzählt und immer wieder im Zeremoniell dargestellt worden ist, knüpft nun an jene hohe Meister=Individualität an. Sie spricht ja von der Arbeit am „unsichtbaren Tempel". Die= sen gilt es fortan zu erbauen, seit der sichtbare in Jerusalem zerstört worden ist. Deshalb ist es nicht zufällig, wenn die Grallegende den Zeitpunkt der Zerstörung Jerusalems zum Ausgang für die Stiftung der Gralstafel durch Josef von Ari= mathia nimmt.

Es gibt eine jüdische Tradition des „Sepher hajaschar", die eine große Ähnlichkeit damit aufweist. Auf diese Parallele hat unseres Wissens zum ersten Male Walter Johannes Stein in seinem Werke „Weltgeschichte im Lichte des heiligen Gral" aufmerksam gemacht. Man findet im Anhang dieses Werks auch eine Übersetzung der Einleitung jenes Buches, das 1625 in Venedig seine erste Drucklegung erfuhr. Da wird erzählt, wie die heilige Stadt Jerusalem durch Titus zerstört wurde und beim Eindringen des römischen Heeres ein Offizier namens Sidrus (oder Cedrus) in einem großen Hause hinter der Wand einen verborgenen Raum beim Beutemachen entdeckte. Er brach die Wand auf und fand hinter ihr in einem tönernen Ge=

fäß viele Schriftrollen des Alten Testaments, aber auch noch anderer kostbarer Bücher; unter diesen Schätzen jedoch einen Greis sitzend, der in den Büchern las. Er forschte ihn aus und hatte mit ihm Erbarmen.

In allen Ehren bringt er ihn nun mitsamt den Büchern von Jerusalem weg. Sie ziehen gemeinsam von Land zu Land, bis sie nach Spanien kommen und sich in der Provinz Sevilla niederlassen. Dort erbaut Sidrus ein großes Haus zur Pflege der geheimen Weisheiten, in denen er von dem ehrwürdigen Greise unterwiesen wurde. Diese Lehren gilt es jetzt niederzuschreiben und in Treue aufzubewahren. Das wertvollste der Bücher aber sei, so heißt es, gerade jenes „Sepher hajaschar" gewesen. Es enthalte die Stammbäume Adams durch alle Zeiten und damit den Ablauf der Weltgeschichte, und zwar nicht nur der vergangenen, sondern auch der zukünftigen bis zur Erscheinung des Messias.

Wir sehen, wie hier eine jüdische Überlieferung an den gleichen bedeutsamen Zeitpunkt, nach christlicher Zeitrechnung das Jahr 70, anknüpft. Denn von da an ging, was im Tempel zu Jerusalem gelehrt und geübt worden war, in die Geheimtraditionen über. Mystische Bruderschaften pflegten in esoterischer Art ein Geisteserbe, das später noch in Form der kabbalistischen Weisheit einen vielfältigen Einfluß auf die alchymistischen Bestrebungen des Abendlandes nehmen sollte. Die Art, wie Robert von Boron im Zusammenhang mit seiner Schilderung der Befreiung Josefs von Arimathia aus dem Kerker von jenem „großen Buche" spricht, in welchem die Geheimnisse des Grals niedergeschrieben seien, hat unverkennbar eine Verwandtschaft mit jener jüdischen Geheimtradition. Es dürfte dann auch nicht zufällig sein, wie Wolfram ausdrücklich immer wieder Sevilla nennt, wo Gamuret an Land ging und wo Trevrizent ihn getroffen haben will. Die Kyot=Tradition hängt zweifellos mit dieser esoterisch gehaltenen Tempelweisheit zusammen. Darin liegt der Schlüssel für alle Rätsel, die die Kyot=Gestalt der Gralsforschung aufgegeben hat. Ein Forscher, der durchaus einen Sinn für solche Zusammenhänge zeigt, wenn er auch nicht zu dem esoterischen Gehalt der Symbol= sprache vordringt, ist Ludwig Emil Iselin. Er ist in seinem Buche „Der morgenländische Ursprung der Grallegende" (Halle 1909) den Symbolen der Gralsschale und des wunder= tätigen Steins nachgegangen. Er zeigt den reichen Legenden= schatz auf, der aus spätjüdischen und christlichen (teils nesto= rianischen, teils arabisch=abessinischen) Überlieferungen vom Orient herübergetragen worden ist und aus dem auch Wolfram geschöpft haben muß. Wahrscheinlich durch die Vermittlung jener sich hinter dem Kyot=Namen verbergenden Persönlich= keit. So hatte die syrische Christenheit ein beliebtes Sagenbuch „Die Schatzhöhle"; es gilt als die christliche Fassung des „Adambuches". Wir werden im 20. Nachtrag auf diese Schrift noch näher eingehen, weil sie die legendäre Tradition vom Priesterkönig Melchisedek kennt, der das „Grab Adams" durch die Zeiten hindurch zu bewachen hat, und zwar an der Stätte des Golgathahügels. Dieser stellt damit eine Art Urbild des Gralshütertums dar. — Auch das Motiv des Gralssteines wird durch eine Reihe von Legenden verfolgt, die den Paradieses= stein und andere wunderwirkende Steine preisen. Man kann an einem solchen Motiv und seinen Abwandlungen gut die Sprache der Imagination studieren, deren sich die Verwalter eines esoterischen Weisheitserbes immer zu bedienen wußten.

In die Tempellegende ist nun stets die sagenumwobene Ge= stalt der Königin vom Mittagslande einverflochten worden. Sie, die von der Weisheit Salomos gehört hatte und aus Saba zu ihm kam, um ihn mit Rätseln zu versuchen, wie es im „ersten Buch der Könige" heißt. Dieses Saba lag in „Reicharabien", man sagte auch „Felix Arabia" im Altertum und meinte damit jenes uralte Kulturland am südwestlichen Rande der arabischen

Halbinsel, dem heutigen Jemengebiet. Es war bekannt und gepriesen um seiner Goldschätze willen; es wurde reich durch die Ausfuhr von Weihrauch und Myrrhe, die in ihm gediehen. In seinen „Marksteinen der Kulturgeschichte" (Zweiter Teil, Stuttgart 1939) hat Sigismund von Gleich eine anschauliche Darstellung des Königreichs Saba gegeben und über die wenig bekannten Forschungen berichtet, die uns eine Ahnung von der hohen Mysterienkultur dieses Landes, des „Diadems der Erde", geben können. Er zeigt, wie hier die Anfänge der Phönixmysterien zu suchen sind, das Wissen um den „Stein der Weisen". Nach einer alten Sage soll sich in diesem Lande der Berg erheben, auf dem der Vogel Phönix seinen Wohn=sitz habe. Erst von Saba wurden jene Sonnenmysterien später nach Phönizien verpflanzt, das nach ihnen seinen Namen erhalten hat. Was die Legende von dem Besuche der Königin Balkis (oder „Bilkis" in der arabischen Form) bei Hiram zu erzählen weiß, deutet auf die tiefen Zusammenhänge der phönizischen Weisheitsstätte mit den Urmysterien von Saba hin. In seinem Drama „Hieram und Salomo" hat Albert Steffen diesen Gestalten künstlerisches Leben verliehen.

*

5. Die Katharer
(zu S. 71 und S. 176)

In seinem Buche „Kreuzzug gegen den Gral" (Freiburg 1933) hat Otto Rahn die Kreuzzüge, welche die römische Kirche von 1181 bis 1229 gegen die blühende Geisteskultur der Provence bis zur völligen Ausrottung des Katharismus und Albigenser=tums unternommen hat, als den eigentlichen Vernichtungs=kampf gegen die Gralsströmung darzustellen gesucht. Die Art, wie der Verfasser den Spuren dieser Märtyrergemeinden nach=gegangen ist und den heroischen Widerstand ihrer Führer wie ihrer Gläubigen als eine geschichtliche Opferhandlung um des Geistes willen darzustellen weiß, läßt empfinden, wie tief er sich selbst mit jener Strömung schicksalhaft verbunden fühlt.

Rahn beschreibt das Wesen der „Minnehöfe", unter denen der Hof der Adelaide, Vicomtesse von Carcassonne, weithin berühmt war. Er wurde zum Sammelplatz für die Troubadoure, welche meistens dem Katharertum angehörten. Adelaide wird als eine sehr fromme Frau, aber eben als eine „Ketzerin" geschildert. Ihr Mann hieß Trencavel (= Schneidegut), er hatte eine schwere Blutschuld auf sich geladen. Ihr Sohn aber war Ramon=Roger, auch ein Trencavel. Diesen erzieht sie für die höchste Minne. Rahn sucht nun hinter dieser Frau die Herzeloyde, in ihrem Sohn aber glaubt er Perceval selbst zu erkennen.

Die Katharer unterschieden Gläubige (Imperfecti) und Vollkommene (Perfecti). Letztere nannte man auch „Gutmänner". Bei Chrestien wird der Einsiedler, von dem Perceval seine Gralsbelehrung empfängt, als ein solcher bonhomme beschrieben. Sie lebten zurückgezogen in den Höhlen der Pyrenäenwelt, als die Verfolgungen immer drängender wurden. Meistens kamen diese Gutmänner aus ihren Einsiedeleien nur noch hervor, um Sterbenden die „Tröstung" zu geben oder im Burgsaal alte Mythen zu erzählen. Die Höhlen des Sabarthès sind so zahlreich wie eine Troglodytenstadt. Am erhabensten ist jene Höhle von Lombrives, die die Hirten heute noch die Kathedrale nennen. Dieses Naturwunder galt als die „Ketzerkathedrale". Die Aufnahme in den inneren Kreis geschah durch das „Consolamentum Spiritus Sancti", das Sakrament der „Tröstung": eine Art Geistestaufe, die mit feierlichen Zeremonien verbunden war und sehr strenge Gelübde forderte. Trevrizent, der Asket, trägt alle Merkmale eines solchen Katharerweisen an sich.

Berühmt und in die Dichtung eingegangen ist die edle Herrin von Tabor und von Montségur: Esclarmonde (d. h. die Leuchte der Welt). Sie war die Tante jenes jungen Ramon=Roger von

Carcassonne; ihre katharischen Eltern hatten sie schon in der Jugend dem Parakleten geweiht. Otto Rahn will in ihr die Gralshüterin Repanse de Schoye wiedererkennen. In der späteren Poesie ist sie zur Feenkönigin auf der Burg Monmur geworden. Die altfranzösische Oberondichtung hatte diese Gestalt ins Sagenhafte erhoben. Sie und ihr Gemahl werden vom Elfenkönig Oberon zur Herrschaft über das Feenreich berufen.

Die Entsittlichung der römischen Kirche war damals soweit fortgeschritten, daß die Cathari (die Reinen) nur noch tiefste Verachtung dafür haben konnten, obwohl die Provence sonst das toleranteste Land war. Die Toleranzgesinnung durchzieht ja in einer Art die Parzivaldichtung, wie sie im Mittelalter noch kaum in christlichen Kreisen geübt wurde. Die Verhandlungen zwischen den päpstlichen Legaten und den Katharergemeinden, besonders mit dem Grafen Raimon von Toulouse, der ihr mächtiger Schützer war, führten zu keiner Versöhnung. Der Graf wird 1207 selbst exkommuniziert. Papst Innozenz III. geht mit unerbittlicher Konsequenz vor. Da man den vernichtenden Schlag kommen fühlte, baute man die Festung auf dem schwerzugänglichen Montségur aus; dorthin zog sich Esclarmonde zurück. 1209 wurde der große Kreuzzug von Lyon aus gegen die Städte der Ketzer unternommen. Béziers wurde erstürmt und verbrannt. Carcassonne wurde leer übergeben, alle Einwohner waren verschwunden; sie hatten sich wohl in die Höhlen zurückgezogen. Jener Ramon=Roger aber stirbt am 10. November 1209 im Verlies seiner eigenen Burg. Bis 1229 dauerten die Kreuzzüge gegen die „Albigenser" (nach der Stadt Albi so benannt) noch an. Nur Montségur schien uneinnehmbar. 1243 begann die Belagerung dieser letzten Zuflucht des Katharismus, im Frühling 1244 fiel die Burg durch Verrat. Ein Ketzerschatz, die „Mani" genannt, soll in die Höhlen von Ornolac gerettet sein. Man mauerte die Eingänge zu den Höhlen, in welchen man Katharer vermutete, dann einfach zu.

Wenn uns berichtet wird, wie die letzten Katharerscharen von jener hohen Festung Montségur, ausgehungerte Gestal=ten, in feierlichem Zuge herniedersteigen und, jede Bekehrung von seiten ihrer Folterer zurückweisend, freiwillig in den flam=menden Holzstoß springen mit dem Jubelruf: „Gott ist die Liebe" — so wächst diese heroische Gemeinschaft allerdings ins Sagenhafte hinauf.

Es kann kein Zweifel bestehen, daß die Wissenden in jenen Jahrzehnten — und dazu gehörte Wolfram von Eschenbach — mit Verehrung auf jene Katharergemeinden hinschauten und, während der Kreuzzug gegen sie geschürt wurde, von tiefster Sorge um den Fortgang des spirituellen Christentums ergriffen waren. Daß dieses nicht deutlicher (wie es die Literaturhistori=ker naiverweise immer wünschen) in den Gralsdichtungen zum Ausdruck kommt, hängt mit dem außerordentlichen Druck zu=sammen, der über dem kirchlichen Leben lag. Wir müssen uns etwa vorstellen, daß die Wissenden in Bruderschaften darin=nen standen, die ihnen strenges Schweigen über bestimmte Ge=heimnisse auferlegten. Es ist nicht von der Hand zu weisen, daß Wolfram (oder sein Gewährsmann Kyot, den er ausdrück=lich einen Provençalen nennt) mit bestimmten Gestalten der Dichtung zugleich auf berühmte Persönlichkeiten des Katharer=tums anspielen wollte. Das hindert jedoch nicht, die wahre Gralsgemeinschaft — ihr Urbild — in das 8. und 9. Jahrhundert zu verlegen.

Die Erforschung dieser ausgerotteten Geistesströmung wird gegenwärtig mit großem Eifer betrieben. Auch die Erschließung jener Höhlen, in denen die letzten Katharer Zuflucht suchten, macht heute Fortschritte. Die „Cahiers d'Etudes Cathares", die Déodat Roché in Arques (Aude) herausgibt, haben sich in den Dienst dieser geschichtlichen Forschung und zugleich der Wie=dererweckung jener hohen spirituellen Impulse gestellt, die im Katharertum zum Durchbruch kamen und das Zeitalter des

heiligen Geistes vorbereiten wollten. Hier sei auf zwei grund=
legende Bücher von Déodat Roché hingewiesen: „Etudes
Manichéennes et Cathares" (1952) und das soeben erschienene:
„L'Eglise Romaine et les Cathares Albigeois"; in diesen stellt er
unter dem Motto „Märtyrer der Freiheit" die Leiden dar, die
diese „Ketzer"=Gemeinden unter der unerbittlichen Faust der
römischen Inquisition zu erdulden hatten, und gibt eine Ein=
führung in die wirklichen Lehren und Riten, wie sie in jener
Kirche des Geistes gepflegt worden sind.

Man kann es heute als eine historische Pflicht empfinden, daß
das wahre Bild dieser unerhörten Vorgänge vor das Zeitbewußt=
sein hingestellt wird. Es verändert unser Urteil über die tieferen
Impulse und Entwicklungen der christlich=abendländischen Kul=
tur. Und im Zusammenhang damit auch über die wahre Mission,
die die Gralsdichtungen des 12. und 13. Jahrhunderts tatsäch=
lich zu erfüllen hatten.

*

Jene Kulturblüte Südfrankreichs ist zwar völlig ausgelöscht
worden, aber in ihren Märchen haben die Bewohner dieser Ge=
biete noch den Nachglanz der manichäischen Weisheit und die
hochgemute Stimmung des ritterlichen Geistes zu bewahren ge=
wußt. Unter dem Titel „Der Mann in allen Farben" (Stuttgart
1952) hat Konrad Sandkühler uns eine Übersetzung von „Mär=
chen aus der Gascogne" geschenkt. Wie ein Michaelskämpfer
erscheint da zum Beispiel der „goldene Dragoner", der Grafen=
sohn, der schnell wie der Blitz durch die Wolken auf seinem
fliegenden Pferde daherkommt. Er rettet das „Fräulein im
weißen Gewande" aus seiner Bedrängnis: wie einst Perceval
die Blanchefleur. Als es ihm schließlich gelingt, den Herrn der
Nacht zu Boden zu zwingen, der ihm wie eine Art Klingsor=
gestalt seine Braut entführt und in Zauberbann hält, sagt die=
ser: „Du bist stärker als ich. Jedoch kannst du mich nicht töten.

Es steht geschrieben, daß ich bis zum jüngsten Gerichte leben werde, aber dann nicht mehr auferstehe." — Der Mensch braucht bis zum Ende der Erdenzeiten die Macht der Finsternis als seinen Gegenspieler. Das ist katharische Gesinnung. Erst in der Auseinandersetzung mit ihr wird nämlich das höchste Gute zur Offenbarung herausgefordert.

Wie heroische Balladen wirken solche Märchen durch die Art, wie in ihnen die moralische Weltordnung zum Siege geführt wird. Erschütternd vollzieht sich dieses in dem Märchen „Vom singenden Meer, vom tanzenden Apfel und vom wahrsagenden Vogel". Da wird die böse Königin, nachdem sie ihrer Schandtaten überführt worden ist, von ihrem Sohn, dem jungen König, zu der gerechten Strafe verurteilt, hundert Peitschenhiebe vor allem Volke zu empfangen und dann vom Henker hingerichtet zu werden. Weil aber das ganze Volk schreit: „Der Sohn darf seine Mutter nicht zum Tode verurteilen!" — so nimmt der junge König selbst in Stellvertretung diese Strafe auf sich. Er läßt sich an einen Pfahl binden und vor allem Volke auspeitschen. Als der Henker den Blutüberströmten losbindet, heißt es: „Er war in einem so traurigen Zustand, daß jedermann Erbarmen mit ihm spürte. Und doch weinte er nicht, weil ein Mann nicht weinen darf, besonders wenn er der Herrscher ist, und wenn er vor seinem Volke steht." — Wie aber das Richtschwert, das der Henker auf den Hals des Königs niederfahren läßt, dreimal wie Glas zerspringt, wird offenbar, daß die göttliche Gerechtigkeit befriedigt ist und kein weiteres Opfer verlangt.

Der Stil dieser südfranzösischen Märchen nimmt den Lesenden sofort durch seine Resolutheit gefangen. Er ist selbst von dem Rhythmus getragen, der dem Schritt ihrer Helden eigen ist und keine Widerstände kennt; sie nicht gelten läßt, wo ein hohes Ziel einmal gesichtet ist. Der zarte lyrische Ton, der unseren Grimmschen Märchen den Stimmungszauber verleiht, ist hier kaum zu finden. Es ist der Balladenton, der in ihnen herrscht.

Herzbewegend ist auch das Märchen von dem „Verschleier= ten". Er, der durch tiefe Abirrungen ging und, als er zur Ein= sicht kam, den Weg der Sühne beschreitet, kann nun der große Helfer der Menschen werden. Unerkannt tut er seine Taten. Als letzte Heiltat vollbringt er die Rettung seines Volkes von der schwarzen Pest. Aber dazu muß er erst auf einer Insel im Meere die goldene Blume pflücken: „die Balsamblume, die Blume, die wie eine Nachtigall singt...". Es ist die Heilkraft der Poesie, die als Weltverklärungsmacht die Menschen von jener schwarzen Pest zu heilen vermag, der sie verfallen müs= sen, wenn sie die Verbindung mit der Welt des Geistes ver= lieren. — In einem anderen Märchen wird sie als die „blaue Blume" geschildert: „die Blume, die Tag und Nacht singt, die Blume, die Eisen bricht". Wer fühlte sich nicht an die blaue Blume des Novalis erinnert? In solchen Bildern wird die Macht des Gesanges gefeiert, der poetische Sinn, der die Welt aus dem Bann befreit, in den sie ein böser Zauber geschlagen hat. Es ist die Weisheit der Troubadoure, die in solchen Märchen von wah= rer Geistesritterschaft und ihren Siegen kündet.

*

6. Von den Edelsteinen und vom Geheimnis der Zirbeldrüse
(zu S. 75 und S. 173)

Die Art, wie in der Gralsdichtung von Edelsteinen gespro_{chen} wird, ist dem heutigen Vorstellungsleben völlig fremd gewor= den. Wenn man aber bedenkt, wie der größte Naturforscher des Mittelalters, Albertus Magnus — ein Zeitgenosse des Titurel= Dichters —, eine Edelsteinkunde verfaßte, die von den Kräfte= wirkungen jedes Steines eine genaue Beschreibung zu geben wußte, so wird man solche Angaben nicht nur für prunkvolle

Ausschmückung unserer Dichtung halten. Natürlich waren die teils dem Aristoteles und anderen antiken Schriftstellern zugeschriebenen Traditionen vielfach schon verdunkelt. Neue Wege zum Verständnis der okkulten Kräfte, die den Edelsteinen eigen sind, hat uns Rudolf Steiner gewiesen, indem er aufzeigte, wie im kosmischen Werden diese reinsten Manifestationen des Mineralreichs gleichzeitig mit der ersten keimhaften Anlage der menschlichen Sinnesorgane entstanden sind. Als reine Kristallbildungen sind sie so keusch, wie es die menschlichen Sinne nach langen Entwicklungen und Läuterungen erst sein werden. Sinnesorgane sind nämlich um so vollkommener, je selbstloser sie zu sein vermögen: indem wir das Auge und das Ohr selbst nicht erfühlen, können wir gerade durch sie hindurch die Welt wahrnehmen. So entspricht z. B. der Chrysolith dem Sehvermögen, der Onyx dem Gehör. Wir können uns vorstellen, wie die Edelsteine einstmals vor Äonen als die Sinnesorgane der Erdenseele gebildet worden sind; sie bedurfte der reinsten Mineralien, um durch sie die Einstrahlung der kosmischen Kräfte zur Spiegelung bringen zu können.

Wenn es heißt, daß die Grundlage des Montsalvatsch sich als ein mächtiges Massiv aus *Onyx* enthüllte, als Titurel das Berggeröll abtragen und das Plateau zu einer spiegelblanken Fläche schleifen ließ, auf die dann von unsichtbaren Händen der Grundriß des Tempelbaues gezeichnet wurde, so sind solche Angaben durchaus nicht spielerisch gemeint. Das Gehör ist, vom Standpunkt einer spirituellen Entwicklungslehre, seiner Uranlage nach aus den allerältesten kosmischen Zuständen herübergekommen; aus dem reinsten Lebensäther hat sich das Hören herausgestaltet. Sein mineralisches Gegenbild aber erscheint im Onyx. Das sind die wahren Grundlagen, die wir im Geiste erst finden müssen, um auf ihnen ein Todüberdauerndes erbauen zu können. Dieses Gesetz gilt auch im Reiche der Toten. Es soll mit diesem Onyxgrunde gesagt sein: daß das

Geistgehör, das aber nur in der Seele sich bildet, sofern aller Eigenwille in ihr erstorben ist, das einzig wahre Fundament für das Erbauen jenes Tempels darstellt, in welchem der Gral Wohnung zu nehmen vermag. Selbstlos hinhören zu können, ist die erste Voraussetzung für die Offenbarung der Geistes= welt.

Aus *Beryll* — nicht aus einfachem Glase, so wird betont — sind die Fenster, durch die das Licht in den Tempel einstrahlt. Beryllus aber heißt auch der Ahnherr des Gralsgeschlechtes, aus dem Titurel entsprossen ist. Und es wird vom Dichter ausdrück= lich gesagt, daß er „nach dem Steine" so heiße. Dieser Stein habe die Eigenschaft, daß er aus kleinen Tugenden große mache. In der Überlieferung wird dem Beryll, der ja für das Licht sehr durchlässig ist, es nur in sanfter Weise abdämpft, immer ein hohes Lob gespendet; bis zu der Behauptung hin: wo dieser Stein sei, vermöge zu keiner Frist der Teufel zu sein, der Stein vertreibe ihn. Beryllus heißt deshalb der Grundstein des Grals= geschlechtes. Auf eine Geistesströmung wird hingedeutet, die davon ausgeht, die Seelenkräfte so zu läutern, daß sie licht= durchlässig werden. Geisteswissenschaftlich betrachtet, ist im kosmischen Werden der Beryll zugleich mit der ersten Anlage der Verstandeskräfte ins Dasein getreten. Die geläuterte Ge= dankenkraft also ist es, von der diese Geistesschulung, in der Titurel stand, ihren Ausgangspunkt nahm. Aber eine Gedan= kenkraft, die nicht kaltes Licht vermittelt, sondern es zu milder Wärme, zum Seelenlichte wandeln kann.

Die Steinaltäre waren im Gralstempel aus lauter *Saphiren* gefügt. Denn dieser Stein, so wird uns gesagt, habe die edle Eigenschaft, des Menschen Sünden zu tilgen und ihm die Tu= gend zu verleihen, sie unter Tränen zu bereuen. Der Saphir erzeugt also in der Seele den reinen Sühnewillen; das aber ist die Grundstimmung, aus der jede wahre Altarhandlung hervor= gehen sollte.

Vom Standpunkt des kosmischen Werdens, wie ihn die Geistesforschung Rudolf Steiners einnimmt, müßte man über diesen Edelstein noch anders sprechen. Als nämlich die Entwicklung im „Sternbild der Fische" angekommen war und dem Menschenwesen damit die erste Anlage zu den Füßen gegeben wurde — den Organen, mit denen er in Reinheit die Erde ertasten lernen sollte —, wurde gleichzeitig der Saphir im Mineralreich gebildet. Durch die Verbindung mit ihm werden deshalb in der Seele jene verborgenen Kräfte angesprochen, durch die sie ihren reinen Urbeginn wiederfindet: sie gewinnt die Unschuld des Werdens zurück, wie sie in der Menschwerdung des Christus wirksam geworden ist, der uns aus der tiefen Schuldverstrickung lösen will.

Der *Smaragd* ist es, aus dem nach gewissen Überlieferungen die Gralsschale geformt sein soll. Ihm entspricht im kosmischen Werden des Menschen die Bildung des Sonnengeflechts, das der Sitz jenes tiefverborgenen Bewußtseins geworden ist, mit dem die vegetativen Vorgänge, die unbewußten Lebensbewegungen wahrgenommen werden. Aus dem „Zeichen der Jungfrau" strahlten diese Kräfte herein, die bei der Ausgestaltung des Smaragds einmal wirksam waren. Nur eine Jungfrau vermag deshalb den Gral zu tragen. Bei Wolfram tritt dafür an die Stelle das smaragdgrüne Tuch — aus Achmardiseide —, auf dem der Gral von Repanse de Schoye hereingetragen wird.

Die Titurel=Dichtung sagt, der Gral selber sei es, der alle Baustoffe zur Errichtung des Tempels herbeigeschafft habe. Wo der Gral wirksam ist, da vollziehen sich die wahren Wandlungsgeheimnisse. Substanzen ätherisieren sich, sie lösen sich ins Geistige hinein auf, und andrerseits: geistig=moralische Kräfte verdichten sich, sie streben zu neuen Substanzbildungen hin. Diese Edelsteine wären in solchen Stoffesmengen selbstverständlich überhaupt nicht in der Natur aufzufinden, wie sie zum Bau des Gralstempels verwendet werden. Sie sollen eben gar nicht aus irdischer Materie vorgestellt werden. Vor dem imaginativen Blick erscheint hier das Mysterium einer neuen Weltbildung. Diese will sich aus der moralischen Substanz des Menschen heraus vollziehen: aus dem, was gleichsam als Übernatur im Menschen wirksam ist und sich als todüberdauernd erweist.

Unter den vielen für den Gralstempel verwendeten Steinen sei in diesem Sinne noch der *Jaspis* in seiner Bedeutung betrachtet. Von ihm wird gesagt, er trete in siebzehn Farben auf und bringe dadurch eine Mannigfaltigkeit in den Bau herein; besonders aber weil er schwarzes Geäder habe, ohne welches die anderen Farben nicht zur vollen Geltung kämen. Nun wissen wir ja aus der Offenbarung des Johannes, wie der Jaspis in hervorragendem Sinne zum Aufbau des himmlischen Jerusalem seine Dienste leistet. Die Grundmauern sollen aus diesem Gestein erbaut werden. — Man kann sich an eine solche Tatsache von der modernen chemischen Stoffeskunde her einmal heranzutasten suchen. Bedenken wir, wie sich der Jaspis aus verdichteter Quarzsubstanz (also nicht wie der Marmor aus Kalkspat, sondern aus dem durchlässigen Element des Kiesels) erbildet hat und von Eisenoxyden intensiv durchzogen ist, die seine mannigfaltige Färbung bewirken, so kann man damit schon einen tieferen Sinn verbinden, daß er für die Grundmauer, also für die Umgrenzung gegen den Kosmos hin, als wesentlicher Baustoff dienen soll. Denn es vereinigt sich die Selbstlosigkeit des Kieselelements mit der Selbstbehauptungskraft, die das Eisen verleiht. Das ergibt den Charakter des Jaspis. — Man kann sich aber auch von der spirituellen Forschung her einer solchen Angabe nahen. Da mag es zunächst befremden, wenn die Entstehung des Jaspis innerhalb des kosmischen Werdens mit der Bildung des Geruchsinns in Beziehung gesetzt wird. Denn für den Menschen ist der Geruch ein ziemlich verkümmerter Sinn, wenn man die Organisation mancher

Tiere zum Vergleich heranzieht. Wie differenziert ist etwa der Geruch eines Spürhundes ausgebildet, der mit ihm die feineren Ausstrahlungen der Materie wahrzunehmen vermag! — Wir können uns einmal fragen: wo finden sich wohl beim Menschen diese in seiner Organisation verkümmerten, also zurückgestauten Sinnesfähigkeiten wieder? Und wir werden darauf kommen, daß sie dort, wo sie an der Nasenwurzel zurückgehalten sind, in seine Gedankenkräfte übergegangen sein müssen. Was der Hund durch den Geruch vermag, das erstrebt der Mensch durch jene Intelligenzkräfte, die in das Verborgene der Materie vorzustoßen suchen. Der ungeheure Wille, immer tiefer in die Kräftestruktur der Stofflichkeit einzudringen, sich ihrer Ausstrahlungen chemisch und technisch zu bemächtigen, mag er auch heute noch eine stark materialistische Note an sich tragen, ist eine unaufhaltsame Zeittendenz. Sie stellt die menschliche Umwandlung des Geruchsinns dar. Aber gerade jene Spürkräfte, die in der Auseinandersetzung mit der Materie, im intensiven Kennenlernen ihrer verborgenen Eigenschaften entfaltet werden, vermögen die Grundsubstanz für die künftige Daseinsform herzugeben, die sich die Menschheit im kosmischen Werdeprozeß nach dem Untergang der gegenwärtigen aufbauen wird. Denn nur in der vollen Auseinandersetzung mit der Stoffeswelt lernt der Geist sich in seinem Eigensein bewußt ergreifen.

Die Titurel=Dichtung kommt an einer späteren Stelle noch einmal auf die mystische Kraft und Bedeutung der Edelsteine zu sprechen. Als der greise Titurel seine Kräfte hinschwinden fühlt, die ihn nun nicht mehr zu ritterlichen Taten fähig machen, versammelt er seine Kinder um sich und unterweist sie über den Gral und dessen wunderbare Kräfte. Er sagt, daß ihnen gewisse Steine, wenn sie den Gralstempel betreten, zur Mehrung der Tugenden dienen und sie vor Lastern bewahren wollen. Auch Aaron, der erste Hohepriester des Judentums, habe zwölf

Edelsteine an sich getragen, wenn er in den Tempel einging. So habe auch Gottes Sohn seine Jünger über die mystische Kraft der zwölf Steine belehrt, die zum Aufbau des himm= lischen Jerusalem verwendet werden. Und niemand könne dem Gral recht dienen, der nicht das Verständnis der Edelsteine er= worben habe, die diesen Tempel zieren. Durch die Art, wie Albrecht von Scharfenberg diese Schilderung gibt, wird ersicht= lich, daß er in einer Strömung darinnengestanden haben muß, die die mystische Vertiefung in die Edelsteine gepflegt hat. In den mittelalterlichen Goldschmiedeschulen wurde diese Weis= heit noch gelehrt, die aus viel älteren Zeiten einer magischen Kultur herüberkam. Dem meditativen Erleben erschlossen sich die Kräfteströmungen, die zwischen den Edelsteinen und der menschlichen Organisation als ein unendlich zartes Fluidum hin= und herweben. Man erlebte sich in ein magisches Kräfte= netz aufgenommen, das die menschliche Ätherorganisation für umfassende Sternenwirkungen empfänglich machte. In diesem Kräftenetz konnte man zugleich den Zusammenhang mit der Welt der Toten erfahren.

Als Parzival in der Gralsburg dem siechen Anfortas gegen= übertritt, sieht er ihn mit einer Mütze aus Zobelpelz bekleidet, auf der sich ein leuchtender Rubin als Knauf befindet. Der *Rubin* entspricht nach Rudolf Steiner dem „höheren Organ des Gehirns": der reinen Intuitionskraft. Diese Kraft besitzt der übersinnliche Mensch, den wir verborgen in uns tragen, auch wenn er zunächst noch ohnmächtig sein mag, aus ihr heraus zu handeln. Warum heißt es aber in der Titurel=Dichtung, daß alle Türme des Gralstempels einen Rubin auf ihrer Spitze tragen? — Diese Türme erheben sich ja über den Chören, in denen die Altäre aus Saphir für alle Völker der Erde errichtet sind. Was an dieser Stelle geschieht, wenn die göttlichen Opferhandlun= gen dargebracht werden, das verwandelt das Blut der Völker; es durchchristet die Blutskräfte. Dadurch vermag sich aus ihnen das reine Ideenvermögen, die selbstlose Intuition, zu entbinden.

Nur der mittelste der Türme ist mit einem Karfunkelstein geschmückt, der in der Nacht den Gralsrittern leuchtet. Dadurch können sie allezeit den Heimweg finden, wo immer auch auf ihren Fahrten sie in die Irre geraten sein mögen. Durch die innere Verbindung mit dem *Karfunkel* wird nämlich in der Seele die bildhafte Vorstellung geweckt, die in der schöpferischen Phantasie wirksam ist. Das aber bedeutet, daß durch diese Fähigkeit sich die Seele jederzeit vergegenwärtigen kann, was sie liebt und was ihr heilig ist. Das Ideal kann immerwährend in der Seele aufleuchten, es steigt aus der Verklärung der Blutskräfte auf und führt aus jeder Seelenfinsternis sicher heraus.

*

Es gibt in der Gralsbelehrung, die Parzival durch Trevrizent erfährt, eine merkwürdige Stelle. Da wird von dem Einhorn gesprochen, jenem Fabelwesen, das nur in Gegenwart einer Jungfrau sanft wird und in ihrem Schoße sogar einschläft. Dieses Tier trägt im Hirngebein einen Karfunkelstein, der unmittelbar unter seinem Horn entstanden ist. Unpoetisch ausgedrückt, aber physiologisch exakt, müßte man sagen: er glüht dort auf, wo das Organ der Zirbeldrüse im Menschen sitzt. Denn diese ist das Überbleibsel eines erloschenen Organs, das der atlantischen Menschheit noch eigentümlich war. Das „Kyklopenauge" (oder jenes Traumauge, das im Märchen von Einäuglein, Zweiäuglein und Dreiäuglein geschildert wird) ist die mythische Erinnerung an jenes uralte Sinnesorgan, das zu einer Zeit, da die Schädeldecke noch nicht völlig geschlossen war, als eine Art Lampe aufglühen und mit seinen Strahlen das Reich der Nacht aufhellen konnte. Dieser nächtliche Sinn mußte zunächst einmal abklingen und verlöschen, damit der Mensch für die Welt des Tages, die man mit zwei Augen im Kopf erleben soll, voll erwachen konnte. — Mit dem Einhorn war niemals ein physisches Tier gemeint; es ist eine astrale Gestalt wie die Greife, Kentauren oder Sphinxe, die einen sehr alten Entwicklungszustand fest=halten. Kräfte aber, die veraltet sind, gehen in Verhärtung über; sie stellen sich deshalb für die imaginative Anschauung als „Hornbildungen" dar. Nur durch reinste Seelenkräfte, die nicht von der Verstrickung in die Sinnennatur mitergriffen worden sind, kann diese Fähigkeit, die uns abhanden ge=kommen ist, zurückgewonnen und auf neue Weise erweckt werden. Das Einhorn, so sagt deshalb die Fabel, läßt sich nur einfangen, wenn es im Schoße einer keuschen Jungfrau ein=schläft; dann kann man aus ihm den Karfunkelstein heraus=lösen.*

Die Funktion der Zirbeldrüse ist für die moderne Physiologie etwas Rätselvolles. Noch Descartes, der Wegbahner der neueren Philosophie, hatte über dieses Organ bestimmte Anschauungen. Er hielt es für den Sitz der Seele selber, für die Stelle, an der das Seelisch=Geistige in die Leiblichkeit eingreift. Es müssen spirituelle Überlieferungen gewesen sein, aus denen er solche Vorstellungen geschöpft hat. Denn vom anatomischen Stand=punkt aus wird die Epiphyse tatsächlich nur als ein unschein=bares Organ beurteilt. Ihre hohe Bedeutung, die sie in Zeiten uralter hellseherischer Kulturen einst gehabt hat, ist ihr im gegen=

---

* In einer Reliefplastik des reich geschmückten „Cismarer Altars" eines Benediktinerklosters in Ostholstein findet sich eine beson=ders eindrucksvolle Darstellung dieses Einhornmotivs. Die Bilder und Schnitzwerke entstanden im 14. Jahrhundert zu Ehren der hei=ligen Bluts=Reliquie, die man dort verwahrte und die einen An=ziehungspunkt für Wallfahrten bildete. Sie müssen aus einer tief=spirituellen Tradition stammen. Die Art, wie das Horn des im Schoße einer Jungfrau gezähmten Tieres aus dem Haupte herauswächst, seine Starrheit verliert und sich in Devotion zu neigen beginnt, deutet auf ein inneres Verständnis dieser Imagination hin. — Siehe hierzu noch den 17. Nachtrag, der das Einhorn innerhalb der rosen=kreuzerischen Symbolsprache charakterisiert.

wärtigen rudimentären Zustand kaum noch anzusehen. Dieses wunderbare Lichtorgan, von den reinsten Lebenskräften umspielt, die sich dem Tagesmenschen gewöhnlich entziehen, kann aber wieder zum Aufblühen gebracht werden. Das geschieht zunächst in jener Schlafesregion, an die nichts von der Begierdennatur heranzudringen vermag. Es handelt sich um Ätherströmungen, die sich fortwährend aus dem menschlichen Blute entbinden wollen und die, wenn im Herzen der Christus wohnt, in einer bestimmten Art zur Zirbeldrüse heraufstrahlen. Dort begegnen sie anderen Strömungen, die — im Augenblick des Einschlafens — aus dem Kosmos in die menschliche Organisation einzustrahlen beginnen, und zwar vom Haupte zum Herzen herunterwirkend. Rudolf Steiner hat in einem Vortrage über die „Ätherisation des Blutes" (Basel, 1. Oktober 1911) das Geheimnis dieser beiden Strömungen konkret gekennzeichnet. Er sagt: „Es ist nun im Moment des Aufwachens und Einschlafens in der Gegend der Zirbeldrüse eine Art Kampf vorhanden zwischen dem, was von oben nach unten, und dem, was von unten nach oben strömt." In diesem Kampfe spiegele sich der Konflikt zwischen den aus dem Inneren aufsteigenden niederen Gesinnungen und dem, was aus den Weltenhöhen als moralische Natur den Menschen durchdringen möchte. Bringt der Mensch jedoch durch seine sittliche Entwicklung diese beiden Strömungen in sich zum Zusammenklang: „... dann zeigt sich ein ruhiges Ausbreiten einer glimmerigen Lichterscheinung um die Zirbeldrüse herum; diese ist gleichsam eingebettet im Moment des Aufwachens oder Einschlafens in ein kleines Lichtmeer ... So spiegelt sich im Menschen seine moralische Beschaffenheit. Und dieser ruhige Lichtschein dehnt sich oftmals weit bis in die Herzgegend hinein." Aber mit dem, was vom Herzen zum Haupte strömt, kann sich noch ein Anderes verbinden: „Wie unser Blut als Äther vom Herzen nach oben strömt, so lebt im Erdenäther seit dem Mysterium von Golgatha das ätherisierte Blut des Christus Jesus. Der Ätherleib der Erde ist durchsetzt von dem, was aus dem Blute geworden ist, das auf Golgatha geflossen ist..." Dadurch „ist seit dem Mysterium von Golgatha eine fortwährende Möglichkeit vorhanden, daß in diesen Strömungen von unten nach oben die Wirkung des ätherischen Blutes des Christus mitströmt... Aber eine Verbindung dieser beiden Strömungen kommt nur zustande, wenn der Mensch das richtige Verständnis entgegenbringt dem, was im Christusimpuls enthalten ist. Sonst kann keine Verbindung zustande kommen, sonst stoßen sich die beiden Strömungen gegenseitig ab". — Um dieses neue, zeitgemäße Verstehen des Christusimpulses ringt alle echte Gralserkenntnis. Sie sucht den Zusammenschluß der menschlichen Herzensströmung mit dem, was von Golgatha immerwährend ausströmt. Denn der innigste Zusammenklang dieser ätherischen Strömungen untereinander vermag erst jenes ruhevolle Leuchten zu entfachen, das im Augenblick des Einschlafens oder Aufwachens um die Gegend der Zirbeldrüse herum geistig sichtbar wird. In diesem Lichtschein wird sich die Gegenwart des Christus offenbaren können. Es wird mit einer solchen Schilderung auf hellseherische Kräfte der Zukunft hingewiesen, die sich an diesem heiligen Orte zu entbinden beginnen. Bildhaft gesprochen: der „Karfunkelstein", der tief verborgen in der Menschennatur ruht, wartet darauf, wieder aufleuchten zu dürfen.

Für das Studium der okkulten Bedeutung der Zirbeldrüse sei noch auf einen bedeutsamen Aufsatz von Dr. Grete Bockholt hingewiesen: „Eine Gralsburg im Gehirn" („Natura", September 1926: Zeitschrift der Medizinischen Sektion am Goetheanum, Dornach). Hier wird aus der Lage des Vierhügels und der Epiphyse innerhalb der Hirnorganisation bis ins einzelne aufgezeigt, wie sich das Auffinden der Gralsburg in der Schilderung Chrestiens als Imagination für physiologische Tatsachen, und zwar in exakter Art, verstehen läßt. Die Epiphyse ist ja auch die einzige Stelle im Großhirn, an der sich feinste mineralische Salze ansammeln, die man gewöhnlich als „Gehirnsand" bezeichnet. Aus der Gruppierung der Sinnesnerven um dieses Organ herum läßt sich auch ein Verständnis für jene Schilderung Rudolf Steiners gewinnen, die wir im ersten Kapitel des Buches zitierten, wie das Edelste der Sinneseindrücke sich an dieser Stelle mit dem Edelsten des Mineralischen in uns vereinige. Die sachgemäße anatomische Beschreibung der Zirbeldrüse und des ihr nahegelegenen Vierhügels läßt uns jene Stätte erahnen: „wo immerdar schwebt der Gral — das heißt, das Gefäß für die edelste Nahrung des durch alles Übrige getöteten menschlichen Heros, der in der Burg des Gehirns liegt."

Es ist uns bewußt, daß das Heranführen der Sagenbilder an die anatomischen und physiologischen Tatsachen für das moderne Bewußtsein sehr befremdend sein muß. Man möchte sie in der Sphäre des Gefühls oder der religiösen Ahnung lassen. Und gewiß ist auch hier die Gefahr groß, auf diesem Wege in ein unkünstlerisches Element hineinzugeraten, wenn man nicht den Aufbau der menschlichen Organisation selbst bereits als Offenbarung allerhöchster Künstlermächte der Welt anzuschauen gelernt hat. Was wir als anatomische Tatsachen beschreiben können, ist ja nur der Abdruck einer wunderbaren ätherischen Organisation im Stofflichen. Der hellseherische Blick meint nicht jene physischen Gebilde, die sich der Anatomie von außen her zeigen. Er schaut das wunderbare ätherische Gefüge, das der Bildner aller stofflichen Organe ist, geistig an. Und auch dieses ist nur eine mikrokosmische Spiegelung mächtiger Weltenkräfte: eben jener Gralsburg, die makrokosmisch im Weltenäther aufleuchtet und an der die Toten bauen und bilden, wie wir es darzustellen versucht haben. Ringt man sich aber zu einer solchen exakten Erfassung der Imaginationen durch, so wächst die Ehrfurcht gegenüber den bildhaften Tradi=

tionen der alten Zeit ins Unermeßliche. Dann weiß man auch, daß künftig noch völlig andere Gralsbücher geschrieben werden können, als es für das gegenwärtige Verständnis zunächst möglich ist.

*

7. Namenbildungen
(zu S. 79)

Die Namen, die in der Gralsdichtung auftreten, stellen so recht einen Zusammenfluß der verschiedensten Sprachstämme dar. San Marte, der Bahnbrecher der Gralsforschung aus der Mitte des vorigen Jahrhunderts, trug vieles zur Aufklärung der Namen bei; weiteres Karl Bartsch in seinen „Germanistischen Studien" und Karl Simrock, der große Nachdichter der mittelalterlichen Epen.

Titurel könnte ein germanischer Stamm sein: Tiether (= Diether), an den altgotischen Namen Theoderich oder Dietrich erinnernd. Denn so hießen auch zwei bedeutende Könige des Westgotenreiches, auf die wir noch im 15. Nachtrage zu sprechen kommen. Der Name seines Sohnes *Frimutel* (= Frimunt) ist ähnlich gebildet: mit der gleichen romanisierenden Endung „el". Es könnte jedoch auch, wie San Marte vermutet, der romanische Stamm „tutor" (der Pfleger, Hüter) in dem Namen Titurel stecken. Wahrscheinlich handelt es sich um Namen westgotischer Geschlechter. Im Durchgang aber durch die romanische Welt wurden sie nicht mehr als solche verstanden, und so suchte man den Anklang an lateinische Wortstämme. Dies wäre bei dem Namen Titurel gut verständlich und gäbe ihm als dem großen „Gralshüter" einen wesenhaften Sinn. — *Anfortas* hat man auf „enfermas" (den Kranken) zurückzuführen gesucht. *Herzeloyde* könnte auf eine germanische (Harchehildis) oder altfranzösische Form (Herselot) zurückgeführt werden. Bei Wolfram ist jedoch der Anklang an

„Herzeleide" offenbar beabsichtigt. Er will sagen: nur aus dem Mutterboden des tiefsten Leid=Erlebens kann die Frucht der höchsten Gralsberufung heranreifen. Ein *„Perceval"* ist eine Leidensfrucht. Dieser Name selbst ist allerdings französischen Ursprungs (percer = durchbohren, durchfurchen; val = Tal). Die geistvolle Deutung, die Richard Wagner bei Josef Görres fand und akzeptierte: „der reine Tor", weist auf persischen Ur= sprung. Der Parse ist ja der „Reine" (parseh=fal). Wenn diese Deutung sich auch nicht halten läßt, so ist sie doch nicht so abwegig. Manichäisch=persische Traditionen sind in der Grals= sage überall aufzuzeigen, wie heute von verschiedenen Seiten anerkannt worden ist.

Sigune ist offenkundig germanischen Ursprungs. Dagegen ist nun *Schionatulander*, der Name ihres Geliebten, ein Beispiel für die Art, wie Wolfram Namen aus mißverstandenem Franzö= sisch bildete: li joenet ù l'alant (= der Jüngling mit dem Hunde). Auch *Orilus* entstand so: li orgueillous (= der Stolze) oder *Orgeluse:* la orgueillouse (= die Stolze). So hat Wolfram auch manche anderen Namen geprägt, die deutlich auf französische Worte zurückgehen. *Kondwiramurs,* den Namen der Gemahlin Parzivals, möchte San Marte aus conduire und amour (= die zur Liebe führt) herleiten; K. Bartsch dagegen meint, es heiße: coin de voire amors (= Ideal der wahren Liebe). Letzteres wäre als französische Wortbildung eher denkbar. Dann hätte Wolfram es wahrscheinlich aus seiner Kyot=Tradition übernommen und eben laienhaft umgebildet mit dem Anklang an „Die zur Liebe Führende".

Schoysiane (= die Freudespendende) und *Repanse de Schoye* (= Inbegriff der Freude) sind offenkundig französisch, wie auch *Terdelaschoye:* terre de la joie (= Land der Freude), wie Wolf= ram die Fee Morgane nennt, indem er ihren Namen mit dem ihres Aufenthaltsortes vertauscht hat.

Keltisch sind vor allem die Namen aus dem Artuskreise, wie

Gawan oder Gauvain: Gwalchmai (= Falke der Schlacht) und *Ginover*, der Name der Königin: Gwenhwyvar (= Herrin des weiten Gebiets?). Auch *Gamuret* suchte man aus camgredwr (= Ketzer) herzuleiten, was dann allerdings an das Französische angeglichen worden wäre als: game (gemma) amorous (= Liebeskleinod). Denkt man noch daran, wie eine Reihe von arabischen und anderen orientalischen Worten in die Gralsdichtung eingeflossen sind, so kann man schon an dieser Tatsache den übernationalen Charakter der Gralsmysterien empfinden.

*

8. „Der große heilige Gral"
(zu S. 84)

Die „Estoire del saint Graal" ist der umfangreichste Prosaroman, der über Ursprung und Schicksal des Grals geschrieben worden ist. Einige Jahrzehnte nach der Gralserzählung Roberts de Boron verfaßt und sich auf diesen berufend, zeigt er jedoch einen ganz anderen Stammbaum des Gralsgeschlechts auf, als Roberts „Josef". Hier wird ein Sohn des Josef von Arimathia in den Mittelpunkt gerückt, namens „Josefe" (Josephus). Mit diesem und einer kleinen Gemeinde, die er nach der Befreiung aus dem Gefängnis durch Vespasian zum Glauben an Christus bekehrt hat, zieht Josef in das Land Sarras (es wird als das Sarazenenland gedeutet). Hier findet er einen Sonnentempel. Aber er bekehrt den alten König Evalach, der in große Not durch die Ägypter geraten ist, zum Christentum und verhilft ihm zum Siege über seine Bedränger. Eine Fülle von Abenteuern und in die Handlung hineinverflochtenen Personen enthält diese Gralserzählung. Man mag über den künstlerischen Wert des Romans keine hohe Meinung haben; es ist aber nicht zu leugnen, daß er aus legendären Überlieferungen zusammengetragen ist, die ihm in reichem Maße flossen und die auf eine

spirituelle Tradition hindeuten, wie sie in christlichen Gemein=
den mit einem innigen sakramentalen Leben gepflegt sein
wird. Es muß eine romfreie Tradition gewesen sein, die jeden
Zusammenhang mit Petrus und der bekannten kirchlichen Hier=
archie bewußt ignorierte.

Die Einsetzung des Meßopfers wird hier unmittelbar auf
Christus zurückgeführt, und zwar auf eine übersinnliche Offen=
barung, die dem Josefe zuteil geworden sein soll. — Josef von
Arimathia, so heißt es, betete nach seiner Ankunft in Sarras
vor dem heiligen Schreine, in welchem die kostbare Schale mit
dem Blute des Erlösers bewahrt wurde. Da erblickte sein Sohn
Josefe darin den gekreuzigten Christus, von fünf Engeln um=
geben. Einer von den Engeln trug eine blutende Lanze und stach
damit in die Seite des Gekreuzigten, so daß Blut und Wasser
aus der Wunde in die Schale floß, die zu Füßen des Erlösers
stand. Da wollte Josefe in den Schrein eindringen, um dem
Gekreuzigten zu Hilfe zu kommen; aber der Engel hielt ihn
davon zurück. Jetzt wurde auch Josef, sein Vater, aufmerksam
und schaute in den Schrein hinein. Er nahm einen mit rotem
Tuche bedeckten Altar wahr, darauf lag ein blutiges Eisen von
einer Lanze und dazu drei Nägel, außerdem stand ein goldenes
Gefäß darauf. Engel trugen Weihrauchgefäße und andere Altar=
geräte herzu; zuletzt brachte einer die heilige Schale auf einem
smaragdgrünen Tuche. (Wir kennen dieses grüne Tuch, auf
dem der Stein des Grals hereingetragen wird, ja auch aus Wolf=
rams Parzival.) — Nun erscheint Christus selbst in priesterlichen
Gewändern; Engel durchziehen den ganzen Palast, um ihn durch
Weihwasser von den Dämonen zu reinigen. Christus aber weiht
den Josefe zum ersten Bischof der Christenheit. Dieser wird
von ihm mit den Gewändern und Insignien der Bischofswürde
angetan und mit dem heiligen Öle gesalbt. So zelebriert Josefe
die heilige Messe. Kelch und Patene stehen auf dem Altar, und
es vollzieht sich, als er die Einsetzungsworte spricht, die Wand=

lung von Brot und Wein in Leib und Blut des Erlösers. Er meint, in den gewandelten Substanzen den Leib eines Kindes zu er= blicken. Nach Vollendung der heiligen Handlung befiehlt ihm Christus, von nun an täglich dieses Sakrament zu feiern und in jeder Stadt dafür Priester und Bischöfe zu weihen.

Eine sehr ausführliche Darstellung der Hüter des Grals und ihres apostolischen Wirkens wird in dieser legendären Erzäh= lung gegeben. Es ist ihr Anliegen, aufzuzeigen, wie die wahre sakramentale Strömung des Christentums vom Osten zum Westen getragen worden sei: ohne römische Vermittlung, und wie sie in Großbritannien ihre Pflegestätte gefunden habe.

Es sei noch auf die Bedeutung von *Sarras* hingewiesen, das den Zusammenhang mit einer ganz bestimmten Geistesströ= mung herstellen will. Am Mittellauf des Nils, im Gebiete von Nubien, gibt es eine Stadt dieses Namens. Ehemals gehörte diese Gegend dem großen äthiopischen Reiche an, von dem heute nur noch Abessinien als Überbleibsel existiert. Die „from= men Äthiopen" waren im Altertum als Hüter uralter Sonnen= mysterien bekannt, die sie von den Weisheitsstätten Sabas (an der gegenüberliegenden Küste des Roten Meeres) hatten emp= fangen dürfen. Schon Herodot berichtet von dem „Heliotrape= zon", dem Sonnentisch der Äthiopen, der sich jede Nacht aufs neue mit Fleisch und Früchten bedeckte. Man hat in der Grals= forschung gern auf dieses sakrale Symbol hingewiesen, das dem nächtlichen Speisungswunder des Grals so sehr verwandt er= scheint. Dieser Zusammenhang besteht zu Recht, wenn auch nicht in jenem äußerlichen Sinne einer Entlehnung sagenhafter Motive. Die Saba=Mysterien wurden in Äthiopien noch lange Zeit hindurch gepflegt, und es konnte die esoterische Strömung des frühen Christentums deshalb gerade an diese Traditionen wirksam anknüpfen. So spricht ja der Gralsroman von dem „Sonnentempel", den Josef von Arimathia noch im Lande Sarras gefunden habe. Diese Gebiete nahmen von Ägypten her das

„koptische Christentum" mit seinen reichen Weisheitsschätzen
auf. So zog der erste bekannte Leiter der christlichen Katecheten=
schule zu Alexandria, die die geistige Leuchte der frühen Epoche
des hellenistischen Christentums gewesen ist, Pantänus, gegen
das Jahr 200 zu einer Missionsreise in jene Gebiete aus. Es
heißt, er sei nach „Indien" gegangen, das aber bedeutete im
damaligen Sprachgebrauch: Jemen, den Küstenstrich des süd=
westlichen Arabien, in welchem die alte Saba=Kultur geblüht
hatte. Auch die Heimat der Weisen aus dem Morgenlande ver=
legte man in jene alten Mysterienländer. Die Oberuferer Weih=
nachtsspiele haben diese Tradition noch festgehalten, wenn da
die drei Könige sich vor dem Palaste des Herodes ausweisen
müssen und König Melchior bezeugt:

> Aus keniglichem Stamm san ma olli drei geborn,
> Zween kumma aus Saba, der dritte aus Mohrn.

Das aber heißt: aus dem südarabischen Gebiet von Jemen und
dem ihm gegenüberliegenden Äthiopien (dem Mohrenlande).

Günther Wachsmuth sagt in seinen Beiträgen zur „Myste=
rien= und Geistesgeschichte der Menschheit" (Dresden 1938),
nachdem er das Aufblühen der christlichen Gnosis in der ägyp=
tisch=koptischen Welt und ihr Erlöschen geschildert hat: „Was
auf dem Boden Ägyptens an christlicher Urweisheit gereift war,
hat man wohl später weitgehend auszurotten vermocht. Das
abessinische Christentum hat das Schicksal gehabt, noch viele
Jahrhunderte lang die Schatzkammer alten Mysteriengutes und
frühchristlicher Überlieferung im Verborgenen zu bewahren."

Es ist deshalb bedeutsam, wenn es in einem anderen Grals=
roman (der „Queste") ausdrücklich heißt, daß der heilige Gral
von seinen Hütern aus dem Westen später nach Sarras zurück=
geführt worden sei. Dort seien Galahad und Perceval zu Gott
heimgekehrt. Wenn in dieser legendären Überlieferung das
„Schiff Salomos" genannt wird, auf dem sie die Fahrt in den

Orient unternehmen, so weist dieses Sinnbild auf Bruderschaf=
ten hin, die innerhalb der Tempelsymbolik gestanden haben
müssen, wie sie traditionell noch im Logenwesen ihren letzten
Nachklang gefunden haben. Solche Kreise pflegten bewußt den
geistigen Austausch mit den Einweihungsstätten des vorderen
Orients.

*

9. Die „Queste del saint Graal"
(zu S. 106)

Die „Queste" ist jenem umfassenden Gralsroman, von dem
wir gesprochen haben, in den Stammbäumen der Gralshüter
und den Schicksalen des Grals — seiner Wanderung über Sarras
nach Großbritannien — sehr verwandt. Sie will vor allem eine
Gestalt des Christentums zeigen, die noch ganz im schauenden
Erleben der Wandlungsgeheimnisse begründet ist. Um eine
Erneuerung der urchristlichen Geistbegnadungen, wie sie sich
innerhalb der Gralsgemeinde des Josef von Arimathia offen=
bart haben sollen, handelt es sich immer für diejenigen, die zur
„Queste", zur Gralsuche ausziehen. Dieser Impuls ist charak=
teristisch für die Träger des frühen keltischen Christentums.
Lancelot, dem berühmten Helden der Tafelrunde, gelingt es,
in einer alten Waldkapelle eine Gralsoffenbarung, und zwar
durch ein Traumgesicht, zu empfangen. Als er jedoch bis zur
Burg Corbenic vordringt und zur Mitternachtsstunde unter in=
brünstigen Gebeten den blendenden Lichtstrahl aus einer geöff=
neten Türe gewahr wird, der ihn zum Schauen des Wandlungs=
mysteriums verlockt, wird er durch einen Windstoß von der
Schwelle des Zimmers wieder zurückgeschleudert. Er fällt wie
tot nieder und bleibt vierzehn Tage in Ohnmacht liegen. Denn
um seiner Sünde willen, seiner unerlaubten Liebe zur Königin
Ginevra, kann er der Gnade des Grals nicht erwürdigt werden.

Nur dreien aus der Artusrunde wird die volle Anschauung

der Gralsgeheimnisse zuteil: Galahad, Perceval und Bohort. Nach einer fünf Jahre langen Gralsuche gelangen sie schließlich nach Corbenic. Dort müssen sie die Schwertprobe bestehen, nur Galahad aber vermag die Stücke richtig zusammenzufügen. Drei Jungfrauen bringen auf einer Bahre einen siechen Mann herein, der eine Krone trägt. Dieser begrüßt in Galahad den ersehnten Heilbringer. Aber es wird nicht, wie in Wolframs Parzival, die Frage verlangt. Altargeheimnisse werden ihnen offenbart. Engel schweben in den Saal herein, brennende Kerzen tragend. Sie bringen das heilige Gefäß herab, dazu die blutende Lanze, und stellen beide auf die Gralstafel, so daß das Blut in das Gefäß tropfen kann. Vor dem heiligen Grale aber kniet ein Mann, der aus den Himmeln herniedergestiegen ist: Josefe, der erste Bischof der Christenheit, den der Erlöser einst selber in Sarras geweiht hatte (wir kennen aus dem sogenannten „Großen heiligen Gral" bereits diese Einsetzungshandlung). Er ist seit 300 Jahren verstorben, jetzt weiht er Galahad und seine beiden Begleiter in das Mysterium der Wandlung ein. Denn die wahren Altargeheimnisse, so will die Erzählung sagen, werden im Reich der Toten gehütet, während sie sich auf Erden verdunkelt haben.

Nachdem nun Josefe den heiligen Gral mit einem Tuche bedeckt hat, beginnt er die Messe zu zelebrieren. Er entnimmt dem heiligen Gefäß eine Hostie. Während er aber die Elevation vollzieht, senkt sich vom Himmel ein Kind mit im Feuer erstrahlenden Antlitz darauf herab; das Brot wandelt sich vor aller Augen in den heiligen Leib. Josefe hält es lange empor, damit sie das Geheimnis anschauen können; dann legt er es wieder in das heilige Gefäß zurück. Nachdem er die Messe vollbracht hat, verschwindet er mit den Worten: „Ritter Christi, ihr habt viele Mühsal gehabt, um an dieser Tafel zu sitzen und das Geheimnis des heiligen Grales zu schauen. Nun werdet ihr die höchste Speisung aus der Hand des Erlösers selbst emp=

fangen." — Da aber sehen sie aus dem Gefäße einen Menschen mit durchbohrten Händen und Füßen, dazu mit der Seiten=
wunde steigen. Er lädt sie huldvoll zur Teilnahme an seinen Mysterien ein. Er ergreift das heilige Gefäß und spendet ihnen selber das Sakrament. Kniend empfängt zuerst Galahad den Leib des Erlösers, dann die beiden anderen, und als sie die unaussprechlich süße Speise genossen haben, werden sie von Christus selbst über jene Schüssel belehrt, aus der er sie speiste. Es sei die gleiche, aus der er einst mit seinen Jüngern das Passah=
mahl nahm; sie habe alle gelabt, die ihm dienten; man nenne sie den „heiligen Gral".

Bedenkt man, wie diese Gralsromane in einem Zeitalter er=
schienen, da der intellektuelle Streit um die Transsubstantiation die Christenheit durchwühlte und sich die Verhärtung der Wandlungsgeheimnisse im kirchlichen Dogma vollendete, so begreift man die Sorge derer, die noch in Imaginationen zu sprechen vermochten; sie wollten durch solche Bilder auf die übersinnlichen Vorgänge hindeuten, die die heilige Altarhand=
lung ätherisch durchwalten. Diese gewahr zu werden, heißt der Gnade des Grals teilhaftig zu sein. Denn im Gral ist diejenige Kraft wirksam, die in der Seele das neue Schauen entbindet: eine Kraft, die seit dem Opfer von Golgatha in ätherischen Strö=
men die Erde durchdringt und sich immerfort mit dem Menschen=
wesen verbinden will, um das Unsterbliche in ihm zum Leuch=
ten zu bringen. Wir haben im Anschluß an die Betrachtungen über die „Edelsteine" diese Tatsache konkreter darzustellen versucht.

Hier sei noch darauf hingewiesen, daß der große englische Gralsroman, den Sir Thomas Malory um 1470 geschrieben hat, der französischen „Queste" weitgehend nachgebildet worden ist. England selbst hat ja zunächst keinen Beitrag zur Ausbildung der Gralsdichtung geleistet, obwohl die Gralssage immer wieder an Britannien und mit Josef von Arimathia vor allem an die Abtei

Glastonbury anknüpft. Erst mit Malorys umfassendem Roman, der unter dem Titel „Der Tod Arthurs" die ganze Merlin= und Artussage umfaßt, dann aber in der Gralsuche seinen Höhe= punkt findet, ist der Stoff innerhalb der englischen Literatur plötzlich klassisch geworden. Die reife Erzählerkunst des Werks, dessen Stil heute noch als vorbildlich empfunden werden kann, trug wesentlich zu seiner Ausstrahlung bei. Wie in der „Queste" wird auch hier Galahad zum Hauptsucher erhoben; Perceval erscheint daneben schattenhaft. Dadurch ist der welt= offene Impuls der Gralsströmung, die Seelenentwicklung ins Freiheitlich=Moderne, wie wir sie an der Wolframschen Dich= tung bewundern, leider nicht in die englische Fassung der Grals= sage übergegangen.

So hat auch die romantische Dichtung im 19. Jahrhundert – vor allem Tennysons „Holy Grail" – in erster Linie den spiri= tualisierten Gralshelden Sir Galahad gefeiert. Visionär, wie aus Fernen aufleuchtend, glänzt der Gral in die Seelen herein. Ein seltsames Motiv spielt bei Tennyson eine bedeutsame Rolle. In der alten „Queste del saint Graal" führt eine Jungfrau den Galahad auf seiner Gralsuche; sie gibt sich als Percevals Schwe= ster zu erkennen. Ein uraltes Schwert mit einem sonderbaren Gehänge, das nämlich aus den Haaren dieser Jungfrau gefertigt ist, erhält Galahad umgegürtet, als er mit den Genossen auf die kühne Fahrt geht. In Tennysons Dichtung schaut nun diese Schwester Percevals, die eine Nonne ist, als erste den Gral wie= der, von dem man über die Jahrhunderte her, seit den Tagen Josefs von Arimathia, der ihn nach Glastonbury gebracht hatte, nur noch dunkle Kunde hat. Die Artusritterschaft erfährt durch Perceval von jenem nächtlichen Gesicht, das seiner Schwester zuteil geworden ist. Galahad ist nun derjenige aus der Ritter= schaft, den sie selber für die Gralsuche weiht. Es ist eine sehr poetische Szene, wie sie ihm das Schwert mit dem aus ihren eigenen Haaren geflochtenen Gehänge reicht. Obwohl viele der

Artusritter sich aufmachen, gelingt es doch nur dem einen, der vom Gral erkoren ist, das Geheimnis zu schauen. Als er bei einem Einsiedler während der Messe das Mysterium der Wand=lung erlebt, sieht er das Antlitz des Christuskindes aus dem ge=weihten Brote aufleuchten. Er darf in das Reich des Grales Ein=zug halten. Auf einer kühnen Fahrt, von Wundern umspielt, sieht Perceval den Galahad in die Ferne ziehen: wie er schließ=lich auf hoher See, vom Gral umschwebt, in die Glorie eingeht. Perceval selbst, der nur Zeuge dieser Verklärung des jungen Gralshelden sein darf, entsagt der Welt; er geht ins Kloster, um fortan im Seelenfrieden seine Erinnerungen zu pflegen.

*

10. Das Gralsschwert
(zu S. 111)

Trebuchet, der Schmied jenes geheimnisvollen Schwertes, be=deutet der „Hinkende" (von trébucher = straucheln, hinken). Er ist also eine dem göttlichen Schmiede Vulkan oder Hephaistos verwandte Gestalt. In den Feuerkräften der menschlichen Natur ist er tätig. Ihrer bedarf er, sie muß er meistern können, um das Vorstellungsleben innerhalb der menschlichen Organisation zum Instrumente schöpferischen Denkens, der freigestaltenden Imagination umzubilden.

Wir werden später durch Trevrizent erfahren, daß auch die zwei Silbermesser, die zum Grale gehören, von jenem Schmiede gearbeitet sind; es handelt sich hier um die zwiefache Sichel=gestalt, in der uns der Mond als zu= und abnehmender erscheint. Innerhalb der ätherischen Organisation des Menschen offen=baren sich rhythmisch gewisse Mondenwirkungen, die als regenerierende Kräfte ihre Aufgabe haben. Sie spiegeln sich in dieser Imagination der beiden Silbermesser.

In Trebuchet tritt also eine Götterkraft vor unseren Blick hin. Im Bildekräfteleib, der zunächst den physischen Organismus aufzubauen hat, dann aber nach und nach seine Kräfte für das seelisch=geistige Leben freigibt, ist er als Schmiedekünstler tätig. Man muß die Sprache der Sage zu reden wissen, um die Vor= gänge des Bildekräfteleibes so intim schildern zu können. Die= ses Schwert ist wirklich aus einem besonders guten Stahl ge= schmiedet. Es sind nämlich die feinen Eisenstrahlungen im menschlichen Blute, aus denen es gewirkt ist. Ohne sie würde sich niemals die innere Aktivität, das freischaffende Ideenver= mögen im Menschen entfachen lassen. Rudolf Steiner hat von einem Meteoritenfall, gleichsam einem Sternschnuppenregen im Blute, gesprochen, um anschaulich zu machen, woraus das „Michaels=Schwert", die Freiheitskraft im Menschen, die ein kosmisches Wunder ist, gebildet werden muß. Mit diesem Schwert erkämpft sich der erwachende Menschengeist im Ge= dankenringen die Anschauung der Geisteswelten.

Traumhaft, wie eine Gnadengabe, empfängt der junge Mensch zunächst dieses Schwert; die Fähigkeit, Ideale zu erleben, blitzt in der Seele auf. Aber sie sind noch nicht aus der innersten Per= sönlichkeit wiedergeboren. Sie sind noch ein überkommenes Geistesgut und müssen erst ihre Bewährung am Leben bestehen. Das Schwert zerbricht dem Jüngling im Daseinskampfe. Die Gralsimaginationen, noch nicht von der wachen Erkenntnis, der durchlittenen Erkenntnis ergriffen, entfallen dem Bewußtsein. Sie müssen aus dem Quell des schöpferischen Gedankenlebens, aus dem Ideenquell neu erzeugt werden. — Anders wird in der Fortsetzung der Chrestienschen Dichtung durch Manessier die= ser Vorgang beschrieben. Da muß Perceval das Schwert wie= derum zu dem Schmiede zurückbringen, der beim See Cotoatre wohnt. Die Schmiede wird jedoch von zwei Schlangen bewacht, die Perceval erst erlegen muß, ehe der Schmied die Stücke des Gralsschwertes wieder zusammenschweißen kann. Aber als er davonreitet, hört er Glocken läuten. Sie künden den Tod des Schmiedes an, der nach der Wiederherstellung des Schwertes sterben mußte. — Wir sehen: jene Triebgewalten, die aus der unteren Natur aufsteigen und die Gedankenkraft nicht frei= geben wollen (die Schlangen), müssen erst bezwungen werden. Der im Geiste erwachte Mensch aber entwächst den weisheits= voll bildenden Mächten, sobald sie ihm das Instrument des schöpferischen Denkens geschmiedet haben. Trebuchet kann nach Vollendung dieser Aufgabe sterben.

In der Sprache der Imagination sind nicht einfach festgelegte Bilder gültig. Das Erleben im Geiste ist so reich, daß es von verschiedenen Seiten aus dargestellt werden kann. Wo Wege zum Gral gegangen werden, wird die geistige Erfahrung immer individueller; dementsprechend auch die sagenbildende Imagina= tionskraft immer beweglicher und gegenüber der Überlieferung souveräner.

Aus der Fülle der Imaginationen, die den Percevalweg nach= zuzeichnen suchen, sei nur ein Bild herausgehoben, das sich auf das „heilige Geheimnis" bezieht, wie dem Gralsucher von einer Jungfrau, kurz bevor er die Gralsburg wiederfindet, mitgeteilt wird. Nach einer Reihe von Abenteuern, die zu bestehende Pro= ben darstellen, kommt Perceval zu einem Baume geritten, auf dem er ein Kind schaut; es steigt auf dem Baume auf und nieder und zeigt damit, wie groß die Welt sei. Auf seine Frage weist es ihm den Weg, der ihn am nächsten Tage zum Mont Doulereus führt, d. h. zum Berg der Schmerzen. Hier wird er mit den Merlin=Mysterien vertraut gemacht. Dann erst kann er zu den Grals=Mysterien vordringen. Diese kündigen sich ihm dadurch an, daß er am Abend einen Lichterbaum erblickt; unzählige Kerzen brennen an ihm. Doch als er ihm naht, verwandelt sich jener strahlende Baum in eine Kapelle; Perceval findet in dieser die Leiche eines Ritters am Altare liegen. Eine Kerze auf dem Altare wird von einer schwarzen Hand ausgelöscht ... Man sieht also: es gibt eine Macht, die will jene Geheimnisse im Dunkel des Unbewußten lassen. Über diese Erlebnisse nachsin=

nend, reitet er weiter und wird durch Hornrufe aus seinem traumumfangenen Zustand geweckt: er hat die Grenze des Gralsgebiets erreicht.

Diese Bilder finden wir bei Gautier, dem ersten Fortsetzer des Chrestienschen Epos. Sie deuten auf jene Seelentiefen hin, in denen der „Baum des Lebens" noch unberührt zu grünen vermag. Das ist jener „Wunsch vom Paradeis", von dem Wolfram beim ersten Erscheinen des Grals schon redet. In diesem „Baume" webt und wirkt die ewige Kindesnatur der Menschheit; es ist der „zweite Adam", der unsterbliches Leben in sich trägt.

Aber Perceval muß auch den anderen Baum kennenlernen: den Erkenntnisbaum. Er erlebt ihn in vollem Lichte erstrahlend — doch dieses Bewußtseinslicht wird durch Todeskräfte erkauft; hinter dem Baume offenbart sich die Kapelle mit dem toten Ritter. Der Gralsucher soll durchschauen lernen, wie immerfort in seiner eigenen Natur etwas in den Tod geführt werden muß, wenn Erkenntnis entfacht werden soll. Das Mysterium der beiden „Bäume", die mit dem Ewigen und dem Vergänglichen im Menschen zusammenhängen, ist nämlich jenes „heilige Geheimnis", das der Schüler des Geistespfades erst anschauen und handhaben lernen muß, ehe er vollbewußt des Grales teilhaftig zu werden vermag.

Wir werden unwillkürlich durch diese Imaginationen mit unserem Blicke zu dem Symbol des Weihnachtsbaumes hingelenkt, den wir am Adam=und=Eva=Tage festlich zu entzünden pflegen: am Vorabend der Christgeburt, mit der der „neue Adam" in die Menschheit Einzug halten will. Es scheint uns nicht ohne Zusammenhang zu sein, daß diese Sitte des Weihnachtsbaumes gerade im Elsaß zuerst aufkam: in jenem Gebiet, in welchem ja die christliche Mystik der „Gottesfreunde" so kraftvoll sich entfaltet hatte und das auch — in noch früherer Zeit — für die Gralsereignisse in besonderer Art die Atmosphäre herzugeben vermochte. Der Weihnachtsbaum hat ja nur deshalb seit dem 18. Jahrhundert diesen Siegeszug innerhalb der christlich empfindenden Menschheit antreten können, weil er gewisse Tiefen der Menschennatur anspricht, die heute her= aufdrängen und erkannt werden möchten. Er ist gleichsam der Vorbote einer neuen Gralsoffenbarung.

Es läßt sich zunächst dabei nicht verhindern, daß ein Element der Phantasie entbunden wird, das oftmals die Fülle der Bilder noch nicht ganz zu bändigen weiß. Die Formkraft der Inspira= tion muß hinzukommen. Sie stellt eine höhere Stufe des Geist= Erlebens dar und meistert das Bilderbewußtsein, ja opfert es zum Teil wieder hin. Erst bei Wolfram sehen wir diese Kraft zu einer bestimmten Reife gekommen. Demgegenüber erschei= nen die Fortsetzer der französischen Dichtung unzulänglich.

Man unterscheidet drei Dichter, die Chrestien zu ergänzen suchten. Der erste ist Gautier de Doulens; er führt die Erzäh= lung bis zu dem Punkte, da Perceval nach mancherlei Aben= teuern, die jene erwähnten Imaginationen enthalten, zum zweiten Male an der Gralstafel sitzen darf. Wir hörten bereits, wie er dieses Mal die Frage nach dem Gral und der blutenden Lanze stellt; und auch nach dem entzweigebrochenen Schwerte, das ein Knappe mit hereingetragen hat. Da wird berichtet, wie es Perceval gelingt, die Stücke wieder zusammenzusetzen. Nach dieser bestandenen Probe umarmt ihn der König und begrüßt ihn als den, der fortan Herr dieses Hauses sei.

An dieser Stelle bricht Gautier seine Erzählung ab. Manessier ist der nächste Dichter, der dort fortsetzt, wo das zerbrochene Schwert gerade wieder zusammengefügt wird. Er erzählt rätsel= hafte Dinge, die sich mit diesem Schwerte zugetragen haben sollen und die allerdings schwer mit dem von Chrestien Dar= gestellten in Einklang zu bringen sind. Aber nun gibt es noch einen dritten Fortsetzer: Gerbert. Dieser hat seinen Anteil an der Dichtung dort eingeschaltet, wo Manessier begann, das aber heißt: auch beim Zusammensetzen des zerbrochenen Schwertes.

Und zwar sagt er, es sei bei diesem Versuche noch eine Fuge in dem Schwerte geblieben, infolge der ungesühnten Schuld Percevals. Deshalb findet sich dieser am anderen Morgen mitten auf dem Felde, die Gralsburg aber ist verschwunden. Er erblickt eine Mauer vor sich und klopft mit seinem Schwerte an die Pforte, bis es zerbricht. Da schaut ein Greis heraus und sieht das zerbrochene Schwert. Dieser sagt ihm, nun müsse er noch einmal sieben Jahre umherirren, um den Gral zu suchen. Nach vielen Prüfungen ist Perceval schließlich reif, die Gralsburg zu betreten. Dieses Mal gelingt es ihm, das Schwert fugenlos zusammenzusetzen. Danach erst setzt jetzt Manessiers Erzählung ein und vollendet die Dichtung.

Es ist offenkundig, das Zerbrechen und Wiederzusammenfügen des Gralsschwertes ist der entscheidende Punkt, um den von den Gralsdichtern in jener Zeit gerungen wurde. Davon hing die rechte Vollendung der Dichtung selber ab. Die Frage war: Wie kann man die Imaginationen, die als ein überliefertes Geistesgut zunächst auf uns gekommen, aber Bruchstück geblieben sind, in solcher Art neu erzeugen und ergänzen, daß sie einen Weg darstellen, der in Zukunft wirklich gegangen werden kann? Oder anders ausgedrückt: wie kann die Gralsuche vollbewußt erneuert werden?

*

11. Flore und Blanscheflur
(zu S. 117 und S. 234)

Das Urbild der Vereinigung des roten Ritters mit der „Lilie" finden wir in der altfranzösischen Sage von jenem jugendlichen Liebespaar, seiner schmerzlichen Trennung und glorreichen Wiedervereinigung, wie sie bereits im 12. Jahrhundert in einer niederdeutschen Spielmannsdichtung nachgebildet und um 1220 durch den alemannischen Dichter Konrad Fleck zu dem an=

mutig=herzbewegenden Epos von „Flore und Blanscheflur" aus=
gestaltet worden ist.

Der Sohn eines heidnischen Königs von Spanien und die
Tochter einer christlichen Kriegsgefangenen werden am glei=
chen Tage und im gleichen Hause geboren. Da ihr Geburtstag
auf „paske flôrîe" (Pascha floridum = Palmsonntag) fällt, so
nennt man den Königssohn Flore und die Tochter der gefan=
genen Gräfin Blanscheflur. Das bedeutet Rose und Lilie. Sie
werden miteinander aufgezogen; schon als Kinder ergreift sie
eine zarteste, aber unüberwindliche Neigung zueinander. Da
der spanische König seinen Sohn niemals mit der Tochter einer
Gefangenen vermählt wissen will, sorgt er für frühzeitige
Trennung. Flore wird für eine Weile in eine ferne Stadt zur
Schule gesandt und Blanscheflur inzwischen an babylonische
Händler verkauft. Diese bringen sie in den Orient; der Amiral
kauft sie und sperrt sie zu anderen Frauen seines Harems in
einen Turm ein. Als nun Flore heimkehrt und nach seiner
Blanscheflur fragt, zeigt man ihm ein kostbares Grabmal, unter
dem sie bestattet sein soll. Doch da er über ihren Tod so un=
tröstlich ist, daß er sich selbst zu töten droht, eröffnen ihm die
Eltern, daß Blanscheflur noch lebe und in den Orient verkauft
sei. So macht er sich auf, sie zu suchen.

Auf einem Roß, das auf der einen Seite weiß, auf der anderen
rot ist, zieht er hinaus. Es ist ein ganz besonderes Pferd – wir
kennen ja aus Wolframs „Parzival" solche Pferde, zum Beispiel
das Gralspferd „Gringuljet mit den roten Ohren". Wer den
Pfad zum Geiste betreten will, muß in seinen Seelengründen
eine bestimmte Weisheit tragen; man könnte es einen Instinkt
nennen, der den Gralsucher auf die rechte Spur leitet. Pferde
spielen in der Sagen= und Märchenwelt eine große Rolle. Immer
drücken sie die Kraft der Intelligenz aus, von der sich die Men=
schenseele auf ihrem Wege mehr oder weniger instinktiv leiten
läßt. Auch die Apokalypse kennt solche Reiter. Und je nach der

Willensrichtung, die in den Gedanken der Menschen lebt, reiten sie auf einem weißen, roten, schwarzen oder fahlen Pferde.

Von diesem zwiefarbenen Pferde, das Flore auf seinem Wege ins Morgenland reitet, heißt es ausdrücklich: daß es ein Werk der Natur, nicht der menschlichen Erfindung sei, und nur wer einer Krone würdig sei, könne es reiten. — Wir merken an der Verteilung der Farben, daß in diesem jungen Ritter die Kräfte des Blutes sprechen, aber sie werden von den Kräften der Weis= heit im Gleichgewicht gehalten. Die Minne treibt ihn, doch sie ist unschuldsvoll. In seinem Buche „Weltgeschichte im Lichte des heiligen Gral" hat Walter Johannes Stein zu zeigen ge= sucht, wie diese Sage nur aus der Symbolsprache mittelalter= licher Alchymie zu verstehen ist. Das Bedeutsame dieses Wer= kes ist, daß hier zum ersten Male die alchymistischen Grund= lagen der Wolframschen Dichtung aufgezeigt werden. Mag man vielleicht manches andere, was die Gralsereignisse in den histo= rischen Zusammenhang des 9. Jahrhunderts hineinzustellen sucht, als nicht hinreichend begründet empfinden, mit jenen Ausführungen jedoch, die den alchymistischen Schlüssel für ge= wisse sonst unerklärbare Schilderungen darreichen, leistet das Buch Dr. Steins einen wesentlichen Beitrag zur Entzifferung der Gralsimaginationen. Und beginnt man sie in diesem Sinne zu verstehen, so begreift man auch, wie sich die Gralsströmung in die Rosenkreuzerweisheit hinein fortsetzen konnte.

In rosenkreuzerischer Ausdrucksweise würde man also sagen dürfen: es ist eine „chymische Hochzeit", zu der der junge Kö= nigssohn in das Morgenland zieht. Hier sollen die einzelnen Abenteuer nicht geschildert werden, die ihn schließlich über das Meer nach Bagdad führen und den Turm finden lassen, in wel= chem die Geliebte gefangen gehalten wird. Durch Bestechung des Wächters gelingt es Flore, sich im roten Kleide (er erscheint also auch als der „rote Ritter"), in einem Korb voll roter Rosen versteckt, in das Gemach der Blanscheflur tragen zu lassen. Sie feiern die Wiedervereinigung, in keuschester Minne einander hingegeben.

Doch ihr geheimes Glück wird eines Tages entdeckt; in seinem Zorn verurteilt der Amiral sie beide zum Tode. Aber die Art, wie sie auf dem Weg zum Hochgericht wetteifern, füreinander zu sterben, erweicht sein Herz. Es gibt ein Versöhnungsfest, und sie werden in ihre Heimat entlassen. Flore tritt, da sein Vater gerade gestorben ist, die Herrschaft in Spanien an und lebt mit seiner Blanscheflur, rings um sich her Glück verbreitend, bis zum hundertsten Jahre. Zur gleichen Stunde sterben die beiden Minnenden, in Einem Grabe wird ihrer beider Leib bestattet; ihre Seele aber geht in die Gottseligkeit ein.

Die Dichtung sagt, aus diesem Bunde sei eine Tochter entsprossen: Bertha, die dann die Mutter Karls des Großen wurde. Nicht nach einer physischen Generationenfolge dürfen wir hier suchen. Denn Flore und Blanscheflur sind nicht einfach die irdischen Großeltern Kaiser Karls. Als edelstes Muttererbteil leben sie in ihm weiter; das aber heißt, sie wirken in seinem Bildekräfteleib. — Was er als Vatererbteil, als Sohn Pippins, in sich trug, stellte ihn in äußere Machtzusammenhänge hinein. Es wirkte mit zur Politisierung des Christentums, nicht immer im guten Sinne. Was ihn aber, als den Sohn der Bertha, in seinen Gemütskräften wie aus Traumestiefen heraus impulsierte, machte ihn für höchste Geisteswirkungen zugänglich. Die Gralsinspiration fand in ihm ein bedeutsames Werkzeug. Der Sagenkranz um Kaiser Karl deutet auf diese Seite hin.

Rudolf Steiner hat auf den tiefen Zusammenhang dieser Sage mit der Gralsweisheit hingewiesen. Er schilderte, wie die alte Weisheit, die den Weg der vollkommenen Askese lehrte, im Bilde der *Lilie* erscheint, der neue Weg jedoch, der die Sinnennatur nicht abtöten, sondern sie zum Geiste mit hinaufheben möchte, im Bilde der *Rose*. Die Redewendung „Sub rosa" wird heute noch gebraucht, um auf das streng Verschwiegene einer

Mitteilung hinzuweisen. Sie stammt aus der Symbolik mysti=
scher Bruderschaften. „Sub rosa", wirklich unter Rosen verbor=
gen, geht Flore zur Blanscheflur ein: ein Bild für einen mysti=
schen Vorgang.

Diesen neuen Weg lehrt die abendländische Esoterik. Sie
fordert nicht die Weltentsagung, sondern geht von der Aner=
kennung der dem Menschen verliehenen Sinnennatur aus. Aber
sie führt die Blutskräfte durch die vollkommene Läuterung,
bis sie dem reinen Safte der Rose ähnlich geworden sind. Die
„Heiligen" des asketischen Weges erscheinen mit dem Symbol
der Lilie; diese ist ein Zwiebelgewächs und will sich als solches
nicht völlig der Erde verbinden. Anders die Rose. Das wahrhaft
christliche Ideal vertraut auf die Verwandlung der Erdennatur.
Aus dem Ersterben der niederen Kräfte soll das höhere Leben
erblühen, der ganze Mensch soll zur Auferstehung gebracht
werden. Das Kreuz von Rosen umwunden ist das Symbol für
solches Streben.

Flore geht diesen Weg. Die Sage nennt ihn den Sohn des
Königs Fenix. Sie will darauf hindeuten, daß es Phönix=
mysterien sind, aus denen Flore hervorgegangen ist. Wir ken=
nen dieses Symbol der todüberwindenden Kräfte bereits aus
Wolframs Dichtung; dort wird es mit dem Gralssteine in Ver=
bindung gebracht. Flore ist als Heide geboren. Aber, so sagt
die Dichtung, er empfing seine Taufe durch die Minne zu
Blanscheflur, die niemals einem Zweifel erlag. „Heidnisch" er=
scheint zunächst dieser Weg, weil er die Sinnennatur bejaht
und die Seele allseitig für die Erde aufzuschließen sucht. Auf
einer höheren Stufe jedoch führt er zur Durchchristung des ge=
samten Menschenwesens, zur Vereinigung mit der Lilie, jenem
himmlischen Wesensteil, das im Turm gefangen gehalten wird.
Unter Rosen verborgen, den reinsten Kräften seines Blutes sich
anvertrauend, taucht der rote Ritter in jene Wesenstiefen unter,
aus welchen er die jungfräuliche Natur in sich zur Entzauberung

führen kann. Er darf mit ihr die „chymische Hochzeit" feiern. In der östlichen Weisheit würde man etwa von der Erweckung der „Lotosblüten" gesprochen haben, wo auf die Lilie hingedeutet wird. Der Gralsucher strebt die Vereinigung mit jener Urweisheit an, die im Orient verborgen gehalten wurde. Aber er bringt auf diesem Wege die Kraft der menschlichen Persönlichkeit mit, die es nicht zu verlieren gilt. Edelste Kräfte des Abendlandes durchdringen sich in ihm mit dem Geisteserbe der morgenländischen Kulturen.

Als Gralsweg kennzeichnet sich Flores Ausfahrt auch dadurch, daß er einen Wunderbecher, vom Gott Vulkan selbst verfertigt, mitnimmt; dessen Deckel aber ist mit einem Karfunkel gekrönt, der bei Nacht leuchtet. Was der Karfunkel bedeutet, der den Rittern des Grales, die sich verirrt haben, des Nachts den rechten Weg zu erhellen vermag, haben wir bereits besprechen können. Die Schmiedekunst des Vulkan – die in den Feuerkräften der menschlichen Leibesnatur wirksam ist – haben wir mit den Wunderwerken des Meisters Trebuchet verglichen (im 10. Nachtrag). Wenn wir nun noch hören, daß jener Becher mit der bekannten Szene aus der Trojasage, dem Urteil des Paris, geziert war, so haben wir damit auch den Hinweis auf die Erweckung der Liebeskräfte im Blute gegeben. Paris wurde von den Göttinnen aufgefordert, den Apfel der Schönsten zuzuerteilen. Aber diese Kräfte, die ihn zum Raub der Helena verlockten, führten damals in Krieg und Untergang hinein. Auf dem Gralswege jedoch werden sie – wenn auch durch Leidensprüfungen hindurch – zur Verklärung geführt. Der Eros darf im Dienste des alleredelsten christlichen Strebens stehen; die „Minne" erweist sich als einweihende Macht von nun an.

Morgenlandfahrten wurden in diesem Sinne durch das ganze Mittelalter unternommen. Die Gesandtschaften, die der Karolingerhof mit den Kalifen von Bagdad austauschte, hatten nicht nur einen politischen Charakter. Sie dienten diesem Ausgleich der Kulturimpulse, die hinüber und herüber spielten. Die Sage von Flore und Blanscheflur spiegelt dieses Geistesstreben wider. Die Vertiefung in ihre Imaginationen kann uns für das Verständnis des Parzivalweges vorbereiten. Die Lokalisierung der Handlung in Spanien weist wiederum auf jene „spätgotischen Mysterien" hin, von denen wir, einem Hinweis Rudolf Steiners folgend, im Zusammenhang mit der Titurel=Gestalt sprachen.

*

12. Gralsweisheit in den Volksmärchen
(zu S. 118)

Ein Erziehungsimpuls, der auf ganz andere Kräfte der Menschennatur aufmerksam machen wollte, als man sie etwa in den Klöstern und Lateinschulen des Mittelalters schätzte, sucht sich durch die Volksmärchen zur Geltung zu bringen, welche immer wieder den „Dummling" zum Helden machen. Sie möchten sagen: die Einfalt des intellektuell unverbildeten Jünglings sei die beste Vorbedingung für jenen Geistesweg, der künftig zum Heile der Menschheit gegangen werden müsse.

Wir brauchen nur an das wunderbare Märchen vom „Wasser des Lebens" zu erinnern, das aus der Grimmschen Sammlung bekannt ist. Da hören wir von dem kranken König, für den es keine Arznei mehr gibt — wie in der Gralssage für Anfortas —, und da sind die drei Königssöhne, zu denen der geheimnisvolle alte Mann hintritt und ihnen von dem Einen Heilmittel spricht, das aber sehr schwer zu finden sein soll. Die beiden älteren Söhne bleiben, als sie nach dem Wasser des Lebens ausreiten, unterwegs stecken; denn der Hochmut ihres Verstandes hindert sie daran, die Weisungen des Zwerges anzunehmen, der ihnen begegnet. Außerdem haben sie sich aus kluger Berechnung, nur um des Lohnes willen, auf den Weg begeben; nicht aus Mitleid, wie der dritte Sohn, der einfältige, der die Winke des Zwerges befolgt und die Proben besteht. Wieder ist es das

Zauberschloß, in das man nur zu nächtlicher Stunde Einlaß findet und aus dem man noch vor Mitternacht — das heißt: ohne vom Tiefschlaf überwältigt zu werden — wieder herausgekommen sein muß.

Ähnliches finden wir in dem Tessiner Märchen „Die Greifenfeder" berichtet. Da ist es ein Eremit, der am Königshofe von dem Wundervogel erzählt, der in den prächtigsten Farben schillert und nur alle hundert Jahre einmal erscheint, um eine Feder aus seinen Flügeln fallen zu lassen, die allein dem Würdigsten zuteil wird. Diese ist das Heilmittel für die Krankheit des Königs. Wieder ist es nur der dritte Sohn — der aber auf dem Wege noch eine Prüfung der Mitleidskräfte zu bestehen hat —, welcher an das ersehnte Ziel gelangt. Hinter dem Vogel Greif verbirgt sich offenbar das Phönixgeheimnis. Nur einmal in jedem Jahrhundert, so will das Märchen sagen, öffnet sich der Quell der Inspiration. Wer die Feder aus dem Flügelkleide des farbenreichen Vogels gewinnt, wird ein Begnadeter unter den Menschen sein. Ihm ist es gegeben, die alternde, dahinsiechende Menschennatur zu heilen: die Königskraft des Geistes in ihr zu entzaubern; denn er versteht sie auf die Schwingen der Phantasie zu nehmen, sie auf den Flügeln des Gesanges über alles Lähmende, Fesselnde der Erde emporzutragen.

Es gibt auch Märchen, in denen das Geistesrittertum in parzivalischem Sinne zur Darstellung kommt. Die Bündnermärchen von „Dem in der Bärenhaut" und vom „Grafen Goldhaar" sind gute Beispiele dafür. Solche Märchen knüpfen meistens an den Schwellenübergang an, der mit der Erdenreife des jungen Menschen eintritt. In dem bekannten Märchen vom „Eisenhans" ist es allerdings ein achtjähriger Knabe, der von dem unheimlichen wilden Manne in den Wald gelockt wird und nun die Abenteuer seines Lebens zu bestehen hat. Hier wird in eindrücklicher Art auf die Eisenkräfte hingedeutet, wie sie ins Blut hereinschlagen: unbändige Freiheitskräfte, die den Kerker des Ge=

wohnten, des Überlieferten sprengen, beginnen sich jetzt in der Seele zu regen. Sie kündigen sich im Wissensdrang des jungen Menschenwesens an, das alle Dinge selbst erforschen möchte. Der Knabe taucht den Finger in den geheimnisvollen, verbote= nen Brunnen und zieht ihn vergoldet wieder heraus. Das Un= glück ist geschehen, die Traumumfangenheit der Kindesnatur weicht von ihm. Die Lebensprüfungen beginnen. Die Art, wie er dann in höchster Not von dem Eisenhans mit Kräften eines unüberwindlichen Rittertums ausgerüstet wird, ist offenkundig ein michaelischer Zug des Märchens. Der Jüngling, der dreimal nacheinander in der roten, der weißen und der schwarzen Rü= stung zum Turnier erscheint, erinnert an Parzival. Als roter Ritter erweist er sich als der Sieger über die Blutsnatur, als weißer Ritter lebt er den reinen Geist dar, während die schwarze Rüstung erst auf das volle Untertauchen des höheren Menschen in die Erdenverkörperung hindeutet; auf dieser Stufe setzt er sich mit den Todesmächten auseinander und überwindet sie. Es spielt in diesem Märchen das Inkognito eine wesentliche Rolle; der Held, der in höchster Not als Retter erscheint, muß zunächst unerkannt bleiben. Es ist ein Gralsgesetz, für dessen tieferen Sinn wir im Zusammenhang mit der Lohengrin=Sage die Erläuterung geben.

Die Sprache der Imagination, als Spiegelung innerer Ent= wicklungsvorgänge der Menschennatur, läßt sich am anschau= lichsten studieren, wenn man von unseren klassischen Volks= märchen ausgeht. Wir dürfen hier wohl auf die beiden Bücher des Verfassers „Die Weisheit der deutschen Volksmärchen" und „Die Weisheit der Schweizer Märchen" hinweisen; sie suchen in grundlegender Art die Methode zu entwickeln, die zum Entziffern der imaginativen Sprache führen kann. Hat man die Gesetzmäßigkeit dieser Bilderwelt einmal an den Volksmärchen durchschauen gelernt, so ist damit auch eine wich= tige Stufe für das Verständnis der Sagen gewonnen.

Hier sei nur noch eine Tatsache beleuchtet, die gerade bei der Betrachtung bestimmter Märchengestalten irritieren kann. Es gilt dieses besonders auch für die Parzival=Sage. Die Märchen= helden sind gewöhnlich sehr jung, meistens an der Schwelle der Erdenreife stehend; ab und zu, wie im Eisenhans, sogar noch jünger. Wie können sie dann aber solche Proben bestehen, die sie zu höchsten Heilestaten fähig machen? — Es handelt sich zu= nächst um Erlebnisse, die sich im jugendlichen Alter, und zwar um jene Zeit, in der die *Ideale* innerhalb der Seele geboren werden, wie in einem Sturm von Empfindungen kundgeben. Nur ganz selten allerdings wird der junge Mensch sie sich im gewöhn= lichen Leben auch als Imaginationen zur bewußten Spiegelung bringen. Es ist der verborgene „Träumer" in ihm, der diese Erlebnisse durchmacht; sie laufen unter der Schwelle seines Tagesbewußtseins ab. Aber der reifere Mensch kann gleichsam auf jenen behüteten Seelenschatz immer wieder zurückgreifen, sofern er nicht dem „Geist seiner Jugend" untreu geworden ist. Er soll aus ihm schöpfen lernen; sich aus ihm befeuern lassen.

Wer bewußt den Weg zum Geiste geht, wird nun erfahren, daß es gut ist, an diesen sich in den Seelengründen verbergen= den „Träumer" anzuknüpfen. Die reinen Herzensideale, die in einem bestimmten Lebenszeitpunkt in ihm aufleuchteten, oder auch die frischen Erkenntnisimpulse, die auf der Stufe des knabenhaften Wissensdranges einen ersten Durchbruch erfuh= ren: sie kann der Geistessucher zum Ausgangspunkt für die bewußte Entfaltung des höheren Lebens nehmen. Aus den Seelengründen heraufgehoben, stellen sie sich in solchen Ima= ginationen vor den inneren Blick, wie wir sie im Märchen fin= den können. In seinen Mysteriendramen hat Rudolf Steiner den „Geist der Jugend" als Astralgestalt auf der Bühne er= scheinen lassen, indem er die Seelenentwicklung seines Johan= nes Thomasius darzustellen suchte, der sich gerade im Umgang mit dieser aus Traumestiefen aufsteigenden Wesenheit zum geistigen Erwachen hindurchkämpft.

Was Perceval durchlebt, spielt sich, wie wir an Chrestiens Darstellung zeigten, zwischen dem 15. und 20. Lebensjahre ab. Die Geistestaten und Bewährungen aber, wie sie uns in der Wolframschen Dichtung geschildert werden, deuten auf ein hohes Eingeweihtentum hin. Wir müssen uns ja diese Individualität bei der Vollendung ihres Gralsweges in der Mannesreife vorstellen. Es wird eben nicht eine äußere Biographie nachgezeichnet, die in der irdischen Zeitrechnung abläuft. Die sagenhaften Kräfte ihres Wesens werden in imaginativ=poetischer Art zur Anschauung gebracht. Der „idealische Mensch" in ihr kommt in solchen Bildern zur strahlenden Offenbarung. Es ist der „ewige Jüngling" im Menschen. Wo er zum Geiste erwacht, beginnt er sich selbst zugleich in seiner unversehrten Jugendnatur zu ergreifen.

*

13. Das Brackenseil
(zu S. 139)

Es ist ein fruchtbarer Gesichtspunkt, innerhalb des Parzivalschicksals den Stufengang durch die zwölf Tugenden bis zur wahren Minne zu verfolgen. Wolfram ist ja der Dichter jenes tragischen Abenteuers mit dem Hunde Gardevias. Wenn nun auch die ausführliche Beschreibung der Inschrift auf dem Brakkenseil noch nicht in seinem Titurelfragment zu finden ist, sondern erst durch Albrecht von Scharfenberg gegeben wird, so darf man doch nicht glauben, daß Wolfram von ihr keine klare Vorstellung gehabt hätte. Sein Parzival jedenfalls lebt diese Ideale, wie sie aus der besten Troubadourüberlieferung geschöpft sind, in seinem Schicksalsgange offensichtlich dar. Er ist der wahrhaft Minnende.

Am Hofe des Artus wird das Brackenseil, nach dem Signue

so inständig begehrte und nach dem sie Schionatulander aus=
gesandt hatte, schließlich entziffert. Es enthält eine Fülle von
Anweisungen, die aber ihren Höhepunkt in der Beschreibung
des Tugendkranzes finden. „Zwölf Blumen winde dir zum
Kranze, wenn du zum Ehrentage gehst", so sagt die Inschrift.
Diese heißen: 1. reine Zucht, 2. Keuschheit, 3. Milde, 4. Treue,
5. Maß in allen Dingen, 6. Sorge (d. i. Achtsamkeit), 7. Scham,
8. Bescheidenheit, 9. Stäte (d. i. Beharrlichkeit), 10. Demut,
11. Geduld, 12. Minne.

Soeben hat der wilde Knabe die rote Rüstung des erschlage=
nen Ither angezogen, da betritt er auch schon den Seelenpfad.
Die „reine Zucht" macht er bei Gurnemanz durch. Dort wird
er zum Ritter erhoben und bewegt sich von nun an untadelig
in ritterlich=höfischer Sitte. Aber er verinnerlicht sie sofort, als
er im Sinne der Ritterpflicht sich einer schutzbedürftigen Frau
annimmt. Er tritt nämlich ins Land der Entsagung ein, da er
zur Königin Kondwiramur kommt. Ihre Hauptstadt Belrapeire
ist in große Hungersnot versetzt, wie wir erfahren. Ohne Zö=
gern nimmt er an ihrer Entbehrung teil. Und hier bewährt sich
seine Seele in der Tugend der „Keuschheit". In wie hohem
Maße diese sein ganzes Empfinden durchdringt, wird gerade
offenbar, als sich ihm die junge, schutzlose Königin anver=
traut. — Wo aber das Herz in reiner Liebe aufzugehen beginnt,
da schmilzt alles Harte dahin. „Milde" ergießt sich in sein ge=
samtes Handeln; auch im Eifer des Kampfes verläßt sie den
Helden nicht. Das erweist sich daran, wie er den überwundenen
Feinden vor Belrapeire und bald darauf auch dem zornmütigen
Herzog Orilus Großmut entgegenbringt. — Jetzt erwacht auch
die Verantwortung gegenüber dem, was er zurückließ. Parzival
beginnt von nun an „Treue" zu üben, indem er sich im hohen
Glück dennoch nicht der Stimme des Gewissens verschließt, das
ihn mahnt, um das Schicksal der verlassenen Mutter Sorge zu
tragen. Die Art, wie er sich für Jeschute in ihrem Elend, an wel=

chem er ja nicht ganz schuldlos ist, verpflichtet fühlt, zeigt die gleiche Treue. Die Bewährung dieser Tugend aber ist die Unverrückbarkeit der Gesinnung, mit der er durch alle Jahre der Trennung den Ehebund mit Kondwiramur aufrecht erhält. — Jedoch die Liebessehnsucht, die in der Entbehrung übergewaltig wird, droht die Seele des Minnenden aus dem Gleichgewicht zu bringen. Wir lernen Parzival in jenem Zustand der Entrückung kennen, wie er vor den Blutstropfen im Schnee die Besinnung verliert. Es gilt *„Maß in allen Dingen"* zu bewahren, auch in der tiefsten aller Empfindungen. Gawan verhilft ihm dazu, sorgfältig den Blick auf die Umwelt zu richten; er muß *„Achtsamkeit"* üben lernen; um vor den Gefahren der Welt gewappnet zu sein und ihren Anforderungen immerfort gerecht zu werden. Denn dadurch kann er erst ein Glied des Artushofes werden. Hier ist die Mitte des zwölfstufigen Pfades erreicht. — Nun gilt es, eine bedeutsame Schwelle zu überschreiten, die ihn erst zur tiefgreifenden Wesensverwandlung auffordert. Wenn die Seele Selbsterkenntnis zu üben beginnt, so wird sie von *„Scham"* überfallen. Es handelt sich hier um ein tiefstes Schämen, das weit über alles hinausführt, was man im Leben etwa als konventionelle Schamempfindungen kennt. Und aus diesem Schwellenerlebnis, das ihm durch die Kundriebegegnung vermittelt wird, folgt ein Entschluß, der ihn auf weltliches Glück und alle augenblicklichen Erfolge verzichten läßt. Indem er sich aber vom Artushofe zurückzieht, wählt Parzival den Weg der *„Bescheidenheit"*; sein Streben verläuft jetzt abseits von äußerem, weltlichem Glanz und allem, was den Ehrgeiz befriedigen könnte. Unbeirrt muß der Ritter, der sich dem Geiste verschworen hat, Jahr um Jahr sein Ziel verfolgen. *„Beharrlichkeit"* festigt seinen Charakter. Man nannte diese Gesinnung im Mittelalter die Stäte. Diese stellt die Vorstufe zur Geduld dar, ist aber noch nicht ihre reifste Gestalt, denn wir sehen Parzival seinen Weg im Trotz dahinziehen. Zwar trägt er das Schicksal ohne Wanken, immer jedoch mit einem Stachel der Bitternis im tiefsten Gemüte. Das macht, es fehlt ihm noch die „*Demut*", um seinen Schicksalsweg ganz bejahen zu können. Und bei der Nennung dieser Tugend fügt das Brackenseil hinzu: „Die vergaß Luzifer. Nun hüte wohl der Fährte, so wirst du nicht zur Hölle verdammt werden." Erst an jenem Karfreitag, da er durch Trevrizent die Gralsbelehrung empfängt, zieht in Parzivals Seele die wahre Demut ein. Die Verkrampfung im Trotz löst sich, er beginnt die Weltbedeutung des Christusopfers zu verstehen. Trevrizent schildert ihm die Tragik Luzifers und wie der Mensch gleichsam an Stelle Luzifers erschaffen wurde, als dieser zur Hölle stürzte. Aber nun ist der Mensch der gleichen Versuchung verfallen, er ging in Luzifers Spuren. Deshalb mußte die Menschwerdung Gottes geschehen, um die Menschheit dem Abgrund zu entreißen, der ihr damit drohte. Jetzt erst wird Parzival Christ. — Und nun kann er auch die Lehre verstehen, daß man den Gral überhaupt nicht „suchen" dürfe. Wer ihn noch sucht, wird ihn nicht finden. Es muß die Haltung völliger Gelassenheit eintreten. Nicht=suchend zu suchen: darin besteht das Geheimnis. Dieses ist erst die wahre „*Geduld*", durch welche der innere Mensch dem Gral entgegenwächst. Es handelt sich um einen Reifevorgang der verborgenen Organe, die sich wie Blüten dem höchsten Lichte aufschließen, wenn ihre Zeit gekommen ist. Ungeduld verschließt die Blume des Herzens. Denn einen Weg der Herzenseinweihung geht Parzival. Es ist ein zwölfgliedriger Pfad; in der okkulten Weisheit spricht man, wo die Herzenserweckung beschrieben werden soll, von der Ausreifung der „zwölfblättrigen Lotosblume". Mit vollerwachtem Herzen tritt Parzival zum zweiten Male vor den leidenden Anfortas hin. Aus tiefstem Erbarmen kann er jetzt die erlösende Frage stellen. Nun erst wird er der Herr des Grals. Denn die wahre „*Minne*" beginnt als Gottes= und Menschen=

liebe in sein Herz Einzug zu halten. Er lebt von jetzt an für die Leiden anderer. — Aber nun darf er auch Kondwiramur wieder=
finden. Sie wird ihm entgegengeführt, um mit ihm beim Grale vereinigt zu leben. Alle Trennungen sind aufgehoben. König im Gralsbereich zu werden bedeutet, ein Genosse der Engel=
welten sein zu dürfen, wie es einst Titurel erfuhr, da er zum Gral erkoren ward. „Die letzte Blume leitet dich zu der Engel Sange", sagt daher das Brackenseil, das diesen zwölfstufigen Prüfungsweg zur höchsten Minne vorzeichnet.

Nicht im Sinne eines starren Schemas will dieser Weg ver=
standen werden, sondern dynamisch — so, daß sich lebensvoll die Stufen im inneren Ringen und Reifen der Seele durchdrin=
gen. Er ist ein Schlüssel, der vieles öffnen kann, was sonst für die Entzifferung des Wolframschen „Parzival" rätselhaft blei=
ben müßte. Vor allem jedoch wird der Erzieher, der diese Dich=
tung an junge Menschen heranzubringen hat, mit solchem Schlüssel in der Hand die Folge der Abenteuer überzeugend veranschaulichen können. Er wird dadurch erst mancher Szene einen tieferen Erlebnisgehalt abgewinnen: Ideale lassen sich für junge Menschen daran bilden, Enthusiasmus kann entzündet und Sinn für die geheime Schicksalsführung erweckt werden. Rudolf Steiner hat innerhalb der Waldorfpädagogik Wolframs „Parzival" als einen wesentlichen Lehrstoff für die elfte Klasse bestimmt. Welche seelenordnende Kraft von den Bildern dieser Dichtung in die jugendlichen Seelen einstrahlen kann, wird nur derjenige ganz ermessen, der die spirituelle Gesetzmäßigkeit eines solchen Werkes zu durchschauen beginnt. Selbstverständ=
lich kann es niemals die Aufgabe des Erziehers sein, die eso=
terischen Hintergründe einer solchen Dichtung vor dem jungen Menschen freizulegen. Die farbenprächtigen Bilder der mittel=
alterlichen Welt mögen zunächst vor ihm lebendig werden. Sie können in ihrem Gleichgewicht von kraftvoller Erdenbejahung und inbrünstiger Gottesminne ein gesundes Gefühl für die Stel=

lung des Menschen im Kosmos heranbilden. Wäre es möglich, daß recht viele Seelen innerhalb der mitteleuropäischen Welt auf der bezeichneten Altersstufe das Erlebnis dieser Dichtung in ihren Entwicklungsrhythmus aufnehmen könnten, so würde damit vieles zur Harmonisierung einer gestauten oder auch ver= schlafenen Pubertät geschehen. Man könnte manche Neurose, diese Krankheit einer allzu verbürgerlichten Welt, im voraus ab= fangen. Denn der „Parzival", in rechter Art und zur rechten Zeit an die empfängliche Seele herangetragen, kann tat= sächlich eine starke Hilfe werden, jene moralischen Jugend= erlebnisse zu entfachen, deren wir heute zu einer kraftvollen Menschwerdung unbedingt bedürfen.

*

14. Manichäische Einflüsse
(zu S. 184)

Die Einsicht, daß die Gralsüberlieferung in manichäischen Traditionen wurzelt, setzt sich heute immer mehr durch. So hat z. B. Franz Rolf Schröder („Die Parzivalfrage", München 1928) iranische Einflüsse, die durch das Katharertum oder auch den Templerorden nach dem Westen getragen sein könnten, in Wolframs Parzival aufzuzeigen gesucht. Er weist darauf hin, wie in dem „Großen Bundahischu", einer persischen Weisheits= schrift, der Mythos von Gayomard, dem Urmenschen erzählt wird, von seinem tiefen Fall und seinem Wiederaufstieg. Sein Körper soll aus sieben Metallen gebildet sein. Entsprechend die= sen Metallen steht er unter der Wirkung der Planeten. Es heißt, daß einstmals Saturn wieder in das Zeichen der Waage, in dem er seine Exaltation habe, eingetreten sei und damit den Tod an Gayomard herangetragen habe, nachdem er durch den mächti= gen Einfluß des Jupiter dreißig Jahre lang von ihm ferngehalten werden konnte; da fiel Gayomard auf die linke Seite ... Diese Planetenwirkung entspricht deutlich jener Schilderung, die Tre=

vrizent von dem Leiden des Anfortas gibt, dessen Wunde beim Herannahen des Saturn immer aufs neue zu schmerzen anhebt.

Oder der grüne, golddurchwirkte Seidenstoff („Achmardi" bei Wolfram genannt), auf dem der Gral feierlich hereingetragen wird, könnte an die Zeremonien der Ssabier erinnern. Diese haben Planetenkulte gepflegt; der dem Jupiter geweihte Tempel soll aus grünen Steinen bestanden haben und mit grünseidenen Vorhängen geschmückt gewesen sein. Am Donnerstag, dem Tage des Jupiter, betraten die Ssabier diesen Tempel mit grünen Gewändern. Deshalb fragt Fr. R. Schröder, ob nicht der Gral ein „Idol des Jupiter" gewesen sein könnte. — Die Entdeckung solcher Verwandtschaften zwischen den Mythen und kultischen Traditionen des Orients einerseits und der Gralssymbolik andrerseits wird jedoch für die Betrachtung erst fruchtbar werden, wenn man die esoterischen Quellen aufsucht, das aber heißt: die geistigen Realitäten erkennt, die hinter solchen Motiven stehen. Der Gral ist bestimmt kein Idol des Jupiter. Aber in der Wolframschen Fassung, die ihn als Lapis exillis darstellt, als den „Stein der Weisen", den man auf geheimnisvolle Art aus einem alchymistischen Prozeß gewinnt, sind tatsächlich Jupitergeheimnisse wirksam. Kosmische Weisheit bildet die Vorstufe für die Gralserleuchtung; Feirefis, der schwarzweiße Bruder aus dem Orient, besitzt die Geheimnisse des Kosmos, er lebt in der Verehrung des „Jupiter". Als er zur Gralsburg kommt, sieht er gerade das grünseidene Tuch aus Achmardi. Den leuchtenden Gral selber aber, den die Jungfrau auf diesem Tuche in feierlicher Prozession hereinträgt, kann er nicht erblicken, solange er noch „ungetauft" ist. Das aber will sagen: die alte Weisheit dringt trotz aller Erleuchtung noch nicht bis zu dem Geheimnis der todüberwindenden Kräfte innerhalb der Menschennatur vor. Sie vermag nicht anzuschauen, wie sich im ersterbenden Leibe der Keim des auferstehenden vorbereitet. Sie ist gralsblind. Man wird jedoch den manichäischen Geist, der die Parzivaldichtung durchwaltet, weniger in den einzelnen Motiven zu suchen haben, die aus dem Orient herübergetragen erscheinen. Was viel wesentlicher ist: Wolframs Manichäertum spricht sich im gesamten Ethos des Werks aus, in der Art, wie der strebende Mensch in den Kampf von Licht und Finsternis hineingestellt ist.

In den letzten Zeiten ist überraschend viel neues Material von frühesten manichäischen Texten ans Licht gefördert worden; das durchchristete Parsentum dieses edlen Religionsstifters wird man sich künftig dokumentarisch immer deutlicher vor Augen stellen können. Hier aber sei auf die geisteswissen= schaftliche Studie Albert Steffens über „Mani, sein Leben und seine Lehre" (Dornach 1930) hingewiesen. Wer auf diese aus intuitiven Quellen geschöpfte Darstellung einzugehen vermag, wird eine Gestalt in ihrer Glorie erstehen sehen, deren tiefstes Wesen im Streben Parzivals wieder aufzuleuchten scheint.

•

15. Impulse des westgotischen Reiches
(zu S. 201)

Es gibt weltgeschichtliche Opferhandlungen, die einem gan= zen Zeitalter die Richtung verleihen und gleich einem Ver= jüngungsstrom unterirdisch das Wachstum der Kulturen zu durchbluten vermögen. Das meteorartige Erscheinen der Goten auf der Bühne Europas, ihre kurz auflebenden Staatengründun= gen und ihr Untergang gehören dazu. Hier sei mit wenigen Stri= chen die Mission der Westgoten gekennzeichnet. Sie waren es, die, nach Alarichs Tode ganz Italien durchziehend, sich zunächst im südlichen Gallien festsetzten und das tolosanische Reich (mit der Hauptstadt Toulouse) gründeten. Dieses blüht im Anfang des 5. Jahrhunderts schnell auf, erweitert sich dann über die Pyrenäen hinaus und wird zu jenem bedeutsamen Staats=

gebilde in Spanien ausgestaltet, das 711 durch den Sieg der Araber bei Xeres de la Frontera zerschlagen worden ist.

Es war ein Theoderich (419–451), unter dessen Regierung die Westgoten ihre staatsgründenden Fähigkeiten unter Beweis stellten. Sie waren wohl der erste germanische Stamm, der durch Ackerbau und konsequente Siedlungsarbeiten die Grundlagen eines germanischen Kulturstaates legte, während sie sich zugleich mit der römischen Bildung schnell durchdrangen, wie sie in Südfrankreich lebendig war. Theoderich I. fällt in der großen Hunnenschlacht, sein Sohn jedoch hat Anteil an dem entscheidenden Siege über Attila. Unter Theoderich II. (453 bis 466) finden die Eroberungen im nördlichen Spanien statt. Sie stoßen auf eine Bevölkerung, die dem römischen Katholizismus zugewandt ist, während die Goten selber dem arianischen Bekenntnis angehören. Dieses arianische Christentum hatten sie einst durch ihren großen Missionar und Erzieher Ulfilas empfangen.

Als sie nämlich auf ihren Zügen vom Schwarzen Meere her nach Bulgarien vorgedrungen waren, hatten sie durch kappadozische Gefangene das Christentum kennengelernt. Ulfilas selbst, der ihnen die berühmte gotische Bibelübersetzung gab und dazu auf Grund ihrer Runenschrift das erste gotische Alphabet schuf, war selbst der Sohn eines Goten und einer gefangenen Christin gewesen, die aus Kappadozien stammte. Wenn wir uns an die Genealogie des Gralsgeschlechts aus der Titurel=Dichtung erinnern, so wurde uns ja ein König Senabor aus Kappadozien genannt; von ihm stammte jener Berillus ab, der das Reich in Gallien und Spanien zugewiesen erhielt. Er war der Ahnherr des Titurel selber. Um einen geistigen Stammbaum handelt es sich offenbar; um den Hinweis auf jene christliche Strömung, die durch Ulfilas und die kappadozischen Gefangenen in das Westgotentum hereingetragen worden ist. Es war ein verinnerlichtes Christentum, das diese Arianer pfleg=

ten und um dessentwillen sie von der römischen Kirche, die sich zur Lehre des Athanasius bekannte, als Ketzer betrachtet wurden.

Was war das Wesentliche in diesem dogmatischen Streit, der die christliche Kirche zu einer ersten großen Spaltung führte? — Es ging um die Christologie. Arius, eine edle Asketengestalt von Alexandria, suchte das Christuswesen von der Seite des Menschlichen aus zu erfassen. Wohl war es auch für ihn der Logos, vor aller Zeit und allen Äonen aus Gott erschaffen, aber eben „erschaffen" und deshalb nicht „wesensgleich" mit dem Vater. Die orthodoxe Strömung, vor allem durch Athanasius vertreten, wollte die Wesenseinheit und Wesensgleichheit der Trinität retten; sie ging jedoch auf die wirklichen Rätsel nicht ein, die mit der Menschwerdung des Logos zusammenhängen. Der Sieg, den sie nach langen Kämpfen errang, war ein kirchenpolitischer; er setzte sich in unmenschlicher Art durch. Theologisch betrachtet, lassen sich beide Standpunkte rechtfertigen oder auch widerlegen. Damals hatte sich bereits das Verständnis für die „zwei Naturen" in Jesus Christus verdunkelt. Man wußte nicht mehr, auf welche Weise sich die menschliche und die göttliche Wesensseite in ihm durchdringen. Achtet man jedoch auf die Impulse, die sich in diesem christologischen Streit zur Geltung bringen wollen, so wird man sagen können: die athanasianische Strömung führte in die dogmatische Abstraktion, die arianische richtete ihr Interesse stärker auf die Menschwerdung des Göttlichen und entsprach daher mehr den Neigungen der jungen Völker, die den christlichen Impuls in das innerste Leben aufnehmen, sich mit ihrem persönlichen Streben zu Trägern des Geistes machen wollten. Dieser Gegensatz kam später noch einmal in dem filioque-Streit zum Austrag. Die abendländische Kirche hat in ihr Symbol das Bekenntnis aufgenommen, daß der heilige Geist nicht nur vom Vater, sondern „auch vom Sohne" ausgehe. Neue Quellen des Geistes sind mit der Erscheinung des Christus im Leben der Menschheit aufgebrochen. Aber wer bewirkte diesen scheinbar so unbedeutenden Zusatz zum Glaubensbekenntnis? — Es waren die Westgoten.

Die arianischen Goten zeigten sich von Natur aus tolerant gegenüber der zum katholisch=athanasianischen Bekenntnis zählenden Urbevölkerung Spaniens. Schwierig wurde die Situation für sie erst, als die vom nördlichen Gallien gegen die Pyrenäen vordringenden Franken ihre Rivalen wurden. Diese hatten unter dem Merowingerkönig Chlodwig das römische Bekenntnis angenommen und gewannen dadurch unter den Katholiken des westgotischen Reichs deutliche Sympathien. Als dann im 6. Jahrhundert die Franken den tolosanischen Teil des Gotenreichs einnahmen und die Gotenkönige ihren Sitz nach Spanien zu verlegen gezwungen waren, wurde ihnen die katholische Richtung innerhalb ihres Gebietes immer gefährlicher, so milde sie sich auch ihr gegenüber verhielten. 589 entschließt sich der Gotenkönig Reccared I., den katholisch=athanasianischen Glauben anzunehmen, und sagt sich in einer feierlichen Erklärung auf der Kirchenversammlung zu Toledo vom arianischen Bekenntnis los. Aber auf dieser gleichen Synode zu Toledo wird nun dem athanasianischen Bekenntnis die Formel „filioque" eingefügt. Darin bringt sich, wenn auch nur durch ein Wörtlein angedeutet, das innerste Anliegen der gotischen Christen noch einmal zur Geltung. Rom anerkannte dieses filioque lange Zeit nicht. Erst als Karl der Große es im Jahre 809 für seine fränkische Kirche zur Anerkennung gebracht hatte, folgte allmählich das ganze Abendland nach.

Mit der Landung Tariks auf spanischem Boden (711) und seinem Einzug in Toledo (712) ist das Westgotenreich zerschlagen. Erst 732 gelingt es Karl Martell, das unaufhaltsam scheinende Vorstürmen der Araber bei Tours zum Stillstand zu bringen. Das ganze Mittelalter hindurch bleibt es jedoch das

Schicksal der Goten, mit der mohammedanischen Kultur auf glei=
chem Boden zusammenleben zu müssen. In der Sage von Flore
und Blanscheflur, dem Sohn des heidnischen Königs in Spanien
und der Tochter einer gefangenen Christin, spiegelt sich diese
Durchdringung der beiden Welten; aber zugleich auch, was sich
als innerste Hinneigung der Seelen aus zwei so gegensätzlichen
Kulturkreisen ergeben kann. Hier bilden sich die Keime der
rosenkreuzerischen Geistesströmung vor.

In der äußeren Geschichte sehen wir den Zusammenprall
feindlicher Völker, die jahrhundertelangen Heldenkämpfe im
Hin= und Herwogen des Sieges und der Niederlagen. In den
Tiefen des Geisteslebens jedoch spielt sich ein intimer Aus=
tausch der Kräfte ab. Aus der spirituellen Ehe zwischen goti=
schem Christentum und maurischer Weisheit gebiert sich der
Impuls, der in jenen „späteren gotischen Mysterien" Nord=
spaniens gepflegt werden konnte. Auf sie, als eine noch wahr=
hafte Weisheitsstätte, die im Frühmittelalter Europa besessen
hat, wies Rudolf Steiner ausdrücklich hin. Denn hier wurden
die Mysterien des heiligen Geistes gehütet, während die christ=
liche Kirche seit dem Konzil von Konstantinopel (869) immer
mehr in eine Verleugnung des Geistes, sofern er in der Men=
schennatur wirksam zu sein vermag, hineinsteuerte.

Was die gotische Kultur nördlich der Pyrenäen — also die
Reste des tolosanischen Reiches, die unter fränkischer Ober=
hoheit standen — für das Geistesleben bedeutet hat, darauf
haben wir in der Schilderung des Katharertums aufmerksam
gemacht. Denn es war der gotische Adel, der in den Grafen von
Toulouse und auf den hohen Schlössern der Provence den
heroischen Widerstand leistete, um für den freien Geist zu
kämpfen und zu sterben.

*

16. Der Sängerkrieg und Wagners „Tannhäuser"
(zu S. 216)

In den Chroniken des 13. Jahrhunderts und in der Legende der heiligen Elisabeth von Thüringen wird der Sängerkrieg als ein historisches Ereignis behandelt und auf die Jahre 1206 und 1207 datiert. Denn es wird erzählt: als Heinrich von Ofterdin= gen beim Wettgesang seinen Kopf verspielt habe, sei ihm ein Jahr Urlaub gewährt worden, um aus Ungarland den Meister Klingsor als Schützer und Schiedsrichter für sich herbeizuholen. Es gelingt ihm, diesen zu finden und als Beistand zu gewinnen. Durch einen Zauber kommen sie zur festgesetzten Frist in Eisenach an und wohnen in einem Gasthof beim St. Georgen= Tor. Klingsor, der in den Sternen zu lesen versteht, verkündet eines Abends, daß im Ungarland dem König Andreas eine Tochter geboren sei, nämlich jene heilige Elisabeth, die einst= mals die Gemahlin des künftigen Landgrafen werden sollte. Vier Jahre danach, 1211, wird sie dann vom ungarischen Königshofe auf die Wartburg überführt, um dem jungen Ludwig anverlobt und mit ihm gemeinsam aufgezogen zu werden.

Für die moderne Geschichtsforschung gehört dieses alles nur ins Reich der Legende; sowohl die Gestalt Klingsors, wie seine Weissagung aus den Sternen und die dadurch veranlaßte Über= führung der vierjährigen Königstochter nach Eisenach. Diese Tatsache selbst läßt sich freilich nicht leugnen, und die Erschei= nung der Elisabeth als Trägerin hoher Christuskräfte, deren Ausstrahlung für das Zeitalter von einer außerordentlichen Bedeutung war, wird einer in Vorurteilen befangenen Ge= schichtswissenschaft immer ein Rätsel bleiben. Beginnt man jedoch den mächtigen Geisteskampf zu durchschauen, der im 13. Jahrhundert um das Schicksal des christlichen Abendlandes entbrannt war und in dessen Brennpunkt gerade auch die Wart=

burg gestanden hat, dann wird man zu solchen Mitteilungen doch ein anderes Verhältnis gewinnen können.

Ein Sternengeheimnis hängt mit der Erscheinung einer solchen Individualität zusammen, die durch ihr ganzes Dasein, ihr kurzes, hingebungsvolles Leben heilige Liebeskräfte in die Zeit hereintrug: ähnlich wie der etwas ältere Zeitgenosse, Franz von Assisi, und die Schwester ihrer eigenen Mutter, die heilige Hedwig von Schlesien. Eine Opferströmung, von heroischem Liebesmut durchglüht, kommt in diesen Gestalten zum Durchbruch. Sie scheint wie eine himmlische Gegenkraft dem Jahrhundert zugedacht zu sein, das mit dem heraufziehenden Arabismus hart zu ringen hat und in große Herzensnot gerät. Zweifel an allen Offenbarungen durchwühlt die Seelen, und mit dem Erwachen dieser starken intellektuellen Kräfte geht Hand in Hand die Entfesselung der niederen Minne. Die Heiligung der Liebeskräfte, wie sie von einigen großen Seelen dargelebt wird, soll das Gleichgewicht gegenüber dem wiederherstellen, was notwendig die Herzen verdunkeln mußte. Es ist nun außerordentlich tiefsinnig, daß gerade aus dem gleichen Lande, aus dem der schwarze Magier herbeigeholt wird, auch die große Heilige kommt. Ja, daß er selbst mit seiner astrologischen Kunst ihren Eintritt ins Erdendasein ankündigen muß.

Richard Wagner hat den tiefen Zusammenhang des „Sängerkrieges" mit der Erscheinung der Elisabeth durchschaut und auf geniale Art, wenn auch völlig unhistorisch, die Gestalt der Heiligen in die Handlung hineinverwoben. Er macht sie zur Tochter des Landgrafen Hermann und läßt sie bereits als Jungfrau auftreten, die in den Wettkampf der Sänger eingreift. In diesem Drama vollzieht sich ein mystischer Vorgang, in welchem Elisabeth die Schuldverstrickung Heinrichs von Ofterdingen (hier Tannhäuser genannt) durch ihr stellvertretendes Opfer löst. Denn es bedarf höchster Anstrengungen der sühnenden Liebe, um in dem irregegangenen Minnesänger die

Macht der niederen Venus zu brechen. Wolfram jedoch, der Gralssänger, erkennt die große Seele der Heiligen. Mit sei=
nem „Lied an den Abendstern" verherrlicht er das Wunder der Venus Urania, der Himmelsliebe, deren Trägerin Elisabeth auf Erden gewesen ist. In dieser mystischen Handlung spiegelt sich das tiefste Ringen jener Zeit wider, in der Wolfram von Eschen=
bach den Gralsweg zu künden und gegenüber einer verfallen=
den, ins Zuchtlose abirrenden Minnekultur kraftvoll zu ver=
treten hatte.

*

17. Zur „Chymischen Hochzeit Christiani Rosenkreuz"
(zu S. 239)

Man mag über diese rätselhafte Schrift, die den heiligsten Ernst mit einem gesunden Humor zu begleiten weiß, deshalb allerdings von der historischen Kritik überhaupt nur als eine Satire auf die Alchymisten gedeutet worden ist, zunächst noch so skeptisch denken. Ist man jedoch unbefangen genug, sie auf ihre innerste Haltung zu prüfen, so wird man an ihr einen hohen Mut zum Geiste gewahr werden, der sich in der Seele des Strebenden, des geistig Wagenden mit einer tiefen Demut paart. Man wird daran das Erlebnis eines wunderbaren Seelengleichgewichts gewinnen können. Schon allein dadurch trägt die Schrift den Stempel des echt Christlichen an sich. Dann aber bewertet man auch die Würze jenes Humors, der dem tiefsten Ernste beigesellt ist, in diesem Sinne, daß der wahrhaft Erkennende niemals der Gefahr erliegt, seinen All=
tagsmenschen mit dem anderen in sich zu verwechseln, der die hohen Geistbegnadungen erfahren darf.

Hier sei zum tieferen Einleben in dieses spirituelle Doku=
ment auf einen 1917 erschienenen Aufsatz Rudolf Steiners hin=
gewiesen. Er bietet den Schlüssel zu den rätselhaften Imagi=
nationen dar, die einen mächtigen Durchbruch zum Geiste

widerspiegeln wollen. Man findet diesen Aufsatz jetzt im Anhang einer Neuausgabe der „Chymischen Hochzeit" von Dr. Walter Weber (Dornach 1942) abgedruckt. Diese schöne Ausgabe gibt auch zum ersten Male eine Übertragung der Rosenkreuzerschrift in das moderne Deutsch und ist daher für das Studium leichter zugänglich als der archaische Stil des Urtextes, der allerdings den spirituellen Darstellungen ein eigentümliches Aroma verleiht.

Neue Wege zum Geiste aufzuweisen, ist das Anliegen der „Chymischen Hochzeit". Es sei an einem Beispiel anschaulich gemacht, in welcher Art dieses geschieht. Als die Hochzeitsgäste auf einer Waage genauestens gewogen und die meisten zu leicht befunden sind, bleiben nach dem strengen Gerichte nur wenige zurück, die nicht ausgestoßen werden. Es sind diejenigen, die sich nicht mit alten angemaßten oder unzeitgemäß gewordenen Geisteskräften den Zugang zur übersinnlichen Welt erschleichen wollen. Worin besteht nun aber der legitime, das heißt der zeitgemäße Weg zum Geiste? — Rudolf Steiner sieht ihn darin, daß von jetzt an „die Möglichkeit beginnt, die Verstandesfähigkeit in einer Art zu gebrauchen, die für die geistige Welt geeignet ist. Der Besitz dieser Fähigkeit stellt sich vor die Seele als die Imagination des Einhorns, das sich vor einem Löwen neigt." — Der Bruder vom Rosenkreuz berichtet nämlich seine charakteristischen Erfahrungen auf dem Wege zur chymischen Hochzeit. So schildert er, wie nach jenem strengen Gericht eine kleine Stille eintrat; dann aber kam ein schönes, schneeweißes Einhorn mit goldenem Halsband hervor, schritt zu dem Brunnen im Schloßgarten und neigte sich, als wolle es ihm Ehre erweisen, auf beide Vorderfüße vor dem Löwen, der unbeweglich wie ein Standbild auf dem Brunnen verharrte. Dieser nahm darauf sein bloßes Schwert, das er in den Klauen hielt, und brach es mitten entzwei, die Stücke jedoch ließ er in den Brunnen versinken. Dann brüllte er so lange, bis eine weiße

Taube kam und einen Zweig vom Ölbaum im Schnäblein brachte, den er verschluckte. Nun war er zufrieden, und auch das Einhorn kehrte mit Freuden an seinen Ort zurück...

Wir haben dieses eigenwillige, schwer einzufangende Fabel= wesen bereits bei der Betrachtung über die Edelsteine kennen= gelernt. Das Einhorn kann, so sagt man, mit seinem Horn sehr gefährlich werden; nur von einer reinen Jungfrau läßt es sich zähmen. Hier aber ändert es sein Verhalten. Es neigt sich vor dem Löwen. In dieser Imagination kündigt sich an, wie Kopf und Herz jetzt miteinander in Einklang kommen. Die Kräfte der Bewußtseinsseele, die oftmals in ihrem ganzen Gebaren etwas „Stoßiges" hat, zeigen sich zunächst nicht bereit, auf das zu hören, was vom Herzen ausgeht. Darum hat der Löwe dem Einhorn gegenüber eine streng abweisende Haltung, bis dieses sich entschließt, sich ihm in Devotion entgegenzuneigen. Erst wenn sie in die Haltung der Verehrung übergeht, erwachsen der Bewußtseinsseele ganz neue Möglichkeiten. Die Herzkraft be= ginnt einzugreifen; es ist der Löwe, der nun jene Geistesmacht hereinruft, die im Bilde der Taube mit dem Ölbaumzweig er= scheint. Das Herz fängt jetzt an, sich mit dem Gedankenleben zu verbinden. Damit aber ist die Bewußtseinsseele zum wachen Erkennen der Geisteswelt herangereift.

In merkwürdiger Art werden uns in einer folgenden Szene die drei Könige, ein jeder mit seiner Königin zur Seite, auf ihren Thronen dargestellt. Dann aber wird ihre Enthauptung beschrieben, und alle Geladenen müssen dieses Schauspiel mit ansehen, das sie aufs tiefste erschüttert. Ehe jedoch die Hin= richtung vollzogen wird, werden die Gäste zur Treue gegenüber denen verpflichtet, die in den Tod gehen. Denn sie sollen be= greifen: es hängt von ihnen ab, ob aus diesem Tode neues Leben erstehe. Nach vielfältigen Prozeduren, die unter der Leitung einer Jungfrau (ihr Name ist „Alchimia") vor sich gehen, gelingt es schließlich, den Vogel Phönix aus seinem Ei zum Leben zu erwecken. Es wird beschrieben, wie er sich entfaltet, dann aber sich auch zur Opferung bereit findet. Seine Asche dient dazu, jenen Teig herzustellen, aus dem das junge Königspaar geformt werden kann. Und nur das hingeopferte Herzblut des Phönix vermag diese engelschönen Gestalten, die zunächst in embryo=naler Zartheit ins Dasein treten, zum herrlichen Wachstum zu bringen, indem es ihnen tropfenweise eingeflößt wird. Im rosenkreuzerischen Sinne ist nämlich *Erkennen* ein Handeln im Geiste: ein Opferhandeln, das nicht zum Ziele führen kann, wenn nicht fortwährend Herzblut daran hingegeben wird.

Wie tief diese „Alchymie", in der sich das Leben des höheren Menschen gebiert, in die Leibesvorgänge eingreift und sie auf intime Art vom Geiste her umgestaltet, hat Rudolf Steiner immer wieder dargestellt, wenn er die sieben Stufen des Rosen=kreuzerpfades beschrieb und dabei die vierte als eine tiefgehende Umwandlung des Atmungsprozesses charakterisierte. In dem grundlegenden Vortragszyklus „Die Theosophie des Rosen=kreuzers" (München 1907), den er mit einer Darstellung die=ses Schulungsweges beschließt, schildert er, wie der „Grals=schüler" ein besonderes Verhältnis zu der Pflanzenwelt zu ent=wickeln hat. Er zeigt, wie der Mensch zunächst auf die Pflanze angewiesen ist, um sein Leben erhalten zu können; denn sie gibt ihm immerfort aus ihren keuschen Lebensprozessen den Sauerstoff für seine Atmung zurück, während sie zum Aufbau ihrer Gestalt den Kohlenstoff assimiliert, welchen er ausgeat=met hat. Diese Leistung, die ihm die Pflanze abnimmt, soll der Mensch zukünftig einmal selbst vollbringen, so wird nun ge=sagt. Die Rosenkreuzerschulung leitet dazu an, diese Umwand=lung der Stoffe in seinem eigenen Innern zu bewirken: „Was die Pflanze heute draußen macht, wird später durch ein Organ der Zukunft, das der Mensch durch die Schulung jetzt schon in sich ausbildet, in ihm selbst bewirkt. Das bereitet sich langsam vor; durch den geregelten Atmungsprozeß wird der Mensch das Instrument zur Bereitung des Sauerstoffs selbst in sich tragen, er wird mit der Pflanze ein Wesen geworden sein, während er jetzt mineralisch ist. Er behält den Kohlenstoff in sich und baut seinen eigenen Leib damit auf, daher wird sein Leib später ein mehr der Pflanze ähnlicher sein ... Das nennt man die Umwandlung der menschlichen Substanz in diejenige Substanz, deren Grundlage der Kohlenstoff selbst ist. Das ist die Alchemie, die dazu führt, daß er seinen eigenen Leib ähnlich aufbauen wird, wie heute die Pflanze. Man nennt das die Bereitung des Steins der Weisen, und die Kohle ist das äußere Symbolum dafür. Aber erst dann ist sie der Stein der Weisen, wenn der Mensch durch seinen geregelten Atmungsprozeß ihn selbst wird erzeugen können."

Daß der Gral ein „Stein" sei, darüber hatte einst Trevrizent den Parzival belehrt. Wir haben im Laufe unserer Darstellungen diesen „Stein" auf sehr verschiedene Weise charakterisiert. Dem oberflächlichen Blicke könnte es als widerspruchsvoll erscheinen. Wer aber erfühlt, wie wir in der Betrachtung der Gralssage uns allmählich zu immer tieferen Schichten der Realität hindurchgerungen haben, wird auch den Einklang finden können, der zwischen diesen Darstellungen dennoch vorhanden ist. In der östlichen Weisheit waren stets solche Methoden bekannt, die von der bewußten Regulierung des Atmens ausgingen. Jene höchste Geisteskraft, die dem Menschen zugänglich ist und die er vom Atem aus in die Leibesorganisation hereinwirken lassen kann, bis sie ihm schließlich die Meisterschaft über die verborgenen Lebensvorgänge gibt, nannte man daher „Atman". Im Sinne der Rosenkreuzerschulung wird man „Ritter des güldenen Steins" durch die Erweckung dieses Atman. Denn im Atman sind die Baugeheimnisse der zukünftigen Leiblichkeit beschlossen. Atman ist der Erbauer des „unsichtbaren Tempels".

In den Gralsimaginationen, wie wir sie aus Chrestiens Dichtung kennen, entspricht ihm die geheimnisvolle Gestalt des wunderschönen Greises, den Perceval nur wie im Hintergrunde ruhend gewahr wird und der einzig von der Kraft der Hostie am Leben erhalten werden kann. Damit wird auf „Atman", den tiefverborgenen Erbauer der Leiblichkeit, hingewiesen. Bei Wolfram ist daraus der Ahnherr Titurel geworden, der Er= bauer der Gralsburg.

In seiner „Geheimwissenschaft im Umriß" betont Rudolf Steiner allerdings, daß diese Tiefenwirkung, die sich bis in die Leibesvorgänge hinein erstreckt, durch den Meditierenden heute nicht mehr unmittelbar vom Atem her erzeugt werden sollte. Die abendländische Schulung geht in konsequenter Weise nur vom wachen Bewußtsein aus; sie vermeidet alles Gewaltsame in der Bemeisterung der Leibesnatur. Wenn aber das meditative Leben bis zur Entfaltung der reinen Intuitionskraft fortgeschrit= ten ist, so wird der Geistesschüler bemerken, daß er allmählich gewisse Äußerungen des physischen Leibes, zum Beispiel das Atmen, wie von selber in seine Hand bekommt und in eine Art Einklang mit den Übungen der Seele zu setzen vermag. „Das Ideal der Entwicklung ist, daß durch den physischen Leib selbst gar keine Übungen, auch nicht solche Atemübungen gemacht würden, sondern daß alles, was mit ihm zu geschehen hat, sich *nur* als eine Folge der reinen Intuitionsübungen einstellte."

*

18. Die Musik als Mittlerin der Gralswirkung
(zu S. 271)

Die Sprache des Musikers kann in Tiefen des christlichen Erlebens hereinführen, auf die das Bild nur von ferne hinzudeu= ten vermag, an die der Begriff jedoch niemals ganz herandringt. Es sei hier auf die tiefschürfende Darstellung Professor Her= mann Beckhs aufmerksam gemacht: „Das Christus=Erlebnis im Dramatisch=Musikalischen von Richard Wagners Parsifal" (Stuttgart 1930). Die Art, wie Beckh zum Beispiel das „Blick=motiv" von seinem ersten Erklingen an durch die Stufen des Dramas entwickelt, bis sich der mahnende, der leidensvoll=quälende schließlich zum „erlösenden Christusblick" wandelt, ist ein Vorbild psychologisch=künstlerischer Analyse.

Dazu kommt die originelle Behandlung des Tonartenproblems, dem Beckhs besondere Bemühungen galten. Er hat dies in seinem Buche „Die Sprache der Tonart in der Musik von Bach bis Bruckner" (Stuttgart 1937) zusammenfassend dargestellt, indem er die zwölf Dur= wie Moll=Tonarten in einen Tonartenkreis, dem Tierkreis verwandt, eingliedert. Künstlerische Menschen mögen solche Zuordnungen zunächst spekulativ und das unmittelbare Erleben verletzend empfinden. Wenn man sich aber auf die Fülle der Beispiele aus der Musikliteratur einläßt und der taktvoll einfühlenden Sprache Hermann Beckhs zu folgen vermag, so wird sich in lichtvoller Art eine Gesetzmäßigkeit enthüllen, die nicht mehr wegzuleugnen ist. Und die doch auch den Sinn für das *Offenbarende* der Tonwelt auf intime Weise erwecken kann. Hier wird vor allem Wagners Meisterschaft, durch die *Tonart* zu sprechen, konkret herausgearbeitet. So lernen wir As=dur als die Stimme der tiefsten Innerlichkeit kennen; es erklingt im „Parsifal" als die eigentliche Gralstonart. „Im ätherischen As=dur erleben wir das überirdische Leuchten des heiligen Blutes", heißt es hier, während die im „Lohengrin" vorherrschende A=dur=Tonart von Beckh in folgender Weise charakterisiert wird: „Das Lohengrin=A=dur der Weltenhöhen deutet entsprechend auf den heiligen Gral in Weltenhöhen, den fernen unerreichbaren... Hingegen im „Parsifal" werden wir vom Beginn an unmittelbar in das Gralsheiligtum selbst versetzt, dringen ins Innere dieses Heiligtums."

Rudolf Steiner hat aus geisteswissenschaftlichen Tiefen her=

aus auf jene Fähigkeit Wagners hingewiesen, durch das Mittel der Musik seiner Zeit die Gralsgeheimnisse zu verkünden, die sie auf andere Weise nicht hätte aufnehmen können. Er sagt: „Der Ätherleib hängt zusammen mit allen Wallungen des Blutes. Richard Wagner hat das Geheimnis des gereinigten Blutes verstanden. In seinen Melodien liegen die Schwingungen, die im Ätherleib des Menschen sein müssen, wenn er sich so läutert, wie es nötig ist, um das Geheimnis des heiligen Grals zu empfangen" (Landin, 29. Juli 1906).

Allerdings, im letzten Vortragszyklus, mit dem er noch einmal eine Zusammenfassung seiner Geistesbotschaft gab — „Das Initiatenbewußtsein" (Torquai, August 1924) — zeigte Rudolf Steiner doch die Grenzen dieser Kunst auf: „Was für die Menschheitsentwicklung ein Höchstes ist, das Herankommen der Gestalt des Christus" — dieses auszusprechen, müsse im Musikalischen erst gefunden werden. In Richard Wagner war dieser Drang zwar da; er suchte in seinem „Parsifal" den Christusimpuls in die sinnliche Welt hineinzuzaubern. Aber gerade hier, wo er am christlichsten sein wollte, blieb er in der Symbolik stecken: die Taube erscheint usw. — „Das Musikalische ist aber befähigt, diesen Christusimpuls in Tönen, in gestalteten Tönen, in durchseelten, in durchgeistigten Tönen einmal vor die Welt hinzustellen. Läßt sich die Musik inspirieren von anthroposophischer Geisteswissenschaft, sie wird die Wege dazu finden..." Und dann wird beschrieben, wie sich in ganz bestimmten Intervallfolgen dieses Geheimnis aussprechen läßt, eben reinmusikalisch: *wie die Seele den Christus findet.*

Als ein Vermächtnis klingt jener monumentale Vortragszyklus Rudolf Steiners in die Verheißung aus: „daß gerade im Musikalischen der Christusimpuls in wahrer Gestalt auch vor die äußere Offenbarung hintritt."

Wenn man bedenkt, wie mühsam die lichtvollsten Ideen, die heute aus Weltenhöhen zu den Menschen kommen wollen, nur aufgenommen werden können — nicht etwa, weil die Intelligenz dafür fehlte, sondern einzig, weil die Herzenskräfte, die zum erlebenden Erkennen gehören, weithin verkümmert sind —, so wird man die spirituelle Sendung der Musik zu schätzen wissen. Das Mysterienfühlen kann durch sie geweckt werden. Eine Ausweitung der Empfindung bis an die Grenzen des Kosmischen und eine Verinnerlichung zugleich, um die Seele für den Empfang des Heiligen aufzuschließen: dieses Doppelte wird sich durch das Element des Reinmusikalischen vollziehen können.

Man muß Mysterien tief genug *erfühlen* können, ehe man sie lichtvoll zu *erkennen* vermag.

*

19. Der heilige Speer
(zu S. 275 und S. 288)

In jener Sammlung von irischen Mythen und Sagen, auf die wir bereits im vierten Kapitel hinweisen konnten, spielt der „Speer des Sieges" eine wesentliche Rolle. Da erzählt uns die Keltologin Ella Young von den Lichtgöttern, die unter der Führung der himmlischen Brigit zur Erde herabsteigen und die Insel Irland zu ihrem Wohnsitz erwählen, um von dort aus die ganze Erde in Schönheit umgestalten zu können. Es heißt: „Nuada, der Schwinger des weißen Lichtes, errichtete den Speer des Sieges in der Mitte von Irland. Der war gleich einer großen, feurigen Fontäne. Er war gleich einer singenden Flamme. Er brannte unaufhörlich, und jedes Feuer in Irland würde an ihm entzündet." Der Speer ist das Sinnbild aller schöpferischen Kräfte, die von den Sonnenmysterien einst gehütet und an die Umwelt gespendet wurden. Er umschließt die Geheimnisse der „weißen Magie". Denn die Begründung des Sonnenorakels, das gegen das Ende der atlantischen Zeit in der Gegend von Irland seinen Sitz gehabt haben soll, wird hier beschrieben.

Der Speer bildet durch seine schöpferische Ausstrahlung weit=

hin einen Lichtkreis um sich. Mißgestaltete Geschöpfe der Finsternis, die Fomor, nahen sich dem Rande dieses Lichtkreises und sonnen sich in ihm. Dadurch erlangen sie allmählich Kraft, und es wächst in ihnen die Begierde, den Lichtspeer selbst zu erringen. Balor, der Einäugige, ist der König dieses Volkes der Fomor. Wir sahen bereits, wie die Träger eines zurückgebliebe= nen Atlantiertums (Homer charakterisiert die Kyklopen in die= ser Art) stets als die Einäugigen erscheinen. Nuada schwingt den „Speer des Sieges" gegen die heranstürmenden Fomor, die Ausgeburten der Unterwelt. Zwar fährt er vernichtend durch ihre Scharen dahin; aber Balor gelingt es, die Waffe aufzufan= gen, und sie bleibt bei ihm. Der Lichtspeer verwandelt sich jetzt in eine feurige Schlange. Es wird geschildert, wie von seiner Gegenwart Dämonen der Luft ausgehen. Unheilzeugend er= weist er sich nun. Die Fomor machen sich dadurch zu Herren der Insel und unterjochen das Lichtgeschlecht der Dana. Auf einen hohen Sonnenhelden, der die Macht der Finsternis bricht, weist die Sage noch bedeutsam hin. Er soll einstmals in der Mitte von Irland, noch vor dem Ende der Welt, den heiligen Speer wieder aufrichten.

Der gleiche Speer, der den Sieg des Lichtes verbürgt, kann sich also in unheiliger Hand zur dämonischen Macht der Ver= nichtung wandeln. Dann wird er zum Symbol der „schwarzen Magie". Durch den schrankenlosen Mißbrauch der Lebens= kräfte soll einstmals die atlantische Welt in den Niedergang getrieben worden sein.

Richard Wagner kann diesen Mythos nicht gekannt haben. Aber die Art, wie er das Speergeheimnis in den Mittelpunkt der Gralsdichtung gerückt hat, zeugt dafür, daß sein Genius aus dem tiefsten Erbe der keltischen Mysterien zu schöpfen imstande war: aus jenem hyperboreïschen Erbe, das der Menschheit auf ihrem Wege abhanden gekommen ist, aber in den Gralsmysterien wieder auferstehen will. Parsifal, der die

Waffe des Sieges dem Zauberer Klingsor entringt, stellt die Erfüllung aller Verheißungen dar: die Wiedergeburt der Son=
nenmysterien, den Anbruch eines „lichten Zeitalters" der Menschheit.

*

20. Hinweise auf das Werk Rudolf Steiners
(zu S. 292)

Die besondere Situation, in der sich am Beginn unserer Zeit=
rechnung die Hüter dieser Mysterienströmung befanden, hat Rudolf Steiner noch einmal wenige Wochen vor seinem Erden=
abschied charakterisiert. Es gibt eine Reihe von Sendschreiben, die er vom Krankenlager aus an seine Schüler richtete (unter dem Titel „Das Michaelmysterium" später veröffentlicht). Unter ihnen finden wir eines, das die Beurteilung der „Gnosis" vom geisteswissenschaftlichen Standpunkt enthält. Es stellt diese zur Zeit des entstehenden Christentums mächtig aus=
gebreitete, dann aber von den Kirchen konsequent ausgerottete Geistesströmung als ein Erbgut des Empfindungsseelenzeit=
alters dar: der gleichen Epoche also, die im Westen und Norden des „heidnischen" Europa einstmals die Druiden= und Barden=
kultur zeitigte. Solche im vorderen Orient und in der gesamten hellenistischen Welt blühende Erkenntnisart wurde in den My=
sterien während der Verstandesseelenkultur noch aus älteren Zeiten herübergerettet. In großartigen Bild=Ideen wird hier das Göttliche noch zu erfassen gesucht, gleichzeitig aber bildet die vorwärtsschreitende Kultur das begriffliche, streng logische Denken im Sinne der griechischen Philosophie aus. Mit jenen bildhaften Gedanken konnte ein erstes Verständnis der Chri=
stuserscheinung auf Erden errungen werden. Die großen christ=
lichen Gnostiker sind ein Zeugnis dafür, wie man das Opfer von Golgatha noch im kosmischen Zusammenhang anzuschauen vermochte; aber diese im exoterischen Leben verbreitete Gnosis

wurde mit dem Fortschreiten der Verstandeskultur doch immer blasser und abstrakter.

Rudolf Steiner schildert nun, wie es daneben noch eine „Mysterien=Gnosis" gab, die sich abseits vom öffentlichen Leben streng verborgen entwickelte. „Götter" wirkten in ihr mit, weil aus Menschenkräften heraus die Empfindungsseele sich nicht mehr zu solchen Höhen der Anschauung zu entfalten vermochte: „Da stiegen in den höchsten Mysterienstätten Geist=Wesen aus dem geistigen Kosmos, die den Anstrengungen der um Erkenntnis ringenden Menschen zu Hilfe kamen", heißt es. Und als die Menschen in den nächsten Jahrhunderten immer unfähiger wurden, sich zu solchen Erleuchtungen zu erheben, ging die esoterische Weisheit immer mehr an die bloße Pflege der „Götter" über: „In diesen göttlichen Mysterien bewahrten Engelwesen im irdischen Dasein, was Menschen nicht mehr bewahren konnten. So waltete die Mysterien=Gnosis, während man an der Ausrottung der exoterischen Gnosis arbeitete ... Geist=Wesen bargen die Welt=Bilder, in denen die Geheimnisse von Golgatha lebten. Sie senkten, weil das nicht möglich war, nicht den Bild=Inhalt, wohl aber den Gefühlsinhalt in Menschengemüter, als die Zeit dazu gekommen war."

Auf dieses Geheimnis deutet die Gralssage hin, wenn sie die heilige Schale für eine gewisse Zeit von Engeln in Verwahrung genommen sein läßt, die sie erst nach der Erbauung der Gralsburg wieder auf die dafür empfänglichen Menschenseelen niedersenken können. Titurel wird ja von Engeln berufen; mit ihm beginnen die „göttlichen Mysterien" langsam wieder menschliche zu werden. An seinen ersten Nachfolgern aber (Frimutel und Anfortas) sehen wir bereits, wie schwer sich in den Seelen der neu heraufkommenden abendländischen Epoche das esoterische Streben mit den starken Persönlichkeitsimpulsen vereinigen läßt.

In den Vorträgen, die Rudolf Steiner in seinem letzten Le=

bensjahre hielt, lüftete er immer wieder Schleier, die über dem Gralsgeheimnis gebreitet liegen. So wies er darauf hin, wie sich bedeutsame Individualitäten des geistigen Lebens mit die= ser Gralsströmung verbanden; sich in sie herein verkörperten. Aus solchen verschwiegen wirkenden Kreisen schöpfen oft füh= rende Individualitäten *die* Kräfte, deren sie dann in späteren Erdenleben für ein Wirken auf dem Plan der fortschreitenden Menschheitskultur bedürfen. — Man würde das mit diesem Buche Gewollte nicht treffen, wenn man von ihm eine vollstän= dige Darstellung dieser geisteswissenschaftlichen Mitteilungen erwarten wollte; sie wachsen erst aus dem Gesamten der anthro= posophischen Erkenntnisbemühungen heraus und können nur in diesem Zusammenhange voll verstanden werden.

Es ist für die Methode der Geistesforschung, wie sie Rudolf Steiner ausbildete, wesentlich, daß sie immer wieder zu den geistigen Quellorten zurückweist, aus denen alles Geisteslicht für die Erde erfließt: zu den Mysterienstätten, wie sie für alte Menschheitsepochen noch in sichtbaren Tempeln und Ordens= gemeinschaften zu finden waren und zeitweise von den Völkern mit heiliger Scheu geehrt wurden; wie sie in unseren Zeiten jedoch nur noch im Geiste aufgesucht werden können. Unter diesen Stätten ist es vor allem der „Sonnentempel", von dem die höchste Führung der Menschheit von Epoche zu Epoche aus= geht. Er hütet gleichsam die Baupläne der Erdenentwicklung. Die Geistesforschung schildert, wie bereits auf der alten Atlan= tis das „Sonnenorakel" begründet wurde, und sie nennt als seinen Leiter den großen „Manu": ihn, der die Geistesschätze der Menschheit über den Untergang der Atlantis hinauszuretten verstand und sie einer kleinen Schar von auserlesenen Schülern anvertraute, die er sich für diese Aufgabe erzogen hatte.

In der Noahgestalt des Alten Testaments können wir eine Spiegelung dieses hohen Menschheitsführers wiedererkennen. Die legendären Traditionen, die sich um diesen Patriarchen aus grauer Vorzeit gewoben haben, verraten deutlich, daß man ihn als jenen großen Hüter der Urweisheit des Menschengeschlechts zu ehren wußte. So gibt es eine frühchristliche Überlieferung des Ephraem Syrus, das „christliche Adambuch" genannt, das aber in seinem imaginativen Stile noch auf viel ältere Weis= heitstraditionen zurückdeutet. Dieses Buch schildert im Bilde der „Schatzhöhle", in die sich Adam und Eva nach der Ver= stoßung aus dem Paradiese zurückziehen, die erste Mysterien= stätte der Menschheit, in der gleichsam die paradiesischen Er= innerungen aufbewahrt werden, indem Adam „von den Gren= zen des Paradieses" Gold, Weihrauch und Myrrhen nimmt und mit ihnen jene Höhle weiht. Dies sind die gleichen Schätze, die später die heiligen drei Könige aus Saba zum Kinde von Beth= lehem bringen sollten. Es wird nun in diesem Adambuch er= zählt, daß Noah von Gott beim Hereinbrechen der Sintflut das Gebot empfängt, aus der Schatzhöhle den Leichnam Adams, der in ihr aufbewahrt geblieben war, zu nehmen und mit ihm jene drei Opfergaben, und sie in die „Arche" zu bergen. Diese Hei= ligtümer sollten über die große Flut in die Zukunft hinein= gerettet werden. Noah wiederum gibt dann an seinen Sohn Sem den Auftrag weiter, nach seinem Tode insgeheim den Leich= nam des Urvaters Adam aus der Arche in ein fernes Land zu tragen: „zum Mittelpunkt der Erde". Unter der Führung des Engels des Herrn macht sich Sem auf den Weg und nimmt den Knaben Melchisedek mit sich. Als sie zum Golgathahügel ge= kommen sind, belehrt sie der Engel, daß hier der Mittelpunkt der Erde sei; die Erde öffnet sich in Gestalt eines Kreuzes und nimmt den Leib Adams in sich auf. Das ist der Ort, wo nun *Melchisedek* seine Mysterienstätte begründet. Wir kennen ihn aus dem Alten Testament, wie er von Salem dem Abraham ent= gegengeht, um ihm unter den Zeichen von „Brot und Wein" die Mysterienspeisung zu spenden. Abraham beugt sich vor ihm als dem Mysterienführer: „dem Priester des allerhöchsten

Gottes" — also eines höheren Gottes als Jahveh, der der Gott Abrahams ist. Und das Neue Testament charakterisiert das durch alle Zeiten schreitende Wesen des Melchisedek, indem es sagt: „Ohne Vater, ohne Mutter, ohne Geschlecht, und hat weder Anfang der Tage noch Ende des Lebens; er ist aber verglichen dem Sohne Gottes und bleibt Priester in Ewigkeit" (Hebr. 7, 3).

In seinen Vorträgen über das Matthäus=Evangelium (Bern 1910, 4. Vortrag) hat Rudolf Steiner diesen Melchisedek als den „großen Eingeweihten des Sonnenmysteriums" geschildert, der nur unter ganz besonderen Bedingungen — und zunächst nur unter der Hülle anderer Gestalten — sich offen kundzugeben vermag. Es sei hier auch auf die Darstellung der Melchisedek= Geheimnisse in Emil Bocks „Urgeschichte" (Beiträge zur Geistesgeschichte der Menschheit, Band 1) hingewiesen, in der diese Eingeweihtengestalt aus den großen Menschheitszusammenhängen heraus verständlich gemacht wird.

Indem Abraham, der Urvater des Jahvehvolkes, das eine Art Mondendienst zu pflegen hatte, zu seiner Mission ausgerüstet wird, zieht sich die Führung des hohen Sonnenmysteriums gleichsam wie hinter einen Vorhang zurück. Zweitausend Jahre mußte die Menschheit den Weg in die Erdentiefen gehen, bis der Eine erschien, der das große Sonnenopfer an diese Erde darbrachte. Er aber schenkte sich selbst unter den Zeichen von Brot und Wein an die Menschheit hin. Als „ein Priester ewiglich nach dem Ritus des Melchisedek" wird der Christus deshalb im Hebräerbrief geschildert.

Gralshüter waren immer diejenigen, die das *Sonnenmysterium* in diesem Opfergeschehen von Golgatha anzuschauen vermochten: denen die *Glorie* aufging, die sich in das Erdendunkel ergossen hat und die als Leuchtekeim unter den Gestalten von Brot und Wein erfühlt werden will, für die geöffneten Augen aber als der Gral erstrahlen kann.

Titurel erscheint wie ein Abglanz jenes hohen Sonneneinge=
weihten. Manche Züge, mit denen die Sage diesen geistigen
Heros ausgestattet hat, erinnern an die Melchisedek=Gestalt:
auch er ist ja ein Priesterkönig. Wie aus einem unnahbaren
Bezirk heraus wirkt er: hütet das Heilige, sendet seine Ritter
aus und wartet auf die, welche zum Geiste vorzustoßen die
Kraft finden, auf die wahren „Percevale". Denn er bedarf ihrer.

An der Schwelle des 20. Jahrhunderts wurde zum ersten
Male in unverhüllter Sprache dieses große Sonnenmysterium
verkündet. Es ist heute gerade die gleiche Zeitspanne seit dem
Opfer von Golgatha verflossen, wie jene war, in der sich die
Abraham=Mission des vorchristlichen Zeitalters zu vollziehen
hatte. Nicht mehr nur Einzelne werden von jetzt an vom Gral
erwählt; das ganze Zeitalter ist zur Gralsuche aufgerufen. Der
Stufenweg ist freigelegt, die „Fährte" gefunden.

Hinter dem Geisteswirken Rudolf Steiners leuchtet so die
Gestalt eines allerhöchsten Gralshüters auf: des Melchisedek.

RUDOLF MEYER

DIE WEISHEIT DER DEUTSCHEN VOLKSMÄRCHEN

7. Auflage, 292 Seiten, Leinen

»Die Märchengestalten und -motive sind Urbilder der Seelenkräfte des Menschen selbst und seiner Entwicklungsstufen. Wandert man, wie der Verfasser es tut, mit dieser Erkenntnis als einer Wünschelrute durch die Welt unserer schönen, alten Volksmärchen, so gehen einem wunderbare Geistwahrheiten auf, die, in Märchenform dargebracht, unentbehrliche Seelennahrung für das Kind sind.«

Orient Merkur

»Ein Werk für Erwachsene, die mit Kindern leben, die aber zugleich für sich selbst daraus schöpfen können.«

Blätter des Pestalozzi-Fröbel-Verbandes

RUDOLF MEYER

NORDISCHE APOKALYPSE

252 Seiten, 8 Abbildungen, Leinen

»Rudolf Meyer versucht nicht, zu den zahllosen Deutungen der Edda eine neue hinzuzufügen; ihm geht es nicht um Philologie, sondern um den Inspirations-Charakter der Urkunden, um das Spirituelle in diesen alten Schriften. Gerade die moderne Literaturwissenschaft und Philologie vergessen zu gerne, daß derartige Schriften auch intuitiver Einfühlung bedürfen, daß man vieles in ihnen inspirativ und spirituell begreifen muß. So kommt Meyer hier zu der Feststellung, daß es neben der biblischen sehr wohl auch eine germanische Apokalypse gibt. Und so weiten sich die Weltuntergangsvisionen der Edda und der germanischen Götterwelt zu einer Geistesoffenbarung, die ebenso wie die Bibel bis zu uns reicht.«

Reutlinger Generalanzeiger

VERLAG URACHHAUS STUTTGART

RUDOLF MEYER

GOETHE – DER HEIDE UND DER CHRIST

2., völlig neubearbeitete und erweiterte Auflage, 388 Seiten, 1 Bildtafel, Leinen

»Rudolf Meyers überlegene, sorgfältige Darlegung und Interpretation von Dichtungen, Gesprächen, Tagebuchaufzeichnungen entwirft eine reiche geistige Welt.«   *Neue Berner Zeitung*

Inhalt: Vorwort · Goethes Lebensstufen · Motive des Jugendstrebens · Im Zeichen des Erdgeistes · »Und wenn Natur dich unterweist« · Weltfrömmigkeit · Bündnis mit Schiller · Der Schüler des Lebens: Zu Wilhelm Meisters Lehrjahren · Der Menschheits-Erzieher: Zu Wilhelm Meisters Wanderjahren · Wandlungen der Liebe · Die heiligen drei Könige · Das neue Parsentum: Zur Farbenlehre · Im Zeichen des Makrokosmos · Erlösende Mächte · Epilog: »Bruchstücke einer großen Konfession«.

RUDOLF MEYER

NOVALIS

Das Christus-Erlebnis und die neue Geistesoffenbarung

3., erweiterte Auflage, 5 Abbildungen, davon 1 farbig, als Faksimile ein Brief an Schiller, 190 Seiten, Leinen

Es genügt nicht mehr, Novalis in die »Geschichte der Romantik« einzuordnen. Rudolf Meyers Buch geht von der entscheidenden Tatsache seines Lebens aus, die Karoline Schlegel so umschreibt: »Er hat die Schranken gebrochen.« Das war sein Christus-Erlebnis. In diesem Lichte erscheinen der Reichtum seiner Intentionen, die Vielseitigkeit seiner Lebensinteressen in ihrer höheren Bedeutung.

Inhalt: Die Erweckung · Das Sonnenwendmysterium · Das Christus-Erlebnis · Das Weltalter des Heiligen Geistes · Stimme des Zeitgewissens · Das Mysterium der Natur – Das verschleierte Bild – Der Messias der Natur · Apokalypse in Märchengestalt – Goethe und Novalis als Apokalyptiker – Das Erwachen des Eros – Die Fabel als Retterin – »Christus und Sophie«

VERLAG URACHHAUS STUTTGART